数字经济和管理创新丛书

# 数字经济概论

主　编　甘　甜　刘大鹏
副主编　张　颖　杨　昆
参　编　许白玲　雷　珍　孙　秀　张　彬
　　　　邓　爽　刘　凤　马楚炫　许桓炜
　　　　常嘉佳　周　猜　刘洋涛　石　婧
　　　　倪　圆　姚　翰　陈　梅

机械工业出版社

党的二十大报告强调，要加快建设网络强国、数字中国，加快发展数字经济，促进数字经济和实体经济深度融合，打造具有国际竞争力的数字产业集群。数字经济概论是数字经济相关专业的基础课程之一，但由于数字经济实践的发展远远快于理论的发展，目前学术界尚未形成一套完整的数字经济理论体系，教材研发尚处于起步和探索阶段。

本书是校企合作教材，以主流经济理论为基础，立足于数字经济实践应用前沿，从理论、实践和应用三个层面对数字经济的基本原理进行分析。

编写本书是建构我国自主数字经济知识体系的重要尝试，也是应用型本科大学课程建设的必要尝试。本书适合作为高校的通识课教材。

### 图书在版编目（CIP）数据

数字经济概论 / 甘甜，刘大鹏主编. -- 北京：机械工业出版社，2025.8. --（数字经济和管理创新丛书）. ISBN 978-7-111-78846-1

Ⅰ. F49

中国国家版本馆CIP数据核字第2025MG3875号

机械工业出版社（北京市百万庄大街22号 邮政编码100037）
策划编辑：刘 畅　　　　责任编辑：刘 畅 施 红
责任校对：王荣庆 张亚楠　　封面设计：王 旭
责任印制：任维东
唐山楠萍印务有限公司印刷
2025年8月第1版第1次印刷
184mm×260mm·20.25印张·440千字
标准书号：ISBN 978-7-111-78846-1
定价：69.00元

电话服务　　　　　　　　　网络服务
客服电话：010-88361066　　机 工 官 网：www.cmpbook.com
　　　　　010-88379833　　机 工 官 博：weibo.com/cmp1952
　　　　　010-68326294　　金 书 网：www.golden-book.com
**封底无防伪标均为盗版**　　机工教育服务网：www.cmpedu.com

# 前　言

新一轮科技革命逐步由嵌入期向拓展期转换，数字浪潮正以前所未有的速度席卷全球，重塑着社会的方方面面，数字经济已然成为推动世界发展的关键力量。据全国组织机构统一社会信用代码数据服务中心统计，截至2024年11月月底，我国数字经济核心产业企业总量达到457.41万家，与2023年年底相比增长17.99%。与此同时，企业对数字经济人才的迫切需要也逐年增长。在此基础上，教育部于2020年开设数字经济特色专业，正式开启了数字经济的人才培养模式，众多高校开始探索人才培养体系与配套教材的编写。然而，市面上现有的大部分教材主要从学术角度探讨数字经济的基本理论和相关内容，无法满足应用型数字经济人才培养的迫切需求，也无法真正契合数字型企业或产业数字转型化的实际应用与发展需要。基于这样的背景，我们与数字经济产业的前沿教育企业进行了合作，编写了这本《数字经济概论》，希望能突破传统教材编写的桎梏，真正立足于我国数字经济实践，满足"新文科"交叉混合式应用型人才培养的要求，以期为数字经济人才培养做出贡献。

本书紧扣时代脉搏，系统地阐述了数字经济领域的核心知识架构。全书共十五章，开篇通过"导论"初步搭建对数字经济的整体认知框架；紧接着深入剖析数字经济的内涵特征及相关理论，为后续学习筑牢根基；然后回溯其兴起与发展历程，从中探寻数字经济的发展规律与趋势。

书中对数字经济各关键环节进行了精细解读。从数据要素与市场化配置的深度探索，到数字经济的技术基石与基础设施的剖析，明晰了数字经济运行的底层逻辑。聚焦产业融合、企业数字化转型等实践前沿，以案例的形式展示如何赋能传统产业焕发生机，助力企业在数字时代破局突围。数字金融、数字贸易等章。展现了数字经济在细分领域的创新与广阔前景；而平台化与智能化、数字政府相关内容进一步拓宽视野，揭示了数字力量对商业生态、公共治理的全方位变革。

为增强学习的实效性与互动性，每章开篇精心设置案例导入，将抽象理论与鲜活实践紧密相连，帮助读者迅速融入情境，激发学习兴趣。同时，章末配备课后习题，便于读者自查学习效果，巩固所学知识，提升知识运用与解决问题的能力。

本书是校企合作教材，所有参编教师均具有硕士、博士学历或高级职称，并具备数字技术与经济、管理类专业等交叉学科的研究背景；企业参与写作的人员学历均在硕士及以上，并持有数字经济领域相关的职业资格证书。本书是建构我国自主数字经济知识体系的重要尝试，也是应用型高校与企业理实融合的重要尝试，旨在为经济类、管理类本科及专升本学生提供数字经济的基本概念、理论框架、实践案例，培养其在新经济环境下的综合分析与决策能力。

本书的具体编写分工如下：甘甜、刘大鹏构建整体框架；雷珍、常嘉佳、许桓炜、孙秀、张颖、邓爽、许白玲、张彬、周猜、马楚炫、甘甜、刘凤，分别编写了第一章至第四章、第六章、第七章、第九章、第十一章至第十五章；企业方的参编人员杨昆、刘洋涛、石婧、倪圆、姚翰和陈梅，编写了第五章、第八章和第十章。同时，感谢张颖、杨昆、张彬在写作过程中开展的推进工作。感谢所有为本书提供过帮助和建议的个人和企业，感谢机械工业出版社相关编辑的大力支持。

由于编写时间有限，书中难免存在不足之处，恳请读者批评指正，以便不断改进和更新内容，适应数字经济发展的不断变化。

编者<br>2024.12

# 目 录

前言

## 第一章　导论 /001
案例导入 /001
第一节　什么是"数字经济学" /002
第二节　数字经济学的研究对象及研究范畴 /005
第三节　本书内容框架及知识体系 /008
课后习题 /009

## 第二章　数字经济的内涵特征及相关理论 /010
案例导入 /010
第一节　数字经济的内涵特征 /011
第二节　数字经济的相关理论 /020
课后习题 /032

## 第三章　数字经济的兴起与发展 /033
案例导入 /033
第一节　数字经济的产生背景 /034
第二节　全球数字经济的兴起 /035
第三节　政策与法规的适应与调整 /041
课后习题 /044

## 第四章　数字经济的统计测量 /045
案例导入 /045
第一节　数字经济统计测量概述 /046
第二节　国际数字经济统计测量方法 /050
第三节　我国数字经济统计测量方法 /053

第四节　数字经济统计测量的运用　　　　　　　　　　　　　　　/ 056
课后习题　　　　　　　　　　　　　　　　　　　　　　　　/ 062

## 第五章　数据要素与市场化配置　　　　　　　　　　　　　　　/ 063

案例导入　　　　　　　　　　　　　　　　　　　　　　　　/ 063
第一节　数据要素的特性　　　　　　　　　　　　　　　　　/ 064
第二节　数据要素的市场化配置　　　　　　　　　　　　　　/ 070
第三节　数据要素配置的挑战与问题　　　　　　　　　　　　/ 074
第四节　政策建议　　　　　　　　　　　　　　　　　　　　/ 076
课后习题　　　　　　　　　　　　　　　　　　　　　　　　/ 078

## 第六章　数字经济的技术基石与基础设施　　　　　　　　　　　/ 079

案例导入　　　　　　　　　　　　　　　　　　　　　　　　/ 079
第一节　数字经济的技术基础　　　　　　　　　　　　　　　/ 080
第二节　数字经济基础设施的构建　　　　　　　　　　　　　/ 096
第三节　数字技术与数字基础设施的综合联动　　　　　　　　/ 109
课后习题　　　　　　　　　　　　　　　　　　　　　　　　/ 114

## 第七章　数字化与产业融合　　　　　　　　　　　　　　　　　/ 115

案例导入　　　　　　　　　　　　　　　　　　　　　　　　/ 115
第一节　数字化　　　　　　　　　　　　　　　　　　　　　/ 116
第二节　产业融合　　　　　　　　　　　　　　　　　　　　/ 119
第三节　传统产业数字化转型与融合发展　　　　　　　　　　/ 128
课后习题　　　　　　　　　　　　　　　　　　　　　　　　/ 135

## 第八章　企业数字化转型　　　　　　　　　　　　　　　　　　/ 136

案例导入　　　　　　　　　　　　　　　　　　　　　　　　/ 136
第一节　数字化转型的本质　　　　　　　　　　　　　　　　/ 137
第二节　数字化转型的总体思路　　　　　　　　　　　　　　/ 145
第三节　数字化转型常用的工具及方法建议　　　　　　　　　/ 152
课后习题　　　　　　　　　　　　　　　　　　　　　　　　/ 158

## 第九章　数字金融　　　　　　　　　　　　　　　　　　　　　/ 159

案例导入　　　　　　　　　　　　　　　　　　　　　　　　/ 159

## 目录

|  |  |
|---|---|
| 第一节　走进数字金融 | /160 |
| 第二节　我国数字金融的分类 | /163 |
| 第三节　数字金融风险与监管 | /175 |
| 课后习题 | /180 |

### 第十章　数字贸易　　/181

|  |  |
|---|---|
| 案例导入 | /181 |
| 第一节　数字贸易的定义与内涵 | /182 |
| 第二节　数字贸易对经济的影响 | /185 |
| 第三节　数字贸易面临的挑战 | /189 |
| 第四节　数字贸易的未来发展趋势 | /192 |
| 课后习题 | /197 |

### 第十一章　平台化与智能化　　/198

|  |  |
|---|---|
| 案例导入 | /198 |
| 第一节　平台经济 | /199 |
| 第二节　智能经济 | /215 |
| 课后习题 | /225 |

### 第十二章　数字政府　　/226

|  |  |
|---|---|
| 案例导入 | /226 |
| 第一节　数字政府的定义与内涵 | /227 |
| 第二节　数字政府应用场景 | /242 |
| 第三节　数字政府发展面临的挑战 | /260 |
| 课后习题 | /268 |

### 第十三章　我国数字经济的发展战略　　/269

|  |  |
|---|---|
| 案例导入 | /269 |
| 第一节　我国数字经济发展历程 | /270 |
| 第二节　我国数字经济面临的问题与挑战、机遇与前景、应对策略 | /275 |
| 第三节　我国数字经济发展的主要路径 | /280 |
| 课后习题 | /287 |

## 第十四章　数字鸿沟　/ 288
案例导入　/ 288
第一节　数字鸿沟的相关概念　/ 289
第二节　数字鸿沟的影响和现状　/ 293
第三节　数字鸿沟的弥合　/ 298
课后习题　/ 301

## 第十五章　数据垄断与算法滥用　/ 302
案例导入　/ 302
第一节　数据垄断　/ 303
第二节　算法滥用　/ 307
课后习题　/ 313

**参考文献**　/ 314

# 第一章　导论

## 案例导入

### 从 11.2 万亿元到 53.9 万亿元——数字经济发展动能强劲

当前，数字经济已成为经济发展中最具活力、增速最快、影响广泛的领域，对培育新型生产力、强化产业链及供应链韧性具有显著的支撑效应。自党的十八大以来，我国通过发布《"十四五"数字经济发展规划》，有效推动了数字经济的快速增长。从 2012 年的 11.2 万亿元至 2023 年的 53.9 万亿元，数字经济规模在 11 年间实现了 3.8 倍的增长。

在人工智能领域，技术迭代加速，为各行业提供了创新转型的新工具和新视角。至 2023 年年底，我国人工智能核心产业规模已接近 5800 亿元。随着全功能接入国际互联网 30 周年的到来，我国已拥有 10.9 亿网民，成为全球最大的数字消费市场。2023 年，我国网络零售额高达 15.42 万亿元，连续 11 年位居世界第一；移动支付规模相比 2012 年增长了 239 倍。

工业和信息化部指出，人工智能正为经济社会发展注入新动力，并深刻改变着人们的生活和生产方式。未来，将聚焦人形机器人、脑机接口等新兴领域，实施科研攻关，突破关键技术，形成标志性产品。

数字经济主要由数字产业化和产业数字化两部分构成。数字产业化提供技术、产品、服务等基础设施和解决方案，为新兴产业发展奠定基础。近年来，我国加快培育人工智能、大数据、云计算等新兴产业，提升通信设备、集成电路等核心竞争力，促进平台经济和共享经济健康发展。

截至 2024 年 6 月月底，我国 5G 基站总数达 391.7 万个，5G 用户普及率超过 60%。5G 已融入 97 个国民经济大类中的 74 个，全国"5G+ 工业互联网"在建项目超 1 万个，5G 物联网终端连接数大幅提升。

在产业数字化方面，工业互联网、智能制造等新业态、新模式不断涌现。我国深入实施制造业数字化转型行动，推动数字技术与各行业深度融合，支持建设智能工厂、数字化供应链和数字园区。截至 2023 年年底，已培育 421 家国家级智能制造示范工厂、万余家省级数字化车间和智能工厂，以及 62 家"灯塔工厂"，引领传统产业转型升级。

企业数字化改造旨在降本增效。截至 2023 年年底，我国制造业重点领域数字化水平显著提升，关键工序数控化率和数字化研发设计工具普及率分别达到 62.2% 和 79.6%。数字化改造后，大飞机、新能源汽车等领域示范工厂的产品研发周期和生产效率均提升近 30%。

未来，工信部将重点推动装备制造企业、大宗耐用消费品生产企业和实施大规模设备更新企业的数字化改造，启动高标准数字园区建设，探索园区数字化整体提升路径。

## 第一节　什么是"数字经济学"

### 一、数字经济学的概念

自 20 世纪 40 年代以来，电子计算机的横空出世以及通信设备、信息网络等技术的迅速普及，在全球范围内掀起了一场前所未有的科技与社会经济变革。这场变革因其深远影响而被广泛称为"数字化革命"，亦有人将其视为继蒸汽机革命和电气化革命之后的第三次工业革命，或是第三次科技革命。随着这一变革的深入，社会经济的发展形态也经历了翻天覆地的变化。继农业经济、工业经济之后，一种依托于现代信息通信技术，以网络（尤其是互联网）为平台，通过信息网络实现资源的高效生产、分配、交换和消费的新型经济形态——数字经济（Digital Economy），逐渐崭露头角，并日益成为全球瞩目的焦点。数字经济这一术语，最初是由唐·塔普斯科特（Don Tapscott）在其 1996 年出版的著作 *The Digital Economy: Promise and Peril in the Age of Networked Intelligence* 中提出的。随后，在 1998 年，美国商务部发布的 *The Emerging Digital Economy* 报告更是让这一概念深入人心。近年来，随着大数据、云计算、人工智能等前沿数字技术与经济活动的深度融合，数字经济展现出了强大的生命力和广阔的发展前景，成为各国稳定经济增长、推动经济复苏的重要力量。

自 20 世纪 90 年代以来，信息技术的发展对社会产生了日益深刻的影响。在这一过程中，对于信息技术如何融入社会与经济的描述，也随着时代的变迁而不断演变，产生了诸如信息经济、网络经济、知识经济、互联网经济、智慧经济、智能经济以及新经济等一系列相关概念。这些概念虽然侧重点略有不同，但都反映了不同时期人们对信息技术所引发的社会变革的深刻洞察和独特理解。

随着数字技术的不断发展和应用，数字经济的内涵也日益丰富和完善。目前，较为广泛接受的定义来自《二十国集团数字经济发展与合作倡议》，该倡议将数字经济描述为"以使用数字化的知识和信息作为关键生产要素，以现代信息网络作为重要载体，以信息通信技术的有效使用作为效率提升和经济结构优化重要推动力的一系列经济活动"。这一定义强调了数字经济的两个核心特征：一是数字化知识和信息，即数据，已成为推动经济发展的关键生产要素；二是现代信息网络和信息通信技术，即数字技术，正在深刻改变着生产方式，推动经济结构的优化和升级。此外，中国信息通信研究院也对数字经济给出了自己的定义。该研究院认为，数字经济是以数字化的知识和信息为关键生产要素，以数字技术创新为核心驱动力，以现代信息网络为重要载体，通过数字技术与实体经济的深度融合，不断提高经济社会的数字化、智能化水平，加速重构经济发展与治理模式的新型经济形态。这一定义不仅涵盖了数字经济的核心要素和特征，还突出了数字技术在推动经济社会发展中的重要作用。

随着数字经济的蓬勃兴起与日益成熟，其独特的运行规律和新兴现象对传统经济学理论构成了诸多挑战，迫切呼唤着新的理论框架与分析工具来全面解读这一变革。在此背景下，数字经济学作为一门新兴的交叉学科应运而生，旨在深入剖析和阐释数字经济所带来的广泛而深刻的经济影响。数字经济学综合运用经济学的原理与方法，对数字经济中的经济活动、经济关系以及经济规律进行深度挖掘与剖析，旨在揭示这些活动、关系与规律如何影响并重塑经济社会的整体面貌。

然而，目前学术界对于数字经济学这一术语尚未形成统一且被广泛接纳的定义。不同学者根据各自的研究视角与侧重点，提出了多样化的理解。例如，李刚等人认为，数字经济学是研究数字经济时代下的经济活动中，政府、企业、个人及其他社会团体如何利用数据资源作为关键生产要素，依托现代信息网络载体，加深信息通信技术融合应用、全要素数字化转型，从而促进实现资源的优化配置与再生，推动经济结构转型和高质量发展，满足进一步统一公平与效率需要的一门学科。而卢福财则从数字商品与服务的研究视角出发，将数字经济学定义为以数字商品和服务为研究对象，梳理数字经济发展规律，以现代经济学理论框架为理论基础，对数字经济不断发展出现的新情况、新问题、新经验进行理论总结，构建数字经济理论体系的经济学分支体系，是主要研究数字产品、数据要素、数字技术与经济之间的辩证关系及其发展规律的科学。由于数字经济学是一个相对新兴的研究领域，其定义和内涵可能随着时间和研究的深入而不断发展和完善，具体还需根据最新的研究成果和学术动态进行理解和调整。

## 二、数字经济学的学科基础

数字经济学的学科基础广泛而深厚，涵盖了经济学、管理学、计算机科学和工程学等多个领域。这些学科相互交织、相互支撑，共同构成了数字经济学的理论框架和实践指导。

### （一）经济学

经济学是数字经济学的核心学科基础。数字经济作为新一轮科技革命和产业变革的重要领域，已成为推动全球经济发展的新动能。经济学为数字经济学提供了基本的理论框架和分析工具，如供需理论、价格理论、市场结构分析等。在数字经济中，这些理论被广泛应用于分析数字市场的竞争态势、数字产品的定价策略、数字经济的增长动力等方面。同时，经济学还关注数字经济对社会经济的影响，如数字经济对就业、收入分配、产业结构等方面的影响，这些研究对于制定适应数字经济时代的经济政策具有重要意义。

### （二）管理学

管理学在数字经济学中也扮演着重要角色。管理学为数字经济学提供了组织、战略、运营等方面的理论支持。在数字经济时代，企业需要运用管理学知识来优化组织结构、制定发展战略、提高运营效率等。例如，企业可以通过数字化转型来提高生产效率、降低运营成本、增强市场竞争力。管理学中的项目管理、风险管理、创新管理等理论在数字经济领域同样具有重要意义。这些理论可以帮助企业更好地应对数字化转型过程中的挑战和风险，实现可持续发展。

### （三）计算机科学

计算机科学是数字经济学的技术基础。数字经济依赖于计算机技术和信息技术的发展，如大数据、云计算、人工智能等。计算机科学为数字经济提供了数据处理、算法优化、网络安全等技术手段。在数字经济中，计算机科学的应用非常广泛，如数据分析、数据挖掘、机器学习等技术在数字经济中发挥着至关重要的作用。这些技术可以帮助企业更好地了解市场需求、优化产品设计、提高运营效率等。同时，计算机科学还为数字经济提供了强大的技术支持，如区块链技术、物联网技术等，这些技术在数字经济中的应用正在不断拓展和深化。

### （四）工程学

工程学在数字经济学中主要关注技术实现和系统集成。在数字经济领域，工程学知识被用于设计、开发和维护各种数字系统和平台。例如，软件工程、网络工程、数据工程等技术在数字经济的建设中发挥着重要作用。这些技术可以帮助企业构建高效、稳定、安全的数字系统和平台，为数字经济的发展提供有力支撑。同时，工程学还关注数字技术的创新和应用，如5G技术、物联网技术等新兴技术的研发和应用正在不断推动数字经济的创新发展。

在进一步探讨数字经济学的学科基础时，还需要注意到这些学科之间的交叉融合以及它们如何共同作用于数字经济的不同层面。数字经济学的各个学科基础并不是孤立存在的，而是相互交织、相互促进的。例如，经济学与管理学的结合可以帮助我们更深入地理解数字经济中的企业行为、市场竞争和产业结构变化；计算机科学与工程学的结合则推动了数字技术的不断创新和应用，为数字经济的发展提供了强大的技术支持。同时，这些学科之间的交叉融合也催生了新的研究方向和领域，如数字金融、数字营销、智能制造等，这些领域的发展进一步丰富了数字经济学的内涵和外延。学科基础在数字经济中发挥着不同的作用。经济学主要关注数字经济的宏观层面，如经济增长、就业、收入分配等问题；管理学则更侧重于数字经济的微观层面，如企业组织结构、战略管理、运营管理等；计算机科学和工程学则主要关注数字技术的研发和应用，以及数字系统的设计和维护。这些学科在数字经济的不同层面发挥着各自的优势，共同推动了数字经济的健康发展。未来，随着数字技术的不断创新和应用，数字经济学的学科基础将不断拓展和深化。一方面，新兴的数字技术如区块链、人工智能、物联网等将推动数字经济学的创新研究；另一方面，数字经济学的理论体系和实践指导也将不断完善和发展,为数字经济的持续健康发展提供更加有力的支持。

## 第二节　数字经济学的研究对象及研究范畴

### 一、数字经济学的研究对象

数字经济学作为经济学领域内的一个新兴且充满活力的分支,其研究对象聚焦于以数据为关键生产要素的一系列新型经济活动。这一领域不仅深入探讨了数据作为一种前所未有的资源,在各类经济活动中所扮演的角色日益重要且不可替代,而且还细致考察了数字资源如何在各种经济活动中实现优化配置。这种优化配置并非简单的过程,而是涵盖了数据的全面生命周期,包括数据的采集、高效处理、深入分析以及精准应用等多个紧密相连的环节。其核心理念在于,通过实施科学的数据管理策略,最大化地发挥数据的价值,进而推动经济活动效率和效益的双重提升。

此外,数字经济学还深刻关注数字技术与传统经济理论的有机结合。近年来,大数据、人工智能、区块链等前沿数字技术正以前所未有的速度和广度重塑着经济活动的面貌和运行逻辑。数字经济学在这一背景下应运而生,致力于将这些新兴的数字技术巧妙地融入传统经济理论的宏伟框架之中,以期更为准确地解释和预测这些新技术对经济活动所带来的深远影响。这种理论与实践的深度融合,不仅丰富了经济理论的内涵和外延,更为我们在数字时代背景下,全面理解和有效应对各种经济挑战,提供了更为宽广的视野和更为精妙的工具。

通过深入探索数字资源的优化配置,以及数字技术与传统经济理论的融合,数字经济学正逐步构建起一套适应数字时代发展需求的新经济理论体系。这一理论体系不仅能够帮助人们更好地理解数字经济的本质和运行规律,更能为政策制定者、企业家以及广大消费者提供科学的决策依据和实践指导,共同推动数字经济的持续健康发展。

### 二、数字经济学的研究范畴

根据戚聿东等人的观点,数字经济学是主要研究数据、数字技术与经济之间的辩证关系及其发展规律的科学,也可以称之为研究数据、数字技术与经济矛盾关系的科学。数字经济学的研究范畴包括宏观经济问题、中观经济问题、微观经济问题,其中宏观经济问题主要研究数字经济学的运行逻辑和经济本质;中观经济问题主要研究产业经济、行业经济、区域经济等领域;微观经济问题主要研究企业的数字化转型,包括企业生产、经营、管理等各个领域。

就宏观层面而言，数字经济学主要研究数字经济的发展规律与经济作用。与农业经济和工业经济相比，数字经济中数字技术和数据在经济发展中的作用得到强化，生产方式与生产关系发生了显著变化，经济的数字化转型已经渗透生产、分配、交换、消费的全过程。数字经济学研究应从概念、历史、性质、方法等基本问题出发，明确数字经济在经济中的作用与地位，研究完善数字经济统计方式、计算标准、测度指标体系，评估数字经济的规模、结构与特征。重点研究数字经济发展对宏观经济的影响，如数字经济发展对经济增长、经济周期波动、失业、通货膨胀、国家财政、国际贸易等的影响。在研究生产方式与生产关系的发展规律的同时，还要研究优化生产方式、完善生产关系的路径。如何推动数字经济可持续发展，也是宏观层面的重点研究方向之一。例如，研究如何为数字经济提供合适的经济政策指引和营造良好的发展环境，如何提高数字经济发展的质量等。

就中观层面而言，数字经济学主要研究数字产业化、产业数字化和数字市场等问题。数字产业化是数据和数字技术产业化的结果，研究内容应包括数字产业的发展趋势与规律、数字产业的规模测量、数字产业的经济影响以及数字产业的结构性特征，既包含数字产业结构调整对就业结构、收入结构、经济增长等定量实证性研究，又包含对产业结构升级和经济可持续发展等问题的定性判断。产业数字化主要探讨数据和数字技术提高要素配置效率、激发市场活力、推动产业质量变革的内在机制，分析数字化转型对传统产业的边界、供需、竞争力等方面的影响。数字市场是基于数字技术的虚拟市场。虽然数字市场对经济发展的积极影响日益显现，但是对于数字市场的整体认知和理论研究还有待进一步加强。首先，如何更好地发挥数字市场的积极作用，降低交易双方信息不对称和交易费用，提高交易效率，将成为数字市场的研究重点。其次，数字市场可能存在信息泄露和监管漏洞，诈骗、侵权、非法集资等网络犯罪行为屡禁不止，市场制度规制较为滞后。如何保证数字市场的健康有序发展是数字经济学不容忽视的问题。最后，为适应数字市场的发展，研究与之匹配的相关法律法规，明确各数字市场主体权责，也是未来数字经济学研究的重要课题。

就微观层面而言，数字经济学主要研究消费者行为与企业数字化转型问题。关于数字经济下消费者行为的研究建立在信息非对称这一基本事实和个人效用最大化的假设之上，核心研究内容是数据和数字技术对个人经济行为的影响。信息搜寻成本的下降和信息可得性的提升使个人对产品质量、性能、服务、成本等有了更深入的了解。在这种情况下，消费者的偏好、预期、支付意愿如何调整，市场中逆向选择问题、道德风险问题、委托—代理等问题如何演进，都是未来数字经济学需要解决的主要问题。企业数字化转型是传统企业利用数字技术和数据对生产流程、组织架构、商业模式进行全要素、全流程、全方位的重塑。这一进程降低了生产要素成本，提高了产品技术含量与企业生产效率，并通过发展路径变革发掘新商机、探索新模式，催生新产品。

基于以上分析可以得出，面对传统企业数字化转型需要，数字经济学的微观企业研究应围绕如何推动企业数字化转型，提高企业竞争力而展开，并将如何优化政策环境、培育企业创新能力、激发企业转型活力作为数字经济学的重点研究方向。

## 三、数字经济学的学科体系框架

目前为止，尚无学者明确提出完整的数字经济学的学科框架和理论方法体系。戚聿东等人在吸收国内外学者对数字经济学理论研究成果的基础上，尝试提出数字经济学的学科体系框架，如图1-1所示。

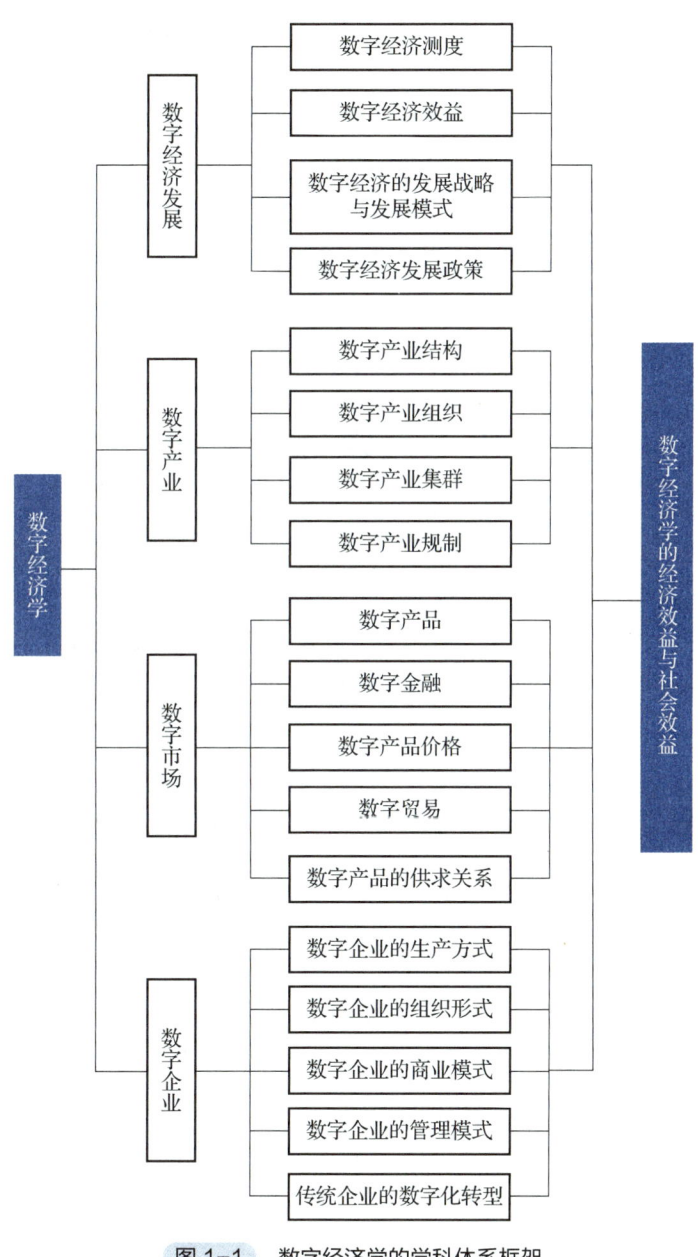

图1-1　数字经济学的学科体系框架

数字经济学的基本任务是研究数字经济的发展规律，并制定相应政策，促进数字经济的发展。要在数字经济学理论体系中完成以上基本任务，不仅要借鉴传统经济学的理论体系，而且要研究数字经济学的学科理论框架。按照以上要求，数字经济学学科理论体系应包含三个层次。第一层次，界定了数字经济学的学科范畴。作为一门应用性经济学科，数字经济学专注于探索数字经济发展的理论基础与实践路径。它聚焦于数字经济的增长动力与产业结构优化，深入探讨数字市场机制如何通过供求与价格调节实现资源高效配置，同时剖析数字企业的运作规律及其转型路径，从而确立起数字经济学的独特研究领域。第二层次，明确数字经济学的研究重心。其核心议题在于数据与数字要素如何优化传统生产要素的配置。这一研究广泛覆盖了多个子领域，包括数字经济测度、数字经济效益、数字经济的发展战略与发展模式、数字经济发展政策等，旨在全面揭示数字经济发展的内在逻辑与外在表现。第三层次，阐述了数字经济学的发展目标。提升效率与优化结构是数字经济发展的核心目标，而实现经济效益与社会效益的最大化则是这一进程的出发点与落脚点。作为一门高度应用性的经济学分支，数字经济学需紧密追踪数字经济的发展动态，运用其理论工具指导实践，引领数字经济与社会进步同步前行。唯有如此，数字经济学方能保持旺盛的生命力，持续为数字经济的发展贡献力量。

## 第三节 本书内容框架及知识体系

本书系统性地划分为五大核心板块，旨在全面而深刻地揭示数字经济的多维度特性及其广泛影响力，为读者提供一个完整且深入的知识体系。

第一部分，数字经济基础理论框架，包括第一章至第三章的内容。这一部分详细而系统地阐述了"数字经济学"的定义、研究对象及研究范畴，为读者揭示了数字经济的本质与内涵。通过深入剖析数字经济的内涵特征及相关理论，构建了数字经济的基本理论框架，为读者提供了理解数字经济的基础。同时，这一部分还强调了数字经济的兴起与发展对于经济增长、就业形态、社会进步以及全球竞争格局的重要意义，为后续章节的深入探讨奠定了坚实的理论基础。

第二部分，数字经济的量化分析与统计测量，主要集中于第四章。这一部分专注于数字经济的量化研究，通过统计测量的方法，揭示数字经济的规模和特征。这一部分在详细介绍数字经济统计测量的概念、国际及我国数字经济统计测量方法的同时，还探讨了数字经济统计测量的应用，为读者提供了量化分析数字经济的实用工具与独特视角，有助于读者更准确地把握数字经济的动态与趋势。

第三部分，数字经济的核心要素与基础设施，包括第五章和第六章的内容。这一部分深入探讨了数字经济的核心要素——数据和技术，以及支撑这些要素的基础设施。通过详细分析数据要素的特性及其市场化配置，以及数字技术与数字基础设施的综合联动、技术基础与构建路径，这一部分揭示了数字经济的技术基础与支撑体系，为读者提供了理解数字经济技术层面的深入洞察。

第四部分，数字经济的行业应用与融合发展，包括第七章至第十一章的内容。这一部分从多个角度展示了数字经济在不同领域的广泛应用和深远影响。从产业融合、企业数字化转型到数字金融、数字贸易，再到平台化和智能化，这一部分详细分析了数字化与产业融合的趋势，强调了企业层面数字化转型的本质、目的、意义和总体思路。同时，这一部分还介绍了数字金融的定义、分类、风险与监管，阐述了数字贸易的定义、现状、驱动因素等，并探讨了平台经济和智能经济的发展趋势，为读者提供了数字经济在各行业应用与发展的全面图景。

第五部分，数字经济的政策环境与挑战应对，包括第十二章至第十五章的内容。这一部分深入探讨了数字经济的政策制定和面临的挑战，包括数字政府、我国数字经济的发展战略、数字鸿沟以及数据垄断与算法滥用等热点问题。通过深入分析这些政策和实践问题，为读者提供了对数字经济未来发展的深刻思考与启示。同时，这一部分还介绍了数字政府的定义、内涵、应用场景、挑战和未来展望，分析了我国数字经济发展的历程、面临的问题、挑战和机遇，以及发展战略的总体思路。此外，这一部分还探讨了数字鸿沟的相关概念、影响及弥合方法，并阐述了数据垄断与算法滥用的定义、成因、危害、立法情况和认定方法，为读者提供了应对数字经济挑战的策略与建议。

## 课后习题

1. 数字经济学的核心概念是什么？
2. 数字经济学的学科基础涉及哪些领域？
3. 结合生活中的现象，谈谈数字经济对社会经济的影响。

# 第二章　数字经济的内涵特征及相关理论

## 案例导入

2024年举办的世界互联网大会乌镇峰会适逢互联网诞生50周年、中国全功能接入互联网30周年，于11月19日至22日在中国浙江省乌镇举行，主题为"拥抱以人为本、智能向善的数字未来——携手构建网络空间命运共同体"。

每年全球互联网的乌镇时间，总会见识不一样的新鲜"网事"。十年前，一个最基本款的机器人，也会引来很多人围观，机器人抬抬胳膊问句好，都会让人惊叹；十年后的今天，人工智能早已深度嵌入乌镇人的生活场景，保洁、巡逻、配送甚至迎宾都是机器人在干。这些新技术、新理念、新应用的落地，解锁了智慧生活新范式。无人驾驶、智能游船、无人收割机……当下你能想到的智能化生活，在这儿都一一呈现，简直是"科幻小说照进现实"。互联网赋能之下，从舌尖到指尖、从田间到车间、从衣食住行到娱乐消费，数字技术不断拓展着乌镇乃至整个嘉兴人智慧生活的边界，对社会生产、生活和城市格局进行了全方位重塑。"生活因互联网而更丰富"，这句话具体而生动。

随之而来的，是传统产业工业企业也开始了数字化转型。不仅是蚕丝，当地传统产业里的化纤丝和玻纤丝，都通过数字经济的推动，顺利实现了迭代升级。经过11年的发展，一张数字经济大网已巍然成形，成为乌镇的新名片，成为推动地方经济高质量发展的主引擎。这些年来，从枕水江南散发出的"互联网之光"，澎湃的是数字经济浪潮，激荡的是科技创新能量，催生新产业新业态新模式。2023年，中国数字经济规模达到53.9万亿元，对GDP增长的贡献率达66.45%。数字经济成为高质量发展的"源头活水"。由数字经济发展而来的"三智一网"（即智能汽车、智能计算、智能传感和工业互联网），构成了桐乡新的江南胜景，也网出了一个新世界。

## 第一节　数字经济的内涵特征

20世纪90年代，随着互联网的广泛接入和信息技术的关键性突破，全球范围内由网络连接所催生的海量数据已大大超出了传统分散终端的处理能力。在这种背景下，大数据、云计算等数字技术得到了飞速发展。"数字经济"最早由著名新经济学家唐·塔普斯科特（Don Tapscott）在其1996年的著作 *The Digital Economy, Promise and Peril in the Age of Networked Intelligence* 一书中提出，该书详细论述了互联网对社会经济的影响。紧接着，尼古拉斯·尼葛洛庞帝（Nicholas Negroponte）的《数字化生存》向人们讲解了信息技术的未来发展趋势、应用及其价值，此书一经出版便在全球各地引起强烈反响，成为畅销书。从那时起，各国政府便采取措施将数字经济作为推动经济增长的新动能。1997年，日本通产省开始使用"数字经济"一词。从1998年起，美国商务部以"数字经济"为主题发布了多项年度研究成果。2008年金融危机以来，各国为了尽快走出经济衰退的泥潭，纷纷制定数字经济战略。近年来，我国也高度重视数字经济在引领经济增长、产业结构升级方面的巨大推动作用，并做出重要部署。2015年3月，政府工作报告提出"互联网+"行动计划。2016年3月，政府工作报告提出促进共享经济发展，同年10月，习近平总书记在中共中央政治局第三十六次集体学习时强调："要加大投入，加强信息基础设施建设，推动互联网和实体经济深度融合，加快传统产业数字化、智能化，做大做强数字经济，拓展经济发展新空间。"2017年3月，政府工作报告提出促进数字经济加快成长，党的二十大报告和二十届三中全会均明确强调，加快构建促进数字经济，促进数字经济和实体经济深度融合。2023年9月，中国国际智能产业博览会举行，习近平总书记致贺信表示，中国高度重视数字经济发展，持续促进数字技术和实体经济深度融合，协同推进数字产业化和产业数字化，加快建设网络强国、数字中国。

### 一、数字经济的内涵

#### （一）数字经济的定义

**1. 学术界对数字经济的界定**

随着基础设施的不断完善，信息通信技术（ICT）与社会经济各个领域的融合不断加深，已成为推动实体经济结构升级的重要动力。自唐·泰普斯科特（Don Tapscott）将数字经济界定为"数字经济是以数字技术为核心推动经济环境与活动发生彻底变革的系统"之后，许多机构和学者纷纷从不同视角定义数字经济。英国政府认为在数字经济中，数字网络和通信基础设施提供了一个全球化的平台，能够促进个人和组织的相互交往、通信、合作和信息分享。澳大利亚政府在《国家数字经济战略》中将数字经济定义为通过互联网、移动电话和传感器网络等信息和通信技术，实现经济和社会的全球性网络化。Bukht 和 Heeks（2017）认为，数字经济是完全或者主要由基于数字产品或服务的商业模式的数字技术所引起的那部分产出；其中，狭义的数字经济，即除了核心部门（软件制造业、信息服务等行业）外，还包括因 ICT 而产生的新的商业模式，如平台经济、共享经济、数字服务等；而广义的数字经济，即数字化经济（Digitalized Economy），则包括了一切基于数字技术的经济活动，如工业 4.0、精准农业、电子商务等。这种定义虽然模糊了界限，但是足以将未来涌现的基于数字技术的新业态纳入进来。中国信息通信研究院发布的《中国数字经济发展白皮书（2017）》，将数字经济界定为，以数字化的知识和信息为关键生产要素，以数字技术创新为核心驱动力，以现代信息网络为重要载体，通过数字技术与实体经济深度融合，不断提高传统产业数字化、智能化水平，加速重构经济发展与政府治理模式的新型经济形态。

目前，被广泛认可的"数字经济"概念，是 2016 年由我国发布的《G20 数字经济发展与合作倡议》提出的。即数字经济是指以使用数字化的知识和信息作为关键生产要素、以现代信息网络作为重要载体、以信息通信技术的有效使用作为效率提升和经济结构优化的重要推动力的一系列经济活动。从本质上看，数字经济是一种新的技术经济范式，它建立在信息通信技术的重大突破的基础上，以数字技术与实体经济融合驱动的产业梯次转型和经济创新发展为主引擎，在基础设施、生产要素、产业结构和治理结构上表现出与农业经济、工业经济显著不同的新特点。

2. 数字经济的构成

数字经济包含数字产业化、产业数字化、数字化治理、数据价值化等多个层面和组成部分。其中，数字产业化和产业数字化共同推动传统产业的升级和新兴产业的发展；数字化治理提升政府和社会的治理效率；数据价值化则通过数据的商业化和市场化配置，推动新业态、新产业和新模式的产生。具体而言：

1）数字产业化指的是信息通信产业（包括电子信息制造业、电信业、软件和信息技术服务业、互联网行业等），通过数字技术的发展和应用，形成新的产业形态和经济增长点。这一过程涉及将数字技术与传统产业深度融合，推动传统产业升级转型，形成新的商业模式和产业链。例如，通过大数据、云计算、人工智能等技术的应用，可以提升传统产业的效率和竞争力。

2）产业数字化则是通过数字技术的发展和应用，形成新的产业形态和经济增长点。包括但不限于工业互联网、智能制造、车联网、平台经济等融合型新产业新模式新业态。这一过程涉及将数字技术与传统产业深度融合，推动传统产业升级转型，形成新的商业模式和产业链。例如，通过大数据、云计算、人工智能等技术的应用，可以提升传统产业的效率和竞争力。

3）数字化治理是数字经济的重要组成部分，主要是指利用数字技术提升政府和社会治理的效率和透明度。包括但不限于多元治理，以"数字技术＋治理"为典型特征的技管

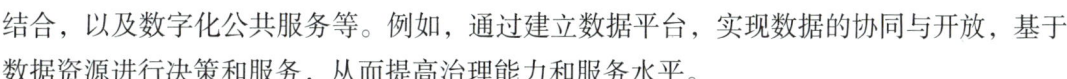

结合，以及数字化公共服务等。例如，通过建立数据平台，实现数据的协同与开放，基于数据资源进行决策和服务，从而提高治理能力和服务水平。

4）数据价值化是指将数据作为关键生产要素，推动产业转型升级，包括但不限于数据采集、数据标准、数据确权、数据标注、数据定价、数据交易、数据流转、数据保护等。数据价值化的本质是通过数据要素资源化、产品化、市场化等阶段，充分挖掘数据的价值，推动新业态、新产业和新模式的产生。

### （二）数字经济的意义

#### 1. 数字经济是经济高质量发展的新原动力

在经济增速换挡、结构调整阵痛和前期刺激政策消化"三期叠加"，以及投资边际报酬递减、人口红利消失、"模仿创新"技术进步受阻"三重冲击"的新常态背景下，我国经济发展急需由要素驱动、投资驱动转换为创新驱动、全要素生产率驱动。随着新一代信息与通信技术的创新突破，数字经济与实体经济深度融合，成为新时代我国经济动能转换和高质量发展的重要驱动力。中国信息通信研究院的估计，2023 年我国数字经济规模扩大为 53.9 万亿元，按可比口径计算名义增长了 7.39%；占 GDP 的比重提高至 42.8%，数字经济增长对 GDP 增长的贡献率达 66.45%，已成为推动我国经济高质量发展的重要力量。此外，数字经济融合化发展趋势进一步巩固，数字产业化与产业数字化的比重由 2012 年的约 3∶7 发展为 2023 年的约 2∶8，产业数字化在数字经济中的主导地位日益突出。当前已有研究证实，数字经济会通过推动企业创新与效率提升、实现产业结构转型升级、推动要素配置效率提升等渠道影响经济高质量发展。

1）数字经济通过提升生产效率，推动经济高质量发展。数字技术如云计算、大数据、人工智能等的广泛应用，可以帮助多元化创新主体更便捷、快速地获得信息与知识，推动分布式创新模式与机构的形成，继而提高生产效率和质量。这种以数据为驱动的生产方式，有利于形成新的产业链与价值链，打破原有价值创造体系，形成多维创新路径，并以此带动产业链条延伸与产业结构升级。

2）数字经济促进产业结构的优化升级。在传统经济模式下，产业结构的调整往往受到资源、环境等因素的制约。而数字经济的发展，打破了这些限制，发挥规模经济效应、精准匹配效应、效率提升效应等效应赋能产业高质量发展，使新兴产业如电子商务、互联网金融、智能制造等得以快速发展，成为经济增长的新引擎。同时，数字经济还推动传统产业与新兴产业的深度融合，推动形成"云计算-算力-数据"的数字化生产方式，从数字层、平台层与物理层赋能产业结构升级，促进产业链的延伸和价值链的提升，为经济高质量发展提供了强大的产业支撑。

3）数字经济通过提升要素配置效率，增强经济的创新能力和竞争力。一方面，数字经济下数字资本替代其他资本促进了资源配置效率的提升，在数据成为新型生产要素之后，经济社会运行在一定程度上降低了对传统生产要素的依赖程度，有利于推动要素资源的配置效率与利用水平。另一方面，数字技术的创新和应用，通过构建开放、协同的创新体系促进技术、人才、资本等创新要素的集聚和共享，加速科技成果的转化和应用。这种创新驱动的发展模式，稳健地提高了经济的自主创新能力和国际竞争力，为经济高质量发展提供源源不断的动力。

### 2. 数字经济是抢占竞争制高点的战略选择

近年来，数字经济发展速度之快、渗透范围之广、影响程度之深前所未有，正在成为重组全球要素资源、重塑全球经济结构、改变全球竞争格局的关键力量。许多国家和地区纷纷制定前瞻性战略，加强对数字技术和产业的优先布局，以抢占未来发展制高点。部分国家的数字经济布局如图2-1所示。

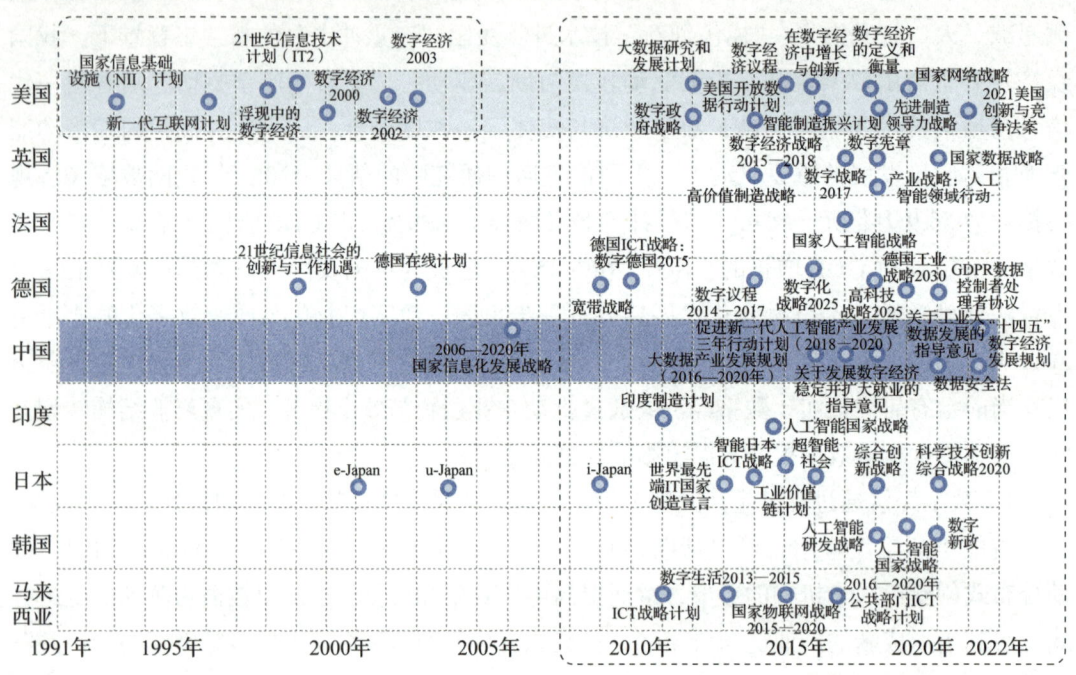

图2-1　部分国家的数字经济布局

美国在20世纪90年代开始研究数字经济，提出《国家信息基础设施（NII）》计划和《新一代互联网》计划等支撑数字化建设；2012年公布《大数据研究和发展计划》，2016年发布《智能制造业振兴计划》，2019年出台《国家网络战略》，2021年发布《2021年美国创新与竞争法案》等，持续推进数字经济发展，掌控着全球数字经济的诸多关键环节，其人工智能、半导体芯片、云计算等核心数字技术领域一直处于世界领先水平。2019年，德国发布《德国工业战略2030》；2020年，英国发布《国家数据战略》等，加速产业升级与数据价值释放，努力提升自身在数字经济领域的竞争力与话语权。

习近平总书记多次强调，发展数字经济是把握新一轮科技革命和产业变革新机遇的战略选择，是构筑国家竞争新优势的重要途径。党的十八大以来，党中央高度重视发展数字经济，将其上升为国家战略。加紧布局并实现弯道超车，通过数字产业化和产业数字化的基本路径，抢占数字经济国际竞争高地。2019 年出台《国家数字经济创新发展试验区实施方案》，2021 年 6 月 10 日，第十三届全国人民代表大会常务委员会第二十九次会议通过《中华人民共和国数据安全法》，2021 年年底印发《"十四五"数字经济发展规划》等，通过数字产业化和产业数字化，加速推动数字经济发展。在一系列的政策支持下，我国在数字经济领域也取得了显著进展，数字经济规模连续多年位居世界第二；拥有全球规模最大的电子商务市场、移动支付体系以及完备的工业互联网生态，在电子商务交易额和移动支付交易规模方面位居全球第一；在 5G 通信技术、大数据应用、人工智能算法等方面也具备较强的竞争力。我国的数字经济企业如阿里巴巴、腾讯、华为等在全球范围内都具有广泛影响力，正积极拓展海外市场，参与国际竞争合作。然而，尽管我国数字经济规模庞大，但目前仍处于"大而不强"的阶段，数字经济人才紧缺、创新能力薄弱、存在数据壁垒、资金投入不足、产业生态体系不完善等问题依然严峻，需要进一步提升自主创新能力，突破关键核心技术，以确保在全球数字经济竞争中占据有利地位。

### 3. 数字经济是新一轮国际竞争的重点领域

习近平总书记指出，当今时代，数字技术、数字经济是世界科技革命和产业变革的先机，是新一轮国际竞争重点领域，我们一定要抓住先机、抢占未来发展制高点。随着数字技术的快速发展，数字经济成为当前继农业经济、工业经济之后的主要经济形态，也是推进中国式现代化的重要时代背景。

在工业经济时代，实现现代化就是完成工业化，推进农业国向工业国的转变。我国是在半殖民地半封建社会的生产力基础上开始建设社会主义的，推进社会主义建设的核心就是实现工业化，即有系统、有步骤地进行国民经济的技术改造，使中国具有强大的现代化的工业、现代化的农业、现代化的交通运输业和现代化的国防。在数字经济时代，推进现代化不仅是指实现工业化，还必须同时实现数字化。这是因为，数字经济是技术和效率更高的经济形态，具有农业经济形态和工业经济形态无法比拟的优势。数字经济正在成为重组全球要素资源、重塑全球经济结构、改变全球竞争格局的关键力量。真正的大国重器，只有掌握在自己手里，才能把握竞争和发展的主动权，才能从根本上保障国家经济安全、国防安全。从这个意义上讲，能否实现数字技术自立自强，能否进入世界数字经济强国前列，是关系到中国式现代化能否如期顺利实现的关键问题。

此外，数字经济具有高创新性、强渗透性、广覆盖性，已成为构建现代化产业体系的重要引擎，能够推动传统产业实现生产流程智能化、管理模式信息化、产品服务个性化转型，提高传统产业的生产效率和产品质量，推动传统产业转型升级；能够催生新产业、新业态，如电子商务、数字金融、在线教育、远程医疗等，大大丰富经济业态和商业模式，推动经济结构迈向多元化和高级化；能够推动产业链向网络化、平台化方向发展，帮助企业加强与上下游企业紧密合作和协同创新，提高产业链整体运行效率和竞争力。把发展数字经济作为重要抓手，牵住数字关键核心技术自主创新这个"牛鼻子"，有利于尽快实现高水平科技自立自强，构筑国家竞争新优势。

## 二、数字经济的特征

数字经济涵盖了电子商务、移动支付、人工智能、云计算、物联网等众多领域，为全球经济的发展带来了巨大的变革。数字经济的特征主要有以下几个方面。

### （一）数据要素价值释放数字红利新空间

在数字经济蓬勃发展的当下，数据要素犹如一颗蕴含无尽能量的明珠，正开启一场深刻的经济变革之旅。2022年，中央全面深化改革委员会第二十六次会议指出，数据作为新型生产要素，是数字化、网络化、智能化的基础，已快速融入生产、分配、流通、消费和社会服务管理等各个环节，深刻改变着生产方式、生活方式和社会治理方式。

#### 1. 数据要素是数字经济时代的"石油"

如今，全球数字经济正迈入2.0阶段，消费互联网正在向产业互联网转变，数据要素被广泛比喻为新时代的"石油"。它以其独特的多元性、海量性与可挖掘性，打破传统经济模式的桎梏，为释放数字红利开辟出前所未有的广阔新空间，展现出无限可能与蓬勃活力。

从资源属性来看，数据如同石油一样，是一种可开采、可提炼、可再利用的资源。石油是工业时代的动力源泉，它通过提炼加工成为各种能源产品，驱动了机械化生产的飞速发展。而数据，则是信息时代的基础原料，通过对其进行收集、存储、分析和应用，能够转化为有价值的信息和知识，为决策提供科学依据，优化资源配置，提高生产效率。数据的这种资源属性，使其成了数字经济时代不可或缺的生产要素。

从资源作用来看，数据如同石油对生产力发展具有较强的推动作用。在工业时代，石油作为能源和化工原料，显著提高了生产效率，推动工业化进程的加速。而在数字经济时代，数据通过智能化技术的应用，如机器学习、深度学习等，能够实现对生产过程的精准控制和优化，提高生产效率和质量。同时，数据还能促进创新，为新产品、新服务的研发提供有力支持，从而推动社会生产力的整体跃升。这种对生产力的推动作用，使数据成了数字经济时代推动经济社会发展的核心动力。

从数字经济体系的基础性作用来看，数据是构建数字世界的基础设施。正如石油是工业体系运转不可或缺的能量来源，数据也是数字经济体系正常运行的基石。在数字经济时代，数据的流动和共享促进信息的透明化和对称化，降低交易成本，提高市场效率。同时，数据还是数字政府、数字社会建设的重要支撑，为公共服务的智能化、精准化提供了可能。因此，数据的基础性作用不仅体现在经济领域，还渗透到社会生活的方方面面，成为推动数字社会全面发展的关键要素。

## 2. 数据要素的深度应用推动产业转型升级

在当今数字化时代，数据要素的深度应用正以前所未有的力量推动着产业的转型升级。数据作为一种新型的生产要素，蕴含着巨大的价值和潜力，其在各产业中的广泛渗透和深度融合，正引发着一场深刻的变革。

在制造业领域，数据要素的应用促使传统生产模式向智能化制造转变。通过工业互联网平台，企业可以实时收集和分析生产数据，优化生产流程，实现智能制造。例如，传感器和智能设备能够实时监测生产线的运行状态，通过大数据分析预测设备故障，提前进行维护，减少停机时间。同时，基于数据驱动的精益生产管理，可以精准控制原材料消耗和能源使用，降低生产成本，提高产品质量。此外，数据还助力企业实现个性化定制生产，根据市场需求快速调整生产计划，提高市场响应速度。

在服务业领域，数据要素的深度应用推动服务模式的创新。数据技术的应用催生了众多新型服务模式，如电子商务、共享经济、在线教育等。这些模式通过数据分析和挖掘，精准匹配供需双方，提高服务效率和用户体验。例如，电商平台通过用户购买行为数据分析，可以为用户推荐更符合其需求的商品，提高转化率和用户满意度。共享经济平台则通过数据共享和智能调度，实现了资源的优化配置和高效利用，降低了服务成本，扩大了服务覆盖面。

在农业产业中，数据要素同样发挥着重要作用。借助物联网技术收集土壤、气象、作物生长等数据，农民可以实现精准施肥、灌溉和病虫害防治，提高农业生产的资源利用效率和农产品质量。此外，农产品销售环节的大数据分析，能够帮助农民更好地把握市场动态，制定合理的销售策略，拓展销售渠道，推动农业产业向现代化、智能化方向发展。

此外，数据要素的深度应用促进产业的跨界融合。在数字经济时代，不同产业之间的界限越来越模糊，跨界合作成为常态。数据作为桥梁和纽带，促进产业之间的信息共享和资源整合。例如，金融与科技的融合催生了金融科技（FinTech），不仅提高了金融服务的效率，扩大了覆盖面，也为传统金融行业带来了深刻变革。同样，制造业与服务业的融合发展，催生了服务型制造、个性化定制等新模式，推动了产业链和价值链的延伸和拓展。

## （二）算法建设水平决定数字经济智商

在数字经济蓬勃发展的浪潮中，算法建设水平犹如智慧中枢，深刻影响着数字经济的整体格局与发展走向。它不仅是处理海量数据、挖掘潜在价值的核心引擎，更是驱动创新应用、优化资源配置、提高竞争力的关键力量，其发达与否直接关乎数字经济能否展现出卓越的"智商"，灵活应变且高效成长。

### 1. 算法的优化加速数字技术革新迭代

算法的优化作为数字技术革新的核心驱动力之一，正加速着数字技术的迭代与升级，显著提高了数字技术处理问题的效率和准确性。以人工智能领域为例，深度学习算法的不断优化推动了图像识别技术的飞速发展。从最初简单的神经网络到如今复杂的卷积神经网络，通过对算法结构、参数调整以及训练方法的优化，图像识别的准确率大幅提高，从只能识别简单的物体轮廓到能够精准分辨出各种复杂场景下的细微差异。这使图像识别技术在安防监控、自动驾驶、医疗影像诊断等众多领域得到广泛应用，不断拓展着人工智能的应用边界，加速其在各行业落地生根。

在大数据处理方面，面对海量、复杂的数据，传统的数据处理算法往往效率低下，难以满足快速分析和决策的需求。而通过优化数据挖掘算法、分布式计算算法等，能够实现对大数据的高效存储、快速检索和深度分析。例如，Hadoop 分布式文件系统和 MapReduce 计算框架的算法优化，提高了大数据处理的并行计算能力，使企业能够在短时间内从海量数据中提取有价值的信息，为商业决策提供有力支持，从而推动大数据技术在市场营销、金融风险预测、智慧城市等领域的创新应用，加速数字技术与传统产业的深度融合。

算法优化还为云计算技术带来了新的活力。通过优化资源调度算法，云计算能够更智能地分配计算资源，根据用户的实际需求动态调整资源配置，提高资源利用率的同时降低成本。例如，在智能制造领域，通过引入机器学习算法对生产数据进行实时分析和预测，企业能够实现生产计划的动态调整和优化，提高生产效率和产品质量。此外，加密算法的不断改进保障了云计算数据的安全性和隐私性，增强用户对云计算的信任，促使更多企业和个人将业务迁移到云端，推动云计算技术的普及和发展，进一步加速了数字技术的革新迭代。

### 2. 算法的应用改善匹配效率和交易成本

在数字经济的宏大舞台上，算法的应用正以前所未有的深度和广度，重塑着市场的匹配效率与交易成本格局。算法在电商平台中的应用堪称典范。通过复杂的推荐算法，平台能够依据用户的浏览历史、购买行为、收藏偏好等多维度数据，精准地为用户推送其可能感兴趣的商品，提高商品与用户需求之间的匹配效率。以往消费者可能需要在浩如烟海的商品库中自行筛选，耗费大量时间与精力，如今算法能够在瞬间完成个性化匹配，让合适的商品快速呈现在合适的消费者面前。从商家角度来看，精准的推荐使商品能够更精准地触达目标客户群体，减少因广告投放不准确而造成的资源浪费，提高销售转化率，进而降低交易成本中营销推广的部分。

在共享经济领域，算法也发挥着关键作用。以网约车平台为例，其智能调度算法能够根据乘客的出发地、目的地、实时路况以及周边车辆的分布情况，快速地匹配最合适的司机。从交易成本的视角审视，高效的匹配降低空驶里程带来的成本损耗，同时也减少乘客因长时间等待而可能产生的时间成本和心理成本，提高车辆的利用率，使司机能够在单位时间内完成更多订单。此外，平台通过算法对供需双方的信用评估与定价策略优化，进一步降低因信息不对称而可能导致的交易风险成本。

## （三）算力成为数字经济发展的基石

在数字经济时代，数据已成为新的生产要素，而算力则是处理这些数据、挖掘其价值的关键。它宛如数字世界的超强引擎，不仅支撑着海量数据的高速处理与复杂运算，更是为人工智能、大数据分析、云计算等前沿技术的深度应用提供坚实保障，有力地撬动着数字经济各个领域的创新发展与变革突破。

### 1. 算力是数字经济的底层基础设施

在当今数字化浪潮汹涌澎湃的时代，算力已无可争议地成为数字经济的底层基础设施。从大型数据中心的超级计算机到个人手中的智能手机芯片，都蕴含着不同规模和层次的算力资源。在数字经济的广袤版图中，算力如同交通网络中的道路桥梁一般，是信息流通与交互的关键通道。例如，在互联网巨头的海量数据处理业务里，数以亿计的用户数据需要被快速分析、整理与应用，这依赖于强大的云计算算力集群。这些算力设施能够在瞬间完成复杂的数据挖掘任务，挖掘出用户的行为模式、偏好趋势等有价值信息，进而为精准营销、个性化推荐等商业活动提供有力支撑。

算力是数字经济发展的基石，是信息处理和传输这一核心环节的基础。它通过对海量数据进行高速、精确的计算和处理，为数字经济提供了强大的数据支撑和决策依据。无论是企业的运营决策，还是政府的政策制定，都离不开算力的支持。对于新兴的人工智能领域，算力更是其茁壮成长的根基。深度神经网络的训练需要进行海量的矩阵运算和参数调整，若没有强大的 GPU 算力或专用的 AI 芯片算力加持，模型训练将耗时漫长甚至难以完成。以自动驾驶汽车为例，其背后的智能决策系统依赖于对传感器实时采集的海量路况数据进行快速分析处理，这要求极高的算力来保障车辆在瞬息万变的道路环境中做出精准及时的反应，从而确保行驶安全与高效。

算力是推动数字化转型和智能化升级的关键。随着数字化和智能化技术的不断发展，各行各业都在积极寻求转型和升级的路径。而算力，正是实现这一目标的关键。例如，在工业互联网范畴内，算力在悄然重塑传统制造业。工厂中的智能设备、传感器不断产生海量生产数据，通过边缘计算算力在设备端就近处理部分数据，实现实时监控与故障预警，同时将重要数据回传至云端数据中心，借助更强大的算力进行全面分析，优化生产流程、提升生产效率、降低能耗与次品率，实现智能制造的转型升级。

### 2. 算力成为数字经济时代新质生产力

算力作为数字经济时代的新质生产力，正以前所未有的力量推动着经济社会的发展。它不仅是衡量一个国家综合国力的重要指标，更是驱动经济高质量发展的新引擎。

算力推动各行各业的数字化转型和智能化升级。在数字经济时代，算力不仅应用于互联网、金融、电信等传统行业，还广泛渗透到制造业、农业、医疗、教育等各个领域。通过提升算力水平，企业可以实现生产过程的自动化、智能化，提高生产效率和质量；同时，还能通过数据分析和挖掘，优化运营决策，提升市场竞争力。此外，算力的发展还催生了众多新业态、新模式，如共享经济、平台经济等，为经济社会发展注入新的活力。

算力促进创新链、产业链、价值链的深度融合。在数字经济时代，算力作为连接物理世界和数字世界的桥梁，促进创新链、产业链、价值链的深度融合。通过算力支持，企业可以实现跨领域、跨行业的协同创新，推动新技术、新产品的不断涌现；同时，还能通过数据分析和挖掘，优化产业链布局，提升价值链水平，实现经济的高质量发展。

## 第二节　数字经济的相关理论

数字经济作为当前全球经济发展的重要趋势，正迅速改变着经济活动的方式和形态。数字经济的兴起不仅带来了新的挑战，也为经济增长、创新和就业提供了重要动力。

### 一、数字经济的基础理论

#### （一）信息经济

##### 1. 信息经济的提出

"信息经济"一词的提出，最早可追溯到20世纪60年代。美国经济学家弗里兹·马克卢普（Fritz Machlup）（1972）在其著作《美国的知识生产与分配》中首次提出了"知识产业"，为信息经济概念的形成奠定了理论基础。马克卢普在此基础上将"知识产业"进一步细分为教育、研究与发展、通信媒介、信息设备、信息服务等5大类30个产业，并通过量化测算发现知识和信息相关产业占比不断上升。20世纪70年代—80年代，信息技术得到进一步发展，特别是个人计算机的普及和数据库管理系统的应用，使得信息的收集、存储和处理变得更加容易和高效；企业开始大量投资信息技术基础设施，以提高生产效率和管理水平。尤其是，马克·波拉特（Mac UriPorat）（1977）提出了一套衡量信息经济规模的方法，把国民经济划分为第一产业（农业）、第二产业（工业）和信息产业（包括第一信息部门和第二信息部门）。其中，第一信息部门主要是直接向市场提供信息产品和服务的产业，如计算机软件、电信服务等；第二信息部门是企业内部的信息活动，如企业的管理信息系统等。这种划分方法为信息经济的定量研究提供了框架，推动了信息经济理论的发展，也使信息产业逐渐发展成为一个独立的、具有重要经济地位的产业部门。"信息经济"一词开始被更广泛地使用。进入20世纪90年代，随着互联网的兴起和全球信息通信技术（ICT）革命的爆发，信息经济迎来了高速发展期。互联网使信息的传播和共享几乎不受时间和空间的限制，电子商务、电子政务等新型经济和管理模式层出不穷。信息经济不再仅仅局限于信息产业本身，而是开始渗透到各个传统产业领域，引发了产业结构的深刻变革。

## 2. 信息经济的内涵

信息经济是指基于信息技术的互联网向经济、社会、生活各领域渗透形成的新经济模式，以信息产业为主导，以信息产品生产和信息服务为主体的新型经济形态。其内涵可以从以下几方面加以理解：

（1）以信息资源为核心要素。信息经济，作为继农业经济和工业经济之后的一种新型经济形态，其核心特征在于信息资源的广泛渗透与深度应用。有别于传统的物质资源，包括各种数据、知识、技术、情报等在内的信息资源，具有可共享性、可复制性和高增值性等特点；并且随着对信息资源开发利用的持续深化，使其能够在不同的经济领域和环节中发挥巨大作用，继而推动产业升级和转型。例如，在大数据时代，企业通过收集消费者的购物行为数据（如购买时间、购买频率、购买偏好等），这些数据就是宝贵的信息资源。企业可以利用数据挖掘和分析技术，从中提取有价值的信息，如消费者的需求趋势、潜在市场等，从而制定更精准的市场营销策略。

（2）以信息技术为支撑手段。信息技术是信息经济发展的重要支撑，包括计算机技术、通信技术、网络技术等，主要体现在其对于数据处理、信息传输和智能化应用等方面的强大能力。一方面，计算机技术的快速发展使信息的处理能力大幅提高，为数据的采集、存储、分析和应用提供了强有力的支持。例如，超级计算机能够在短时间内完成复杂的科学计算和数据处理任务，为气象预报、基因测序等领域提供强大的技术支持。另一方面，通信技术的进步，打破了地域和时间的限制，使信息能够跨越国界、跨越行业进行流通和共享。如5G技术的广泛应用，实现了高速、低延迟的数据传输，使远程医疗、智能交通等领域的应用成为可能。在远程医疗中，医生可以通过高清视频和实时数据传输设备，对远方的患者进行诊断和治疗指导。此外，网络技术，特别是互联网和物联网的发展，构建了一个庞大的信息交互平台。物联网将各种物理设备连接到互联网，实现了设备之间的信息共享和自动化控制。例如，智能家居系统可以通过物联网技术，让用户通过手机远程控制家电设备。

（3）以信息产业为重要组成部分。信息产业是信息经济的关键组成部分。它包括电子信息制造业（如计算机、通信设备、集成电路等的制造）、软件和信息技术服务业（如软件开发、信息系统集成、信息技术咨询等）、电信业（如固定电话、移动电话、互联网接入等服务）等多个子行业。从电子信息制造业来看，通信设备制造构建起信息传输的物理网络，保障全球范围内信息的高速、稳定传递。集成电路制造更是现代电子信息产业的核心，芯片的微小尺寸却集成了海量的晶体管，其技术进步直接决定了电子设备的性能、功耗与功能多样性。例如，在人工智能领域，先进的芯片能够加速深度学习算法的运算速度，推动图像识别、语音识别等技术的快速发展。从软件和信息技术服务业来看，软件开发依据不同行业需求定制各类应用程序。除了企业资源规划（ERP）软件助力企业内部运营管理外，客户关系管理（CRM）软件可帮助企业优化销售流程、提升客户服务质量，提高客户满意度与忠诚度。信息系统集成将各类软件、硬件及网络资源整合为一体，确保企业信息系统的高效协同运作。信息技术咨询则凭借专业的知识与经验，为企业信息化战略规划、技术选型等提供科学指导，帮助企业在复杂多变的信息技术环境中找准发展方向。从电信业来看，电信业为信息产业提供基础服务，从早期固定电话服务构建起语音通信网络，到移动电话服务的普及使信息交流随时随地发生，再到互联网为人们接入全球信息网络提供通道，使电子商务、在线教育、数字娱乐等众多新兴业态蓬勃发展。

（4）对传统产业的改造和融合。在制造业领域，信息技术与制造业深度融合产生了智能制造的概念。通过在生产设备上安装传感器，利用工业互联网技术收集生产数据，企业可以实现对生产过程的实时监控和优化。例如，汽车制造企业可以根据市场需求变化，通过智能生产系统快速调整生产线，生产不同型号的汽车，提高生产的灵活性和效率。在农业领域，信息经济也发挥着重要作用。例如，利用卫星遥感技术获取农田的土壤湿度、植被生长情况等信息，结合大数据分析，可以实现精准农业。农民可以根据这些信息精准施肥、灌溉，提高农作物的产量和质量。在服务业领域，信息经济催生出的共享经济模式彻底颠覆了传统服务业的运营逻辑。以共享出行平台为例，通过移动互联网技术，将闲置的车辆资源与有出行需求的用户连接起来，改变了传统的交通出行方式和出租车行业的运营模式。当然，共享经济模式的理念还广泛延伸至其他服务领域，如共享住宿、共享办公等，推动服务业态的创新与多元化发展，提升整个服务业的资源配置效率与服务质量，满足现代社会多样化、个性化的消费需求，为经济增长注入新的活力与动力。

## （二）网络经济

### 1. 网络经济的提出

网络经济是一种建立在计算机网络（特别是 Internet）基础之上，以现代信息技术为核心的新的经济形态。它不仅包括以计算机为核心的信息技术产业的兴起和快速增长，也包括以现代计算机技术为基础的整个高新技术产业的崛起和迅猛发展。从狭义上说，网络经济主要是指以信息和计算机网络为核心的信息和通信技术的产业群体。从广义而言，网络经济主要是指电信、电力、能源、交通运输等网状运行行业构成的产业群体，其经济运作往往涉及一个国家的范围，甚至跨越国界，把几个国家或一个巨大的区域联结在一起。

网络经济的起源可以追溯到 20 世纪 60 年代末 70 年代初，美国国防部高级研究计划局建立的阿帕网（ARPANET），开启了计算机网络通信的先河。随着技术的发展，一些科研机构和高校开始接入阿帕网，人们逐渐意识到这种网络连接方式对于信息交流的巨大潜力。20 世纪 90 年代，随着互联网向商业领域的开放和万维网的出现，网络经济开始崭露头角。尤其是"互联网泡沫"破裂的"大清洗"之后，电子商务、在线支付、搜索引擎、社交网络等网络应用的不断成熟，网络经济逐渐走向成熟和稳定，成为全球经济的重要组成部分。

### 2. 网络经济的特征

网络经济并非是一种独立于传统经济之外、与传统经济完全对立的纯粹的"虚拟"经济,而是一种在传统经济基础上产生的、经过以计算机为核心的现代信息技术提升的高级经济发展形态,正深刻地改变着我们的经济生活和社会面貌。其主要内容包括以下几个方面:

(1)以网络为基础平台。网络经济首先是以计算机网络(主要是互联网)为基础平台的经济形态,如电子商务平台、社交网络平台、搜索引擎平台、企业内部资源共享平台、企业间协作平台,构建起一个超大规模的信息生态系统,实现信息的高效传播、共享和交互。例如,在电子商务中,数以亿计的商品信息借助网络平台得以广泛传播,消费者不仅能浏览文字介绍、图片展示,还能观看产品视频演示,从多个维度了解商品细节。这种信息传播与共享的高效性,极大地降低了买卖双方的信息不对称程度,提高市场的透明度和资源配置效率。并且,网络平台的分布式架构还打破了生产和交易的地理时间限制,使全球范围内的经济活动能够 24/7 不间断地进行,极大地提升企业的运营效率和竞争力,促进全球产业分工的细化与整合。在 5G 网络建设中,新一代的基站设备作为网络接入的关键节点,其高带宽、低延迟的特性为移动互联网应用的创新提供坚实基础,如远程医疗手术、智能驾驶等对网络要求极高的应用场景才可能成为现实,从而进一步拓展网络经济的应用领域和发展边界。

(2)以信息和知识为核心资源。在网络经济中,信息和知识是核心资源。与传统经济中土地、劳动力等资源不同,信息和知识具有可复制性、共享性等特点。以电子书籍为例,能在短时间内生成大量副本,广泛传播于各类电子阅读设备中。这种可复制性打破了传统资源在数量扩展上的限制,使信息和知识能够以极低的边际成本迅速扩散,从而覆盖更广泛的受众群体,极大地提升其在经济活动中的影响力和价值创造能力。此外,知识的创造和传播在网络经济中更加高效。例如,在线教育领域中,在线教育平台充分彰显了信息和知识作为核心资源的特性。课程内容以数字化形式存在,能够被无限制复制和传播,以满足不同地区、不同时间段众多学生的学习需求;也能在快速更新和改进保持知识的时效性和准确性,更好地服务于学生的知识获取与能力提升,进而提升整个在线教育行业的竞争力和经济价值。在科研领域中,学术社交网络平台已然成为科研创新的重要助推器。科学家们借助 ResearchGate、知网研学等平台,实时分享最新的研究成果、实验数据以及创新思路,这种高效的知识交流机制加速了科研的迭代进程,促使更多创新性成果涌现,同时也使科研成果能够更快地转化为实际生产力,为网络经济的科技驱动注入源源不断的动力。

(3)网络经济活动主体多元化。网络经济的活动主体非常多元化,包括个人、企业、政府机构和各种非营利组织。个人作为消费者,可以通过网络平台购买各种商品和服务,同时也可以作为内容生产者,如在社交媒体上发布自己的观点、照片、视频等。例如,在抖音等短视频平台上,个人用户创作的内容可以吸引大量的粉丝,甚至可以通过广告、直播带货等方式实现商业价值。企业是网络经济的重要主体,它们利用网络平台开展电子商务、供应链管理、客户关系管理等多种经济活动。政府机构也在网络经济中发挥着重要作用，如通过电子政务平台提供公共服务、进行政策宣传和监管等。非营利组织可以通过网络平台进行公益宣传、筹集资金等活动。

### （三）产业组织理论

#### 1. 产业组织理论的提出

产业组织理论以产业组织作为研究对象，分析同一行业内部不同企业之间的资源配置结构及其关联性。早在19世纪末20世纪初，资本主义经济从自由竞争阶段过渡到垄断竞争阶段，规模经济、市场势力以及竞争行为的变化深刻影响着产业内企业之间的关系。古典经济学的价格理论已经不能很好地解释产业内企业的竞争和垄断现象，需要一种新的理论来分析产业内企业之间的相互关系，产业组织理论应运而生。20世纪30年代—60年代是传统产业组织理论的形成和发展时期。这一时期的代表理论是哈佛学派的结构 - 行为 - 绩效（SCP）范式。1959年，贝恩（Joe S. Bain）在《产业组织》一书中系统地阐述了SCP范式。该范式认为，市场结构（Structure）决定企业的市场行为（Conduct），而市场行为又决定市场绩效（Performance）。例如，在一个集中度较高的寡头垄断市场结构中，企业可能会采取合谋定价等限制竞争的行为，从而导致资源配置效率低下等不良的市场绩效。哈佛学派主张通过反垄断政策等政府干预手段来改善市场结构，进而促进竞争和提高市场绩效。

20世纪70年代以来，随着博弈论、信息经济学等理论和分析工具的发展，新产业组织理论逐渐兴起。新产业组织理论更加注重对企业行为的微观分析，强调企业之间的策略性互动。例如，在寡头垄断市场中，企业之间的价格竞争、产量竞争等行为可以用博弈论来进行深入分析。企业在制定价格或产量决策时，会考虑竞争对手的反应。新产业组织理论还关注信息不对称对企业行为和市场绩效的影响，揭示了信息不对称在市场经济中的重要作用。例如，在保险市场中，保险公司和投保人之间存在信息不对称，投保人可能比保险公司更了解自己的风险状况，这会影响保险市场的定价和交易行为。

#### 2. 产业组织理论的主要内容

产业组织理论致力于解决产业内企业的规模经济效应与企业之间的竞争活力的冲突，即"马歇尔冲突"。其主要内容包括以下几个方面：

1）市场结构作为产业组织理论的核心内容，深入揭示了市场中买卖双方的数量、规模以及产品异质性对市场运作的深远影响。在完全竞争市场中，产品高度同质化，买家和卖家数量众多，市场进出自由，这导致价格由市场供需关系自然决定，且资源能够高效配置。相比之下，垄断市场则呈现单一卖家控制整个市场的局面，高市场壁垒使新进入者难以涉足，从而可能引发价格操控和消费者福利受损。垄断竞争市场则介于两者之间，产品具有一定差异性，企业既能享受一定的市场权利，又需面对竞争压力。而寡头竞争市场则由少数几家大企业主导，这些企业间的互动复杂且微妙，往往通过策略性行为来影响市场价格和产量。市场结构的这些特征，不仅决定了企业的竞争策略，也深刻影响着市场整体绩效和政策制定。

2）市场行为是企业在市场中的具体策略和行动，涵盖定价、产量决策、广告宣传、研发投入等多个方面。在特定的市场结构下，企业会根据自身实力、市场需求和竞争态势来制定市场策略。例如，在完全竞争市场中，企业往往通过降低成本、提高效率来争夺市场份额；而在垄断市场中，企业则可能通过价格歧视、限制产量等手段来使利润最大化。此外，市场行为还包括企业间的合作与竞争关系，如战略联盟可以帮助企业共享资源、降低风险，而垄断联盟则是一种通过联合定价来共同控制市场的行为。这些市场行为不仅影响着企业的市场表现，也深刻塑造着市场的竞争格局和绩效。

3）市场绩效是衡量市场在资源配置、生产效率和消费者福利方面表现的重要指标。在产业组织理论中，市场绩效的优劣通常通过生产效率、技术进步、产品质量、价格水平等一系列指标来评估。一个高效的市场应该能够充分利用资源，促进技术进步，提供高质量的产品和服务，并以合理的价格满足消费者需求。然而，不同的市场结构往往会导致不同的市场绩效。例如，完全竞争市场通常能够实现资源的最优配置和消费者福利的最大化；而垄断市场则可能因缺乏竞争而抑制创新、提高价格，从而损害消费者利益。因此，优化市场结构、提高市场绩效是产业组织政策的重要目标。

4）产业组织政策是政府为了优化市场结构、规范市场行为、提高市场绩效而制定的一系列政策和措施，旨在通过法律、经济等手段来引导市场健康发展，促进产业升级和经济增长。反垄断政策是其中的重要组成部分，目的在于防止企业过度集中、维护市场公平竞争；产业政策侧重于扶持特定产业发展、推动产业升级；贸易政策关注国际贸易中的市场准入、关税等问题。产业组织理论为政府制定政策提供重要的理论基础和分析工具，有助于实现市场的良性发展和经济的持续增长。

## 二、数字经济的理论创新

数字化背景下的创新发展不仅体现为数字技术的赋能和驱动，强调数字科技或经济对其他创新领域的深远影响，也体现在数字经济自身的创新发展。数字经济的快速发展亟须数字科技的不断突破，这些突破为数字经济的进一步发展提供了坚实的技术支撑和动力源泉。

### （一）数据生产要素拓展了传统经济增长理论边界

现阶段，人工智能、区块链、大数据、云计算等数字技术进步迅猛，数字经济正在成为重组全球要素资源、重塑全球要素结构、改变世界竞争格局的关键力量（UNCTAD，2019）。美籍奥地利经济学家约瑟夫·熊彼特（Joseph Schumpeter）在《经济发展理论》中将创新定义为"建立一种新的生产函数"，即生产要素的重新组合。在数字经济下，数字或数据成为生产要素的一部分，数据资本取代实体资本成为支撑价值创造和经济发展的关键生产要素，进一步拓展经济增长理论中规模报酬递增的假设和传统经济增长理论的边界。数据可复制、共享以及反复使用的特性，突破了传统生产要素的稀缺性和排他性限制,进一步强化了规模报酬递增的前提条件。数据要素与传统生产要素的深入融合,使各要素的边际报酬增长速率比内生增长理论中更高,对经济增长产生放大、叠加和倍增效应,从而改变投入产出关系,带来原有产业的产出增加和效率提升,同时更进一步推动规制体系的颠覆性变化以及经济社会秩序的重建,实现互联网、大数据、人工智能、区块链等新技术与实体经济、科技创新、现代金融、人力资源协同发展、充分融合。

此外,数字经济的深度发展加速数据规模爆发式增长,在"数据+算力+算法"构筑的数字平台或数字世界中形成数字生产力。具备数字素养的劳动者通过推动数据要素网络化共享、系统化整合、协作化开发和高效化利用,提高全要素生产率,从而形成新质生产力,促进社会生产力实现跃升和技术创新的迭代升级。与此同时,随着以数据资源、数字科技、数字平台和数字基础设施为核心的数字创新体系深度融入创新发展活动的各个环节中,数据驱动的科技创新发展与治理模式正在涌现,数字产业化与产业数字化协同创新生态加速形成,数字社会公共服务体系与政府治理体系不断完善,数字赋能的绿色可持续发展与治理路径不断丰富,逐渐形成数字化全面赋能创新发展的新模式。

### (二)数字化消费打破了传统消费理论的边际效用递减规律

数字经济以其独特的魅力,催生了琳琅满目的经济新业态,为经济发展注入了澎湃的新动能,并开创了前所未有的发展模式。相较于传统经济,数字经济下的消费生态展现出更为广阔的消费者群体、多元化的消费渠道以及灵活多变的消费方式。在数字化转型的浪潮中,传统产业的创新能力亦得到显著提升,焕发出新的生机与活力。数字技术以其强大的渗透力,极大地降低了信息获取的成本,加速了信息在用户与企业间的流通速度。这一变革不仅使企业能够更敏锐地捕捉消费者需求信息,同时也确保了产品生产信息能够迅速反馈给客户,形成高效的信息闭环,为经济的精准决策与快速响应提供坚实基础。

传统消费理论曾指出,随着投入的不断增加,产出虽会逐步增长,但增速会逐渐放缓,直至达到收益为零甚至为负的"边际效用递减"状态。然而,在数字经济的强劲驱动下,经济产出、就业与资本存量的增长却呈现出令人瞩目的指数型态势,边际效益呈现出明显的递增趋势。这一反常现象的背后,是数字产品独特的生产与传播特性在发挥作用。数字产品一旦生产出来,便具有易于复制、广泛传播、难以破坏以及便于改进等显著优势,这些特性使数字产品的生产成本随着产量的增加而逐渐降低,呈现出"边际成本递减"的规律。更为重要的是,由于网络的外部性效应,随着用户数量的不断增加,需求方的效用也会因数字产品数量的增多而不断扩大,这种经济现象被形象地称为"边际效用递增"。数字经济的这一特性,不仅颠覆了传统经济学的某些观点,更为经济的持续增长开辟了新的道路。

### (三)数字经济拓展了传统市场与贸易理论的理论内核

传统市场理论主要基于新古典经济学,重点关注市场均衡、价格机制、供给与需求等核心要素。在贸易理论方面，从亚当·斯密的绝对优势理论，到大卫·李嘉的比较优势理论，再到赫克歇尔－俄林的要素禀赋理论，核心围绕国家或地区之间因生产效率差异、要素资源差异而产生的贸易活动，并且这些理论大多假设市场是完全竞争的，交易成本是相对固定的，信息是充分对称的。然而，随着数字经济的兴起，这些传统理论面临着前所未有的挑战与机遇。数字经济以其独特的生产要素、商业模式和交易方式，正在深刻改变着全球市场的运行机制和贸易格局。其主要内容包括以下几个方面：

（1）交易线上化。在数字经济蓬勃发展的浪潮下，数字化交易平台日益占据市场交易的中心位置，促使交易活动呈现出线上化的显著特征。借助数字化技术，交易主体与商品实体纷纷被赋予了数字账户或数字身份，这使交易者能够在网络空间中完成搜寻、协商、达成交易、付款、反馈以及售后服务等一系列环节。这种交易线上化的模式彻底打破了时间与地域的限制，极大地拓展了交易范围。过去，由于受到地域因素的影响，一些偏远地区的特色商品很难在更广泛的市场上流通，而现在，通过线上交易平台，这些商品可以轻松地被全国各地的消费者所知晓和购买。同时，一些受时间限制难以开展的交易活动，比如在非营业时间的紧急采购等，也能借助线上平台得以实现。原本在实体市场中，因时空局限而难以达成的大量交易，如今都可以在线上顺利达成。不仅如此，线上化还显著提升了资源配置的效率，让商品边界、市场规模等都得到进一步拓展，使市场能够更好地整合分散的交易需求，实现资源的优化配置，推动整个市场向着更加高效、活跃的方向发展。

（2）贸易标的与对象的拓展。在数字经济时代，数字化产品与服务贸易日益凸显其重要性，并逐渐成为数字贸易的基本形式。数字化产品与服务借助网络的强大功能，实现便捷的存储、高效的传输以及无障碍的交易。例如，在线软件销售，软件开发商将开发完成的各类软件程序存储在服务器端，用户通过互联网即可随时随地下载使用，无须像过去那样购买实体的光盘等存储介质。这类产品与服务以虚拟形态存在，打破了传统贸易中对物理实体的依赖局限，极大地拓展了贸易标的的范畴。

（3）重塑贸易成本与格局。在数字经济蓬勃发展的背景下，生产、运输等成本发生了显著改变，进而对贸易成本结构以及定价方式产生了深刻影响。从生产角度来看，数字技术的应用使许多生产环节得以优化，生产效率大幅提升；加之虚拟生产、分布式制造等新模式不断涌现，使企业能整合全球范围内更优质且成本更低的生产要素进行协同生产，压缩生产环节的成本支出。在运输方面，智能物流系统通过物联网、地理信息系统等技术，实时优化货物运输路线，提高仓储空间利用效率、运输调度销量，大大降低了物流运输成本。这些成本结构的变化，使贸易定价更具灵活性，改变了传统基于成本加成等的定价模式。这无疑影响了企业的利润空间与贸易策略，促使企业更加注重挖掘数字经济带来的成本优势，优化定价以获取更大的市场竞争力。在区域层面，一些原本因地理位置偏远、交通不便、基础设施落后等因素而不具备贸易优势的地区，借助数字技术实现了华丽转身，得以参与到全球贸易之中。同时，数字经济的发展弱化了传统贸易中对实体交易场所、港口等地理要素的依赖，使内陆地区与沿海地区在开展对外贸易时的差距逐渐缩小，贸易机会更加均等化。从产业角度来看,新兴数字产业贸易迅速崛起,成为国际贸易中的新亮点。近年来像软件服务外包、数字内容创作与交易、跨境电商等数字产业,贸易规模持续扩大,改变了传统贸易格局中以制造业、资源型产业等为主导的产业优势分布;促使传统产业加速数字化转型,传统贸易格局中的产业边界日益模糊,不同产业之间通过数字技术实现融合发展,催生出新的贸易业态和商业模式,使贸易格局被重新洗牌,各产业都在积极适应数字经济浪潮,寻求新的贸易发展机遇。

## 三、数字经济的治理与规制理论

### （一）数字经济治理

#### 1. 数字经济治理面临的现实挑战

数字经济是一种物理空间与网络空间相结合的立体经济形态,其"破坏性创造"带来了经济社会的发展变革,同时也引发了创新与规制、竞争与垄断、传统行业与新业态的利益博弈等一系列紧张关系。数字经济在带来商业模式、交易方式、权益关系等诸多变革的同时,也带来了诸多风险。它或是"技术－经济"决策导致的风险,也可能是法律保护的科技文明本身带来的风险。

一方面,数字经济"连接一切"的特征使所有的参与主体暴露在更加广泛的关系网络之中,尽管增加了交易机会、提高了交易效率,但同时也使各个主体的风险大大增加。人工智能、人脸识别、人像采集、地理定位等技术引发了对隐私权保护的担忧,将社会从"陌生人社会"带入了"透明人社会";海量的数据被滥用使个人生活被转化为商机,造成了"大数据杀熟""算法歧视"以及数据垄断。电商与传统线下经济激烈竞争,造成大量失业,而财富和话语权则聚集在掌握技术和算法的少数精英手中,从而造成新的社会不平等。

另一方面,数字经济治理的立法供给不足。例如,现有的部分法律在制定时,主要是基于传统的工业经济模式与线下经济活动,对于数字经济中快速发展的数据安全、数据权属、平台垄断等新兴问题,缺乏足够细化的制度规定。以数据安全为例,虽然有相关法律涉及数据保护,但在面对复杂的数据跨境流动、数据泄露风险评估以及不同主体的数据使用权限界定等具体场景时,现有的条款难以做到全面覆盖且精准适用,各相关法律条款之间的衔接协调也不够顺畅,导致在实际治理过程中,容易出现责任划分不清、监管空白等状况,影响了对数字经济相关问题的有效规制。

此外,像算法权力风险方面,算法在数字经济中扮演着越发重要的角色,它影响着信息推送、资源分配乃至市场竞争格局,但目前针对算法是否存在权力滥用、算法歧视以及如何规范算法的透明度等问题,尚缺乏完善的法律约束,使部分企业可能利用算法优势,不正当获取利益或损害其他主体权益。在数据交易、数据共享等环节,因缺少相应法律规范,容易出现数据非法买卖、数据恶意爬虫等乱象,进而导致数字经济在某些领域呈现无序发展态势,阻碍了其整体的高质量发展进程。

### 2. 数字经济治理面临的理论逻辑

数字经济治理是对数据资源、现代信息网络、信息通信技术融合应用及数字经济相关主体、活动、环境的综合治理；是在一定的规则约束下，包括政府、企业、行业协会、社会公众等主体在内从事合作性的活动或者利用核心机制来解决数字经济负外部性影响的诸多举措。在价值取向方面，针对数字经济发展的新业态、新模式，政府应当承认其"新"的特征，重在贯彻"底线监管"、包容审慎等原则，通过沟通、对话、利益诱导等柔性机制，而非通过强制性的行政管控和行政命令，实现市场经济所追求的公平、效率等价值，为数字经济的发展创造一个相对宽松的环境。在治理主体方面，以多元主体的参与作为基础，从过去单纯依靠政府监管的模式向多元化协同监管模式转变，形成以企业自治、行业自律、平台治理、社会广泛参与和监督、政府有效监管的立体化治理体系，构建公私多元主体协同的治理机制，使人力、物力、财力突破以往的物理时空限制而进行全景融合、高量赋能且成效获得指数级放大。在治理方式方面，合作治理强调包容性、多样性、温和性的治理方式，既包括制度性的方式，也包括非制度性的方式。通过构建系统且前瞻的法律体系，明确各类主体行为规范，运用大数据、云计算等新技术手段加强市场监管，能够及时发现并处理违法行为，排除隐患。宏观政策上更加强调发展与规范并重，在鼓励数字经济继续发展壮大的同时，统筹好发展与安全，保障数字经济从快速成长阶段顺利转向深化应用、规范发展、普惠共享的新阶段，确保其长远稳定健康发展。

## （二）数字经济规制

数字经济规制是指政府、行业协会及其他相关主体，依据法律法规、政策标准，运用行政、经济、技术等多种手段，对数字经济全领域、全过程进行的规范、约束与引导。它涵盖数字产业化、产业数字化以及数字化治理诸多方面。从主体层面看，政府作为核心规制主体，负责制定宏观政策、法规，保障公平竞争环境、维护公共利益，如反垄断监管部门对数字巨头垄断行为的规制。行业协会发挥桥梁与自律作用，制定行业规范、推动技术标准统一，像通信行业协会协调5G技术应用标准。企业自身也有内部规制，规范数据使用、算法设计等，如互联网企业建立用户数据保护内部流程。从目标上看，数字经济规制旨在促进创新活力与有序发展的平衡。既要鼓励数字技术创新，扶持初创企业成长，如各地设立的数字经济创业园区给予租金补贴、税收优惠，激发新业态新模式涌现；也要预防与纠正市场失灵，规制垄断、不正当竞争、数据滥用等行为，保障消费者权益、维护市场稳定高效运行。其主要内容包括以下几个方面：

（1）构建动态规制体系。政府联合科研机构、行业专家组建技术监测团队，跟踪数字技术前沿动态，提前预判规制需求。例如，设立区块链技术应用监测点，分析其在各行业扩散趋势、潜在风险点，定期发布技术风险预警报告，为规制政策调整提供依据，缩短规制滞后周期。同时，借鉴金融领域规制沙盒经验，在数字经济特定领域如人工智能医疗、无人驾驶等开展试点。允许创新企业在可控环境下测试新产品、新模式，监管部门全程观察、适时调整规制措施，既能鼓励创新，又能在小范围内控制风险，积累规制经验后推广。

（2）明晰数据要素规制规则。加快数据立法进程，综合考虑数据来源、生成方式、加工投入等因素，明确数据主体、收集者、使用者的权利义务。积极参与国际数据治理规则制定，加强与主要经济体的双边、多边数据合作协定谈判。寻求数据保护水平"等效性"认定标准，建立跨境数据流动白名单、安全审查机制，降低企业合规成本，保障数据跨境有序流动，提升我国数字经济国际竞争力。

（3）创新平台经济反垄断规制。结合平台经济特性，考虑平台对上下游产业的控制能力，引入用户锁定程度、数据可迁移性、跨平台网络效应等多元垄断认定指标，构建综合评价体系，精准识别平台垄断行为。加强反垄断执法机构专业人才配备，提升执法人员数字经济素养。对平台垄断行为实施高额罚款、责令限期整改、拆分等严厉措施，形成有效威慑，维护公平竞争市场秩序，释放数字经济创新活力。

（4）强化多元主体协同规制。建立数字经济规制协调领导小组，由分管领导牵头，整合工信、市场监管、网信等部门力量，明确职责分工，定期召开联席会议，协同制定规制政策、开展联合执法行动，消除职能碎片化弊端。鼓励企业参与规制标准制定，通过行业协会提出自律规范建议，对主动合规企业给予表彰、政策优惠。培育数字经济领域社会组织，发挥其监督、咨询、调解作用，引导消费者增强维权意识、参与规制监督，形成全社会共建共治共享的规制格局。

## 四、数字经济的前沿理论探索

### （一）人工智能与数字经济

人工智能（AI）作为数字经济时代的重要驱动力，正在深刻改变着数字经济的格局和发展路径。数字经济以数据为核心生产要素，通过现代信息网络和信息通信技术的融合应用，实现了全要素数字化转型，推动了公平与效率的统一。在这一背景下，人工智能以其强大的数据处理、分析和决策能力，成为数字经济不可或缺的一部分。

（1）人工智能在数字经济中的应用极大地提高了生产效率。通过智能算法和机器学习技术，企业可以实现对海量数据的快速处理和深度分析，从而优化业务流程，减少人工干预，提高决策的准确性和时效性。例如，在智能制造领域，人工智能可以实时监测生产线的运行状态，预测设备故障，实现预防性维护，提高生产效率和产品质量。

（2）人工智能为数字经济提供了个性化、智能化的服务体验。在数字经济中，用户需求日益多样化和个性化，传统的标准化服务已难以满足市场需求。而人工智能通过深度学习等技术，可以精准捕捉用户偏好和行为模式，提供个性化的推荐和服务，提升用户满意度和忠诚度。例如，智能客服系统可以根据用户的咨询历史和行为习惯，提供定制化的解答和建议，增强用户体验。

（3）人工智能推动了数字经济的创新和转型。通过人工智能技术，企业可以开发出更具竞争力的产品和服务，拓展新的商业模式，实现数字化转型和升级。例如，在金融科技领域，人工智能通过大数据分析和机器学习技术，可以实现信用评估、风险控制等功能的自动化和智能化，降低运营成本，提高服务效率。

然而，人工智能在推动数字经济发展的同时，也带来了一系列挑战和问题。例如，数据隐私和安全问题、算法偏见和歧视问题、人工智能伦理和法律问题等。因此，在推动人工智能与数字经济深度融合的过程中，需要建立健全相关法律法规和标准体系，加强数据隐私和安全保护，促进算法公平和透明，推动人工智能伦理和法律的完善和发展。

### （二）区块链与数字经济

区块链技术作为数字经济的重要组成部分，正在深刻改变着数字经济的信任机制、交易效率和协作方式。区块链以其去中心化、不可篡改和透明性的特点，为数字经济提供了一个安全、可信、高效的运行环境。

（1）区块链技术提升数字经济的信任度。在数字经济中，信息传递和交易往往通过网络进行，信息的真实性、可靠性和安全性面临着巨大挑战。而区块链技术通过其去中心化和不可篡改的特性，确保了信息在传输过程中的完整性和真实性，从而增强了数字经济中的信任度。例如，在供应链金融领域，区块链技术可以实现供应链上下游企业之间的信息共享和透明化，降低信息不对称风险，提高融资效率和安全性。

（2）区块链技术提高数字经济的效率。在数字经济中，存在着大量的数据和信息需要整合、分析和利用。而区块链技术通过智能合约等手段，实现了数据和信息的自动化处理和管理，降低了人工干预的成本和时间，提高了数字经济的效率。例如，在跨境支付领域，区块链技术可以实现实时、低成本、高效率的跨境转账和结算，降低跨境支付的成本和风险。

（3）区块链技术促进数字经济的协作和合作。在数字经济中，各个参与者往往分布在不同的地域和领域，合作和协作的难度较大。而区块链技术通过去中心化和可编程的特点，为数字经济中不同参与者之间的合作和交流提供了一个更便利和高效的平台和工具。例如，在物联网领域，区块链技术可以实现设备之间的安全连接和数据共享，促进物联网应用的普及和发展。

然而，区块链技术在应用过程中也面临着一些挑战和问题。例如，区块链技术的可扩展性问题、隐私保护问题、监管合规问题等。因此，在推动区块链与数字经济深度融合的过程中，需要不断探索和创新区块链技术的应用场景和解决方案，加强区块链技术的标准化和规范化建设，推动区块链技术的健康、有序发展。

### （三）数字孪生与数字经济

数字孪生是一种通过数字化手段对物理实体、流程或系统进行精准建模，创建出与之一一对应的虚拟数字模型的技术，集成多学科知识，涵盖计算机科学、机械工程、数据科学等,融合物联网、大数据、人工智能、虚拟现实等前沿技术,正在深刻改变着数字经济的创新模式和发展路径。数字孪生通过对物理世界进行数字化映射和仿真,实现了对物理实体的实时监测、预测和优化,为数字经济提供了强大的技术支持和决策依据。

(1)数字孪生在数字经济中的应用推动产业数字化升级。通过数字孪生技术,企业可以实现对生产流程、设备状态、产品质量等关键环节的实时监测和预测,提高生产效率和产品质量。例如,在制造业领域,数字孪生技术可以实现对生产线的数字化建模和仿真,优化生产计划和调度方案,降低生产成本和能耗。

(2)数字孪生为数字经济提供精准高效的决策支持。在数字经济中,企业需要面对复杂多变的市场环境和客户需求,传统的决策方式往往难以适应这种变化。而数字孪生技术通过实时数据分析和仿真预测,可以为企业提供精准高效的决策支持。例如,在城市规划领域,数字孪生技术可以实现对城市交通、环境、能源等关键领域的实时监测和预测,为城市规划和管理提供科学依据。

(3)数字孪生推动数字经济的创新和发展。通过数字孪生技术,企业可以探索新的商业模式和应用场景,拓展数字经济的发展空间。例如,在智能制造领域,数字孪生技术可以实现定制化生产和服务,满足客户的个性化需求;在智慧城市领域,数字孪生技术可以实现城市管理和服务的智能化和精细化,提高城市运行效率和居民生活质量。

然而,数字孪生在应用过程中也面临着一些挑战和问题。例如,数据获取和处理的难度、模型构建和仿真的准确性、技术应用的成本和效益等。因此,在推动数字孪生与数字经济深度融合的过程中,需要加强数据共享和开放、提高模型构建和仿真的准确性、降低技术应用的成本和门槛等方面的研究和探索,推动数字孪生技术的广泛应用和普及。

## 课后习题

1. 解释数字经济的定义,并说明其与传统经济的区别。
2. 为什么说数字经济是经济高质量发展的新原动力?请结合具体案例进行说明。
3. 如何理解"数据要素是数字经济时代的'石油'"?
4. 为什么说算力成为数字经济发展的基石?
5. 举例说明算法在数字技术创新与融合中扮演的角色。
6. 在数字经济时代,如何平衡数据利用与数据安全、隐私保护之间的关系?
7. 人工智能如何在数字经济中发挥作用?请举例说明 AI 技术如何推动数字经济的创新发展。
8. 区块链技术如何赋能数字经济?请分析其在数字经济中的潜在应用场景及影响。

# 第三章 数字经济的兴起与发展

## 案例导入

### DeepSeek——数字经济驱动人工智能技术创新的典范

随着数字经济的快速发展,人工智能(AI)技术作为其核心驱动力之一,正在深刻地改变各行各业的运作模式和创新路径。DeepSeek 作为一家专注于人工智能技术研发与应用的企业,凭借其在自然语言处理(NLP)、机器学习(ML)和大数据分析等领域的卓越成果,成为数字经济与实体经济结合的典型案例。DeepSeek 通过技术创新和场景化应用,推动了 AI 技术在医疗、金融、教育等多个领域的落地,为数字经济的发展注入了新的活力。

DeepSeek 以自然语言处理技术为核心,结合深度学习和强化学习算法,开发了一系列高效、智能的 AI 模型。如智能问答系统,基于 NLP 技术,DeepSeek 的智能问答系统能够理解复杂问题并提供精准答案,广泛应用于客服、教育等领域;文本生成与摘要,通过深度学习模型,DeepSeek 实现了高质量文本生成和自动摘要功能,为新闻媒体、企业报告等场景提供了高效工具;多模态 AI,DeepSeek 将文本、图像和语音等多种数据模态融合,开发了多模态 AI 模型,进一步拓展了 AI 技术的应用场景。

Open AI 创始人萨姆·奥尔特曼在国际学习表征会议中指出 AI 场景化应用需要依托数字经济的大力支持,将 AI 技术与实体经济场景深度融合,才能实现人工智能技术价值的最大化。例如,在医疗领域,DeepSeek 及 Open AI 均开发了基于 NLP 的智能诊断辅助系统,能够帮助医生快速分析病历和医学文献,提升诊断效率和准确性;在金融领域,通过大数据分析和机器学习技术,DeepSeek 为金融机构提供了智能风控和投资决策支持,降低了金融风险并提升了投资回报率;在教育领域,Open AI 的智能教育平台通过个性化推荐和智能答疑功能,为学生提供了高效的学习体验,推动了数字教育资源的普惠化。

总体来说,DeepSeek 的实践,是数字经济与实体经济深度融合的典范。通过技术创新和场景化应用,DeepSeek 实现了 AI 技术在多个领域的落地,为数字经济的发展注入了新的动力。这一案例为 AI 技术的广泛应用提供了宝贵的经验,也为数字经济的进一步发展指明了方向。在数字经济时代,技术与产业的深度融合将成为推动经济高质量发展的重要引擎。

# 第一节  数字经济的产生背景

## 一、数字经济的诞生

农业经济到数字经济的演变是一个漫长而复杂的历史过程,它见证了人类生产力的巨大飞跃和技术的不断革新。

农业经济是人类历史上最早的经济形态,以农业为主要生产方式,人们依赖土地、自然资源和简单的手工工具进行生产。这一时期,农业是社会经济的基础,决定了人口的增长和社会的稳定。然而,农业经济的生产力水平相对较低,受限于自然条件、土地资源和手工劳动的效率。

随着工业革命的到来,人类社会进入了工业经济时代。工业革命带来了机械化、自动化和大规模生产的技术革新,极大地提高了生产力水平。工业经济以制造业为主导,煤炭、钢铁、纺织等重工业和轻工业蓬勃发展,城市化进程加速,社会经济结构发生了深刻变化。在工业经济时代,虽然农业仍然是重要的生产部门,但其地位逐渐被工业所取代。

进入 20 世纪后半叶,随着信息技术的迅猛发展,人类社会开始迈入数字经济时代。数字经济的兴起,是基于信息技术的广泛应用和互联网的普及。从最初的电子信息制造业、电信业、软件和信息技术服务业的发展,到互联网的商业化,再到以人工智能为代表的新一代数字技术革命的爆发,数字经济经历了从兴起、升级到全面发展的过程。数字经济不仅改变了传统产业的运营模式,还催生了新兴产业,如电子商务、云计算、大数据、人工智能等,成为推动经济增长的重要力量。在数字经济时代,农业也经历了深刻的变革。数字技术为农业产业化提供了强大的支撑和保障,通过智能设备、远程监控、精准施肥等手段,提高了农业生产效率和质量。同时,数字技术还优化了农产品加工流程和技术,拓展了农产品销售市场和客户,增强了农业产业链的协同和创新。

从农业经济到数字经济的演变,是人类社会生产力不断发展和技术不断革新的结果。在这一过程中,农业逐渐从主导地位转变为基础产业,而数字经济则成为推动经济增长和社会进步的重要力量。

## 二、数字经济的历史演进

数字经济的历史演进是一个漫长且不断深化的过程,可以划分为以下几个关键阶段:

第一阶段,萌芽与兴起阶段。1946 年,美国研制出世界上第一台电子数字式计算机 ENIAC,标志着数字经济时代的正式开启。在这一阶段,电子计算机经历了体积缩小、价格下降、计算速度提高等关键进化。同时,互联网也开始应用于军事领域,为后续的网络发展奠定了基础。随着大规模集成电路的出现,电子计算机的体积进一步缩小,个人电脑开始进入中小企业和居民生活，并在商业领域得到广泛应用。第一部具有真正意义的个人计算机于 1979 年诞生，同时万维网等关键技术的出现也为后续的网络浏览器开发、搜索服务等提供了技术支持。

第二阶段，发展阶段。1993 年，美国克林顿政府推出"信息高速公路"战略，标志着计算机网络进入信息高速公路发展阶段。此后，网络浏览器的开发、搜索服务、电子商务、网络硬件等领域都出现了突破性的创新，许多当今的互联网巨头也是在这个时期开始起步的。

第三阶段，移动互联网时代。伴随着移动通信技术的进步与智能手机的出现，网络经济与移动互联网整合，网络经济的商业主战场向移动端转移，共享经济模式开始受到广泛关注。这一时期，互联网企业平台化趋势愈发明显，数字经济的规模和影响力不断扩大。

第四阶段，全面数字经济时代。随着信息技术的关键基础——以集成电路为核心的微电子技术，在制造工艺上不断逼近物理极限，数字经济开始向着物联网、云计算、大数据、人工智能等方向发展。在这个阶段，数字经济已成为各国战略部署的重要一环，数字化转型、数据要素市场构建、数字治理、数据安全成为重点主题。

## 第二节　全球数字经济的兴起

### 一、数字技术演进与数字经济的关联

#### （一）计算机技术的起源：从数据处理到信息化

20 世纪 50 年代，第一代电子计算机的出现开启了信息处理的数字化时代。计算机技术最初主要用于科学计算和军事用途，但随着处理能力的提升和成本的下降，逐渐进入商业领域。IBM 在 20 世纪 60 年代推出的 System/360 系列计算机成为企业信息化的标志性产品。这一时期，计算机技术奠定了数字经济的第一块基石——数据数字化。数据数字化是数字经济的基石，也是推动经济模式转型的重要驱动因素。数据数字化是指将传统的实体信息转化为可存储、分析和共享的数字形式，从而使数据成为经济活动中的关键生产要素。这一过程不仅是技术手段的革新，更是传统经济向数字经济转型的核心路径。在数字经济中，数据被誉为"新石油"，是驱动经济增长的核心资源。而数据数字化则是这一资源形成的前提条件。通过数据的采集、存储和分析，企业能够全面掌握生产流程、市场动态和消费者行为。例如，零售行业通过将库存、销售和供应链等环节的数据化，可以实现实时监控和精细化管理，从而优化资源配置，降低运营成本。数据数字化使传统经济的运行模式发生了根本改变。首先，它改变了生产方式。以制造业为例，数据化的生产设备通过工业互联网实现实时监测和优化，推动了"智能制造"的发展。其次，它催生了新的商业模式。例如，基于数据的共享经济模式（如滴滴出行、Airbnb）通过平台化运营，整合

大量分散的资源，为用户提供了高效的服务。

### （二）互联网的兴起：信息共享的飞跃

互联网的兴起是 20 世纪末的一场技术革命，它不仅改变了信息传播的方式，还深刻影响了全球经济的运行模式。随着互联网的普及，数字经济应运而生，成为现代经济的重要组成部分。首先，互联网为数字经济提供了基础设施。网络技术的迅速发展，使信息能够以极高的速度和低成本进行传输。这一变革使企业和消费者之间的互动变得更加便捷，在线交易、电子商务等新兴业态应运而生。企业可以通过互联网平台直接与消费者沟通，收集反馈，优化产品与服务。这种实时的数据交换增强了市场的灵活性与响应速度。20 世纪 90 年代，互联网的普及引发了经济模式的深刻变革。Tim Berners-Lee 发明的万维网①和搜索引擎的出现，让信息的传播速度和覆盖范围指数级增长。例如，美国的亚马逊和中国的阿里巴巴分别在 1995 年和 1999 年成立，成为互联网经济的先行者。

互联网不仅实现了全球范围内的信息共享，还催生了电子商务、在线广告等新型产业，为数字经济的发展提供了强大动力。其次，数字经济依赖于大数据和云计算等技术的发展。互联网的普及使海量数据的生成成为可能，企业通过分析这些数据，可以洞察市场趋势和消费者需求，从而制定更加精准的商业策略。例如，电商平台通过用户的浏览和购买记录，可以实现个性化推荐，提升用户体验与转化率。此外，云计算技术的引入，使企业能够降低 IT 成本，提高运营效率，快速响应市场变化。然而，数字经济的快速发展也带来了挑战。网络安全问题、数据隐私保护、技术垄断等问题日益突出。企业在享受互联网带来的便利时，也必须承担相应的责任和风险。因此，在推动数字经济发展的同时，政策制定者和企业应积极探索有效的监管机制，以保障市场的公平与安全。

### （三）移动互联网：连接一切的可能

2007 年，苹果公司推出第一代 iPhone，标志着移动互联网时代的到来。初代苹果智能手机的推出不仅是移动通信技术的一次重大突破，更是互联网经济和技术发展的重要里程碑。它推动了移动互联网、应用生态系统、电子商务和社交互动的快速发展，深刻影响了人们的生活方式和商业环境，开启了数字经济的新篇章。智能终端设备使用户可以随时随地接入网络，推动了移动支付、社交媒体和共享经济的迅速发展。从 3G 到 4G，移动通信技术的重要进步，使视频流媒体、社交媒体等应用迅速发展，丰富了用户的在线体验，进一步推动了数字经济的成长。移动互联网、电子商务、社交媒体、物联网、在线教育等领域的创新和繁荣，都是网络技术进步的重要成果。这些变化为未来的数字化转型奠定了坚实的基础，预示着更广泛的经济和社会变革。

5G 技术的广泛应用开启了"万物互联"的新时代。通过超高速的网络连接，智能设

---

① 万维网：全球信息系统（World Wide Web），通过超链接和 URL 连接的信息网络。

备、传感器和云计算等技术将实现无缝对接，推动各行各业的数字化转型，为经济增长带来新的动力。万物互联不仅改变了人们的生活方式，还重塑了商业模式。例如，在智能家居领域，用户可以通过手机远程控制家电设备，提高生活便利性；在制造业，通过物联网技术实现设备的实时监控和维护，提升生产效率。在交通运输方面，5G将支持智能交通系统的建设，减少拥堵，提高安全性。此外，万物互联还将促进数据的共享与分析，为决策提供更精准的依据，推动智慧城市和可持续发展目标的实现。

### （四）人工智能和物联网：驱动智能化经济

近年来，人工智能（AI）和物联网（IoT）技术的快速发展，使数字经济进入了智能化升级阶段。随着数字经济的快速发展，人工智能（AI）和物联网（IoT）作为两大核心技术，正在深刻改变传统产业和商业模式。它们的结合不仅提升了生产效率，还推动了经济的智能化转型，为未来的数字经济注入了新的活力。

（1）物联网为数字经济提供了强大的数据基础。物联网通过传感器和设备将物理世界连接到数字网络，实时收集各种数据。这些数据包括环境信息、设备状态、用户行为等，形成了海量的实时信息流。企业可以利用这些数据进行分析，优化生产流程、提升服务质量。例如，在制造业中，企业通过物联网技术监控设备运行状态，及时发现故障，降低停机时间，进而提高生产效率。这种数据驱动的决策方式是数字经济的核心特征之一。

（2）人工智能为物联网数据的处理和分析提供了智能化手段。通过机器学习与深度学习算法，AI能够从海量的物联网数据中提取有价值的信息，识别模式和趋势。这使企业能够实现更加精准的预测和决策。例如，在智能交通系统中，AI可以分析来自各种传感器的数据，优化交通信号控制，减少拥堵，提高通行效率。这种智能化的管理不仅提升了城市运营效率，也为居民提供了更好的生活体验。人工智能与物联网的结合推动了新兴商业模式的形成。在零售行业，商家可以通过物联网设备实时监测库存，并利用AI算法分析消费者的购买行为，从而实现动态定价与个性化推荐。这种精准营销不仅提升了客户满意度，还显著提高了销售转化率。

此外，智能家居、智能医疗等新兴领域也因AI与IoT的结合而蓬勃发展，为消费者提供了更加便捷与智能的服务。

### （五）区块链技术：数字经济的基石与未来

数字经济的核心特征是数据驱动、技术赋能和资源高效配置，而区块链技术的出现，为这些特征提供了关键保障。作为一种分布式账本技术，区块链通过去中心化、不可篡改和透明可追溯的特性，为数字经济建立了可信任的基础设施。在传统经济体系中，信任往往依赖于中心化机构（如银行、政府）来保障。但在数字经济中，区块链通过技术手段，直接构建了"信任机器"，大幅降低了交易成本和中介依赖。例如，比特币作为一种去中心化的数字货币，利用区块链技术解决了货币流通中的信任问题。其点对点支付系统无须依赖银行或第三方中介,实现了全球范围内的低成本、高效率交易。这一创新不仅突破了传统货币体系的限制,也为数字经济中的跨境支付和国际贸易提供了全新解决方案。

区块链技术还在数字经济的生态构建中发挥重要作用,特别是在数据共享、供应链管理和可持续发展领域。例如,在供应链金融中,区块链通过分布式账本技术记录全流程数据,使供应链上下游的参与者能够安全地共享信息,提升了交易透明度并防范了资金滥用风险。像沃尔玛这样的企业已经利用区块链技术追踪食品供应链,确保食品从农场到消费者手中的全程可追溯性,从而提高了食品安全性。此外,区块链技术还可以助力碳排放监测和绿色经济发展。例如,IBM与能源企业合作开发的区块链平台,可记录碳排放数据并生成碳排放配额交易,推动了数字经济向绿色经济转型。

## 二、数字经济带来高质量经济增长

### (一)信息技术释放数字经济发展

信息技术的普及和深化应用,不仅推动了生产方式的变革,还释放了数字经济的巨大潜力。以下是信息技术对经济模式变革的核心作用:

#### 1. 降低生产和交易成本

信息技术通过自动化和智能化手段大幅降低了生产和交易成本。在制造业中,自动化生产线的引入使企业能够以更低的人力成本,实现高效生产。例如,西门子和富士康等公司通过工业机器人和智能设备的使用,不仅提高了生产效率,还减少了人为错误,保障了产品质量。此外,信息技术在服务行业中的应用也同样显著。以美团外卖为例,该平台通过算法优化配送路径,提升了30%的配送效率。这种基于数据分析的决策方式,不仅降低了物流成本,也提高了用户的服务体验,推动了餐饮行业的快速发展。

#### 2. 优化资源配置效率

大数据和云计算技术的应用,使资源配置效率得到显著提升。通过实时数据分析,企业能够实现供需的精准匹配,避免资源浪费。例如,滴滴出行利用大数据技术,实时分析用户需求和车辆分布,动态调整车辆的位置和数量,从而实现资源的高效利用。这种智能调度不仅提高了乘客的出行效率,还降低了空驶率,促进了城市交通的优化。此外,云计算的普及使企业能够灵活地调配计算资源,降低IT基础设施的成本,进一步提升了整体运营效率。

#### 3. 推动行业的深度融合

信息技术的迅猛发展打破了传统行业的边界,推动了各行业间的深度融合,催生了许多新兴业态。例如,金融行业通过与科技的结合,形成了金融科技(Financial Technology),它是指通过技术创新提升金融服务的效率和用户体验。以蚂蚁集团为例,该公司利用区块链技术推出的跨境汇款服务,不仅提高了汇款的安全性和透明度,还为小微企业提供了便捷的国际支付解决方案。这种技术的应用，不仅提升了金融服务的效率，也扩大了金融服务的覆盖面，使更多的用户能够享受到便捷的金融服务。

### （二）互联网所带来的经济效益

互联网的普及不仅改变了人们的生活方式，还带来了巨大的经济效益。根据 2024 年 3 月我国第 53 次《中国互联网络发展状况统计报告》（以下简称《报告》）内容，当前我国互联网应用持续发展，为经济社会发展持续赋能，促进了数字经济和实体经济深度融合，推动发展新质生产力，让更多人共享互联网发展成果。

《报告》显示，截至 2023 年 12 月，我国网民规模达 10.92 亿人，较 2022 年 12 月新增网民 2480 万人，互联网普及率达 77.5%。全国网上零售额达 15.4 万亿元，连续 11 年稳居全球第一。人工智能企业数量已超 4400 家。生成式人工智能与实体经济深度融合，吸引即时通信、搜索引擎、在线教育、无人驾驶等多个领域的企业积极投入技术力量进行研发。在人工智能等数字技术的有力促进下，实体经济数字化、智能化、绿色化转型不断加快，互联网为经济社会发展持续赋能。网约车、互联网医疗用户规模增长明显，较 2022 年 12 月分别增长 9057 万人、5139 万人，增长率分别为 20.7%、14.2%。互联网正在赋能千行百业，激发经济社会发展新动能。

《报告》显示，截至 2023 年 12 月，我国网民规模达 10.92 亿人。这其中，我国网络视频用户规模达 10.67 亿人，占网民整体的 97.7%。新入网的 2480 万网民中，37.8% 的人第一次上网时使用的是网络视频应用。2023 年，中国网络视频行业的收入规模为 3.66 万亿元。微短剧拍摄备案量达 3574 部、97327 集，分别同比增长 9%、28%。除了网络视听领域，"互联网 + 旅游"也是近年来文旅事业中快速发展的方面。截至 2023 年 12 月，在线旅行预订用户规模达 5.09 亿人，同比增长 8629 万人。对于在线旅行预订而言，智慧酒店、"5G+ 智慧旅游"等智能化服务提升了游客的出游效率及出游体验。进一步释放了旅游消费潜力，助力在线旅行预订市场高质量发展。

### （三）电子商务的兴起带来的机遇

电子商务是数字经济最具代表性的发展成果之一，其快速兴起带来了巨大机遇。

#### 1. 打破时间和空间限制

电子商务的本质是通过互联网进行的商业活动，彻底打破了传统商业模式中时间和空间的限制。消费者不再需要受到商店营业时间的限制，可以随时随地进行购物。全球化电商平台如亚马逊、eBay 等，提供不间断的购物服务，消费者在家中就能获得世界各地的产品。这种便利性使电子商务的增长速度大大加快，很多消费者习惯了线上购物，带来了消费模式的永久性转变。根据 Statista 的数据，全球电子商务销售额在 2022 年达到了 5.7 万亿美元，预计到 2025 年将达到 7.4 万亿美元。这一增长主要受益于移动购物和在线支付的普及。

### 2. 赋能中小企业

电子商务平台为中小企业提供了前所未有的市场准入机会。传统上，中小企业由于缺乏资金和资源，难以进入国际市场。但通过电子商务，他们可以利用平台提供的工具和服务，将产品直接推向全球消费者。这不仅降低了市场进入的门槛，还减少了进出口贸易中的中间环节，提高了利润率。以阿里巴巴为例，其国际站和速卖通平台让许多小企业能够直接触达全球市场，帮助它们在竞争激烈的国际环境中找到立足之地。中国义乌的小商品市场通过这些平台向全球展示其多样化产品，实现了从"中国制造"到"中国品牌"的转变。

### 3. 消费者体验升级

电子商务不仅改变了购买方式，还大大提升了消费者的购物体验。通过收集和分析海量用户数据，电商平台可以提供个性化的产品推荐和服务。例如，亚马逊的推荐系统通过分析用户的浏览和购买历史，推送可能感兴趣的商品。京东的"无人仓库"和智能物流系统利用 AI 和大数据技术，极大地提高了订单处理的速度和准确性，减少了人为错误，提升了客户满意度。消费者不仅可以享受快速的送货服务，还能通过虚拟试穿、3D 展示等技术体验到更直观的购物场景。

### 4. 促进就业和经济增长

电子商务的繁荣不仅创造了大量直接和间接的就业机会，如物流、客户服务、数字营销等，还通过提高市场效率，促进经济增长。特别是在发展中国家，电商平台为那些地理位置偏远、市场信息不畅的地区提供了新的商业机会，帮助当地手工艺人和小商贩进入更大的市场。

## 三、全球数字经济的发展现状

全球数字经济正在经历快速的增长和变革，主要国家和地区在推动自身数字经济发展的同时，也在塑造全球数字经济的未来格局。

### 1. 美国

美国是全球数字经济的领跑者之一，拥有众多全球知名的科技公司，如苹果、谷歌、亚马逊和 Facebook 等。美国在云计算、人工智能、大数据分析和电子商务等领域处于领先地位。政府对数字经济的支持体现在税收优惠、创新投资和数据保护政策上。美国的数字经济规模庞大，对 GDP 的贡献显著。

### 2. 中国

中国是全球最大的电子商务市场，数字经济的快速发展得益于庞大的互联网用户基数和政府的积极推动。阿里巴巴、腾讯和华为等公司在数字经济领域扮演着重要角色。中国政府通过"互联网+"战略和"中国制造 2025"等政策推动数字经济的发展，同时在 5G、人工智能和金融科技等领域取得了显著进展。

### 3. 欧盟

欧盟国家在数字经济方面也取得了重要进展，尤其是在数据保护和隐私方面。欧盟的《一般数据保护条例（GDPR）》对全球数据治理产生了深远影响。欧盟国家在数字化转型、电子商务和数字服务方面持续投资，旨在打造一个单一数字市场。欧洲的科技公司如SAP、诺基亚和爱立信在全球市场中也具有重要地位。

### 4. 日本

日本政府将数字化转型作为国家发展战略之一，推动了智能制造和物联网技术的发展。日本在机器人技术、电子设备和汽车电子领域具有强大的竞争力。政府还鼓励发展电子商务和数字金融服务，以促进经济增长和提高效率。

### 5. 韩国

韩国是全球互联网基础设施最发达的国家之一，拥有非常高的宽带普及率和快速的网络速度。韩国的数字经济以电子商务、在线游戏和移动支付为主导，政府通过各种政策支持创新和创业，鼓励发展智能城市和物联网。

### 6. 印度

印度数字经济的增长得益于其庞大的人口基数和移动互联网用户的快速增长。电子商务、金融科技和在线教育是印度数字经济的主要推动力。政府通过"数字印度"计划推动数字基础设施建设，促进数字服务的普及。

从以上几个主要国家和地区的数字经济现状来看，全球数字经济的发展呈现出五大特点。①数字技术的快速发展和广泛应用，如人工智能、大数据、云计算和物联网；②数字经济对传统经济的渗透和融合，推动了传统行业的数字化转型；③数据成为新的生产要素，数据治理和隐私保护成为全球关注的焦点；④政府政策和法规对数字经济的发展起到关键作用，包括税收优惠、数据保护和基础设施建设；⑤数字鸿沟问题依然存在，不同国家和地区在数字技术获取和应用方面存在差异。

## 第三节　政策与法规的适应与调整

随着数字经济的迅猛发展，技术变革带来了巨大机遇的同时，也引发了诸多新的挑战。如何平衡平台经济的效率与公平性，如何保障数据安全与隐私，如何应对网络安全问题，如何在推动数字经济发展的同时实现环境可持续性，成为各国政策和法规调整的重要议题。

## 一、数字平台的监管与治理

数字平台的崛起是数字经济繁荣的重要标志,但与此同时,平台经济的集中化和垄断化趋势也引发了广泛关注。大型平台企业利用其市场主导地位,不仅可能限制竞争,还可能侵占用户数据隐私,对市场公平性和消费者权益构成威胁。数字平台的垄断问题引发了全球关注,各国开始加强对大型平台企业的反垄断监管。例如,2019 年,欧盟指控谷歌滥用其在搜索市场的主导地位,通过捆绑其搜索引擎和广告服务限制竞争,并因此对谷歌处以数十亿欧元的罚款;2020 年,美国司法部和联邦贸易委员会(FTC)对 Facebook 收购 Instagram 和 WhatsApp 的行为进行反垄断调查;2021 年,中国市场监管总局对阿里巴巴处以 182.28 亿元人民币的罚款,原因是其在电商市场中利用"二选一"策略限制商家选择其他平台。

## 二、网络安全的保护

随着数字经济的快速发展,网络安全问题日益突出。网络攻击、数据泄露和系统瘫痪等事件频繁发生,严重威胁着企业、政府和消费者的利益。为保障数字经济的健康发展,各国都在加强网络安全立法与执行。

### 1. 网络安全威胁的主要类型

网络安全威胁的主要类型包括以下几种,每种类型均对网络安全构成重大挑战。

(1)网络与系统安全威胁。网络与系统安全威胁主要涉及对网络和系统本身的攻击。这包括黑客利用系统漏洞进行的未经授权的访问,试图破坏网络的正常运行或窃取信息。拒绝服务攻击(DoS/DDoS 攻击)也是此类威胁的一种,通过向目标系统发送大量无效请求,使其资源耗尽,从而无法响应正常请求。此外,恶意软件如病毒、蠕虫、木马和间谍软件等,能够在用户不知情的情况下安装并执行恶意行为,如窃取信息、破坏数据或占用系统资源。这些威胁不仅影响系统的正常运行,还可能导致数据丢失和隐私泄露。

(2)信息安全威胁。信息安全威胁主要涉及敏感信息的泄露和篡改。由于系统漏洞、人为错误或恶意行为,敏感信息可能被未授权访问或披露。数据篡改则是指攻击者修改存储或传输中的数据,以破坏数据的完整性和真实性。这类威胁可能导致数据损坏、系统瘫痪等严重后果,对个人和组织造成重大损失。此外,信息泄露还可能引发信任危机,影响组织的声誉和业务发展。

(3)应用安全威胁。应用安全威胁主要针对 Web 应用和其他网络应用。这包括 SQL 注入、跨站脚本攻击(XSS)等,利用 Web 应用程序的安全漏洞进行攻击。远程代码执行是另一种应用安全威胁,攻击者利用漏洞在目标系统上执行任意代码,从而控制整个系统。这些威胁可能导致系统被完全控制,数据被窃取或篡改,甚至导致系统瘫痪。为了防范这些威胁,组织需要加强对应用安全的监控和防护,及时发现并修复漏洞。

（4）社交工程威胁。社交工程威胁主要利用人类的心理和社会行为特点进行攻击。这包括网络钓鱼和欺诈行为等。网络钓鱼通过伪造官方邮件、网站等手段诱导用户泄露个人信息或下载恶意软件。欺诈行为则利用虚假信息进行诈骗，骗取用户的财产或个人信息。这些威胁不仅对个人造成损失，还可能对组织造成重大风险。为了防范这些威胁，用户需要提高警惕，不轻信陌生信息，不随意点击链接或下载附件。

（5）物理安全威胁。物理安全威胁主要涉及网络设备的丢失、损坏或被盗等。这些威胁可能导致存储在设备上的敏感数据泄露，或导致服务中断。例如，自然灾害、人为破坏等原因可能导致设备损坏，进而造成数据丢失。此外，内部人员的不当操作或恶意行为也可能对网络安全构成威胁。为了防范这些威胁，组织需要加强对网络设备的物理保护，如设置门禁系统、安装监控摄像头等。

### 2. 全球网络安全立法实践

各国政府应对网络安全威胁的方式多种多样，其中立法和政策措施是关键手段。例如，中国颁布了关于网络安全保护的一系列法律法规。如《中华人民共和国网络安全法》《中华人民共和国数据安全法》《中华人民共和国个人信息保护法》等，为网络安全、数据安全和个人信息保护提供了基本法律框架。此外，政府还发布了《网络数据安全管理条例》，进一步规范了网络数据处理活动，保障了网络数据安全。

美国方面，政府也采取了积极的立法和政策措施。美国白宫管理和预算办公室（OMB）和国家网络总监办公室（ONCD）联合发布了备忘录，概述了联邦部门和机构在编制网络安全预算时需落实的五大重点任务，包括打造现代化的联邦防御体系、改善网络安全基准要求、扩大公私合作、打击网络犯罪以及保障软件安全等。此外，美国还发布了网络安全成熟度模型认证（CMMC），为国防工业基地的网络安全提供了统一标准。

其他国家如西班牙、澳大利亚、法国和英国等也推出了各自的网络安全政策和法规。西班牙政府向网络安全行业投入大量资金，并开设黑客学院以吸引和培养人才。澳大利亚政府推出了关键基础设施提升计划，旨在识别和解决关键基础设施中的漏洞。法国政府为中小企业提供了网络攻击警报系统，以支持他们应对网络攻击。英国国防部则完成了首个漏洞赏金计划，邀请道德黑客参与挑战，以发现和修复数字资产中的漏洞。

## 三、数字技能教育的普及

数字经济的发展对劳动力市场提出了新的要求，大量传统岗位被数字化取代，同时也创造了许多新的职业机会。为了应对就业结构的变化，各国政府积极推动数字技能教育的普及。例如，中国提出了"数字化技能提升计划"，欧盟提出了"数字技能和就业联盟"，新加坡提出了"技能创前程计划"等。数字技能教育的普及方式多种多样，旨在提高全民的数字素养和技能水平。主要的普及方式有：

### 1. 教育体系内的普及

很多国家早在中小学阶段，就将信息技术课程纳入必修课程，通过系统的课程教学，使学生掌握基础的数字技能。在高等教育阶段，开设与数字技能相关的专业课程，如计算机科学、数据科学、人工智能等，以满足不同专业学生的需求。对教师进行数字技能培训，提升他们的数字素养和教学能力，以便更好地向学生传授数字技能。针对在职人员，开展数字技能职业培训，如大数据分析、云计算、人工智能等前沿技术的培训，以提升他们的职业竞争力。利用在线教育平台，提供丰富的数字技能学习资源，包括课程视频、在线测试、实践项目等，供学习者自主学习。鼓励学习者通过在线学习平台获取数字技能证书，以证明他们的学习成果和能力水平。

### 2. 公共教育资源的普及

（1）在社区中心、图书馆等公共场所开展数字技能普及活动，如讲座、工作坊、展览等，吸引居民参与学习。组织志愿者为社区居民提供数字技能辅导和咨询服务，帮助他们解决学习中遇到的问题。

（2）政府可以投资建设数字技能教育资源库，为公众提供免费或低成本的数字技能学习资源。或者利用电视、广播等传统媒体以及社交媒体、短视频平台等新媒体渠道，广泛传播数字技能知识，提高公众的数字素养。

### 3. 加强国际项目合作

与其他国家或国际组织合作开展数字技能教育项目，共同推动全球数字技能教育的普及和发展。引进国外先进的数字技能教育理念和教学方法，提高本国数字技能教育的质量和水平。组织参加国际数字技能教育论坛、研讨会等活动，加强与国际同行的交流与合作，鼓励教师和学生参与国际数字技能竞赛和交流项目，提升他们的国际视野和竞争力。

此外，各国通过政策引导，推动企业采用绿色技术和可再生能源，减少数字经济对环境的影响。鼓励企业在运营中采用低碳和环保的解决方案，推动经济的绿色转型。

## 课后习题

1. 以亚马逊、阿里巴巴等企业为例，分析数字经济如何颠覆传统零售行业，并探讨这种颠覆对全球经济结构的影响。
2. 数字经济的快速发展对劳动力市场提出了新的要求。请探讨数字经济时代的人才需求变化，并分析当前教育体系在培养数字技能方面的不足。

# 第四章　数字经济的统计测量

## 案例导入

### 我国数字经济产业发展概况

在中国国际大数据产业博览会"激活数据要素潜能，释放新质生产力"交流会上，《中国数字经济发展研究报告（2024年）》发布。该报告中提出，我国数字经济进入加速发展周期，规模由2012年的11.2万亿元增长至2023年的53.9万亿元，11年间规模扩张了3.8倍。其中，数字经济规模由10万亿元增长至30万亿元用了约6年时间，由30万亿元增长至50万亿元，仅用了约4年时间。

从占比来看，2023年，数字经济在国民经济中的地位进一步提升，我国数字经济占GDP的比重达到42.8%，较上年提升了1.3个百分点，数字经济是国民经济的关键支撑和重要动力。从增速来看，2023年，数字经济持续支撑经济稳增长目标实现，我国数字经济同比名义增长7.39%，高于同期GDP名义增速2.75个百分点（2023年，我国GDP名义增速为4.64%），数字经济增长对GDP增长的贡献率为66.45%，有效提升了我国经济发展的韧性和活力。

在内部结构中，数字产业化与产业数字化的比重由2012年的约3∶7发展为2023年的约2∶8，数字产业化、产业数字化占数字经济的比重分别为18.7%和81.3%，数字经济的赋能作用、融合能力得到进一步发挥。具体来看，2023年，我国数字产业化规模为10.09万亿元，同比名义增长9.57%，高于同期数字经济名义增速，表明数字产业化为数字经济持续高质量发展积累强大的技术产业支撑能力。数字产业化占GDP比重达到8.01%，数字产业化支撑数字经济核心产业进一步逼近"十四五"发展目标。2023年，我国产业数字化规模为43.84万亿元，同比名义增长6.90%，略低于同期数字经济名义增速，产业数字化占GDP比重超过三成，为34.77%，表明产业数字化发展正步入高质量发展的攻坚期。

**案例思考**：这些数字经济的相关数据是怎么统计测算出来的呢？

## 第一节　数字经济统计测量概述

### 一、数字经济统计测量概念

数字经济是以数字化的知识和信息作为关键生产要素，以数字技术为核心驱动力，以现代信息网络为重要载体，通过数字技术与实体经济深度融合，不断提高数字化、网络化、智能化水平，加速重构经济发展与治理模式的新型经济形态。

数字经济统计测量是一个复杂而重要的过程，它旨在准确测度数字经济的规模、发展速度、结构特点及其对国民经济的贡献。因而，数字经济的统计测量依赖于对数字经济的范围的界定。当前，国际组织及各国机构对数字经济内涵的界定存在一定差异。首先，考虑到统计核算的可行性和实操性，多数组织或机构将数字经济界定为三个维度：①数字基础设施，包括 ICT 软硬件的制造及覆盖等；②电子商务，包括使用数字平台促成的商品交易及数字支付等；③付费数字服务，包括数字化订购交易、数字产品交付、数字媒体服务、数字咨询、信息服务、数字设备检修等。其次，鉴于数字技术发展不断加快，数字经济内涵向外延伸的趋势显著，部分组织或机构如联合国贸易和发展会议、中国信息通信研究院等开始进一步对数字经济内涵进行更加广义的界定——数字经济是一个多层次的数字化经济运行系统，所有以数据为媒介，通过数字技术促进产业结构调整和生产效率提升的经济活动均属于数字经济。综上所述，关于数字经济的内涵，总体上可分为两类：窄口径的"数字产业化"和宽口径的"数字产业化＋产业数字化"。

2021 年 5 月，我国国家统计局基于《国民经济行业分类》（GB/T 4754—2017），出台了《数字经济及其核心产业统计分类（2021）》，对数字经济内涵、分类和测度范围进行了统一，将数字经济产业划分为数字产品制造业、数字产品服务业、数字技术应用业、数字要素驱动业、数字化效率提升业等五大类。其中前四类属于数字产业化部分，第五类属于产业数字化部分。数字经济核心产业是指为产业数字化发展提供数字技术、产品、服务、基础设施和解决方案，以及完全依赖于数字技术、数据要素的各类经济活动。

本章所涉及的数字经济主要是指宽口径的"数字产业化＋产业数字化"。数字经济统计测量，是指对数字经济包含的范围及数字经济活动所带来的结果进行统计和测量。所以，将数字产业化和产业数字化的规模加总就可以得到数字经济的规模。进而，数字经济统计测量是指对数字经济产业所包含的数字产品制造业、数字产品服务业、数字技术应用业、数字要素驱动业、数字化效率提升业等五大类产业及数字技术推动产业升级、促进产业融合的经济活动所带来的结果进行统计和测量。

## 二、数字经济统计测量的意义

### （一）时代发展的需要

随着科技的飞速发展，数字经济时代已经全面到来。互联网、云计算、大数据、人工智能等新一代数字技术正在加速与社会各个行业、各个领域融合，影响并改变着人们的生产生活方式，数字经济正在成为构建现代化经济体系、实现高质量发展的新引擎、新动力、新增量。

根据"摩尔定律""吉尔德定律""金凡定律"等，信息技术产品的价格持续快速下降，对其他产品不断实现替代。随着数字技术的快速发展，数字经济成为当前继农业经济、工业经济之后的主要经济形态。在数字经济时代，数据成了一种重要的生产要素和资源，对经济增长、创新和竞争力起到了至关重要的作用。数字技术作为通用技术渗透经济社会各领域，在非数字部门的价值创造中发挥着重要作用。信息技术产品及资产的使用过程中产生的数据要素，通过收集加工后所提炼出的有价信息应用于生产服务提供环节，能增加其他生产要素的协同性，进而提高生产效率。

### （二）国际竞争力比较的需要

在人工智能、大数据、云计算等数字技术的推动下，数字要素的生产、收集、存储、加工、处理和开发应用得以高速运行，并通过多样化、特色化的分析方式和工具形成数字数据资产。无论是原始的数据要素还是加工后的数据资产，都有望在价值创造中发挥作用，给企业带来经济效益。数据要素规模及其产生的经济效益在一定程度上可以反映一国或地区的数字经济发展状况。

数字经济是以数字化的知识和信息为关键生产要素，以数字技术创新为核心驱动力，以现代信息网络为重要载体，通过数字技术与实体经济深度融合，不断提高传统产业数字化、智能化水平，加速重构经济发展与政府治理模式的新型经济形态。随着数字经济的普及，数字经济的发展情况已成为国际竞争力的主要表现。数字经济已成为国际竞争的主赛道，各国都在积极推动数字经济的发展，纷纷出台中长期数字化发展战略，以提升自身的国际竞争力，力争赢得未来发展和国际竞争的主动权。

我国在数字经济方面取得了显著成就，但仍需努力提升其国际竞争力。对数字经济的统计测量有助于了解我国与其他国家间的差异，为我国抓住数字经济的发展机遇提供理论和实践基础。

### （三）对数字经济发展水平持续监测的需要

近年来，我国数字技术发展迅猛，数字经济蓬勃发展，广泛渗透生产生活领域和公共治理领域。推动数字经济实现进一步的跃迁和赶超，就必须全面掌握数字经济各行业、各部门、各地区发展状况。科学规范的统计监测，有助于客观准确地反映数字经济发展实际，敏锐捕捉和科学分析发展中出现的问题，为各级党委、政府决策提供参考。

数字经济通过数字产业化、产业数字化直接或间接利用数据来引导资源发挥作用，推动生产力发展。平台经济、智能经济、共享经济等，通过整合、归纳、分析、预测平台受众的数据信息，为消费者、企业、政府提供价值连接，推动各方形成有机互补的整体。对数字经济统计测量，可以有效反映数字经济产业链的动态变化、剖析结构特征、解释内在本质，帮助企业了解数字经济的发展状况和趋势，引导企业和产业良性发展，避免盲目发展和恶性竞争。对数字经济的统计测量，还能够清晰地量化数字经济发展的水平，系统地厘清各地区数字经济发展的特色及差距，是政府提供科学决策的依据。

## 三、数字经济统计测量方法

理论上，数字经济测量的内容重点涉及数字经济投入要素的测度、数字经济发展水平的测度、新经济形式与传统产业数字化的测度等，在测度方法上主要包括生产法、支出法、增长核算法、编制指数法、计量经济学方法、建立数字经济卫星账户法等。这些方法按不同的分类标准可以归为不同的统计测量方法。

### （一）按投入要素不同进行分类

数字经济的产出需要投入生产要素。根据数字经济投入要素的不同，数字经济的统计测量包括了对数字资本投入、数字劳动投入及数据资产投入的统计测量。

（1）数字资本投入的统计测量。按照一般的研究惯例，资本类型主要划分为建筑物、机器设备、其他资本、ICT 硬件、ICT 软件。其中 ICT 硬件主要包括通信设备、计算机及其他电子设备制造等，ICT 软件主要包括信息传输、计算机服务及软件业等。当前对数字资本的测算主要集中于 ICT 硬件和 ICT 软件上，因为对于 ICT 所涉及的计算机硬件、软件、通信设备等相关的投资数据统计较为完善且易于获取，为数字资本的测算奠定了一定基础。但与此同时，数字技术发展迅速，数字经济内涵不断外延，数字资本也不再仅包括 ICT 资本，还应该关注 ICT 资本与其他传统资本融合的部分。由于现有研究并未将数字资本单独从全社会总资本中区分出来，数字资本投入测算是数字要素核算中的一大难点。

（2）数字劳动投入的统计测量。劳动力是数字经济活动中的关键要素。针对数字劳动的测度实践较少，根本原因在于对数字劳动力的界定较为模糊，并未形成统一的测算口径。广义上说，工作内容涉及数字经济产品生产或数字技术服务的劳动力均属于数字劳动投入的范畴，如所有 ICT 产业从业人员、新型商业模式衍生出的职业（如快递员、网约车司机、网店营业者等），但这会大大增加数字劳动投入的规模。狭义上看，具有数字技术应用能力的劳动者才属于数字劳动投入范畴，比如业务架构师、软硬件工程师、数字技术科研人员等具备 ICT 专业技能和补充技能的人才。显然，广义口径的数字劳动投入规模远大于狭义口径，这可能使数字型劳动投入的测算结果并不可比。因此，在数字经济核算总框架下，科学、准确地界定数字型劳动力的内涵、范围，借鉴传统劳动投入核算方法，进一步提出适用于数字型劳动投入的测算方法，是数字劳动核算工作推行的重点。

（3）数据资产投入的统计测量。数据是数字化时代衍生的一种重要生产要素，学术界对数据资产的性质、来源、使用、估价、核算体系等问题进行了探讨，但远未达成一致结论，其主要原因在于对数据资产核算的难度和工作量较大，比如数据源难以获得且需要估计的数据量较大，数据核算框架与方法难以统一，各国开展的数据核算实践少等。在已有的研究中，对数据资产的核算趋向于保守和稳健，即参照 2008 版 SNA 对数据库的核算方法，将数据看作非生产活动结果，构建数据资产附属核算框架，综合运用市场价格法、收益法、支付意愿法、广告收入法等现有研究方法估算数据资产的价值。但值得注意的是，伴随着大数据、人工智能、物联网、云计算等新型数字技术的快速发展，数据以数字化形式来记录并存储，通过辅助决策、促进创新、推动产业升级与融合，为社会发展创造巨大经济价值，因此数据具有的生产属性也不容忽视，可以基于对数据支出资本化核算的基本分类，从生产视角出发，采取科学、准确的统计方法，如收益法、市场法、成本法等对现有数据资产价值进行测算。由于基础数据统计工作相对缺失，数据资产统计框架尚未建立，对数据资产的测度目前仅限于理论层面探讨或案例试算。

### （二）按核算方法不同进行分类

数字经济是由数字化技术催生的一种新型经济模式，其发展主要经历了信息经济→互联网经济→数字经济的过程。根据经济体量核算方法的不同，数字经济统计测量的方法主要包括增长核算法和编制指数法。

（1）增长核算法（简称"核算法"）。它是指基于数字技术在经济活动中创造的附加价值，衡量数字经济对国民经济的贡献。该方法依赖于现有的国民经济核算框架，使用投入产出分析法、生产法、支出法、增长核算、建立数字经济卫星账户等方法，对行业中数字部门的增加值或总产出进行加总，得到数字经济的增加值或总产出。由于受制于统计数据的完整性和可得性，部分数字经济的测度需要通过其他方法进行推算。

（2）编制指数法（简称"指数法"）。它是指通过编制数字经济发展指数来进行核算。该方法重点在于反映数字经济的综合发展水平，测算数字经济指数的数值本身并无经济意义，但在一致的评价体系下，可以进行时间或空间维度的比较。指数法能够通过设置较为系统、全面的指标，将数字技术带来的新媒介、新服务、新交易形式等影响活动纳入评价体系之中，进而更真实、全面地反映数字经济发展的水平及动态趋势。但在不同的研究中，综合评价体系中数字经济分类及具体指标的选取往往存在差异，评价标准和数据来源不统一，可能会影响数字经济测度结果的可靠性。

### （三）按测算指标体系不同进行分类

基于指标体系进行的数字经济综合评价，基本上遵循了数字经济内涵和与外延的界定，从数字产业化和产业数字化的角度寻找相关指标对数字经济发展进行测度，可以将数字经济的统计测量分为数字产业化指标体系的统计测量和产业数字化指标体系的统计测量。

（1）数字产业化指标体系。数字产业化是数字经济的物质基础，其内涵界定清晰，指标确定和体系构成较为成熟，是研究者在合理的指标体系构建逻辑基础上结合国家统计局发布的《国民经济行业分类（2017）》和《数字经济及其核心产业统计分类（2021）》的统计分类标准，对数字产品制造业、数字产品服务业、数字技术应用业、数字要素驱动业等相关指标进行计算并得到结果。

（2）产业数字化指标体系。对产业数字化指标体系的构建较为复杂：一方面，关于产业数字化的经济学理论尚未统一；另一方面，能够代表产业数字化的指标数据可获得性较差。目前较为权威的解释是国家统计局发布的《数字经济及其核心产业统计分类（2021）》中给出的定义，产业数字化是指应用数字技术和数据资源为传统产业带来的产出增加及效率提升，是数字技术与实体经济的融合，主要包括智慧农业、智能制造、智能交通、智慧物流、数字金融、数字商贸、数字社会、数字政府以及其他数字化效率提升。因而，产业数字化指标体系的测算主要是对智慧农业、智能制造、智能交通、智慧物流、数字金融、数字商贸、数字社会、数字政府以及其他数字化效率提升的测算。

## 第二节　国际数字经济统计测量方法

### 一、欧盟的数字经济与社会指数

欧盟历来重视数字经济的发展与统计，从2014年起发布了《欧盟数字经济与社会报告》（*Digital Economy and Society in the EU*）并发布了数字经济与社会指数（Digital Economy and Society Index，DESI）。DESI是刻画欧盟各国数字经济发展程度的合成指数，该指数由欧盟根据各国宽带接入、人力资本、互联网应用、数字技术应用和公共服务数字化应用等五个主要方面的二级指标计算得出（详见表4-1）。

表4-1　欧盟数字经济与社会指数（DESI）指标体系

| 一级指标 | 二级指标 |
| --- | --- |
| 宽带接入 | 固定宽带、移动宽带、速率、可支付能力 |
| 人力资本 | 基本能力和使用情况、高级技能及发展 |
| 互联网应用 | 内容、交流、交易 |
| 数字技术应用 | 企业数字化、电子商务 |
| 公共服务数字化应用 | 电子政务 |

该指标的合成方法参照了OECD《建立复合指数：方法论与用户说明手册》，具有较高的理论水平、科学性和可延续性。并且，该指数兼顾数字经济对社会的影响，是探析欧盟成员国数字经济和社会发展程度、相互比较、总结发展经验的重要窗口。该指标体系的

另一大优势是，大部分指标数据来源于欧盟家庭 ICT 调查、企业 ICT 调查等专项统计调查，具有充分的研究积累和数据支撑。该指数框架设计以及调查数据采集的工作机制的经验可供参考借鉴。

## 二、联合国国际电信联盟的 ICT 发展指数

1995 年至 2017 年，联合国国际电信联盟已发布第 9 版《衡量信息社会报告》和 ICT 发展指数（IDI），有长期的研究积淀和专业性，2017 年的测评对象包括世界 176 个经济体，为各国政府和各部门广泛采用。IDI 针对 ICT 接入、使用和技能设立了 11 项指标（详见表 4-2），可对不同国家和不同时段进行比较。IDI 虽然对经济相关的内容测量较少，但是，其中对信息通信技术相关领域的基础设施建设、产业应用、人力资本情况都有全面的衡量，对于我国数字经济的测评中衡量信息技术方面的产业定位、指标选取乃至参考值设立都有很强的经验价值。

表 4-2　国际电信联盟 ICT 发展指数指标体系

| 一级指标 | 二级指标 |
| --- | --- |
| ICT 接入 | 固定电话覆盖率<br>移动电话覆盖率<br>用户平均国际互联网宽带<br>家庭电脑普及率<br>家庭互联网接入率 |
| ICT 使用 | 互联网用户率<br>固定宽带使用率<br>移动宽带使用率 |
| ICT 技能 | 入学年限中位数<br>初中入学率<br>高等教育入学率 |

## 三、OECD 的衡量指标

作为对数字经济研究起步较早的机构，经合组织官方出版物《互联网经济展望》（*Internet Economy Outlook*）（2017 年更名为《数字经济展望》（*Digital Economy Outlook*））、《衡量数字经济》，对于数字经济有长期的跟踪和前瞻的研究。在理念层面，OECD 也从直接法的角度对数字经济进行了前期研究，提出建立新的测量标准：①提高对 ICT 投资及其与宏观经济表现之间关系的度量能力；②定义和度量数字经济的技能需求；③制定度量安全、隐私和消费者保护的相关指标；④提高对 ICT 社会目标及数字经济对社会影响力的度量能力；⑤通过建立综合性和高质量的数据基础设施来提高度量能力；⑥构

建一个可将互联网作为数据源使用的统计质量框架。

OECD 对数字经济的测度兼顾两种方法，《衡量数字经济》中主要采用了对比法，构建了的数字经济指标体系涵盖了具有国际可比较性的 38 个指标（详见表 4-3），但是并未选取固定的样本国家数进行全面的数据采集，也没有汇集成总的指标，并未对世界各国的数字经济发展情况做出对比和评价。但它详细罗列的数字经济的关键领域和采分点可供参考。

表 4-3　OECD 数字经济指标体系（建议）

| 一级指标 | 二级指标 |
| --- | --- |
| 投资智能化基础设施 | 宽带普及率、移动数据通信、互联网发展、开发更高速度、网络连接价格、ICT 设备及应用、跨境电子商务、网络安全、感知安全和隐私威胁、完善网络安全和隐私证据基础 |
| 赋权社会 | 互联网用户、在线行为、用户复杂性、数字原住民、儿童在线、教育中的 ICT、工作场所中的 ICT、电子商务消费者、内容无边界、电子政府应用、ICT 和健康 |
| 创新能力 | ICT 与研发、ICT 行业创新、电子商务、发挥微观数据的潜力、ICT 专利、ICT 设计、ICT 商标、知识扩散 |
| ICT 促进经济增长与增加就业岗位 | ICT 投资、ICT 商业动态、ICT 附加值、信息产业劳动生产率、测度经济服务质量、电子商务、ICT 人力资本、ICT 工作岗位及 ICT 行业工作岗位、贸易经济与 GVC |

## 四、世界经济论坛的网络准备度指数

世界经济论坛（WEF）从 2002 年开始发布网络准备度指数（NRI），重点分析了全球信息化领先国家和地区的排名、主要经验和做法，NRI 在信息化领域的国际测评中具有相当的权威性（详见表 4-4）。虽然三级指标较多（有 53 个），但是一、二级指标设计得非常简洁、科学。在动力机制方面，NRI 认为信息化准备度、应用情况以及大环境共同构成发展的驱动力，并产生经济和社会影响。相比其他指数，NRI 重点关注信息技术领域，但是信息化能力是发展数字经济的前置条件，因此它在信息化领域选取的指标、对经济的影响机制都值得参考。

表 4-4　世界经济论坛网络准备度指数指标体系

| 一级指标 | 二级指标 |
| --- | --- |
| 大环境 | 整治与治理环境<br>营商与创新环境 |
| 信息化准备度 | 基础设施<br>可支付能力<br>能力 |

（续）

| 一级指标 | 二级指标 |
| --- | --- |
| 应用情况 | 个人使用<br>商业使用<br>政府使用 |
| 影响 | 经济影响<br>社会影响 |

## 五、美国商务部提出的数字经济估算方式

2016 年，美国商务部数字经济咨询委员会（DEBA）的《数字经济委员会第一份报告》中，提议衡量数字化对经济指标（如 GDP、生产力水平）的影响、数字化对跨行业的扩展作用，并提出了衡量数字经济的四部分框架：①各经济领域的数字化程度，如企业、行业和家庭等；②经济活动和产出中数字化的影响，如搜索成本、消费者剩余和供应链效率等；③实际 GDP 和生产率等经济指标的复合影响；④监测新出现的数字化领域。

2018 年，美国商务部的下属机构经济分析局 BEA 在《数字经济的定义和测度》中发布了美国数字经济统计测算框架体系。BEA 基于互联网及 ICT 角度对数字经济的统计范围进行了界定，并指出数字经济包含主要基于互联网及相关 ICT 的经济活动，具体包括以下三个方面：①数字化基础设施，是指支撑计算机网络与数字经济存在以及运行的基础物理材料和组织结构，是数字经济的基础；②电子商务，是指基于计算机网络进行的交易活动；③数字媒体，是指用户创建和访问的数字内容。

美国商务部现有的对数字经济测度的方式更多的是直接法，即通过对美国数字经济范围的界定、分析数字化对经济的影响路径来测算数字经济的规模、影响。

# 第三节  我国数字经济统计测量方法

## 一、中国信息通信研究院的数字经济指数

2017 年 7 月，中国信息通信研究院发布《中国数字经济发展白皮书（2017）》中采用了直接法，对中国数字经济的总量进行了估算，并用对比法，提出了数字经济指数（DEI），观测了全国数字经济发展状况。与其他同类型指数有较大差异的是，DEI 为景气指数，包括先行指数、一致指数和滞后指数三类（详见表 4-5），可以通过与基期对比，反映不同期的经济景气状态。这一指数相比其他指数的优点在于，充分考虑了数字经济发展所必要的基础条件、数字产业化、产业数字化，以及数字经济对宏观经济社会带来的影

响，并且选取了许多具有中国特色、时代特色的指标，是一个相对而言大而全的指数，但是缺点是理论框架不够完善，指标之间的逻辑联系和科学依据不够清晰，有些指标是当下的热点，但是不一定有长期观测的可持续性和代表性。

表 4-5　中国信息通信研究院数字经济指数指标体系

| 先行指数 | 一致指数 | 滞后指数 |
| --- | --- | --- |
| 大数据投融资 | ICT 主营业务收入 | 第一产业增加值 |
| 云计算服务市场规模 | ICT 综合价格指数 | 工业增加值 |
| 物联网终端用户数 | 互联网投融资 | 第三产业增加值 |
| 移动互联网接入流量 | 电子信息产业进出口总额 | 信息消费规模 |
| 移动宽带用户数 | 电子商务规模 | |
| 固定宽带接入时长 | 互联网服务市场规模 | |
| 固定宽带用户数 | "互联网+"协同制造 | |
| | "互联网+"智慧能源 | |
| | "互联网+"普惠金融 | |
| | "互联网+"高效物流 | |

## 二、国家统计局的统计测量方法

国家统计局 2021 年 6 月发布的《数字经济及其核心产业统计分类（2021）》为我国数字经济测度工作统一了标准，也为后续科学开展数字经济测度实践奠定了基础。该分类基于《国民经济行业分类》（GB/T 4754—2017）同质性原则，对国民经济行业分类中符合数字经济产业特征和以提供数字产品为目的的相关行业类别活动进行再分类，具体将数字经济产业划分为五大类：01 数字产品制造业、02 数字产品服务业、03 数字技术应用业、04 数字要素驱动业、05 数字化效率提升业等五大类。数字经济核心产业对应的 01~04 大类，即数字产业化部分，主要包括计算机通信和其他电子设备制造业、电信广播电视和卫星传输服务、互联网和相关服务、软件和信息技术服务业等，是数字经济发展的基础；05 大类为产业数字化部分，是指应用数字技术和数据资源为传统产业带来的产出增加和效率提升，是数字技术与实体经济的融合。

国家统计局的统计测量划分的五大产业体现了数字产品"制造→销售→推广→渗透→融合"的发展逻辑。该分类依据当前数字经济的发展现状，对数字经济的内涵进行了科学、系统的界定，即数字经济主要指以数据资源作为关键生产要素、以现代信息网络作为重要载体、以信息通信技术的有效使用作为效率提升和经济结构优化的重要推动力的一系列经济活动。具体来说包括：① ICT 产品的制造与销售；② ICT 技术的覆盖与使用；

③ ICT 产业向传统产业渗透，为传统产业创新、转型升级、效率提升赋能；④ ICT 产业与传统产业深度融合，打造新业态，衍生出新型数字化、智能化商业模式。

### 三、其他机构公布的数据经济指数

#### 1. 赛迪顾问中国数字经济指数

2017 年 11 月，赛迪顾问发布《2017 中国数字经济指数（DEDI）》白皮书，报告在对数字经济的发展演变和特点进行分析的基础上，将数字经济划分为基础型、资源型、技术型、融合型和服务型，对全国 31 个省级行政区域进行测算。DEDI 兼顾了全国各省的测评和五个维度数字经济分指数的评估，并运用了互联网企业的用户数据，反映数字经济在服务领域的渗透情况，具有一定的创新性。但是数据来源不一定稳定，无法国际可比也是这类指标的共性缺点。

#### 2. 上海社科院全球数字经济竞争力指数

上海社科院于 2017 年 12 月首次发布了《全球数字经济竞争力指数（2017）》，该报告将数字经济分为主体产业部分和融合应用部分。该指数主要采用对比法，通过大规模采集和分析全球 120 多个国家的数字经济发展数据，形成了综合性及多维度的评价。该指数构建了由数字设施、数字产业、数字创新、数字治理等四个维度构成的全球数字经济竞争力分析模型，其中数字经济设施、数字产业和数字创新是一国数字经济竞争力的三大支柱，数字治理则是这一体系健康运行的保障。

相比其他指标体系，竞争力指数强化了治理的作用，在操作层面，选取联合国电子政务调查等统计和调查数据作为来源，考察政府服务、数据开放等水平，在数字治理层面的研究具有一定的前瞻性和完备性，对于我国建立数字经济发展指数有一定的参考价值。但是由于上述数据来源报告发布不一定稳定，不同国家缺失项不一，测算过程容易受制于人。而且许多指标对于国家而言有测算的价值，如果是对省市的评估，则差异不一定显著。

#### 3. 腾讯"互联网+"数字经济指数

2015 年起，腾讯联合京东、滴滴等机构统计了涵盖腾讯的微信、支付、城市服务、众创空间等十余个核心平台的全样本数据，以及京东、滴滴、携程等企业的行业数据，构建了中国"互联网+"数字经济指数。该指数采用对比法，下设基础、产业、创新创业、智慧民生四个分指数，共涵盖 14 个一级指标、135 个二级指标，内容涉及社交、新闻、视频、云计算、三次产业的 17 个主要子行业、基于移动互联的创新创业、智慧民生等，直观反映"互联网+"数字经济在全国 31 个省级行政区域、351 个城市的落地情况。这些互联网企业数据资源丰富，一手数据可以动态更新，这是互联网企业牵头构建指数的核心优势。而且相关企业业务覆盖范围广泛，行业渗透率高，能够较为精准、及时反映出市场的活力和数字经济发展的真实情况。但是缺点在于，数据往往受限于相关企业的市场份额和业务类型，是否能够代表数字经济的整体水平有待商榷，而且对于宏观层面如信息基础设施及传统制造业的数字化转型等内容几乎没有涉及。

#### 4. 财新智库等机构发布的中国数字经济指数

2017年5月财新智库等机构发布中国数字经济指数（China Digital Economy Index，CDEI）。CDEI采用对比法，主要关注数字经济对整个社会效率提升的能力，包括生产能力、融合程度、数字溢出能力、全社会利用能力四个部分。CDEI作为媒体发起的指标体系，与腾讯的"互联网+"数字经济指数都具有创新性强、亮点突出的特点，更具备时代特征，能够反映当下的市场活力和重点领域的发展状况，但是指标的理论基础有待商榷，更多地采用了抓取的企业数据，不一定能够客观地反映我国数字经济的宏观情况。

#### 5. 新华三城市数字经济指数

《中国城市数字经济指数白皮书（2017）》于2017年4月首次发布，是首个针对中国城市数字经济发展水平的评估体系，该指数采用对比法，结合当前热门技术应用和城市发展状况，从城市信息基础、城市服务、城市治理、产业融合等角度，评估中国各城市数字经济发展水平，首次评估覆盖了全国40个城市。该指标的特点是与国家和地方的相关政策规划重点结合，并考察了热点数字化应用情况，关注技术创新在应用层面的实施成效。但是，由于我国不同区域间差异较大，城市发展特点各有不同，针对城市的数字经济发展更应该因地制宜，横向对比的方法有待进一步完善。

#### 6. 苏州数字经济指数

2017年12月中国（苏州）数字经济指数发布，通过对300多个网站的268.4亿条来自互联网、政府、企业等渠道的数据进行分析与测算，展现了苏州数字经济发展状况和变化。作为首个以城市发起的针对地方数字经济发展水平的测量体系，该指数有一定的先驱性。指标体系的选取过程中，基本能够反映数字经济的主要特征，所选指标可获得性强，并兼顾可扩展性，能够随着数字经济的发展进行调整和完善。基于大数据进行的挖掘与分析有一定的先进性，也是统计监测的一大趋势，但是如何对大范围的数据进行清洗、加工和解读还有待进一步研究。

## 第四节　数字经济统计测量的运用

### 一、数字经济统计测量的运用范围

#### （一）数字经济对区域经济的影响分析

数字经济的发展对区域经济增长具有重要影响。数字经济的发展带来了新的就业岗位，有助于产业结构的调整和升级，促进社会福利的提升。

数字经济对区域经济增长的影响，可以通过计算数字经济在整体经济（经济总量可用GDP或GNI衡量）中的占比来评价其对经济增长的贡献，也可以通过计算数字经济的增长率来评估其在经济中的重要性。其中，数字经济增长率的计算可以采用年度增长率、季度增长率等不同时间尺度的指标。

数字经济对就业的影响，可以通过评估数字经济对就业岗位的贡献来评估其对就业的影响；也可以通过计算数字经济创造的岗位数量、数字经济就业人员的增长率，以及数字经济就业人员在总的就业人员中占的百分比等指标进行评估。

数字经济的发展对产业结构调整和升级的影响，主要表现为使传统产业向数字化转型。因而，可以通过评估数字经济对传统产业的替代和影响程度来进行评估，也可以通过计算数字经济在不同行业中的占比，数字化技术在各行业中的应用程度，以及数字经济对传统产业增长的贡献等指标评估。

数字经济的发展对社会福利的提升，可以通过评估数字经济对人民生活水平、社会服务、教育医疗等方面的影响来评估，也可以计算数字经济对人民收入的增加、社会服务的提升等指标进行评估。

数字经济的发展不仅对经济带来影响，还对社会和环境产生了重要影响。数字经济对区域社会和环境的影响，可以通过统计数字经济企业的社会责任履行情况、数字技术在社会服务领域的应用情况及数字经济对生态环境变化的影响。

### （二）区域数字经济核心竞争力分析

数字经济核心竞争力与数字经济规模、增长速度、创新能力等密不可分。

数字经济的规模是评价其发展水平的重要指标。可以通过数字经济的总产值、总收入、总利润等指标来评估数字经济的规模大小。这些指标的增长率即可衡量数字经济的增长速度。此外，数字经济的发展离不开创新能力的支撑，创新能力也是区域数字经济的核心竞争力，可以通过数字相关企业的数量和规模来进行评估，也可以通过评估数字企业的研发投入、专利申请数量、技术创新等指标来评价数字经济的创新能力。

随着数字技术的迅猛发展，数字经济已成为全球经济增长的重要引擎。不同区域在数字经济领域展现出各异的发展态势和竞争实力。深入剖析区域数字经济的核心竞争力，有助于明确区域优势与不足，为制定科学合理的数字经济发展战略提供关键依据，从而在日益激烈的数字经济竞争格局中抢占先机，实现可持续发展。

数字经济核心竞争力可以通过数字基础设施建设水平、数字技术创新能力、数字产业集群发展程度、数字人才储备与培养体系、政策支持与营商环境优化等指标进行评价。具体内容如下：

1）数字基础设施建设水平，由网络宽带与移动通信网络覆盖情况、数据中心与云计算服务能力呈现。其中，网络宽带与移动通信网络覆盖情况由光纤网络的覆盖率、5G网络覆盖率、5G基站建设数量、5G网络信号强度、带宽速率及网络稳定性等指标构成；数据中心与云计算服务能力分别由区域内数据中心的数量、规模、技术水平，能源利用效率等指标，以及云计算服务提供商的集聚程度（如云计算产业园区）、区域云服务市场的成熟度等指标表示。

2）数字技术创新能力，由高校与科研机构研发实力、数字科技企业创新活力构成。其中，高校与科研机构研发实力由区域内高等院校和科研机构拥有的科研团队、科研经费投入、科研项目数量，专利申请与授权情况，以及高校与科研机构与企业之间的产学研合作紧密程度表示；数字科技企业创新活力由数字科技企业的创新投入、研发能力、创新产品与服务的市场竞争力，数字科技企业在数字技术研发方面的资金投入占营业收入的比例、研发人员占比，每年推出的新产品和新技术数量，以及数字科技企业的创新生态环境构成。

3）数字产业集群发展程度，由数字产业规模与结构、产业集聚效应与协同创新能力构成。其中，数字产业规模与结构由数字产品制造业、数字产品服务业、数字技术应用业及数字化效率提升业等各细分领域的企业数量、营业收入、从业人员数量等指标构成；产业集聚效应与协同创新能力由区域内数字产业园区、产业基地或创新集群、产业集聚区内企业之间的协作紧密程度和协同创新能力，以及在产业集聚区内，企业之间通过产业链上下游的分工协作、技术研发合作、人才交流互动等指标构成。

4）数字人才储备与培养体系，由数字人才数量与质量、人才培养与引进机制构成。其中，数字人才数量与质量由区域内数字技术研发人才、工程技术人才、管理运营人才，以及创新创业人才等各类数字人才的数量、学历结构、专业技能水平及工作经验等指标构成；人才培养与引进机制由高校数字相关专业的设置、课程体系建设、教学质量，实践教学环节的完善程度等，以及有吸引力的人才政策（如人才补贴、住房保障、子女教育优惠等）、搭建国际化的人才交流与合作平台等构成。

5）政策支持与营商环境优化，由数字经济政策扶持力度及营商环境优化与数字治理水平构成。其中，数字经济政策扶持力度主要表现为政府设立数字经济发展专项资金，对数字科技企业的研发项目给予资金补贴和税收优惠；出台鼓励大数据、人工智能等新兴数字产业发展的产业政策，引导社会资本投向数字经济领域；制定数字人才相关政策，吸引和留住优秀数字人才等。营商环境优化与数字治理水平主要表现为政府行政审批效率、市场监管水平、知识产权保护力度及政务服务数字化水平等；区域政府对数字经济运行的监测分析、风险防控及公共服务供给能力；对数字经济市场主体的监管，打击侵权盗版等违法行为，保护企业知识产权，营造公平竞争的市场环境等。

区域数字经济核心竞争力分析的指标见表4-6。

表4-6  区域数字经济核心竞争力分析的指标

| 一级指标 | 二级指标 | 三级指标 |
| --- | --- | --- |
| 数字基础设施建设水平 | 网络宽带与移动通信网络覆盖情况 | 光纤网络的覆盖率<br>5G网络覆盖率<br>5G基站建设数量<br>5G网络信号强度<br>带宽速率及网络稳定性 |
| | 数据中心与云计算服务能力 | 区域内数据中心的数量、规模、技术水平<br>能源利用效率<br>云计算服务提供商的集聚程度（如云计算产业园区）<br>区域云服务市场的成熟度 |
| 数字技术创新能力 | 高校与科研机构研发实力 | 区域内高等院校和科研机构拥有的科研团队、科研经费投入、科研项目数量，专利申请与授权情况<br>高校与科研机构与企业之间的产学研合作紧密程度 |
| | 数字科技企业创新活力 | 数字科技企业的创新投入、研发能力、创新产品与服务的市场竞争力<br>数字科技企业在数字技术研发方面的资金投入占营业收入的比例、研发人员占比，每年推出的新产品和新技术数量<br>数字科技企业的创新生态环境 |
| 数字产业集群发展程度 | 数字产业规模与结构 | 数字产品制造业、数字产品服务业、数字技术应用业及数字化效率提升业等各细分领域的企业数量、营业收入、从业人员数量 |
| | 产业集聚效应与协同创新能力 | 数字产业园区<br>产业基地或创新集群<br>产业集聚区内企业之间的协作紧密程度和协同创新能力<br>在产业集聚区内，企业之间通过产业链上下游的分工协作、技术研发合作、人才交流互动 |
| 数字人才储备与培养体系 | 数字人才数量与质量 | 区域内数字技术研发人才、工程技术人才、管理运营人才，以及创新创业人才等各类数字人才的数量、学历结构、专业技能水平及工作经验等 |
| | 人才培养与引进机制 | 高校数字相关专业的设置、课程体系建设、教学质量，实践教学环节的完善程度等<br>有吸引力的人才政策（如人才补贴、住房保障、子女教育优惠等）、搭建国际化的人才交流与合作平台等 |
| 政策支持与营商环境优化 | 数字经济政策扶持力度 | 政府设立数字经济发展专项资金，对数字科技企业的研发项目给予资金补贴和税收优惠<br>出台鼓励大数据、人工智能等新兴数字产业发展的产业政策，引导社会资本投向数字经济领域<br>制定数字人才相关政策，吸引和留住优秀数字人才等 |
| | 营商环境优化与数字治理水平 | 行政审批效率、市场监管水平、知识产权保护力度及政务服务数字化水平<br>区域政府对数字经济运行的监测分析、风险防控及公共服务供给能力<br>对数字经济市场主体的监管，打击侵权盗版等违法行为，保护企业知识产权，营造公平竞争的市场环境 |

## 二、数字经济统计测量面临的困境

### （一）"免费"数字产品的存在

在数字经济时代，数据成为一种重要的生产要素，资产的范围进一步扩大。数字所蕴含的价值可能大大高于以往常规方法（如永续盘存法）所做的估值。数据产品使用者生成的海量数据形成大量免费数据资产，这些免费的数据资产具有较大的隐形价值。

以数据资产为基础的数字产品，大多是免费的。因为其边际成本几乎为零，即每增加一个单位产品的生产和销售，所增加的成本几乎可以忽略不计。在激烈竞争的数字经济领域里，为了在市场中脱颖而出，吸引用户和流量，大量企业常常采用免费策略——提供免费的优质产品，快速积累用户，抢占市场份额。许多数字产品具有网络外部性，即产品对用户的价值随着用户数量的增加而增加。企业免费提供数字产品收集大量用户数据，通过分析用户的行为、偏好等数据，企业能够实现精准营销、优化产品设计和服务，进而从其相关业务中获得收益。例如，搜索引擎的用户可以免费使用搜索引擎来查找各种信息，搜索引擎通过关键词的广告等方式实现盈利；社交媒体平台的用户可以免费注册和使用平台的各种功能，平台则通过广告投放、品牌合作等途径获取商业价值；在线办公软件的用户能够免费创建和编辑文档、表格、演示文稿等，软件企业通过提供付费的高级功能或企业版服务来盈利；云存储服务平台为用户提供一定免费的存储空间，吸引用户存储数据，之后通过付费扩容、增值服务等方式实现商业变现；在线视频平台提供大量免费的视频内容吸引用户，同时通过会员服务、广告投放等获取收益。此时，消费者（提供数据）和生产者（提供免费数字服务）都可以通过免费数字产品来实现经济利益，然而目前的 GDP 核算中没有包含这些免费产品的价值。免费数字产品的生产隐藏在企业盈利模式的创新架构中，现有的生产统计未能将其充分反映出来，从而低估了其价值。此外，企业向居民提供免费产品，也导致居民关于这些服务的消费被忽略或者被严重低估，相应的居民可支配收入也被忽略或者被严重低估。

### （二）数字经济活动的范畴不断扩大

随着数字经济快速发展，企业拓展的业务越来越宽泛，出现了智能制造、云医疗、云办公、云展示、线上文娱、在线消费、无人配送等业务，统计调查工作如何适应数字经济时代层出不穷的新模式、新业态，是数字经济时代对所有统计调查工作者提出的挑战。

随着互联网、大数据、人工智能和实体经济深度融合，购物方式、餐饮方式发生明显变化，短视频、直播正成为新的生活方式，我国也发展成为全球规模最大、应用渗透最强的数字社会。随着信息技术普及和互联网持续发展，信息化与经济社会的融合程度不断加深，产业数字化与数字产业化成为经济社会发展的常态。一方面，数字产业持续优化升级，数字产业化规模占数字经济比重不断提高；另一方面，产业数字化向深层次演进，数字技术正向更深层次、更广领域渗透融合，产业数字化赋能传统产业优化升级，形成数字农业、数字工业、数字服务业。

数字农业将遥感、地理信息系统、全球定位系统、计算机技术、通信和网络技术、自动化技术等高新技术与地理学、农学、生态学、植物生理学、土壤学等基础学科有机结合，实现了在农业生产过程中对农作物、土壤从宏观到微观的实时监测；实现了对农作物生长、发育状况、病虫害、水肥状况及相应的环境进行定期信息获取；生成了动态空间信息系统，可以对农业生产中的现象、过程进行模拟；达到了合理利用农业资源，降低生产成本，改善生态环境，提高农作物产量和质量的目的。

数字工业通过将人工智能、大数据、云计算等新兴技术赋能产业的各个环节，使数字化贯穿整体工业制造的全流程，覆盖研发设计、流程生产、项目管理、供应链等多个过程，以数据驱动提升产业效率，实现了生产自动化、信息化、智能化。一方面降低了对人工的依赖，实现了"零接触"办公，提高了工作效率；另一方面推进工业产业链向销售、服务、办公延伸，并基于多样化的新兴技术，创新研发新产品和新服务，实现传统工业的转型升级。

数字服务业是指利用数字技术提供各种服务活动的行业，包括数字产品服务业和数字技术服务业。数字产品服务业涵盖在线支付、线上小程序、互联网平台等，通过数字化手段连接商家和消费者，提供便捷的服务体验。数字技术服务业则涉及软件开发、电信、广播电视和卫星传输服务、互联网相关服务、信息技术服务等，通过大数据、云计算、物联网、人工智能等先进信息技术对各种应用场景进行数字化改造和智能化升级。

### （三）数字经济活动参与者的角色具有多重性

数字技术的普及与应用，使越来越多的家庭从事或参与以往只有专门机构才能开展的生产性活动（即纳入 GDP 的活动），众多数字平台可以为非法人和家庭提供中介服务，并为个体经营者提供弹性的市场准入条件。很多传统的中介服务交易被个人通过网络平台提供的服务所替代，非企业化的单位与个人越来越多地成为产品供应者和价值的创造者。各种平台的出现促进了个人交易的进行也带来了对交易情况测度的挑战。

在数字经济活动中，参与者的角色具有多重性。一方面，企业既可能是数字产品和服务的提供者，又可能是其他企业数字解决方案的需求方。例如，一家软件公司，它为其他企业开发管理软件的同时，也可能使用其他企业开发的数据分析工具来优化自身的运营。另一方面，个人用户既可以作为消费者享受数字经济带来的便捷购物、娱乐等服务，又可能在一些平台上成为内容创作者，为数字经济贡献价值。例如，在短视频平台上，用户既观看他人创作的视频，又可以自己拍摄并上传视频。政府机构在数字经济活动中也具有多重角色，既是政策制定者和监管者，保障数字经济的健康发展，又可能是数字技术的应用者，通过电子政务等方式提高行政效率和服务质量。

这种多重性使数字经济的生态更加丰富多元，也增加了数字经济活动的复杂性和互动性。以往的就业者不再是拥有单一职业和单一收入来源的群体，而是可以利用闲暇时间选择自己擅长的工作或在家利用闲置物品获取收入。数字经济条件下，失业者不再是以往定义的失业者，就业形式也不再限于传统的雇佣或全职模式。数字生产及消费边界混乱，数字产品的估值困难，价格和服务量难以确定，使现行统计体系无法真实测度数字经济的交易情况。

### （四）数字经济的产出效应具有时滞性

数字经济产出的时滞效应指的是从数字经济相关投入到实际产出成果之间存在一定的时间间隔。由于新技术研发后，从实验室到实际商业应用往往需要一段时间，企业需要评估新技术的成本效益、培训员工、调整业务流程等，这一过程需要数月甚至数年。数字基础设施的建设，如5G网络、数据中心等，通常需要较长的规划和建设周期。从规划到实际建成投入使用，可能需要几年时间。在这段时间内，数字经济的发展可能会受到基础设施不足的限制，产出的增长也会相应延迟。随着数字经济的发展，对基础设施的需求不断增加，需要对现有基础设施进行升级和扩展，这一过程也需要时间。最后，新的数字产品和服务推出后，市场接受度的提高往往也需要时间。消费者需要时间来了解和熟悉新产品的特点和优势，以及评估其对自己的价值。此外，政府制定和实施数字经济发展的政策和法规也会有时滞。在政策和法规不完善的情况下，数字经济的发展可能会受到一定的限制，产出的增长也会受到影响。

数字经济产出的时滞性使准确测量数字经济变得困难。一方面，由于时滞性的存在，在某一特定时间点难以确定数字经济活动所产生的全部影响，可能会低估或高估数字经济的规模和贡献。例如，一项数字技术的投入可能在一段时间后才逐渐显现出经济效益，但在测量时可能无法及时捕捉到这些潜在的产出。另一方面，时滞性也增加了数据收集和分析的难度。数字经济的发展变化迅速，而产出的时滞性使数据的时效性受到影响。为了准确测量数字经济，需要考虑不同阶段的数字经济活动及其潜在影响，这就要求更加复杂的测量方法和模型。同时，还需要不断跟踪和更新数据，以适应数字经济的动态变化。

## 课后习题

1. 数字经济的统计测量有什么意义？
2. 简述国内各种数字经济统计测量方法的优缺点。
3. 区域数字经济核心竞争力主要表现在哪些方面？
4. 如何看待免费产品在数字经济中的作用？

# 第五章 数据要素与市场化配置

## 案例导入

**阿里巴巴"城市大脑"**

阿里巴巴集团在数据要素市场化配置方面的实践,堪称数字经济领域的标杆。通过旗下的阿里云(Alibaba Cloud)和城市大脑(City Brain)平台,阿里巴巴成功构建了一个以数据为核心的智能生态系统,推动了数据资源在不同场景下的高效配置和共享。

以"城市大脑"为例,这是阿里巴巴基于大数据和人工智能技术打造的智慧城市管理平台。城市大脑的核心价值在于整合海量的城市运行数据,包括交通、能源、水务、公共安全等领域的数据,并通过实时分析和建模,提供高效的城市管理解决方案。

在杭州,城市大脑通过对交通数据的深度挖掘与优化,成功实现了红绿灯的智能调控。在交通高峰时段,平台能够根据实时车流数据自动调整红绿灯周期,从而减少了拥堵路段的车辆滞留时间。官方数据显示,自2016年启动以来,杭州主要路段的交通通行效率提升了15%,交通事故率降低了20%。这不仅显著改善了城市居民的出行体验,还为智慧交通的全球化发展提供了可借鉴的经验。

与此同时,城市大脑还广泛应用于其他城市管理领域。例如,在城市水务管理中,平台通过对实时用水数据的监测和预测,帮助城市精准分配水资源,降低浪费并提升管理效率。此外,阿里云还为企业和政府机构提供了完善的数据共享服务,推动了跨行业、跨区域的数据要素高效流动,为经济增长注入了新动力。

阿里巴巴集团通过"城市大脑"等实践,成功将数据转化为生产力,在提升城市治理水平的同时,也展示了数据要素市场化配置的巨大潜力。

## 第一节 数据要素的特性

在数字经济中,数据作为一种关键的生产要素,具有与其他要素不同的特性。这些特性不仅决定了数据在经济活动中的应用方式,也深刻影响了数据市场的运行机制和政策制定。理解数据要素的特性对于推动其市场化配置、实现其价值最大化至关重要。

### 一、数据的可复制性与非排他性

数据的可复制性是指数据能够在不损失其原本信息和价值的前提下被多次复制和使用,这与传统的物质资源和商品有着本质区别。在物理产品的生产和复制过程中,往往需要消耗额外的资源,生产每个复制品的成本也相对较高。而数据的复制成本却较低,几乎可以忽略不计。这一特性使数据能够在多种场景中广泛使用,并且可以在各个层面上提升其经济价值。

#### (一)数据可复制性的典型应用

在科技行业,软件公司能够将同一份代码无限制地复制并应用到不同的应用程序或平台上,而不会影响其功能或效用。正是这种可复制性,使软件企业能够快速扩大业务覆盖范围,并且在市场竞争中占据先机。例如,微软的 Windows 操作系统就是一个非常典型的例子。通过对其操作系统不断更新和复制,微软得以将这一产品推广到全球范围,赢得了大量的用户基础和市场份额。这种通过数据可复制性实现的全球扩展,不仅降低了边际成本,还提高了企业的盈利能力。

此外,在其他数字产品中,如音乐、电影、电子书等,数据的可复制性也表现得尤为突出。一次性创作的作品可以被无数次复制和传播,而不会损失原有的价值。这些特性使数字内容创作者能够轻松扩展其受众范围,推动了整个数字经济的繁荣。

#### (二)数据的非排他性与其经济影响

除了可复制性,数据还具有非排他性,这意味着同一份数据可以被多个主体同时使用,而不会因为共享或重复使用而削弱其原有的效用。与物理资源不同,数据的共享不会使其贬值或失去原有的功能。例如,企业 A 可以利用某一数据集进行市场分析,同时,企业 B 也可以在不影响 A 使用的前提下,利用相同的数据集开展产品研发。这种非排他性使数据能够在不同行业和领域内实现高效的重复利用,从而促进了跨行业的合作与创新。

这种特性在很多实际应用中都可以观察到。例如,在金融行业,大数据分析可以为多个企业提供精确的市场预测、客户行为分析等信息,而不会因为多个企业的共同使用而导致数据的效用下降。相反,随着数据使用范围的扩大,它的潜在价值会进一步提升,推动整个行业的进步。

### （三）数据的非排他性带来的挑战

然而，数据的非排他性也带来了诸多挑战，尤其是在数据产权界定和市场竞争方面。由于数据可以同时被多方使用，如何确保数据的合法使用、所有权分配和数据隐私保护成了复杂的问题。在共享经济中，平台企业通常掌握着大量的用户数据，这些数据在不同的业务场景下都有着重要的应用价值。然而，在使用这些数据的过程中，平台企业不仅要保证其商业价值的充分发挥，还必须严密保护用户的隐私。数据的开放与共享问题已经成为行业内外广泛讨论的焦点。如何在开放数据共享的同时，防止用户信息泄露，并避免数据被恶意使用，是一个亟待解决的难题。

## 二、数据的多维度价值

数据的价值不仅仅体现在其直接的应用上，更重要的是它能够对其他业务流程和决策过程提供强有力的支持。通过数据的采集、分析和处理，企业能够将原始数据转化为有意义的信息，进一步深化为有洞见的知识。这一知识可以直接用于指导企业的战略决策、优化运营效率，甚至推动新产品和服务的开发与创新。

### （一）数据对业务决策的深度支持

在零售行业，企业不仅通过日常的销售数据了解市场表现，还通过对消费者行为数据的深度挖掘，洞察潜在的市场需求与趋势。这种数据驱动的分析能够帮助企业识别出哪些产品受欢迎，哪些促销策略吸引目标客户，从而优化产品设计并制定更精准的营销策略。这种实时、精细化的数据分析提升了企业对市场变化的快速响应能力，使其能够更灵活地调整经营策略。

沃尔玛是一个数据驱动决策的典型企业，其系统结构如图5-1所示。沃尔玛通过对其全球范围内的庞大销售数据进行实时分析，能够即时了解库存状况、消费者的购买趋势和供应链效率。这种数据分析不仅帮助沃尔玛减少了供应链中的冗余，还使其能够在某些商品销量突然增长时迅速补货，从而确保满足消费者的即时需求。这种数据驱动的供应链管理模式，大大提升了沃尔玛的运营效率，增强了其在零售行业中的竞争力。

### （二）数据的多维度价值及跨领域应用

数据的价值不仅限于特定行业或单一领域，其跨领域的应用潜力进一步拓展了数据作为经济要素的多维度价值。例如，在医疗行业，患者的健康数据不仅对医疗诊断和治疗有着至关重要的作用，还能够为保险公司提供丰富的风险评估依据。通过分析医疗数据，保险公司可以更精准地评估投保人的健康风险，从而优化保费计算和保险产品设计，提供更加个性化的保险服务。

此外，医疗数据在科研和新药研发中同样具有关键作用。通过对大量患者的基因组数

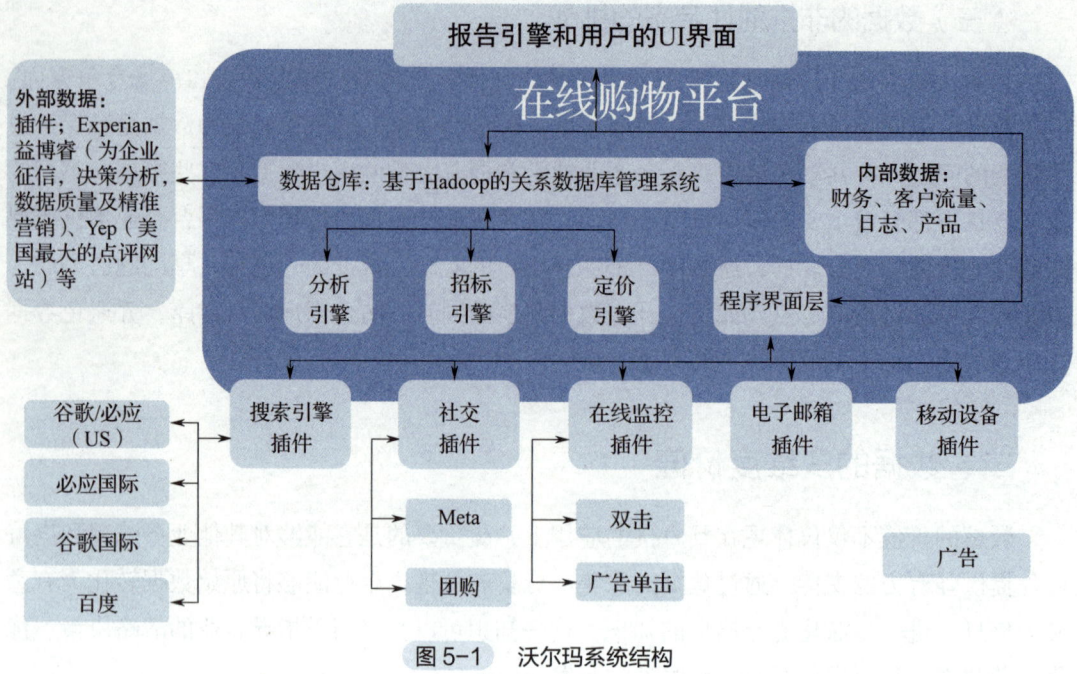

图 5-1 沃尔玛系统结构

据进行整合和分析,科研人员可以更快地发现与某些疾病相关的基因变异,进而推动个性化医疗的发展。例如,近年来个性化医疗和基因疗法的快速崛起,部分得益于基因数据的广泛应用。通过利用这些数据,医药公司能够加速新药研发进程,开发出更加精准的治疗方案,改善患者的治疗效果。

### (三)数据的战略价值与经济影响

数据的跨领域应用不仅强化了其在不同场景中的多重价值,还进一步凸显了数据作为经济要素的战略意义。在多个领域中,数据能够被重新利用,赋予其新的经济价值。例如,零售行业的数据可以为物流优化提供支持,医疗行业的数据可以为保险行业提供风险评估基础,金融行业的数据则可以推动人工智能和大数据分析的深入发展。正是这种数据在不同应用场景中的复用性和增值性,使数据成了推动经济发展的重要动力。

数据的这种不断被赋能和再利用的过程,促进了跨行业的创新和合作,最终对整个经济体系产生了深远影响。随着数据市场化配置的不断推进,各行业之间的数据共享与协同应用将变得更加频繁和高效。这种跨领域的数据融合,不仅有助于提升个体企业的竞争力,还将推动整个行业的转型与升级,进一步促进全球经济的可持续发展。

## 三、数据的累积效应与规模经济

数据的累积效应和规模经济特性在现代经济中赋予了数据极高的战略价值,成为许多企业核心竞争力的来源。

## （一）数据的累积效应

数据的累积效应是指，随着数据的不断积累，其价值不仅呈线性增长，而且具有指数级的提升。数据并不是孤立存在的，当企业收集到更多的数据时，这些数据能够通过分析、关联和深度挖掘，为企业提供更全面的市场洞察和用户行为模式。这种效应意味着，企业通过长时间持续的数据积累，能够形成庞大的数据资产，这些资产在分析决策、优化流程和提升服务上，能够创造难以被竞争对手复制的优势。

例如，亚马逊作为全球电商巨头，通过多年积累的用户行为数据，已经能够精准预测消费者的购物需求。其背后的大数据分析系统通过对每个用户的购物记录、搜索历史、浏览习惯等多维数据的整合，不仅能够为用户提供高度个性化的商品推荐，还能预判用户的潜在需求。这种智能化的推荐算法提升了用户的购物体验，用户在亚马逊平台上能够找到自己可能需要的商品，而无须过多搜索。这种无缝衔接的购物体验有效地增加了用户留存率和复购率，带来了显著的销售增长。

数据累积不仅赋予了亚马逊提升服务的能力，还让其能够通过用户数据的持续反馈不断优化其供应链和库存管理体系。通过预测性分析，亚马逊可以提前判断某些商品的市场需求波动，从而优化仓储布局和库存水平，进一步减少运营成本。这种通过数据积累形成的竞争优势，使亚马逊在全球电商市场中保持了长期的领先地位，且很难被新进入者超越。

## （二）数据的规模经济

除了累积效应，数据的规模经济特性也是推动数据在经济活动中发挥重要作用的关键因素。数据的规模经济体现在随着数据量的增加，单位数据的边际处理成本显著下降，而由此带来的收益却成倍增长。随着企业收集、存储和处理的海量数据不断增加，尽管前期可能需要投入较大的人力、技术和资金成本，但一旦数据处理系统建立起来，企业在处理新增数据时的边际成本会大幅降低，甚至接近于零。

谷歌就是一个典型的例子。谷歌每天处理着来自全球数十亿次的搜索请求，通过其庞大的数据处理能力和先进的算法体系，谷歌能够快速处理和分析这些数据，提供精准的搜索结果。这种海量数据的处理不仅帮助谷歌提升了用户搜索体验，还为其广告业务提供了强有力的支持。谷歌能够通过分析用户的搜索行为，精准匹配广告商的需求，提升广告投放的效果。虽然处理海量搜索数据需要强大的技术基础设施，但随着数据量的增加，谷歌的边际处理成本几乎不增加，而其广告收入却不断增长，这就是数据规模经济效应的最佳体现。

通过数据的规模经济效应，像谷歌这样的企业能够在激烈的市场竞争中持续占据优势。随着数据规模的扩大，这种优势不断被巩固，形成强大的市场壁垒。其他竞争者即便进入市场，若无法拥有同等规模的数据和处理能力，也很难在服务质量、用户体验以及商业模式上与谷歌抗衡。

## （三）累积效应与规模经济的融合

数据的累积效应和规模经济特性相辅相成，共同推动了数据驱动型企业的持续成功。企业不仅可以通过数据积累提升自身的竞争优势，还能通过规模经济的实现，进一步降低成本、提高效率，使数据资源在业务扩展和创新中发挥更大作用。这种双重效应使数据的价值被不断放大，成为企业获取市场份额和提升盈利能力的核心手段。

例如，苹果公司利用其长期积累的用户数据，构建了独特的生态系统，通过智能手机、平板电脑、笔记本电脑等多种设备之间的无缝衔接和数据共享，增强了用户的黏性。在此基础上，苹果通过数据分析优化用户体验，进一步扩展了其应用程序商店、云服务和订阅服务等业务。数据的累积效应让苹果不断提升其服务质量，而规模经济效应则使其能够以较低的边际成本维持庞大的用户基数。苹果 iOS 生态圈如图 5-2 所示。

图 5-2　苹果 iOS 生态圈

未来，随着大数据、人工智能、物联网等技术的持续进步，数据的累积效应和规模经济效应将进一步增强，数据驱动型企业的优势也将更加显著。企业将通过更加智能化的数据分析技术，挖掘出更深层次的市场需求和消费者行为模式，从而不断优化业务流程、拓展新的市场机会。与此同时，数据的规模经济效应将推动企业以更低的成本实现数据的高效利用，从而在全球市场中获得更大的竞争力。

## 四、数据的外部性与共享特性

数据的外部性是指数据在使用过程中，并不仅限于影响直接参与者，还会通过不同的渠道对第三方或整个社会产生广泛的影响。这种外部性可以是正面的，也可以是负面的，因此在数据的市场化配置过程中，如何有效平衡数据开放和保护显得尤为重要。

## （一）正面外部性

正面外部性通常体现在数据的共享和开放可以推动社会整体福利的提升。数据一旦被公开或广泛使用，不仅能为数据拥有者带来直接的经济利益，还能够在整个社会层面带来更多积极的效应。一个典型的例子是政府开放的公共数据，尤其是交通、医疗、气象等数据。这些数据的开放使用可以促进智慧城市的发展、优化社会资源的配置、提高公共服务的效率，最终提升社会的整体福利水平。

以交通数据为例，政府开放城市交通数据能够为智能交通系统提供丰富的数据支持，帮助交通管理部门更高效地监测和优化交通流量，减少拥堵和事故发生。伦敦的开放数据计划就是一个典型案例。伦敦通过开放交通数据，开发者和企业能够基于这些数据创建各种应用程序和解决方案，如实时公共交通查询、智能出行规划等。这些数据驱动的创新不仅提高了市民的出行效率，还改善了城市的整体交通管理能力，从而减少了碳排放，提升了居民的生活质量。

此外，数据的正面外部性还可以在医疗、教育等领域发挥重要作用。例如，通过共享健康数据，科研机构能够更快地找到解决公共卫生问题的方案，加速新药的研发，甚至在全球疫情防控中发挥关键作用。大规模医疗数据的共享和应用能够帮助医生制定更精准的治疗方案，从而改善整体医疗服务水平，延长人类的预期寿命。

## （二）负面外部性

然而，数据的外部性并不总是正面的，负面外部性同样存在，尤其是在数据泄露、滥用或不当使用的情况下。负面外部性不仅会对个人隐私、商业利益造成侵害，甚至可能威胁到社会的稳定性。

Facebook的"剑桥分析"事件是一个典型的负面外部性案例。2018年，数百万Facebook用户的数据被不当收集和使用，导致这些数据被用于影响多个国家的选举结果。这一事件暴露了数据滥用对社会和政治体系的潜在威胁。数据泄露不仅对用户个人造成了隐私侵害，还导致社会公众对大型科技公司产生不信任感，并激起了全球范围内对数据安全和隐私保护的广泛讨论。该事件的影响远超出Facebook和其用户的直接范围，显示了数据滥用可能引发的广泛社会后果。

除了隐私侵犯，数据滥用还可能对市场竞争和商业生态造成损害。例如，某些企业可能通过非法手段获取竞争对手的数据，进而影响市场公平竞争环境。商业机密的泄露、用户信息的非法交易等数据滥用行为不仅破坏了正常的市场秩序，还可能引发一系列法律和道德问题。

## （三）平衡数据的开放与保护

鉴于数据的正负外部性，在推动数据市场化配置的过程中，如何有效平衡数据的开放和保护至关重要。既要促进数据的共享以推动技术创新和社会进步，也要采取适当的措施防止数据滥用,保护用户隐私,确保社会整体利益不受到侵害。

首先,为了最大化数据的正面外部性,各国政府和企业应积极推动数据的开放和共享,特别是在公共服务、基础设施等领域。例如,政府可以通过建立开放数据平台,为企业和开发者提供丰富的公共数据资源,鼓励创新应用的开发和社会服务的提升。同时,企业之间可以通过数据合作与共享,在确保竞争公平的前提下,共同推动产业升级和技术创新。

然而,数据的开放共享必须伴随着严格的隐私保护和安全监管。各国政府应出台相关法律法规,明确数据的采集、存储、处理和共享的法律边界,确保个人隐私不被侵犯。例如,欧盟的《一般数据保护条例》(GDPR)(图5-3)为全球隐私保护设立了高标准,规定企业在处理个人数据时必须获得用户的明确同意,并在数据泄露发生时及时通知用户。这些规定不仅提高了数据使用的透明度,还对企业的合规行为提出了严格要求,从而有效遏制了数据滥用的发生。

同时,企业在推动数据共享时也应注重技术手段的创新。例如,隐私计算、联邦学习等新兴技术能够在保证数据隐私的前提下,实现数据的安全共享和应用。这些技术通过对数据的加密处理,使数据在流通过程中无法被直接访问和解读,从而在一定程度上消除了数据泄露和滥用的风险。

图5-3　欧盟的《一般数据保护条例》GDPR

## 第二节　数据要素的市场化配置

在数字经济的背景下,数据作为一种新兴的生产要素,正逐渐成为推动经济增长和创新的重要力量。随着数据的价值不断被发掘,数据市场的形成和发展也成为数字经济中的重要议题。这一节将探讨数据市场的形成与发展、数据的定价机制、数据交易平台的功能与生态,以及区块链技术在数据交易中的应用。

### 一、数据市场的形成与发展

数据市场的形成是数字经济发展的必然结果。在互联网、物联网、人工智能等技术的推动下,数据的生成和积累速度空前加快,数据逐渐成为一种可以交易的商品。随着数据的重要性日益增加,各类数据交易平台应运而生,为企业和个人提供了数据交换和交易的场所。这些平台不仅促进了数据的流通,还推动了数据作为商品在市场中的定价和流通。全球知名的数据交易平台,如 Dawex 和 Snowflake,已经为企业提供了便捷的数据交换服务。这些平台不仅涵盖了大量行业的数据资源，还为数据提供者和消费者提供了丰富的增值服务，如数据清洗、数据分析等。

### （一）数据市场的类型与结构

数据市场可以根据不同的维度进行分类。按交易主体划分，数据市场可以分为 B2B（企业对企业）数据市场、B2C（企业对消费者）数据市场，以及 C2C（消费者对消费者）数据市场。按数据类型划分，可以分为结构化数据市场、半结构化数据市场和非结构化数据市场。

B2B 数据市场主要涉及企业之间的数据交易。例如，金融机构可能会购买第三方数据用于风险分析或市场预测。B2C 数据市场则更多地涉及企业直接向消费者提供数据服务，如个性化推荐系统所使用的数据。而 C2C 数据市场则是近年来兴起的趋势，例如，在某些社交媒体平台上，用户可以通过提供个人数据换取服务或奖励。

结构化数据市场通常涉及高质量、标准化的数据集，如财务数据、市场分析数据等，适合企业间的交易。这类数据的高质量和标准化特性使其在交易中具有较高的市场价值。半结构化数据市场包括像 JSON 文件、XML 文档等，这些数据虽然有一定的结构，但在存储和使用上仍需一定的处理。非结构化数据市场则涉及社交媒体数据、图片、视频等，这类数据的交易往往需要更复杂的处理和分析技术。这些非结构化数据尽管处理难度大，但由于其潜在的商业价值巨大，依然吸引了大量的市场参与者。

### （二）数据市场的主要参与者

在数据市场中，主要参与者包括数据提供者、数据消费者、数据交易平台和监管机构。这些参与者各司其职，共同推动了数据市场的运作和发展。

数据提供者通常是企业、政府机构或个人。他们通过收集、整理和提供数据来获取收益。例如，社交媒体公司通过收集用户的行为数据，分析并出售给广告商，从而获得商业利益。

数据消费者则是需要数据进行分析、决策或研发的企业或个人。例如，营销公司通过购买消费者行为数据来优化广告投放策略，以提高广告的转化率。

数据交易平台在数据提供者和消费者之间扮演了重要的中介角色，提供数据的发布、搜索、交易和支付等服务。这些平台不仅简化了数据交易流程，还为数据的质量和合法性提供了保障。例如，欧洲的数据交易平台 Dawex 通过提供数据交易的全生命周期管理，确保数据的合法性和透明性，减少了交易双方的风险。

监管机构则负责制定和实施相关法律法规，确保数据交易的合法性和数据隐私的保护。随着数据交易活动的增多，全球各国都在加强对数据市场的监管。例如，欧盟的《一般数据保护条例》（GDPR）为数据交易中的隐私保护设立了严格的标准，促使企业在数据交易中更加重视合规性。

## 二、数据的定价机制

数据的定价机制是数据市场运作的核心，直接影响数据的流通和利用效率。由于数据具有可复制性、非排他性和多维度价值，数据的定价往往比传统商品复杂得多。

### （一）数据的价值评估方法

数据定价的关键在于对数据价值的准确评估。数据的价值通常取决于其稀缺性、准确性、及时性和相关性。不同的评估方法适用于不同类型的数据集，常见的评估方法包括成本法、市场法和收益法。

（1）成本法。基于数据的收集、存储和处理成本进行定价。这种方法较为简单，适合于初步的定价估算。然而，由于成本法未能充分反映数据的潜在商业价值，其应用范围相对有限。例如，一家电子商务公司可以通过计算其服务器的存储和维护成本，初步确定其数据资产的价值。

（2）市场法。参考相似数据集在市场中的交易价格进行定价。这种方法依赖于市场的成熟度和透明度，适用于那些市场化程度较高的数据类型。例如，一家金融分析公司可以通过观察市场上其他类似数据集的价格，来确定其自有数据的定价。

（3）收益法。根据数据可能带来的未来收益进行定价，通常适用于具有高度专有性或战略性的高价值数据。例如，一家医疗科技公司可以通过预测新药研发中所使用的生物数据可能带来的市场回报，来评估这些数据的价值。

### （二）数据的定价模型与策略

不同类型的数据需要采用不同的定价模型与策略，以最大化数据的商业价值。常见的定价模型包括按量定价、按使用定价和订阅定价等。

（1）按量定价。基于数据的使用量进行收费，适合于使用频率较低或一次性使用的数据。例如，气象数据公司可以按使用者请求的数据量收费，这种模式适合于那些需要特定时间或特定区域数据的用户。

（2）按使用定价。根据数据的实际使用效果或价值进行收费，适合于效果导向型的数据产品。例如，一家广告公司可能会根据其广告投放后所产生的实际转化率来支付使用用户数据的费用。

（3）订阅定价。提供数据的长期使用权限，通常按月或按年收费，适合于需要持续获取数据的企业或机构。例如，金融机构可能会按年订阅市场数据，以用于持续的投资分析和决策。

在实际操作中，数据供应方通常会结合多种定价策略，以满足不同客户的需求并最大化数据的商业价值。例如，Netflix等流媒体平台通常采用订阅模式，而同时也可能为高质量内容收取额外费用。

## 三、数据交易平台的功能与生态

数据交易平台作为数据市场化配置的重要载体,发挥着连接数据供需双方的桥梁作用。这些平台不仅促进了数据的流通,还通过提供各种增值服务,进一步推动了数据市场的发展。

### (一)数据交易平台的功能

数据交易平台是数据市场化配置的重要基础设施,它们为数据的流通、交易和增值提供了服务。一个成熟的数据交易平台通常具备以下功能:

(1)数据发布与搜索。数据交易平台为数据提供者提供发布数据集的渠道,并为数据消费者提供高效的搜索工具。通过先进的搜索算法,消费者能够快速找到符合需求的数据集,从而提高交易的效率。

(2)数据交易与支付。平台支持数据的定价、支付和结算流程,确保交易的便捷性和安全性。例如,使用区块链技术,数据交易平台可以实现自动化的支付和数据交付,从而减少人为干预和潜在的纠纷。

(3)数据质量与合规管理。平台通过验证数据质量和管理数据合规性,确保交易数据的可靠性和合法性。许多平台还提供数据清洗和标准化服务,帮助提高数据集的质量和可用性。

(4)数据增值服务。一些先进的数据交易平台还提供包括数据清洗、数据分析和数据定制化服务,帮助数据消费者最大化数据的利用价值。例如,某些平台提供的数据分析工具可以帮助用户快速处理和解读购买的数据,从而提升数据的商业价值。

### (二)数据生态系统的构建与演进

随着数据市场的发展,数据交易平台逐渐演变为一个集数据供给、需求、增值服务和监管为一体的复杂生态系统。在这一生态系统中,各类参与者通过合作与竞争,共同推动数据市场的繁荣。

(1)合作。在数据生态系统中,多个数据提供者可以联合起来形成数据联盟,共同开发新的数据产品。例如,在医疗领域,多个医院和研究机构可以共享患者数据,共同推进医学研究和治疗方法的创新。

(2)竞争。不同的数据交易平台之间也存在竞争,推动平台服务质量和技术水平的不断提升。例如,某些平台通过提供更高效的数据搜索算法或更安全的交易环境,吸引更多的用户和数据提供者。

### (三)区块链在数据交易中的应用

区块链技术的去中心化、不可篡改和透明性特点,使其在数据交易中具有重要的应用前景。通过区块链技术,可以实现数据交易的可信记录、智能合约的自动执行以及数据权属的清晰界定。这些特点使区块链成为提升数据交易安全性和可信度的重要工具。

例如，某些数据交易平台已经开始使用区块链来记录数据交易的全过程，确保数据来源的透明性和数据使用的合规性。此外，智能合约的引入还可以自动执行数据交易的支付和交付流程，减少人为干预和潜在的纠纷。

区块链技术的引入，不仅提高了数据交易的安全性，还增强了数据交易的透明度和可追溯性，促进了数据市场的健康发展。在未来，随着区块链技术的不断成熟和普及，其在数据交易中的应用将更加广泛，进一步推动数据市场的规范化和透明化。

## 第三节　数据要素配置的挑战与问题

尽管数据要素的市场化配置带来了诸多机遇，但在实践中也面临着一系列挑战和问题。这些挑战不仅影响了数据市场的公平与效率，还对社会经济的稳定性和可持续发展构成了潜在威胁。主要表现为数据垄断与市场集中、数据隐私与安全、数据确权与数据主权、数据流通的法律与监管问题，以及数据不对称与市场失灵等关键挑战。

### 一、数据垄断与市场集中

随着数据在经济中的战略地位日益上升，大型科技公司通过对数据资源的垄断获得了显著的竞争优势，这种现象使市场呈现出越来越明显的集中趋势，导致中小企业发展受阻，创新能力被抑制，形成了"强者恒强"的局面。许多科技巨头通过广泛收集和控制用户数据，巩固了其市场主导地位，新兴企业往往难以进入市场或与之竞争。数据垄断不仅扼杀了行业内的竞争活力，还导致技术创新的步伐放缓，从而阻碍了整个行业的发展。

这部分内容在第十五章有详细表述，在此不再赘述。

### 二、数据隐私与安全问题

数据隐私与安全问题是数据市场化配置中的另一大挑战。随着数据交易和大数据分析的普及，个人隐私数据的泄露风险显著增加。在数据市场中，涉及个人身份、行为习惯、健康信息等敏感数据的交易，使数据隐私保护变得更加复杂和紧迫。

近年来，多次大规模数据泄露事件暴露了全球数据安全防护的薄弱环节。例如，前文提到的 Facebook 爆发的"剑桥分析"事件，导致数千万用户的个人数据被未经授权使用，引发了全球对数据隐私和安全的广泛关注。

为了应对这些问题，世界各国纷纷出台相关法律法规，加强数据隐私和安全保护。例如，欧盟的《一般数据保护条例》（GDPR）规定了严格的数据处理和保护措施，要求公司在处理用户数据时必须遵循"隐私设计"和"默认隐私"的原则，以最大限度地减少数据泄露的风险。

然而，数据隐私保护与数据利用之间的平衡仍然是一个亟待解决的问题。如何在保障个人隐私的同时，促进数据的合理利用，是各方需要共同探索的议题。

## 三、数据确权与数据主权

数据确权，即明确数据的所有权和使用权，是数据市场化配置中的基础性问题。由于数据的可复制性和共享性，数据确权远比传统资产的确权复杂得多。在没有明确的数据确权机制的情况下，数据交易中的法律纠纷和利益争端时有发生。

此外，随着跨境数据流动的增加，数据主权问题也逐渐引起国际社会的关注。数据主权指的是一个国家对本国数据在国际市场中的控制权和流通权。例如，欧盟通过 GDPR 对跨境数据传输进行了严格的规定，要求在数据传输到第三国时必须确保数据的保护水平相当于欧盟内部的标准。

在这一背景下，如何在全球范围内协调数据确权与数据主权的冲突，确保数据的合法流通，成为各国政府和国际组织面临的重大挑战。

## 四、数据流通的法律与监管问题

数据流通涉及从数据采集、存储、处理到传输和交易的全过程，每个环节都可能面临法律和监管的挑战。不同国家和地区的法律框架和监管要求各不相同，使跨国数据交易复杂且困难。

以我国为例，近年来出台的《数据安全法》和《个人信息保护法》规定了严格的数据处理行为规范，旨在保护国家安全和个人隐私。然而，这些法律也对跨境数据流动设置了诸多限制，增加了跨国企业进行数据交易的难度。

在国际数据流通中，如何在遵守各国法律的前提下实现数据的自由流通，已经成为全球数据市场面临的重大课题。解决这一问题需要各国加强法律协调与合作，同时也需要企业在数据合规性方面进行更多的投入。

## 五、数据不对称与市场失灵

数据不对称是指市场中的交易双方在数据量和数据质量上存在不平衡，导致信息不对称问题。这种不对称在数据交易中尤为明显，通常数据提供者掌握着比数据消费者更多的关于数据质量、数据收集方法和数据潜在用途的信息。

这种信息不对称可能导致市场失灵，数据消费者无法准确评估所购买数据的价值，进而做出错误的决策。例如，企业可能因为缺乏对数据质量的了解而购买了无效数据，导致投资失败。

为了减少数据不对称，改善市场配置效率，一些数据交易平台开始引入数据质量评估机制和数据认证服务。然而，如何在更大范围内解决这一问题，仍然需要政策、技术和市场机制的共同努力。

总体来说，数据要素配置在带来机遇的同时也面临着诸多挑战。这些挑战需要通过法律法规的完善、技术手段的创新，以及全球范围内的合作来逐步克服。只有这样，才能实现数据市场的健康发展，充分释放数据作为生产要素的潜力。

## 第四节　政策建议

### 一、政府在数据要素市场化中的角色

政府在数据要素市场化过程中扮演着重要且多重的角色。首先，政府需要通过立法和政策引导，确保数据市场的有序发展。例如，政府应出台明确的数据采集和使用法规，防止数据滥用和侵犯隐私现象的发生。此外，政府应积极推动公共数据的开放和共享，以提升数据的社会效益，促进公共服务的创新。

具体而言，政府可以通过以下措施推动数据要素的市场化：

（1）制定数据开放政策。通过出台数据开放政策，要求公共部门的数据在保护隐私的前提下向社会公开。这不仅能够激发创新，还能为企业提供丰富的数据资源，促进商业活动的发展。

（2）建设国家级数据平台。政府可以主导建设国家级的数据交易和共享平台，集中管理和发布公共数据，同时提供标准化的数据接口，方便企业和个人获取和使用数据资源。

（3）加强数据垄断和隐私保护的监管。为维护市场公平，政府应加大对大型科技公司的监管力度，防止其滥用数据资源。同时，严格执行数据隐私保护法规，确保个人数据在市场化配置过程中的安全性和合规性。

### 二、数据治理与数据市场的规范化

数据治理是确保数据在合法、安全的框架下被高效利用的关键。一个完善的数据治理体系不仅有助于防范数据风险，还能提升数据的利用效率，为数据市场化配置提供坚实基础。

在数据治理方面，可以考虑以下建议：

（1）建立完善的数据治理框架。通过制定数据管理政策和流程，明确数据的采集、存储、处理和共享等环节的标准和要求。确保数据治理在企业和公共部门中得到有效实施，减少数据风险的发生。

（2）加强数据交易的透明度和公正性。在数据市场的规范化过程中，应制定统一的交易标准，确保数据定价的合理性和透明性。此外，还应建立独立的第三方机构，对数据交易的合规性进行监督。

（3）制定统一的数据定价标准和交易规则。通过统一的数据定价标准，避免因数据不对称导致的市场失灵现象。同时，制定明确的交易规则，确保数据市场的公正性和效率。

（4）推动数据跨境流动的合规性和便捷性。为适应全球化发展，国家间应加强合作，制定统一的跨境数据流动规则，确保数据能够在合法的框架下自由流通。

## 三、国际数据流通的合作与协调

随着全球数字经济的不断发展，数据跨境流动的重要性日益增加。然而，由于各国数据法律法规和监管要求不同，数据流通面临诸多障碍。为实现全球数据的高效流通，各国政府需要加强国际的合作与协调。

可以采取的措施包括：

（1）推动全球数据流通规则的制定。通过国际组织或多边谈判，推动制定统一的跨境数据流通规则和标准，减少数据流通中的法律障碍。

（2）加强国际数据保护合作。各国应加强在数据保护方面的合作，共同打击数据犯罪，保护个人隐私，确保跨境数据流动的安全性。

（3）建立跨境数据流通的快速通道。为促进国际贸易和数据流通，各国可以通过双边或多边协议，建立数据流通的快速通道，提高数据跨境传输的效率。

## 四、数据市场化配置的创新路径

在数据市场化配置过程中，创新是推动其发展的重要动力。无论是技术创新还是模式创新，都为数据要素的市场化配置带来了新的可能性。未来的创新路径可能包括数据共享机制的创新和数据要素市场化的最佳实践两个方面：

### （一）数据共享机制的创新

数据共享机制的创新是推动数据市场化配置的关键。当前，区块链技术、隐私计算和联邦学习等技术为数据共享提供了新的保障，使在保护数据隐私的同时，数据仍能被有效利用。

（1）区块链技术。通过区块链技术，可以建立去中心化的数据共享网络，确保数据交易的透明性和不可篡改性。同时，智能合约的应用能够自动执行数据交易流程，提高交易效率。

（2）隐私计算。隐私计算（如多方安全计算、同态加密等）允许多方在不暴露各自数据的前提下进行联合计算，确保数据在共享过程中的隐私保护。

（3）联邦学习。联邦学习是一种分布式机器学习技术，可以在不共享原始数据的情况下进行联合建模，为数据共享提供了新的可能性。

### （二）数据要素市场化的最佳实践

一些领先的数据交易平台在数据要素市场化方面积累了丰富的经验，形成了值得借鉴的最佳实践。例如，全球知名的数据交易平台"Data Market"通过整合全球各类数据资源，提供了一个集数据搜索、交易、支付和增值服务于一体的综合性平台。这样的平台不仅提升了数据市场的效率，还促进了数据资源的最大化利用。

此外，未来的数据市场可能会进一步发展出更加复杂和多元化的商业模式，例如，基于数据订阅的长期合作模式、数据合作社等新型共享模式，帮助企业和个人更好地参与数据市场。

数据要素作为数字经济的重要组成部分，正逐步成为推动经济增长的核心动力。通过市场化配置，数据资源得以有效流通和利用，激发了各行业的创新潜力。未来，随着全球数据市场的不断规范和扩展，数据要素市场化将朝着规范化、透明化和全球化的方向发展。在政策支持、技术创新和国际合作的推动下，数据要素的市场化配置将持续促进全球经济的繁荣与可持续发展。

## 课后习题

1. 数据的可复制性和非排他性如何影响数据的市场价值和竞争格局？请结合实际案例进行分析。
2. 数据垄断现象在全球范围内的影响越来越大。结合科技巨头的案例，讨论数据垄断对中小企业创新和市场竞争的影响，以及各国政府在应对数据垄断时采取的政策措施。
3. 数据的外部性具有正负两面。请举例分析数据正面外部性和负面外部性的表现，并讨论如何平衡数据共享和隐私保护之间的矛盾。
4. 数据的累积效应和规模经济特性是如何帮助企业建立竞争优势的？你认为这些特性对未来数据驱动型企业的发展有何影响？
5. 在数据要素的市场化配置过程中，跨行业、跨领域的数据应用已经成为趋势。请讨论数据的跨领域价值如何推动新技术的研发和应用，特别是在医疗、金融或物流行业中的具体表现。
6. 考虑到数据主权和数据跨境流动问题，你认为全球数据市场应该如何在保护数据安全的前提下实现数据的自由流通？请结合当前的国际合作与监管框架，提出建议。

# 第六章 数字经济的技术基石与基础设施

## 案例导入

**美的集团的智能楼宇管理系统**

美的集团作为全球知名的家电制造商,近年来在楼宇科技领域取得了显著的进展。其楼宇科技事业部致力于通过智能化解决方案,推动楼宇管理的数字化转型。美的集团的楼宇科技产品线涵盖了智能空调、智能照明、智能安防等多个方面,通过物联网技术将这些设备连接起来,实现数据的实时监控和分析,从而提高能效、降低运营成本,并为用户提供更加舒适便捷的环境。在数字经济的大潮中,美的集团的楼宇科技事业部与某大型商业综合体合作,共同打造了一个智慧楼宇项目。该项目通过部署美的集团的智能楼宇管理系统,实现了对整个商业综合体的能源使用、环境控制、安全监控等方面的全面智能化管理。通过大数据分析,系统能够自动调节空调温度、照明亮度,以及根据人流量调整电梯运行效率,从而达到节能减排的目的。此外,智能安防系统能够实时监控异常情况,并通过人工智能算法进行风险预警,提升了整个商业综合体的安全水平。

## 第一节　数字经济的技术基础

### 一、人工智能与机器学习在数字经济中的应用

#### （一）人工智能与机器学习概述

**1. 相关概念**

人工智能（AI）与机器学习（ML）作为当今科技发展的前沿领域，正逐渐成为引领产业升级的新引擎。AI 是指由人造系统所表现出来的智能行为，而 ML 则是实现人工智能的一种方法，它通过算法让机器从数据中学习并做出决策或预测。随着计算能力的提升和大数据的普及，ML 算法得以快速发展，为各行各业带来了革命性的变化。例如，谷歌的 AlphaGo 在 2016 年战胜了世界围棋冠军李世石，这一事件不仅展示了 ML 在复杂决策中的潜力，也象征着 AI 技术在模拟人类智能方面的巨大进步。国际数据公司（IDC）预测，全球人工智能（AI）工厂总投资规模预计将从 2024 年的 3158 亿美元，增长到 2028 年的 8159 亿美元，五年复合增长率（CAGR）为 32.9%。而在各类人工智能技术中，生成式 AI 的表现尤为突出，其全球市场五年复合增长率有望达到 63.8%，到 2028 年市场规模预计将突破 2842 亿美元，占全球 AI 市场投资总规模的 35%。这一增长不仅反映了 AI 技术的经济价值，也揭示了其在推动产业升级中的核心作用。

目前根据机器是否能够产生自我认知，将人工智能大致分为以下三类：

（1）弱人工智能。没有自我意识，不具备真正的推理能力的人工智能。例如，目前已经制造出的 AlphaGo 等。只适用于特定的单一领域，多见于具有人脸识别、语音识别或语义理解能力的设备。目前所有人工智能领域取得的进展都只是在弱人工智能领域。

（2）强人工智能。具有独立的自我意识且具备真正的推理能力的人工智能。例如，科幻电影中常见的拥有独立意识的机器人。现有的人工智能设备都不具备强人工智能能力。

（3）超强人工智能。具有人的思维，有自己的世界观、价值观，会自己制定规则，具有人所具有的本能和创造力，并且具备比人类思考效率及质量高无数倍的大脑，在几乎所有领域均超越人类的人工智能。目前超人工智能只存在于电影之中，其对于人类社会所带来的影响也仅存于想象。

**2. 发展历程与趋势**

人工智能的发展历程可以追溯到 20 世纪 50 年代，当时一群科学家开始探索机器是否能够模拟人类智能。1956 年的达特茅斯会议被认为是人工智能研究的起点。在接下来的几十年里，人工智能经历了几次起伏，被称为"人工智能的冬天"，但每次都有新的突破和进展。

20 世纪 60 年代和 70 年代，人工智能研究主要集中在专家系统和自然语言处理上。

到了80年代，随着个人计算机的普及和计算能力的提升，人工智能研究得到了新的动力。90年代，互联网的兴起为人工智能提供了大量的数据和新的应用场景。21世纪初，随着机器学习和深度学习技术的突破，人工智能迎来了新的春天。深度学习尤其在图像识别、语音识别和自然语言处理等领域取得了显著成果。近年来，人工智能技术在自动驾驶、医疗诊断、金融分析等多个领域得到了广泛应用。未来，人工智能的发展将继续深化，与物联网、大数据、云计算等技术融合，推动社会的智能化变革。同时，人工智能伦理、隐私保护和就业影响等问题也将成为研究和讨论的热点。

总体而言，在人工智能的发展历程上，曾经历过多个高峰和低谷。参照《人工智能标准化白皮书》，按照时间顺序可以对人工智能的发展阶段进行大致划分，简单介绍每个阶段发生的代表性事件，具体如图6-1所示。

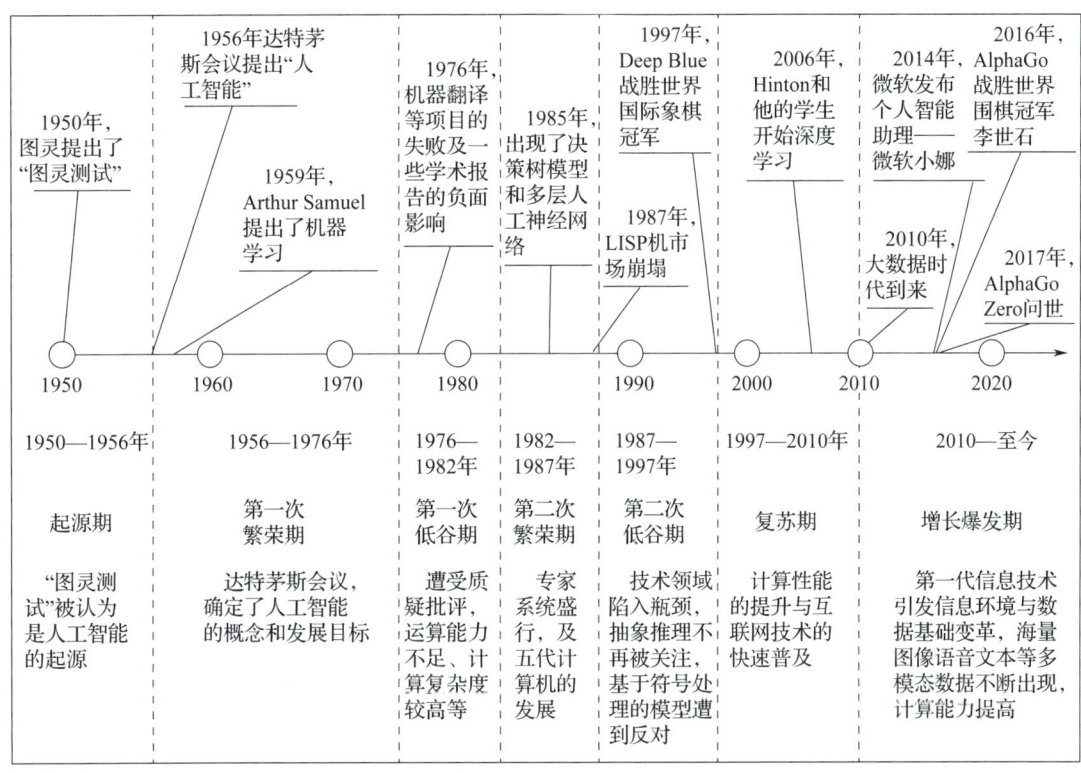

图6-1 人工智能的发展历程

机器学习的发展历史可以追溯到20世纪50年代，当时的研究主要集中在模式识别和人工智能领域。1957年，Frank Rosenblatt发明了感知机，这是一种简单的神经网络模型，用于图像识别。到了1967年，Walter Pitts和Warren McCulloch提出了人工神经网络的早期模型。20世纪80年代，随着反向传播算法的提出，神经网络的研究得到了新的动力，多层网络开始成为可能。1986年，Rumelhart、Hinton和Williams等人对反向传播算法进行了改进，使多层神经网络的训练变得更加高效。20世纪90年代，随着计算能力的提升和数据集的增大，支持向量机（SVM）等统计学习方法开始流行。2000年后，随着互联网的普及和大数据的出现，机器学习技术得到了广泛应用，包括搜索引擎、推荐系统等。2006年，Hinton等人提出了深度学习的概念，深度神经网络开始在图像识别、语音识别等领域取得突破性进展。2012年，深度学习在图像识别竞赛中大放异彩，从此开启了深度学习的黄金时代。近年来，随着算法的不断进步和计算资源的增加，机器学习技术在自动驾驶、医疗诊断、金融分析等多个领域展现出巨大的潜力和应用前景。

### （二）人工智能与机器学习在金融科技领域的应用

#### 1. 人工智能在支付系统中的应用

随着金融科技的蓬勃发展，智能支付解决方案已成为推动行业进步的关键力量。这些解决方案利用人工智能技术，如机器学习和自然语言处理，为用户提供无缝、安全的支付体验。例如，通过深度学习算法，智能支付系统能够实时分析交易模式，识别异常行为，从而有效预防欺诈。根据市场研究机构的报告，智能支付技术预计将在2025年至2030年推动全球支付市场增长超过10%。此外，智能支付解决方案还通过个性化推荐和智能决策支持，帮助用户做出更明智的消费选择，从而提升用户满意度和忠诚度。正如比尔·盖茨所言："银行需要记住，他们的主要业务是服务，而不是金融。"智能支付正是金融科技领域服务创新的典范，它不仅改变了支付方式，也重新定义了金融服务的未来。

智能支付解决方案利用人工智能进行实时监控，通过学习用户的行为模式，能够即时发现并响应可疑交易。例如，当一个用户突然在地理上与以往的消费习惯不符的地点进行大额交易时，系统可以立即触发警报，并要求额外的身份验证。这种基于行为分析的风险管理方法，不仅提高了安全性，也减少了对合法用户的干扰。

#### 2. 机器学习在信贷评估中的革新

在信贷评估领域，机器学习模型通过分析借款人的历史数据，包括交易记录、社交媒体行为等非传统数据源，能够更全面地评估借款人的信用风险。这种模型的预测能力，使金融机构能够更精准地定价贷款产品，同时降低违约风险。正如著名经济学家纳西姆·尼古拉斯·塔勒布所言："在风险管理中，最重要的是识别和量化不确定性。"机器学习正是在这一领域提供了强大的量化工具。

（1）信用评分模型的优化。在金融科技的浪潮中，信用评分模型的优化已成为推动行业进步的关键因素之一。传统的信用评分模型依赖于静态数据和线性回归分析，但随着人工智能和机器学习技术的融合，这些模型正变得更加动态和精准。例如，通过深度学习算法，金融机构能够处理和分析大量非结构化数据，如社交媒体活动、在线购物行为等，这些数据为信用评分提供了更全面的用户画像。研究表明，使用机器学习技术的信用评分模型可以将预测准确性提高10%~20%，显著降低了违约风险。正如著名经济学家纳西姆·尼古拉斯·塔勒布所言："数据是新的石油，而分析则是新的炼油厂。"金融机构通过优化信用评分模型，不仅能够更准确地评估借款人的信用状况，还能为不同风险等级的客户定制更加个性化的金融产品，从而在竞争激烈的市场中脱颖而出。

（2）借款人行为分析与风险预测。人工智能技术特别是机器学习的应用，已经彻底改变了信贷评估的传统面貌。通过借款人行为分析与风险预测，金融机构能够更精准地评估贷款申请者的信用风险，从而做出更为明智的贷款决策。例如，利用大数据分析，金融机构可以追踪借款人在社交媒体、电子商务平台以及移动支付系统中的行为模式，这些数据经过机器学习算法的处理，能够揭示出潜在的信用风险。研究表明，通过分析借款人的在线行为，可以提前6个月预测到其违约的可能性，准确率高达80%以上。正如彼得·德鲁克所言："预测未来最好的方式就是创造未来。"金融科技正是通过不断创新，利用人工智能技术，为信贷市场创造了一个更加精准和高效的未来。

### （三）人工智能与机器学习在智慧城市构建中的应用

在构建未来智慧城市的过程中，人工智能技术扮演着至关重要的角色。通过深度学习、自然语言处理、计算机视觉等关键技术，人工智能能够处理和分析海量的城市数据，从而实现对城市运行的智能监控和管理。例如，智能交通系统利用人工智能算法优化交通信号灯的时序，根据实时交通流量数据动态调整，显著减少了交通拥堵。这些应用案例和数据表明，人工智能技术不仅能够提高城市运行效率，还能增强城市居民的生活质量，是构建未来智慧城市不可或缺的关键技术。机器学习技术作为人工智能的核心分支，扮演着至关重要的角色。机器学习的分类包括监督学习、无监督学习、半监督学习和强化学习等，每种分类都对应着不同的算法基础，为智慧城市提供了多样化的解决方案。例如，无监督学习算法则在环境监测中大放异彩，通过聚类分析等技术，可以对城市中的空气质量、噪声水平等环境指标进行实时监控和异常检测。

### （四）人工智能与机器学习在医疗健康行业的创新

人工智能和机器学习正在医疗健康行业中引发一场革命，它们通过提供更精确的诊断、个性化的治疗方案和提高运营效率来改善患者护理和医疗成果。以下是这些技术在医疗健康领域的一些创新应用：

（1）疾病预测和诊断。AI算法能够分析大量的医疗数据，包括医学影像、基因组数据和电子健康记录，以预测疾病风险并辅助医生进行更准确的诊断。例如，深度学习（DL）技术已被用于识别癌症、糖尿病视网膜病变等疾病的早期迹象。

（2）个性化医疗。ML模型能够根据患者的遗传信息、生活方式和环境因素来定制个性化的治疗方案。这有助于提高治疗的有效性，并减少不必要的副作用。

（3）药物发现和开发。AI技术正在加速新药的发现和开发过程，通过分析复杂的生物数据来识别潜在的药物候选分子，并预测它们在人体内的效果和安全性。

（4）智能健康监测：可穿戴设备和移动应用利用AI算法实时监测用户的健康状况，提供及时的健康建议和预警。这些设备可以跟踪心率、睡眠质量、活动水平等，并通过机器学习不断优化其准确性。

（5）自动化和运营效率。在医院和诊所中，AI 和 ML 被用于优化资源分配、减少等待时间、提高患者满意度。例如，通过预测患者入院率和手术室使用情况，医院能够更有效地管理其设施和人员。

（6）虚拟健康助手和聊天机器人。这些 AI 工具能够提供全天候的健康咨询服务，回答患者的常见问题，提醒他们服药，并帮助他们管理慢性疾病。

（7）医疗影像分析。AI 在医疗影像分析方面取得了显著进展，能够快速准确地分析 X 光片、CT 扫描和 MRI 图像，帮助放射科医生更快地识别异常情况。

（8）远程患者监护。通过 AI 和 ML，远程监护系统能够实时分析患者的生理数据，及时发现健康问题并通知医护人员，这对于慢性病管理和老年人护理尤为重要。

随着技术的不断进步和数据的日益丰富，人工智能和机器学习在医疗健康行业的应用将继续扩展，为患者提供更好的护理体验，为医疗专业人员提供更强大的工具，并为整个医疗系统带来更高的效率和更低的成本。

### （五）人工智能与机器学习在教育行业的数字化转型

人工智能与机器学习正在教育行业中扮演越来越重要的角色，推动着教育的数字化转型。通过智能分析学生的学习行为和成绩，教师可以更好地理解学生的需求，从而提供个性化的教学方案。人工智能辅助的自适应学习系统能够根据学生的掌握程度调整教学内容和难度，确保每个学生都能在适合自己的节奏下学习。此外，机器学习算法能够帮助教育机构优化资源配置，预测学生流失率，从而提前采取措施提高学生的留存率。人工智能还被用于自动化评估和反馈，减轻教师的工作负担，让他们有更多时间专注于教学和研究。随着技术的不断进步，人工智能和机器学习在教育行业的应用将会更加广泛，为教育的个性化和高效化提供强大支持。

## 二、大数据技术在经济决策中的作用

### （一）大数据技术概述

大数据技术的概念是指一种处理和分析海量数据的技术体系，旨在从各种类型的数据中快速获得有价值的信息。它涵盖了从数据采集、预处理、存储、分析到可视化的一系列技术和方法，包括大规模并行处理（MPP）数据库、数据挖掘电网、分布式文件系统、分布式数据库、云计算平台、互联网和可扩展的存储系统等。它主要有以下四个特征：

（1）数据量大（Volume）。大数据的一个显著特征是其庞大的数据量，通常以 PB（千万亿字节）、EB（亿亿字节）或 ZB（兆兆字节）为计量单位。这些数据量远远超出了传统数据库系统的能力范围，需要新的处理模式来应对。

（2）数据类型多样（Variety）。大数据不仅包括结构化数据（如关系数据库中的表格数据），还包括半结构化和非结构化数据（如文档、视频、图片、音频等）。这种多样性使数据处理更加复杂，但同时也提供了更多的信息来源和分析机会。

（3）处理速度快（Velocity）。大数据的生成速度非常快，数据的增长呈现指数级的趋势。这要求大数据技术能够实时或近实时地进行数据处理和分析，以确保及时获得准确见解。数据处理遵循"1秒定律"，即能从各种类型的数据中快速获得高价值的信息。

（4）价值密度低（Value）。尽管大数据的总体规模很大，但其中真正有价值的信息却相对较少。以视频为例，一小时的视频，在不间断的测试过程中，可能有用的数据仅仅只有一两秒。因此需要高效的算法和模型来从中提取有价值的数据。

根据来源的不同，大数据技术的特征还包括真实性、可变性、复杂性和分布性等。真实性强调数据的准确性和可靠性；可变性是指大数据集经常变化，需要灵活的数据处理和分析方法；复杂性则源于数据的多样性、规模和速度，增加了数据处理的难度；分布性则是指大数据通常分布在多个节点或系统中，需要有效的数据集成和管理策略。

### （二）大数据在经济预测中的应用分析

在数字产业化的大潮中，大数据技术已成为经济预测领域的重要工具。通过分析海量数据，经济预测模型能够更准确地捕捉市场动态和消费者行为，从而为政策制定者和企业决策者提供科学依据。例如，利用大数据分析，可以对零售业的销售趋势进行预测，通过分析历史销售数据、季节性因素、促销活动，以及社交媒体上的消费者情绪等多维度信息，构建出更为精准的销售预测模型。这种模型不仅能够帮助零售商优化库存管理，还能指导营销策略的制定，从而提高整体的运营效率和盈利能力。

在宏观经济层面，大数据技术同样发挥着不可替代的作用。通过整合来自不同渠道的经济数据，如政府公布的统计数据、企业财务报告、在线交易记录等，可以构建出更为全面的经济预测模型。这些模型能够揭示经济周期的波动规律，预测经济危机的发生，为政府制定宏观经济政策提供参考。例如，美国国家经济研究局就曾利用大数据分析技术，对经济衰退期进行准确预测，从而为政府和企业提前做好准备提供了可能。

在数字经济的背景下，大数据在经济预测中的应用不仅提高了预测的准确性，还为经济决策提供了新的视角和方法。通过不断优化算法和模型，大数据技术正逐步成为推动数字产业化发展的重要力量，为经济的可持续增长和风险管理提供了坚实的技术基石。

### （三）大数据对市场趋势监测的影响

#### 1. 实时数据流分析的优势

在大数据时代，实时数据流分析已成为重塑市场趋势监测的关键力量。通过实时分析，企业能够即时捕捉到市场动态，从而快速响应市场变化。例如，通过分析社交媒体上的实时数据流，企业可以实时监控消费者对某一产品的反馈，及时调整营销策略。这种分析的即时性不仅提高了决策的速度，也增强了决策的准确性。在市场趋势监测中，实时数据流分析正是提炼这种宝贵资源的高效炼油厂，它能够将海量的实时数据转化为洞察力，为企业提供竞争优势。

**2. 预测性分析在市场趋势监测中的应用**

通过分析历史数据和实时数据流，企业能够洞察未来市场的发展方向和潜在机会。例如，利用机器学习算法，企业可以对消费者的购买行为进行模式识别，从而预测特定产品或服务的未来需求。这种分析不仅限于销售数据，还涉及社交媒体、搜索引擎趋势，甚至天气变化等多维度数据。

在实际应用中，预测性分析模型如时间序列分析、回归分析和聚类分析等，被广泛用于市场趋势监测。以时间序列分析为例，通过对历史销售数据的分析，企业可以预测未来某一时间段内的销售趋势，从而做出库存管理、价格调整和促销活动等方面的决策。例如，亚马逊利用大数据和预测性分析模型，能够准确预测出哪些产品在特定时期会有高需求，从而提前做好库存准备，确保满足市场需求的同时，也优化了自身的供应链管理。

除此以外，预测性分析在市场趋势监测中的应用也体现在对消费者行为的预测上。通过分析消费者的在线行为数据，企业可以预测消费者对新产品或服务的接受程度，以及可能的市场反应。例如，Netflix 通过分析用户的观看习惯和评分数据，预测哪些类型的节目可能会受欢迎，并据此投资制作新的原创内容。这种基于数据驱动的决策过程，不仅提高了内容的市场成功率，也加强了与消费者之间的联系，还为企业提供了前所未有的个性化市场策略。

### （四）大数据在企业风险管理与决策中的作用

大数据技术能够帮助企业更有效地识别和评估风险。通过分析大量的历史数据和实时数据，企业可以发现潜在的风险模式和趋势，从而提前采取措施进行风险预防和控制。例如，金融机构可以利用大数据分析客户交易行为，及时发现异常交易模式，防范金融欺诈和洗钱行为；制造业企业则可以通过监测设备运行数据，预测设备故障，避免生产中断和安全事故。具体表现在以下几个方面：

（1）大数据分析可以提高决策的精确度。企业可以利用大数据工具对市场动态、消费者行为、竞争对手情况等进行深入分析，为管理层提供更加准确的决策支持。例如，零售商通过分析顾客购物数据，可以精准地预测哪些产品在特定时间段内会有高需求，从而优化库存管理，减少积压和缺货情况。在营销领域，通过分析社交媒体上的用户反馈和情感倾向，企业能够制定更加有针对性的营销策略，提高广告投放的转化率。

（2）大数据有助于优化企业资源分配。通过分析不同业务单元和项目的数据，企业能够识别哪些领域最需要资源投入，哪些领域存在浪费，从而实现资源的最优配置。例如，能源公司可以利用大数据分析不同地区的能源消耗模式，合理调配资源，确保能源供应的稳定性和经济性。在人力资源管理方面，通过分析员工绩效数据和工作满意度，企业可以更合理地进行人才配置和职业发展规划，提升整体工作效率。

（3）大数据还可以帮助企业进行风险预测和模拟。通过构建模型和算法，企业可以模拟不同的决策方案可能带来的风险和收益，为风险管理提供科学依据。例如，在新产品开发前，企业可以利用历史数据和市场调研数据，预测新产品的市场接受度和潜在收益，从而做出更为明智的产品投资决策。在投资领域，通过模拟不同市场条件下的投资组合表现，企业可以制定更为稳健的投资策略，降低投资风险。

（4）大数据技术能够提升企业的敏捷性和适应性。在快速变化的市场环境中，企业可以利用大数据分析快速响应外部变化，及时调整战略和运营计划，以减少不确定性带来的风险。例如，科技公司在新产品发布后，可以实时收集用户反馈和市场数据，快速迭代产品功能，满足市场需求。在供应链管理中，通过实时监控物流数据，企业可以灵活调整供应链策略，应对突发的物流问题，确保供应链的稳定运行。

## 三、区块链技术与数字经济的融合

### （一）区块链技术概述

区块链是一种分布式账本技术，用于记录交易和数据。它是一种去中心化的数据库系统，将数据存储在多台计算机节点上，并同步和更新数据。区块链中的"区块"指的是数据被分组并打包成一个个数据块，"链"指的是每个区块通过哈希值链接在一起，形成了一个链式结构，并不断地扩展。

具体而言，区块链具有以下特性：

（1）去中心化。区块链网络没有中心化的管理机构，数据被分散存储在网络中的节点上，每个节点都有完整的账本副本，因此没有单点故障，不容易受到攻击或篡改。

（2）安全性。区块链使用加密技术保护数据和交易的安全性，每笔交易使用公私钥加密进行验证和授权，确保只有拥有私钥的人可以进行有效的数字签名和交易。

（3）可追溯性。区块链会记录所有的交易历史，数据不可篡改和删除，可以追溯到最初的区块，这种特性对于供应链管理和溯源非常有用。

（4）无须信任的交易。由于区块链的去中心化和安全性，参与交易的各方不需要相互信任，依靠共识算法和加密技术确保交易的有效性和可信性，交易过程透明。

区块链的应用场景也非常广泛，包括但不限于数字货币交易、智能合约、供应链管理以及物流等领域。同时，区块链技术也在不断发展，未来可能会有更多的应用场景和创新。

### （二）区块链技术在数字货币领域的应用

比特币作为区块链技术的首个应用案例，自2009年中本聪发布其白皮书以来，便在数字货币领域掀起了革命性的变革。比特币不仅是一种去中心化的数字货币，更是一种基于区块链技术的创新支付系统。它通过分布式账本记录所有交易，确保了交易的透明性和不可篡改性。比特币的出现，打破了传统金融体系中银行和金融机构的垄断地位，为全球金融体系带来了新的可能性。

比特币的总量被设计为 2100 万枚，这一稀缺性设计与黄金相似，被许多经济学家和投资者视为"数字黄金"。这种稀缺性赋予了比特币独特的价值储存功能，使其在面对全球货币贬值和经济不稳定时，成为投资者的避风港。

区块链技术为比特币提供了安全基础，其加密算法确保了交易的安全性和用户隐私的保护。每一笔比特币交易都通过复杂的数学问题进行验证，这使比特币网络几乎不可能被黑客攻击。这种安全机制为数字货币的普及奠定了基础，也为其他数字货币和区块链应用提供了可借鉴的模型。

尽管存在波动性，比特币和区块链技术的结合已经证明了其在数字货币领域的革命性应用。它不仅推动了加密货币市场的发展，还激发了全球金融体系的创新。从跨境支付到智能合约，从去中心化金融（DeFi）到非同质化代币（NFT），比特币的创新精神正在引领整个金融行业迈向一个更加开放、透明和高效的新时代。

### （三）区块链在供应链管理与物流优化中的作用

#### 1. 区块链在供应链管理中的应用

（1）提高供应链透明度。区块链通过分布式账本技术，能够记录供应链中每一个环节的详细信息，从原材料采购到最终产品交付，所有数据都被加密并永久记录在区块链上。这种不可篡改的特性确保了信息的真实性和可追溯性。例如，根据普华永道的研究报告，区块链技术能够将供应链的透明度提高 30% 以上，这不仅有助于企业及时发现和解决问题，还能增强消费者对产品的信任。在食品安全领域，沃尔玛与 IBM 合作开发的食品信任解决方案，利用区块链技术追踪食品从农场到餐桌的全过程，提高了供应链的透明度，消费者可以通过扫描产品上的二维码，了解食品的来源、加工过程和运输路径。通过区块链技术，供应链中的每一方都能够实时查看交易和产品流动，从而在供应链管理中实现前所未有的透明度。

（2）促进供应链各方信任建立。在当今的供应链管理中，信任是维系各方合作的基石。其不可篡改的分布式账本特性，为供应链各方提供了一个透明且安全的信息共享平台，从而促进了信任的建立。区块链技术能够将供应链中的交易时间缩短至几分钟，相较于传统方式的几天甚至几周，这种效率的提升显著增强了合作伙伴之间的信任。此外，区块链的智能合约功能允许供应链各方在满足预设条件时自动执行合同条款，减少了人为干预和误解的可能性，进一步巩固了信任关系。区块链技术正是通过其技术优势，为供应链各方构建了一个值得信赖的环境。

#### 2. 区块链技术在物流优化中的作用

（1）实时追踪与监控物流过程。实时追踪与监控物流过程对于供应链管理而言是确保效率和透明度的关键。其分布式账本的特性，为物流行业提供了一个不可篡改、去中心化的数据记录平台。例如，通过区块链技术，每一件货物从生产到交付的每一个环节都可以被记录下来，形成一个时间戳记的链，确保了数据的完整性和可追溯性。这种透明度不仅减少了欺诈和错误的可能性，而且提高了消费者对产品的信任度。

（2）降低物流成本与提高效率。区块链技术为物流过程的实时追踪与监控提供了新的解决方案。例如，根据国际数据公司（IDC）的报告，区块链技术能够帮助物流行业减少约15%的运营成本。这是因为区块链提供了一个去中心化的账本，所有参与方可以实时查看货物的流转信息，从而减少因信息不对称导致的重复工作和错误。此外，区块链技术的引入，使供应链各方能够基于共享的真实数据做出更快速的决策，从而提高整体的物流效率。区块链技术正是通过优化信息流动，实现了物流成本的降低和效率的提升。

### （四）区块链技术在数字身份与隐私保护中的应用

#### 1. 去中心化身份认证机制

在数字身份与隐私保护的新纪元中，去中心化身份认证机制作为区块链技术的核心应用之一，正逐渐改变我们对身份验证和数据保护的传统认知。去中心化身份认证机制通过将身份信息存储在区块链上，实现了用户对个人数据的完全控制，从而大幅提升了身份认证的安全性和隐私保护水平。例如，爱沙尼亚政府采用区块链技术为公民提供电子身份认证服务，通过这种方式，爱沙尼亚成为全球首个将区块链技术应用于国家级身份认证的国家。该系统不仅提高了身份认证的效率，还大幅降低了身份欺诈的风险。

在实际应用中，基于区块链的身份管理平台，如 uPort 和 Sovrin，允许用户创建一个去中心化的身份钱包，其中包含了经过加密的个人身份信息。这些信息只有在用户授权的情况下才能被访问，确保了数据的私密性和完整性。以 Sovrin 网络为例，它是一个全球性的去中心化身份网络，通过区块链技术，为用户提供了一个去中心化的身份存储和验证系统。Sovrin 网络通过分布式账本技术，确保了身份信息的完整性和不可否认性，同时用户可以完全控制自己的身份信息，包括何时何地分享给谁。这种模式增强了用户对自己数据的控制权。其次，去中心化身份钱包的创新应用还体现在其对现有身份认证流程的简化和优化上。传统的身份认证流程烦琐且容易受到攻击，而区块链技术的应用则提供了一种更为高效和安全的解决方案。例如，通过区块链技术，用户可以创建一个数字身份证明，该证明可以被任何需要验证身份的服务所接受，而无须重复提交个人信息。这种模式不仅提高了效率，还减少了个人信息被滥用的风险。正如区块链专家亚历克斯·塔普斯科特（Alex Tapscott）所指出的："区块链技术将重新定义信任，它将使我们能够以一种全新的方式来管理身份和交易。"

#### 2. 区块链技术在数据隐私保护中的优势

基于区块链的身份认证系统可以有效防止身份盗窃，因为一旦身份信息被记录在区块链上，任何未经授权的修改都将被网络中的所有节点所拒绝。此外，区块链技术的加密算法保证了数据传输的安全性，使个人身份信息在存储和传输过程中都得到了最高级别的保护。例如，在医疗健康领域，区块链技术可以确保患者的医疗记录在不泄露个人身份信息的前提下，安全地共享给授权的医疗人员，从而在保护隐私的同时，提高医疗服务的效率和质量。

区块链技术的去中心化特性意味着没有单一的控制点，数据不再存储在中心化的服务器上，而是分布在多个节点上，这降低了数据泄露的风险。在面对黑客攻击时，由于数据的分布式存储，攻击者需要同时攻破网络中的多个节点才能获取完整的数据，这在实践中几乎是不可能的。这种去中心化的数据存储方式，为用户提供了更高级别的数据隐私保护。正如比特币的创始人中本聪所言："通过去中心化，我们能够创建一个无须信任任何单一实体的系统。"这种信任的最小化，正是区块链技术在数据隐私保护中的一大优势。

### 四、云计算与边缘计算在数据处理中的角色

#### （一）云计算与边缘计算概述

**1. 云计算基础**

（1）云计算的概念。云计算是一种通过互联网提供按需计算资源和数据存储服务的模型，它允许用户在任何时间、任何地点访问共享的计算资源池。这种模式的核心在于其弹性、可扩展性和按需付费的特性，使企业能够根据实际需求快速调整资源使用，从而优化成本并提高效率。例如，亚马逊的 AWS、微软的 Azure 和谷歌的 Google Cloud Platform 等，都是云计算服务提供商，它们通过庞大的数据中心为全球用户提供服务。中国信息通信研究院发布的《云计算白皮书（2023 年）》数据显示，2022 年以 IaaS、PaaS、SaaS 为代表的全球云计算市场规模为 4910 亿美元，并预计到 2026 年将增长至 10134 亿美元。这表明，云计算已成为现代计算架构中不可或缺的一部分，其灵活性和可扩展性为各行各业带来了革命性的变化。

（2）云计算的服务模型：IaaS、PaaS、SaaS。云计算服务模型的多样性为不同需求的企业提供了灵活的解决方案。

1）基础设施即服务（IaaS），它允许企业通过互联网租用虚拟化的计算资源，如服务器、存储和网络。这种模式下，企业可以像管理自己的物理服务器一样管理虚拟机，但无须投资昂贵的硬件和维护成本。例如，亚马逊的 AWS EC2 服务就是 IaaS 的一个典型应用，它为初创公司和大型企业提供了可扩展的计算能力，支持了无数的业务创新和扩展。

2）平台即服务（PaaS）则更进一步，它不仅提供了硬件资源，还包括了软件开发工具和中间件，使开发者可以专注于应用的开发和部署，而不必担心底层平台的维护。PaaS 的这种特性加速了软件开发周期，提高了开发效率。例如，谷歌的 App Engine 就是 PaaS 的一个成功案例，它为开发者提供了一个全面的平台，以构建、部署和管理应用程序。在这种模式下，企业可以快速响应市场变化，实现敏捷开发和持续集成。

3）软件即服务（SaaS）则是云计算服务模型中最接近最终用户的一层，它通过网络

提供给用户软件应用。SaaS 模式下，用户无须安装和维护软件，而是通过订阅服务来使用软件。这种模式降低了用户的使用门槛，使软件应用更加普及。Salesforce 是 SaaS 模式的代表，它通过提供在线 CRM 服务，改变了企业客户关系管理的方式。SaaS 通过创新的交付方式，为用户创造了新的价值。

（3）云计算的部署模型：公有云、私有云、混合云。云计算的部署模型是其架构灵活性和可扩展性的关键所在。

1）公有云，作为云计算的一种形式，提供了可按需获取的计算资源，这些资源由第三方服务提供商管理，并通过互联网提供给广泛的用户。如前文提到的亚马逊的 AWS、微软的 Azure 和谷歌的 Google Cloud Platform 都是公有云服务的佼佼者，它们通过庞大的数据中心为全球用户提供服务。这种模式的优势在于其经济高效性，因为它允许企业根据实际需求支付费用，从而避免了大规模的前期投资。

2）私有云则提供了一种更为安全和定制化的云计算解决方案，它通常由企业内部部署和管理，或者由第三方服务提供商专为企业定制。私有云能够满足特定行业对于数据安全和合规性的严格要求，如金融和医疗行业。通过私有云，企业能够更好地控制数据和应用程序，确保敏感信息不被外部访问。这种模式适合于对数据安全和隐私保护有较高要求的企业，它提供了一个封闭的环境，确保了数据的私密性和安全性。

3）混合云是公有云和私有云的结合体，它允许企业将关键任务部署在私有云上，同时利用公有云的灵活性和可扩展性来处理非关键任务或应对峰值需求。混合云模型提供了较大的灵活性，使企业能够根据不同的业务需求和数据敏感性选择最合适的部署方式。这种模型的灵活性和可扩展性使其成为许多大型企业首选的云计算解决方案。例如，IBM 的云混合模型就允许企业将现有的 IT 基础设施与云服务无缝集成，从而实现业务的平滑过渡和扩展。

### 2. 边缘计算基础

（1）边缘计算的概念。边缘计算是一种分布式计算架构，它将数据处理、存储和分析任务从中心化的云服务器转移到网络的边缘，即靠近数据源的地方。这种架构的核心概念在于减少数据传输到云端的需要，从而降低延迟、节省带宽，并提高实时性。例如，在自动驾驶汽车中，边缘计算可以实时处理来自车辆传感器的数据，以快速响应周围环境的变化，这比将数据发送到远程数据中心再返回结果要高效得多。边缘计算的实施不仅提升了数据处理的效率，还增强了系统的可靠性和安全性，因为数据在本地处理减少了在传输过程中被截获的风险。边缘计算通过将计算任务分散到网络边缘，为云计算与边缘计算的融合与创新提供了新的可能性。

（2）边缘计算的特征。

1）低延迟。边缘计算将数据处理和计算推向网络边缘，避免了将数据发送到远程云服务器进行处理的时间延迟，从而大大减少了数据传输和响应时间。这对于实时性要求高的应用，如工业自动化、自动驾驶、虚拟现实等至关重要。

2）高带宽。边缘计算采用了分布式计算架构,能够在多个边缘节点之间共享计算和存储资源,提供更高的带宽和吞吐量。边缘计算可以在本地处理大量数据,只将关键数据或处理结果传输到云端,减少了对网络带宽的需求。

3）数据隐私和安全性。边缘计算将数据处理和存储推向离用户更近的边缘设备,减少了数据在网络传输中的暴露风险。同时,可以在边缘设备上进行数据加密和安全认证,保护数据的隐私和安全。

4）离线工作能力。边缘设备具有一定的计算和存储能力,可以在断网或网络不稳定的环境下独立工作,提供实时的数据处理和决策能力。

5）适应多样化需求。边缘计算可以根据不同的应用需求,灵活地部署和配置边缘节点,满足不同终端设备、不同应用场景和业务需求的要求。

6）弹性扩展性。边缘计算可以根据实际需求对计算和存储资源进行扩展和调整,以满足大规模数据处理和高并发访问的要求。

7）节能环保。边缘计算可以将部分计算任务从传统的云数据中心转移到边缘设备上,减少了数据中心的能耗和碳排放,有助于节能环保。

8）高实时性计算能力。边缘数据中心是数据的第一入口,可承担海量、异构、多样性数据接入,负责简单业务处理,具备对海量接入数据的实时分析处理能力。

综上所述,边缘计算以其独特的优势在各个领域发挥着重要作用,推动了数字化转型和智能化发展。

### 3. 云计算与边缘计算的对比

(1)计算位置与数据处理的差异。在探讨云计算与边缘计算的融合与创新时,计算位置与数据处理的差异是核心议题之一。云计算依赖于远程数据中心进行数据存储和处理,这使它在处理大规模数据集和提供弹性计算资源方面具有显著优势。然而,云计算的集中式处理模式在处理需要即时响应的场景时,如自动驾驶汽车或工业物联网应用,可能会遇到延迟问题。相比之下,边缘计算将数据处理推向网络的边缘,即靠近数据源的地方,从而显著减少了数据传输的距离和时间。这种分布式计算模式特别适合于实时数据处理和分析,如在智能城市中,通过边缘计算可以快速分析来自交通摄像头的数据,以优化交通流量,减少拥堵。亚马逊云科技的首席技术官 Werner Vogels 认为"边缘计算是云计算的自然延伸,它将云计算的能力扩展到网络边缘。"因此,结合云计算的规模优势和边缘计算的低延迟特性,未来计算架构将能够更好地满足多样化的业务需求。

(2)延迟与带宽效率的比较。云计算,尤其是公有云服务,由于数据需要在远程服务器和用户之间传输,往往面临较高的延迟问题。例如,根据某项研究,从美国西海岸到东海岸的网络延迟大约在 50 到 150 毫秒之间。这种延迟在一些对实时性要求极高的应用中,如自动驾驶汽车的决策系统,是不可接受的。相比之下,边缘计算将数据处理和存储推向网络的边缘,即靠近数据源的地方,从而显著减少了数据传输的距离,降低了延迟。例如,在工业物联网场景中,边缘计算可以将延迟降低到几毫秒,这对于实时监控和控制至关重要。此外，边缘计算通过减少对中心云的依赖，也优化了带宽效率，减轻了中心云的网络拥堵，提高了整体网络的吞吐量。

（3）安全性与隐私保护的考量。随着数据量的激增和计算需求的多样化，数据安全和隐私保护的挑战也日益严峻。云计算通过集中式的数据中心处理和存储大量数据，虽然在资源优化和成本控制方面具有优势，但同时也面临着数据泄露和未经授权访问的风险。2019年，一家大型云服务提供商发生了大规模数据泄露事件，影响了数百万用户的数据安全。这起事件突显了云计算在数据保护方面的脆弱性，也促使业界对数据安全和隐私保护措施进行重新评估和加强。

与此同时，边缘计算将数据处理和存储推向网络的边缘，靠近数据源，这在一定程度上减少了数据在传输过程中的风险，提高了数据处理的隐私性。然而，边缘计算设备的物理安全和网络安全同样不容忽视。由于边缘设备通常分布广泛且数量庞大，管理和保护这些设备的难度也随之增加。因此，需要采用先进的加密技术、访问控制和安全监控系统来确保数据在边缘的处理和传输过程中的安全。

而在隐私保护方面，云计算和边缘计算都必须遵守相关法律法规，如欧盟的《一般数据保护条例》（GDPR），要求企业对个人数据的处理和存储采取严格措施。云计算和边缘计算的融合架构需要设计出新的数据治理模型，确保数据的透明度和用户对其个人数据的控制权。例如，通过采用区块链技术，可以创建一个去中心化的数据管理平台，确保数据的不可篡改性和访问的可追溯性，从而增强用户对数据隐私的信心。

### （二）云计算在数据处理中的优势与挑战

#### 1. 云计算在数据处理中的优势

（1）弹性资源扩展与成本效益。云计算在数据处理中的弹性资源扩展与成本效益优势，是其被广泛采纳的关键因素之一。通过云服务，企业能够根据实际需求动态调整计算资源，如CPU、内存和存储空间，从而实现资源的最优配置。这种灵活性不仅提高了资源利用率，还显著降低了因过度配置而产生的浪费。例如，一家电商在促销季可能需要处理比平常多出数倍的用户请求和数据量，云计算允许它在需求增加时迅速扩展服务器资源，并在需求回落时缩减，确保了成本与需求的匹配。这种按需付费的模式，不仅简化了IT管理，还使企业能够将更多资金投入到核心业务的创新和发展中。

（2）高效的数据存储与管理能力。在云计算的众多优势中，高效的数据存储与管理能力是其在数据处理领域中尤为突出的特点。云计算平台通过分布式存储技术，能够实现数据的快速存取和高效管理，这不仅提升了数据处理的速度，也极大地降低了企业的存储成本。例如，亚马逊的AWS、微软的Azure和谷歌的Google Cloud Platform等云服务提供商，都提供了可扩展的云存储解决方案，允许用户根据需求动态调整存储容量，从而实现资源的最优配置。

在数据管理方面，云计算平台通常集成了先进的数据管理工具和算法，能够对海量数据进行分类、索引和分析。这些工具不仅支持结构化数据，还能够处理半结构化数据，如文本、图像和视频等。例如，谷歌的 BigQuery 服务允许用户对 PB 级别的数据集进行交互式分析，而无须担心底层的存储和计算资源。

另外，云计算平台还提供了强大的数据备份和恢复机制，确保数据的高可用性和持久性。通过多地域的数据副本和自动备份策略，用户可以减少因硬件故障、自然灾害或其他意外事件导致的数据丢失风险。这种能力在处理关键业务数据时尤为重要，它不仅保障了数据的安全，也增强了用户对云服务的信任。

（3）强大的计算能力与实时处理。云计算的强计算能力与实时处理能力为数据处理带来了革命性的变革。在大数据时代，企业需要处理的数据量呈指数级增长，传统的数据处理方式已无法满足快速、高效处理海量数据的需求。云计算平台通过其分布式计算架构，能够提供几乎无限的计算资源，使数据处理不再受限于单个物理服务器的性能瓶颈。例如，使用云计算进行复杂的数据分析模型运算，可以在数分钟内完成原本需要数小时甚至数天的计算任务，显著提高了数据处理的效率和时效性。

以金融行业为例，高频交易系统需要实时分析市场数据，快速做出交易决策。云计算平台能够提供毫秒级的响应时间，确保交易系统的高效运行。此外，云计算还支持复杂的分析模型，如机器学习算法，这些算法需要大量的计算资源来训练模型，并实时更新以适应市场变化。

### 2. 云计算在数据处理中的挑战

（1）数据隐私与安全问题。在云计算环境中，数据隐私与安全问题是企业和用户关注的焦点之一。随着越来越多的敏感数据被上传至云端，数据泄露的风险也随之增加。2017年 Equifax 数据泄露事件，导致 1.45 亿美国消费者的个人信息被非法访问，凸显了在云计算环境下数据安全的脆弱性。云计算服务提供商虽然提供了多种安全措施，如加密技术、访问控制和安全审计等，但数据的集中存储和处理模式仍可能成为黑客攻击的目标。此外，数据隐私问题还涉及不同国家和地区的法律法规，如欧盟的《一般数据保护条例》（GDPR），要求企业对个人数据的处理和传输承担更严格的责任。因此，云计算服务提供商和用户必须共同合作，通过建立严格的数据治理框架和安全协议，确保数据在处理过程中的隐私和安全，从而在享受云计算带来的便利和效率的同时，最大限度地降低潜在风险。

（2）法律法规遵从性与数据主权。在云计算的数据处理领域，法律法规遵从性与数据主权成为企业必须严肃对待的问题。随着全球数据保护法规的日益严格，企业必须确保其数据处理活动符合相关法律法规的要求。例如，GDPR 赋予了数据主体对其个人数据的控制权，要求企业必须在数据处理过程中保障数据的完整性和保密性。云计算服务提供商必须设计出能够满足这些要求的解决方案，以避免法律风险和潜在的巨额罚款。此外，数据主权问题也日益凸显，不同国家和地区对数据的控制权有着不同的法律要求。企业需要在选择云服务时，充分考虑数据存储和处理的地理位置，确保数据的跨境传输符合当地法律的规定。例如，某些国家可能要求特定类型的数据必须存储在本国境内，这就要求云服务提供商能够提供灵活的数据存储选项。

（3）技术兼容性与数据迁移难题。随着企业业务的不断扩展，数据量的激增要求系统具备高度的灵活性和可扩展性。然而，不同云服务提供商之间的技术标准和接口往往存在差异，这导致了数据迁移过程中的兼容性问题。例如，一家企业可能在使用特定的云服务时，积累了大量特定格式的数据，当需要迁移到另一家云服务提供商时，这些数据可能无法直接兼容，需要进行格式转换或重新编码，这不仅增加了迁移成本，还可能导致数据丢失或损坏。

### （三）边缘计算在实时数据处理中的应用

边缘计算的应用十分广泛，涵盖了多个行业和领域。以下是一些主要应用场景：

（1）智能家居。边缘计算可以将智能家居设备连接到云端系统，减少数据传输的延迟和带宽需求，实现更快的响应时间和更高的数据安全性。例如，通过边缘计算，智能门锁可以更快地识别用户身份并解锁，智能照明系统可以根据环境光线和用户需求实时调整亮度。

（2）工业物联网。在工业物联网领域，边缘计算可以将处理工业物联网设备数据的计算从云端转移到设备上，减少数据传输延迟，并且可以进行实时的决策和控制。这有助于优化生产流程、提高生产效率，并降低运营成本。例如，在制造业中，边缘计算可以实时监测生产线上的数据，及时发现并处理故障，确保生产线的稳定运行。

（3）智能交通。边缘计算在智能交通领域也发挥着重要作用。它可以用于交通流量监测、违规行为识别、事故预警等方面。通过在道路沿线部署具有边缘计算能力的视频监测设备，可以实时感知和记录交通流量数据，为交通拥堵预警和智能交通信号控制提供有力支持。同时，边缘计算设备还可以实时监测视频图像，自动识别和分类交通违规行为，提高交通管理的效率和准确性。

（4）医疗健康。在医疗健康领域，边缘计算的应用也日益广泛。医疗设备可以通过边缘计算实时分析患者数据，提供更精准的治疗方案。例如，在远程医疗中，边缘计算可以支持实时视频通话和数据传输，使医生能够远程诊断和治疗患者。此外，边缘计算还可以用于监测患者的生命体征和健康状况，及时发现并处理异常情况。

（5）能源管理。在智能电网中，边缘计算可以实时监控能源消耗，优化能源分配。通过部署边缘计算设备，可以实时采集和分析电网数据，预测能源需求并制订相应的调度计划。这有助于降低能源浪费、提高能源利用效率，并促进可持续发展。

（6）零售业。在零售行业，边缘计算的应用也带来了诸多便利。例如，通过部署边缘计算设备，可以实现实时感知和追踪货物的位置和状态，自动识别货物的种类、数量等信息，并自动更新库存和销售数据。这有助于零售商实现更加精确的库存管理和销售预测，提高运营效率并降低成本。同时,边缘计算还可以用于智能货架管理、顾客行为分析等方面,提升购物体验并增加销售额。

(7)农业。在农业领域,边缘计算被广泛应用于精准农业、智能温室等方面。通过在农田中部署边缘计算设备,可以实现实时感知和分析土壤、气象、病害等信息。这有助于农民更加精确地掌握农田状况,制订科学的种植计划和管理策略。同时,边缘计算还可以用于智能温室管理,根据采集到的环境数据智能调节温室的温度、湿度等参数,提高农作物的生长效率和品质。

(8)安防领域。在安防领域,边缘计算的应用也至关重要。它可以实现实时感知和分析视频图像,自动识别异常情况并触发报警系统。这有助于提高安全性和管理效率,保护人员和财产的安全。例如,在公共场所或监控系统中部署边缘计算设备,可以自动检测和分析人的异常行为或紧急情况,并及时通知相关人员进行处理。

## 第二节 数字经济基础设施的构建

### 一、信息通信技术(ICT)基础设施的重要性

#### (一)信息通信技术在数字经济中的基础作用

##### 1. 信息通信技术的定义

信息通信技术(ICT)是数字经济的动脉与基石,它不仅包括传统的通信技术如电话、电视和广播,也涵盖了现代的互联网、移动通信和计算机网络等。ICT 的定义强调了信息的采集、存储、处理、传输和呈现的全过程,其核心在于通过技术手段实现信息的有效流通和利用。随着技术的不断进步,ICT 已经成为推动社会经济发展的关键力量。例如,根据国际电信联盟(ITU)的数据,全球互联网用户数量在 2020 年已超过 40 亿,这直接促进了全球电子商务的蓬勃发展。ICT 的应用不仅限于商业领域,它还深刻影响了教育、医疗、政府管理等多个方面,如远程教育和电子政务的兴起,都得益于 ICT 的普及和应用。

##### 2. 信息通信技术对数字经济的推动作用

信息通信技术是数字经济发展的核心驱动力。数字经济以数据资源作为关键生产要素,以现代信息网络作为重要载体,以信息通信技术作为效率提升和经济结构优化的重要推动力。数据作为全新的生产要素,通过算力算法对客观世界进行描述、分析、预测,使数据驱动的决策替代传统的经验决策,提高了劳动、资本、技术、土地等传统要素的资源配置效率,进而提升了产品、商业模式的创新能力。

信息通信技术推动了生产方式的变革。传统产业的技术创新过程复杂、周期长、费用高、风险大。而数字技术通过建立虚拟镜像,采用"数据+算法",通过"海量数据+科

学建模分析"发现规律，促使创新活动在时间和空间上交叉、重组和优化，大幅缩短了新技术、新产品从研发到量产的周期，降低了创新创业的门槛和成本。此外，数据分析技术的快速发展促使生产过程的参与主体从生产者向"生产－消费"结合体演进，个性化定制模式让消费者全程参与生产过程，传统的以生产者为中心的创新流程不断转向以消费者为中心的创新流程。

信息通信技术改变了产业组织形式。在数字经济时代，数字技术使生产更加平台化、网络化，互联网、大数据、云计算、人工智能等技术降低了各类生产主体间因信息不对称带来的搜寻成本和交易成本，扩大了生产要素配置范围，使多元化生产主体可以通过网络空间进行协同生产。如工业互联网和工业云平台促使"大平台＋小企业"的生产组织形式愈发普遍，共享经济等新的组织形式使去中心化、分布式的开源创新成为创新模式新的发展方向。

信息通信技术是构建国家信息基础设施的重要支撑。我国已建成全球规模最大、技术最先进的光纤和移动通信网络，并逐步构建了"算、存、运"一体化的算力基础设施应用体系，持续向智能化综合性数字信息基础设施演进升级，不断畅通海量数据流动路径，为数字经济发展提供了坚实基础。

总之，信息通信技术通过推动生产要素变革、生产方式变革、产业组织形式变革以及构建国家信息基础设施，对数字经济产生了深远影响，是推动数字经济高质量发展的关键力量。

### （二）信息通信技术基础设施对产业升级的支撑

#### 1. 信息通信技术基础设施的发展历程

信息通信技术基础设施的发展历程可以追溯到 19 世纪末期，经历了多个重要阶段。

在 19 世纪中后期，我国开始接触并引入电报通信技术。1871 年，丹麦大北电报公司在上海至天津之间架设了第一条电报线路，并开始了电报业务。随后，清政府也开始认识到电报的重要性，并于 1877 年正式成立了官办电报局。到 1935 年，全国建成电报线 17.3 万多公里，实现了基本的电报通信覆盖。

接着是电话业务的扩展。1899 年，清政府规定由电报局兼办电话业务。1900 年，我国第一部市内电话在南京问世，随后在全国各大城市装设了室内电话。

20 世纪初，我国开始发展无线电通信，建立了多个无线电台，用于军事、航海和民用通信。到了 1987 年，我国推出了第一台移动电话，揭开了我国移动通信的历史序幕。此后，移动通信技术不断发展，从模拟信号发展到数字信号，再到现在的 4G 和 5G 技术。

1994 年，我国正式接入国际互联网，此后互联网在我国迅速发展，成为人们生活中不可或缺的一部分。同时，我国互联网企业也在全球范围内取得了重要的地位和影响力。

进入新世纪后，网络的发展更是像火箭一样飞速。宽带的普及让下载速度飞升，游戏也可以流畅进行。国家为了提高信息技术的普及率，逐渐加大了对通信网络的建设，比如实施"宽带中国"战略，通过铺设光纤、建设基站，填平乡村和城市之间的数字鸿沟。

再到后来的 5G 时代，无论是看视频、打游戏，还是进行远程会议，5G 都让这些变得轻而易举。无人驾驶、智能家居等新技术也逐渐进入人们的生活。

近年来，随着 5G、云计算、大数据产业的蓬勃发展，我国信息通信业总体保持平稳较快发展态势。到 2025 年，我国将基本建成高速泛在、集成互联、智能绿色、安全可靠的新型数字基础设施，信息通信技术基础设施已成为我国数字经济发展的"底座"，新兴业态的蓬勃发展赋能经济社会数字化转型升级的能力全面提升。

### 2. 信息通信技术基础设施对产业升级的重要性

信息通信技术基础设施作为数字化转型的基石，对产业升级具有不可估量的重要性。随着全球信息化进程的加速，信息通信技术（ICT）已成为推动经济增长和产业变革的关键力量。根据国际电信联盟（ITU）的数据，ICT 行业对全球 GDP 的贡献率已超过 7%，并且这一数字仍在持续增长。ICT 基础设施的完善，如宽带网络的普及和云计算服务的推广，显著提高了生产效率和创新能力，为传统产业注入了新的活力。例如，制造业通过引入物联网（IoT）技术，实现了生产过程的智能化和自动化，显著提升了产品质量和生产效率。

在服务业领域，信息通信技术基础设施同样扮演着至关重要的角色。通过大数据分析、人工智能和移动互联网等技术的应用，服务业能够提供更加个性化和高效的服务。例如，电子商务平台利用先进的数据分析技术，能够精准预测消费者需求，从而优化库存管理和物流配送，提升了用户体验和满意度。此外，远程医疗、在线教育等新兴服务模式的兴起，也得益于 ICT 基础设施的支撑。这些服务模式不仅提高了服务的可及性和质量，还为传统服务业带来了新的增长点。因此，投资于信息通信技术基础设施，对于促进产业升级和经济转型具有深远的意义。

### 3. 信息通信技术基础设施如何促进产业升级

信息通信技术（ICT）基础设施作为数字化转型的基石，对产业升级起到了至关重要的作用。随着技术的不断进步，ICT 基础设施已经从传统的通信网络发展到包括云计算、大数据、物联网（IoT）和人工智能（AI）在内的综合体系。在制造业中，ICT 基础设施的应用促进了智能制造的发展，例如，通过物联网技术实现设备的互联互通，通过大数据分析优化生产流程，从而提高生产效率和产品质量。在服务业中，ICT 基础设施的应用则体现在通过云计算平台提供个性化服务，以及利用 AI 技术提升客户体验。例如，亚马逊利用大数据分析顾客购物习惯，实现了精准营销和库存管理，提升了运营效率。ICT 基础设施的这些应用案例表明，它不仅能够推动产业内部的效率提升，还能够促进产业之间的融合，形成新的商业模式和增长点。

## 二、智能制造与工业 4.0 的基础设施需求

### （一）智能制造与工业 4.0 的关键基础设施要素

#### 1. 智能制造与工业 4.0 概述

（1）智能制造的相关概念。智能制造是指具有信息自感知、自决策、自执行等功能的先进制造过程、系统与模式的总称。具体体现在制造过程的各个环节与新一代信息技术的深度融合，如物联网、大数据、云计算、人工智能等。智能制造大体具备四个特征：①以智能工厂为载体；②以关键制造环节的智能化为核心；③以端到端数据流为基础；④以网通互联为支撑。其主要内容包括智能产品、智能生产、智能工厂、智能物流等。

与自动化相比，智能制造技术是在现代传感器技术、网络技术、自动化技术、人工智能技术等先进技术的基础上，通过智能感知、人机交互，实现设计过程、制造过程和制造设备的智能化。智能制造更新了制造自动化概念，并将其扩展到更加灵活、智能和高度集成的领域。自动化是指设备、系统及生产管理过程在无人或少数人直接参与的情况下，根据人的要求，通过自动检测、信息处理、分析和评估实现预期目标的过程。智能制造则是基于信息化的制造，它贯穿于整个产品生命周期，实现无所不在的感知。

智能制造作为工业 4.0 的核心，代表了制造业的一次深刻变革，它通过集成先进的信息技术、自动化技术与制造技术，实现了生产过程的智能化、网络化和个性化。其核心理念在于通过数据驱动的决策和实时反馈机制，提升生产效率，缩短产品上市时间，并实现资源的最优配置。例如，德国西门子公司通过实施智能制造，其生产效率提高了 20%，同时产品缺陷率降低了 30%。智能制造的实现依赖于高度互联的设备和系统，这些设备能够自主收集和分析数据，从而实现自我优化和自我调整。

（2）工业 4.0 的起源及其对制造业的影响。工业 4.0 的概念最早起源于德国，旨在通过引入先进的信息技术和自动化技术，实现制造业的数字化转型。这一概念的提出，标志着制造业进入了一个全新的时代，即智能制造时代。根据麦肯锡的研究报告，工业 4.0 有望在 2025 年为全球制造业带来高达 3.7 万亿美元的经济影响。其核心在于通过信息物理系统（CPS）的集成，将物理生产过程与信息处理系统无缝连接，从而实现生产过程的智能化和自适应性。例如，西门子的智能工厂就是工业 4.0 应用的一个典范，它通过高度自动化和数字化的生产流程，大幅提高了生产效率和灵活性。

#### 2. 关键基础设施要素

（1）算力基础设施。算力是集信息计算力、网络运载力、数据存储力于一体的新型生产力，主要通过算力基础设施向社会提供服务。它是新型信息基础设施的重要组成部分，呈现多元泛在、智能敏捷、安全可靠、绿色低碳等特征，对于助推产业转型升级具有重要意义。当前，我国算力基础设施的发展正步入快车道，特别是随着"东数西算"工程的深入实施，为算力资源的优化配置与高效利用开辟了新路径，有效赋能智能制造行业的深刻

转型与升级。

（2）网络安全与信息安全基础设施。智能制造以其对云计算、大数据等前沿技术的深度依赖，显著区别于传统制造业的运作模式。在这一转型浪潮中，工业数据已跃升为智能制造企业的核心战略资源，驱动着生产流程与管理体系的全面革新。然而，数据的价值倍增也伴随着新的网络安全与信息安全挑战。我国已构建起一个多维度、立体化的保障体系，涵盖了政策法规、技术创新及产业发展等方面，多方位保障了智能制造行业的数据安全和生产稳定，为智能制造行业的稳健发展筑起了一道坚不可摧的安全防线。

（3）智能传感与检测技术。与传统的传感和检测技术相比，智能传感与检测技术不是单纯测量物体或环境信息，而是能够在更加复杂的环境下自主智能地完成感知、测量及设备和系统的检测任务，并应用智能算法对采集的数据进行分析处理。

（4）云计算和大数据技术。云计算能够使用户通过网络访问获得计算资源、存储空间及应用程序等服务，大数据则是指处理和分析大量的数据。这两者共同构成了智能制造的核心支撑之一。

（5）物联网技术。物联网使各类设备实现联网及设备之间的连接，帮助智能制造企业远程了解设备的运行状况，并提高设备之间的协同作用。企业可以通过远程操控收集和分析数据，提高生产过程的可视化程度。

智能制造与工业4.0的关键基础设施要素涵盖了算力、网络安全、智能传感与检测技术、云计算和大数据，以及物联网技术等多个方面，这些要素共同构成了智能制造的核心支撑，推动制造业向更高效、灵活和智能化的方向发展。

### （二）智能制造网络架构的构建与优化

#### 1. 智能制造网络架构的构建

智能制造网络架构的构建需要从多个维度进行考虑，包括生命周期、系统层级和智能功能。

（1）生命周期。智能制造网络架构应涵盖设计、生产、物流、销售、服务等一系列相互联系的价值创造活动。这些活动相互关联、相互影响，共同构成了智能制造的完整生命周期。

（2）系统层级。智能制造网络架构的系统层级自下而上共五层，分别为设备层、控制层、车间层、企业层和协同层。每一层都承担着不同的功能和责任，共同支持智能制造的实现。

1）设备层：主要包括智能设备、传感器、仪表等，它们负责采集生产过程中的各种数据，为上层提供决策支持。

2）控制层：通过先进的控制技术，对生产过程进行实时监控和调整，确保生产过程的稳定性和高效性。

3）车间层：实现车间内的生产计划、调度、质量管理等功能，提高车间的生产效率和产品质量。

4）企业层：整合企业内的各种资源，实现企业的整体优化和协同。

5）协同层：实现企业与供应链上下游企业的协同合作，提高供应链的效率和响应速度。

（3）智能功能。智能制造网络架构应具备自感知、自决策、自执行、自适应、自学习等智能功能，以提高制造业的质量、效率效益和柔性。

### 2. 智能制造网络架构的优化

（1）技术优化。采用先进的技术手段，如物联网、大数据、人工智能等，对智能制造网络架构进行技术升级和改造。通过数据分析、预测和决策支持，提高智能制造的智能化水平和自动化程度。

（2）管理优化。加强企业的信息化建设和管理水平，实现信息的集成化和共享化。通过优化生产计划、调度和质量管理等流程，提高企业的生产效率和产品质量。

（3）流程优化。对智能制造的各个环节进行流程优化和再造，消除浪费和瓶颈，提高生产过程的流畅性和效率。

## （三）智能制造与工业 4.0 人才培养与知识转移机制

在智能制造与工业 4.0 的浪潮中，知识转移机制的建立与完善对于培养未来工业人才具有至关重要的作用。随着技术的快速发展，工业 4.0 对人才的要求不再局限于传统的操作技能，而是更加强调跨学科知识的整合与创新能力。根据国际机器人联合会的统计和预测，全球工业机器人年度安装量预计将从 2021 年的 48.7 万台，增长至 2025 年的约 70 万台，累计增长幅度达 43.7%。这一增长趋势不仅要求工人掌握机器人编程和维护的技能，更需要他们能够理解和适应智能制造系统中的复杂交互。知识转移机制通过提供持续的学习和培训平台，帮助现有员工和未来工人适应这种转变，从而确保工业 4.0 的顺利实施。

知识转移在工业 4.0 人才培养中的影响还体现在促进知识共享和创新思维的培养上。例如，德国的"双元制"教育模式就是一个成功的案例，它将企业实践与理论教育相结合，通过学徒制的方式，将实际工作中的知识和技能传递给学生。这种模式不仅提高了学生的就业能力，还促进了知识的快速更新和应用。在知识转移的过程中，企业与教育机构之间的紧密合作是关键，它确保了知识的实时性和相关性，为工业 4.0 的持续创新提供了动力。在国内，一些领先企业如华为、海尔等，也通过与高校合作，实施"产学研"结合的人才培养模式，有效推动了知识转移。例如，华为与清华大学合作的"未来种子计划"，旨在通过项目实践和国际交流，培养具有全球视野的智能制造人才。上海交通大学成立了智能制造研究院，与企业合作开展联合研究项目，为学生提供实践机会，致力于培养具有国际视野的智能制造人才。

## 三、"互联网+"与物联网基础设施的融合

### (一)"互联网+"与物联网融合模式

#### 1."互联网+"的概念

"互联网+"通常指"互联网+传统行业",是利用信息和互联网平台,让互联网与传统行业进行深度融合,创造新的发展机会和生态。它并不是简单地两者相加,而是利用信息通信技术及互联网平台,优化升级转型传统行业,使其能够适应当下的新发展,从而不断地推动社会发展。

国内"互联网+"理念的提出,最早可以追溯到2012年。2015年7月4日,国务院印发《国务院关于积极推进"互联网+"行动的指导意见》,进一步推动了"互联网+"的发展。

"互联网+"作为一种新兴的经济形态,其核心理念在于通过互联网技术与传统行业的深度融合,推动产业的升级和经济结构的优化。这一理念的提出,不仅预示着信息时代的进一步深化,也标志着互联网技术在社会经济生活中的作用日益凸显。根据中国信息通信研究院发布的《中国数字经济发展研究报告(2023年)》,2022年我国的数字经济规模已达到50.2万亿元人民币,占GDP比重达到41.5%,这在很大程度上得益于"互联网+"战略的实施。以阿里巴巴、腾讯等为代表的互联网企业,通过整合线上线下资源,创新商业模式,为消费者提供了更加便捷、高效的服务体验。

#### 2.物联网的基本概念与技术架构

物联网(The Internet of Things,IoT),即"万物相连的互联网",是指通过各种信息传感器、射频识别技术、全球定位系统、红外感应器、激光扫描器等各种装置与技术,实时采集任何需要监控、连接、互动的物体或过程,采集其声、光、热、电、力学、化学、生物、位置等各种需要的信息,并通过各类可能的网络接入,实现物与物、物与人的泛在连接,实现对物品和过程的智能化感知、识别和管理。物联网技术展示如图6-2所示。

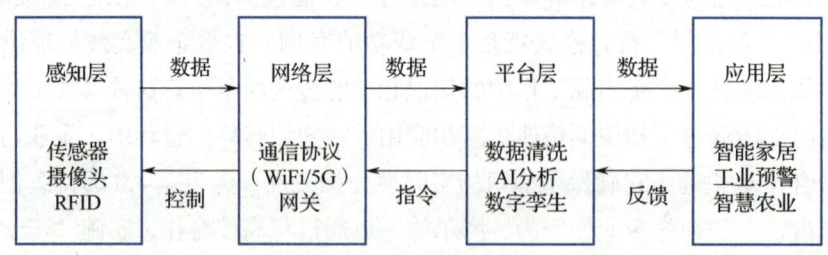

图6-2 物联网技术展示

物联网(IoT)作为"互联网+"时代的关键技术之一,其基本概念涉及将日常物品通过传感器、网络连接和智能处理技术赋予"智能",实现物品间的互联互通。技术架构上,物联网大致可以分为以下四个层面,即感知层、网络层、平台层及应用层,其具体功

能见表 6-1。

感知层是物联网整体架构的基础,是物理世界和信息世界融合的重要一环。网络层在整个物联网架构中起到承上启下的作用,它负责向上层传输感知信息和向下层传输命令。平台层是物联网整体架构的核心,它主要解决数据如何存储、如何检索、如何使用及数据安全与隐私保护等问题。应用层位于整个物联网架构的顶层,作为用户与物理世界的连接点,执行数据处理和界面展示的任务。以上四个层面共同构成了物联网的基本框架,使物与物之间能够实现互联互通,并在此基础上发展出各种智能化的应用和服务。例如,智能手表通过内置传感器收集用户的健康数据,通过蓝牙或 Wi-Fi 将数据传输至智能手机或云端服务器,最终通过应用层的分析,为用户提供个性化的健康建议。

表 6-1 物联网体系架构

| 层面名称 | 功能描述 |
| --- | --- |
| 感知层 | 负责物联网信息的收集和获取,是物联网整体架构的基础 |
| 网络层 | 将感知层采集到的信息传递给物联网云平台,还负责将物联网云平台下发的命令传递给应用层,具有链接效应 |
| 平台层 | 主要解决数据存储、检索、使用和数据安全隐私保护等问题 |
| 应用层 | 物联网的最终目的是应用在各个场景中,将物体在物联网云平台上传输的信息进行处理后,挖掘出的宝贵信息将应用到智慧物流、智慧医疗、食品安全等实际生活和工作中 |

### 3. "互联网+"与物联网融合的必要性与趋势

"互联网+"与物联网的融合模式,正在进入一个全新的智能时代。这种模式通过将互联网技术和物联网技术相结合,实现了设备、数据和应用的无缝连接,从而为人们的生活和工作带来了前所未有的便捷和高效。具体表现在以下几个方面的融合:

(1) 技术层面的融合。"互联网+"与物联网在技术层面的融合主要体现在物联网设备通过互联网实现数据的远程传输和共享。物联网设备通过无线网络技术(如 Wi-Fi、蓝牙、Zigbee 等)与互联网相连,使设备能够实时、准确地传输数据至云端或指定的数据处理中心。同时,云计算和边缘计算技术的结合为物联网数据处理提供了强大的支持,云计算平台能够处理大规模的数据,而边缘计算则能够在设备端进行实时数据处理,减少网络延迟和带宽压力。

(2) 应用场景的融合。"互联网+"与物联网的融合推动了多个行业的智能化转型。在智能家居领域,物联网设备通过互联网连接到云端服务器,实现了远程控制、智能调节等功能,为用户提供了更加便捷和舒适的生活体验。在智慧城市领域,物联网技术被广泛应用于交通管理、环境监测、公共安全等方面,提高了城市管理的效率和水平。此外,在智能制造、智能医疗等领域,"互联网+"与物联网的融合也发挥了重要作用,推动了这些行业的数字化转型和智能化升级。

(3) 数据驱动的融合。"互联网+"与物联网的融合使数据成为连接两者的纽带。互联网提供了庞大的数据量,而物联网则通过传感器、设备和嵌入式技术不断地汇集实时数据。这些数据的交汇形成了一个信息的汪洋大海,蕴含着无限的价值。通过对这些数据的深度分析,企业能够更好地理解用户需求,优化产品和服务。同时,数据的安全性和隐私保护也成了"互联网+"与物联网融合中需要重点关注的问题。

(4)创新驱动的融合。"互联网+"与物联网的融合不仅改变了人们的生活方式,也为未来的发展描绘出了一幅数字化的画卷。这种融合创新推动了新兴产业的崛起和发展,如智能家居、智慧城市、智能交通等领域。同时,随着5G技术的推广和人工智能的发展,物联网的应用将进一步扩展,智能城市、智能交通、智能医疗等领域将会进一步得到改善。这种创新驱动的融合模式将带来更加广阔的发展前景和无限的可能性。

"互联网+"与物联网的融合模式在技术层面、应用场景、数据驱动和创新驱动等多个方面都表现出强大的生命力和广阔的发展空间。这种融合不仅推动了传统行业的转型升级和智能化发展,也为新兴产业的崛起提供了有力支撑。

而在当今这个快速发展的科技时代,"互联网+"与物联网的结合已经成为一种不可逆转的潮流和必然趋势,其必要性与趋势主要体现在以下几个方面:

(1)提升效率与智能化水平。物联网技术通过传感器、智能设备等手段,实现物体之间的互联互通,能够实时收集、传输和交换数据。而"互联网+"则强调互联网技术在各行业中的深度应用与融合。两者的结合,能够大幅提升生产效率,实现智能化管理,为各行各业带来革命性的变革。

(2)推动产业升级与转型。随着物联网技术的不断成熟,越来越多的设备和物品将实现互联互通,形成一个庞大的智能网络。这将推动传统产业的升级与转型,促进新兴产业的快速发展,为社会经济注入新的活力。

(3)满足个性化需求。物联网技术能够实时收集和分析用户数据,为用户提供更加个性化的服务和体验。而"互联网+"则能够将这些服务更加便捷地传递给用户,满足用户日益增长的个性化需求。

## (二)物联网在"互联网+"时代的应用场景

物联网在"互联网+"时代的应用场景极为广泛,它不仅渗透人们日常生活的方方面面,而且在工业、农业、医疗、交通等多个行业和领域中都扮演着至关重要的角色,以下是一些主要的应用场景:

(1)智能家居。物联网技术使家庭设备实现远程控制和智能联动。例如,用户可以通过手机App控制家中的灯光、空调、电视等设备,实现一键开关、自动调节等功能,为日常生活带来便捷。

(2)智慧医疗。物联网技术在医疗领域的应用,使患者可以在家中接受医生的远程监控和治疗,实现疾病的早发现、早诊断和早治疗。此外,物联网技术还能帮助医院实现医疗资源的优化配置,提高医疗服务效率和质量。

（3）智能交通。物联网技术被广泛应用于智能交通系统，通过安装在车辆、道路和交通设施上的传感器，实时收集交通数据，实现路况监测、智能导航、车辆调度等功能，从而缓解交通拥堵，提高道路通行效率，降低交通事故发生的概率。

（4）智慧物流。物联网技术使物流全过程实现可视化、智能化管理。通过在货物、车辆、仓库等环节部署传感器和 RFID 标签，物流企业可以实时追踪货物的位置和状态，优化运输路线，提高配送效率。

（5）智能制造。物联网技术在工业制造领域的应用，助力企业实现生产过程的数字化、智能化和网络化，提高企业的生产效率和质量。例如，通过在设备上加装物联网装备，企业可以远程监控、升级和维护设备，了解产品的使用状况，完成产品全生命周期的信息收集，指导产品设计、售后服务。

（6）智慧安防。物联网技术在安防领域的应用，实现了对入侵者的实时识别和预警，提高了安全防范能力。通过门禁系统、视频监控系统等环节中部署传感器和智能设备，智慧安防系统能够实现对安全风险的实时监控和智能调度。

（7）智慧环保。物联网技术被应用于环境监测和治理的智能化。通过在空气、水质等环境监测点部署传感器和智能设备，环保部门可以实时收集环境数据，分析污染源和污染趋势，为环境治理提供科学依据。

（8）智慧零售。物联网技术在零售领域的应用，使商品实现智能化管理和销售。例如，智能货架可以根据商品的销售情况和库存情况自动调整陈列布局和补货计划；无人便利店则可以实现 24h 无人值守、自助购物等功能。

此外，物联网技术还在智慧农业、智慧教育、智慧电力等领域发挥着重要作用，推动着各行各业的智能化升级和转型。随着技术的不断进步和应用场景的不断拓展，物联网技术将为我们带来更加智能、便捷和高效的生活方式。

## 四、5G 技术与未来通信基础设施的发展

### （一）5G 技术的演进与通信基础设施升级

#### 1. 移动通信技术的发展历程

第一代移动通信技术（1G），主要采用模拟信号传输语音，诞生于 20 世纪 80 年代。这一时期的语音质量较低，信号不稳定，保密性差，且设备体积大、功耗高。摩托罗拉是 1G 时代的主导企业，推出了多款 1G 通信设备，并建立了 AMPS 电话系统。1G 技术开启了移动通信的先河，为后续技术发展奠定了基础。

第二代移动通信技术（2G）于 20 世纪 90 年代初出现，标志着移动通信进入数字时代。主要有 GSM 和 CDMA 两大技术标准，其中 GSM 采用时分多址技术，易于部署，支持国际漫游，并可发送短信；而 CDMA 采用码分多址技术，具有加密功能，通话质量更好。这一时期，欧洲各国加强联盟，推出 GSM 标准，并超越美国成为主导。摩托罗拉因

错估模拟手机寿命,在数字通信时代竞争力下降,被诺基亚等欧洲企业超越。

第三代移动通信技术(3G)旨在提供更快的数据传输速度,满足多媒体业务需求,于21世纪初开始发展。下载速度从2G的9.6kbps~64kbps提升到3G初期的300kbps~2Mbps。这一时期的主要技术标准有W-CDMA、CDMA2000和TD-SCDMA。高通凭借CDMA技术专利在3G时代占据重要地位,而苹果iPhone的推出则推动了智能手机的发展和3G用户的增长。

第四代移动通信技术(4G)实现了移动通信网络的IP化,可以提供更高的数据速率和更好的用户体验,于2010年后逐渐普及。数据速率大幅提升,网络更加稳定高效。LTE和LTE-Advanced成为全球主流4G标准,由中国移动主导的TD-LTE也成了两大主流4G国际标准之一。智能手机的普及推动了移动流量的需求上升,促使4G技术不断演进。

第五代移动通信技术(5G)是新一代移动通信技术,将实现万物互联,推动社会全面发展。速率极高,容量巨大,低时延,支持海量设备连接,能耗低。5G技术推动了物联网、智慧家庭、工业4.0、车联网、远程医疗等应用发展,改变了社会生产生活方式,促进了商业模式创新和生态系统融合。

### 2. 5G的概念

5G是第五代移动通信技术(5th Generation Mobile Communication Technology)的简称,是具有高速率、低时延和大连接特点的新一代宽带移动通信技术,是实现人、机、物联网的网络基础设施。每一代移动通信技术都带来了数据传输速度、网络容量和延迟等方面的显著提升。5G不仅旨在提供更快、更好的移动宽带服务,还扩展到了新的服务领域,如关键任务通信和大规模物联网等。其主要特征包括:

1)高速率:5G网络的数据传输速度显著提高,峰值速率可达每秒20吉比特(Gbps)以上,平均速率也远超4G网络。这使得用户可以更快地下载和上传数据,享受更流畅的网络体验。

2)低时延:5G网络的时延显著降低,端到端延迟可降低至毫秒级甚至更低。这使5G网络能够支持对时延要求极高的应用,如自动驾驶、远程医疗等。

3)大连接:5G网络具备海量连接能力,可以支持每平方公里内数百万个设备的连接。这为物联网、智慧城市等应用提供了坚实的基础。

随着5G技术的不断发展和普及,越来越多的行业将受益于5G网络的高速、低时延和大连接特性。然而,5G网络的建设和运营也面临着诸多挑战,如频谱资源的分配与利用、网络架构的优化与升级、安全问题的防范与应对等。

### 3. 通信基础设施升级的必要性

首先,通信基础设施的完善能够提供高速、稳定的网络连接,保障通信的畅通无阻。随着信息社会的快速发展,人们对通信服务的需求日益提高,要求通信质量既要高速又要稳定。通信基础设施的升级可以满足这一需求，提供更加可靠的通信服务。

其次，通信基础设施的升级能够满足人们对大带宽、低时延的需求。在大数据时代，信息传输的需求急剧增加，对网络带宽和时延的要求也相应提高。通信基础设施的升级，如 5G 网络的建设和光纤宽带的普及，可以有效提升网络带宽，降低时延，为各行各业的信息传输提供有力保障。

此外，通信基础设施的升级还能促进通信技术的创新和应用。新的通信技术需要更加先进的通信基础设施来支撑，而通信基础设施的升级又能推动新技术的研发和应用，形成良性循环，推动通信行业向更高水平发展。

从更宏观的角度看，通信基础设施的升级对于推动数字经济发展、提升国家竞争力也具有重要意义。信息的高速流动和数据要素的共享利用是数字经济的基础，而通信基础设施的升级则是实现这一目标的关键。通过加强基础设施建设，完善网络连接，提高数据传输速度和算力能力，可以为数字经济、电子商务、智能化等领域带来更广阔的发展空间。

总之，通信基础设施升级对于提升通信质量、满足人们需求、促进技术创新和推动数字经济发展都具有极其重要的必要性。加快通信基础设施的升级步伐，以适应信息社会快速发展的需求。

### （二）5G 技术的应用前景

#### 1. 5G 的应用场景

5G 的应用场景非常广泛，主要可以分为三大类：增强移动宽带（eMBB）、超高可靠低时延通信（uRLLC）和海量机器类通信（mMTC）。

1）增强移动宽带（eMBB）。其主要面向移动互联网流量爆炸式增长，为用户提供更加极致的应用体验。这一场景包括了高清视频、虚拟现实（VR）、增强现实（AR）、云游戏等高带宽需求的应用。例如，5G 的 WTTx 业务可以轻松把 8K 的片源带入客厅的电视大屏，提升 6 倍带宽需求，为用户带来更加清晰的视频体验。

2）超高可靠低时延通信（uRLLC）。其主要面向工业控制、远程医疗、自动驾驶等对时延和可靠性具有极高要求的垂直行业应用。在这一场景下，5G 的低时延、高可靠特性能够得到充分发挥，确保数据传输的实时性和准确性。例如，在自动驾驶中，5G 可以实现车辆与道路基础设施、其他车辆及行人的实时通信，提高道路安全性和交通效率。

3）海量机器类通信（mMTC）。其主要面向智慧城市、智能家居、环境监测等以传感和数据采集为目标的应用需求。5G 的大连接特性能够支持海量终端的接入，实现万物互联。例如，在智慧城市中，5G 可以连接各种传感器和智能设备，实现城市基础设施的智能化管理和维护。

#### 2. 5G 的应用领域

5G 技术的主要应用领域包括以下几个方面：

（1）农业领域。5G 在农业中的应用主要在智慧农场、智慧林场、智慧畜牧和智慧渔场四个方面。例如，在无人农场模式中，通过农业云平台综合信息管理系统，结合5G、图像识别、卫星遥感、大数据等先进技术，可以驱动各类无人驾驶农机装备实现自动化作业。5G在带宽、时延、连接规模等方面的特性，也将为农业带来海量的原始数据和强大的机械设备控制能力，从而推动智慧农业的发展演进。

（2）工业领域。5G技术可以帮助企业实现生产过程的实时监控和自动化管理。通过5G网络，企业可以收集生产过程中的实时数据，实现智能决策和生产效率的提升。5G技术加速了工业互联网的发展，支持制造业的数字化转型。

（3）医疗领域。5G的高速网络为远程医疗提供了有力支持。医生可以通过视频会议实时诊断和治疗患者，偏远地区的人们也能享受到优质的医疗服务。此外，5G还使医生可以远程操作手术机器人，进行精准治疗。在疫情期间，5G技术被用于远程诊疗、智能医护机器人等应用，有效支持了疫情防控和医疗服务的提供。

（4）教育领域。5G的低延迟和高速度使远程教育更加流畅和真实。学生可以通过高清视频直播参与课堂，仿佛置身于真实课堂之中，不受地域限制地享受优质教育资源。

（5）车联网与自动驾驶领域。自动驾驶汽车可以通过5G网络实时获取路况、障碍物等信息，及时做出反应，从而提高行驶安全性。与4G网络相比，5G网络的端到端时延大大降低，仅为1ms，这使实时控制成为可能，显著提升了自动驾驶车辆的安全性和效率。

（6）智慧城市领域。5G技术助力智慧城市建设，支持城市管理的数字化、网络化和智能化。通过5G网络，城市可以实现交通管理、能源管理、环境监测等多方面的智能化。例如，5G可以帮助城市实现更加高效的交通流量控制，减少交通拥堵；通过5G技术可以使智能交通信号灯实时调节，缓解交通拥堵；同时，通过5G技术可以实现远程监控和智能报警，提高城市安全性。

（7）文体娱乐领域。5G在文体娱乐中的应用主要体现在视频制播、智慧文博、智慧院线和云游戏四个细分领域。以智慧院线为例，在5G技术的影响下，电影画面的清晰度、电影影像的奇观感、电影欣赏的互动感将加强，电影将变得更加"好看"和"好玩"。

（8）金融领域。5G在金融中的应用主要体现在智慧网点和虚拟银行两个方面。以虚拟银行为例，通过目标与环境识别、超高清与XR播放、高速精准的信息采集与服务，来远程识别用户身份，并提供基于XR的交易服务，从而提高银行经营效率。

### 3. 5G技术与未来通信基础设施的发展

5G技术与未来通信基础设施的发展紧密相连，正逐步成为经济社会发展的新引擎。5G技术以其高速度、大容量连接、低延迟性等特性，为通信基础设施的升级和转型提供了强大的动力。

5G技术在智慧矿山、智慧电力、智能制造等产业数智化建设中发挥着至关重要的作用。通过5G网络的深度优化和提升，以及AI数智化网络优化手段的应用，5G网络质量得到了显著提升，为各种应用场景提供了更加稳定和高效的网络支持。此外，5G技术还推动了重点场景的专项活动，如为高铁旅客提供智能化、个性化的高品质5G专网服务，进一步拓展了 5G 技术的应用范围。

5G 技术的成功对 6G 的发展也至关重要。跨域融合是 6G 的典型特征之一，而 5G 融合应用的深入实践将为未来 6G 的发展夯实应用基础。当前，国际标准化组织正在开展 5G-A 的国际标准研制工作，通信与人工智能融合、通信感知一体化等 6G 潜在技术方向将在 5G-A 标准化中提前引入，为未来 6G 国际标准及商用发展奠定基础。

然而，5G 规模化应用也面临着一些核心问题和难点。例如，5G 产业链是一个复杂的生态系统，涵盖了多个环节，目前各环节尚未完全打通，存在明显的短板和瓶颈。此外，5G 技术与其他行业的融合应用尚处初级阶段，跨界合作和创新不够深入，行业标准和规范尚不完善，制约了 5G 技术的广泛应用。同时，中小企业数字化基础薄弱，推进 5G 应用面临较大的资金压力，而 5G 网络建设和运维成本高昂也影响了其规模化部署。

为了解决这些问题，政府和企业需要加强合作，共同制定行业标准，加大技术研发投入，并加强对公众的科普教育，提升全民的数字素养。同时，通过推动 5G 应用生态加速繁荣，培育解决方案供应商，打造创新载体等方式，促进产业生态的完善。此外，还需要构建与 5G 发展相适应的安全保障体系，加强网络安全和隐私保护，为 5G 应用的健康发展提供有力支撑。

展望未来，随着 5G 技术的不断成熟和普及，未来通信基础设施将呈现出更加智能化、高效化和安全化的特点。5G 技术将推动智慧城市、智能交通、远程医疗等领域的快速发展，为人们的生活带来更加便捷和高效的体验。同时，5G 技术还将促进物联网技术的广泛应用和创新发展，为各行各业提供更加精准和高效的数据支持和服务。

## 第三节　数字技术与数字基础设施的综合联动

### 一、数字产业化

#### （一）数字产业化的概念

数字产业化即数字经济核心产业，是指新一代移动通信、人工智能等数字技术向数字产品、数字服务转化，数据向资源、要素转化，形成数字新产业、新业态、新模式的过程。它是数字经济发展的重要组成部分和先导产业，具体包括电子信息制造业、软件和信息技术服务业、互联网业、电信服务及广播电视业等。

通过数字产业化，关键技术和核心产业能够不断把消费、生产、服务过程中所创造的数据变成生产要素，从而提供新服务、新应用。例如，智能手机的生产属于电子信息制造业，办公软件的开发属于软件和信息技术服务业，移动通信服务属于通信业，电商平台的运营属于互联网行业。

数字产业化的目的正是将数字化的知识和信息转化为生产要素，通过信息技术创新和管理创新、商业模式创新融合，不断催生新产业新业态新模式，最终形成数字产业链和产业集群。

### （二）数字产业化与传统产业的区别与联系

与传统产业相比，数字产业化企业主要通过提供数字技术产品和服务来获取收入和利润，如软件企业销售软件产品、提供软件定制开发服务等。传统产业则是在工业革命之前就已经存在或在工业革命期间形成并发展起来的产业，通常是指以劳动密集型、资源密集型为主要特征，采用传统技术和生产方式进行生产的产业。传统产业对自然资源有较高的依赖度，产业结构相对单一，且往往以大型企业为主导。在发展过程中，传统产业面临着技术落后、环境污染、资源短缺和市场竞争压力大等问题。

然而数字产业化与传统产业仍存在明显联系，二者相互促进、共同发展，共同推动着数字经济的繁荣和发展。一方面，数字产业化的发展为传统产业的转型升级提供了重要的技术支持和驱动力。通过引入数字技术，传统产业可以实现生产效率和产品质量的提升，降低成本，拓展市场，从而焕发新的生机和活力。例如，传统制造业可以通过引入智能制造技术，实现生产过程的自动化和智能化，提高生产效率和产品质量。另一方面，传统产业也为数字产业化提供了广阔的应用场景和市场空间。数字产业化技术、产品及服务需要在实际应用中不断验证和完善，而传统产业正是这些技术、产品及服务的重要应用领域之一。通过与传统产业的深度融合，数字产业化可以更好地发挥其价值，推动数字经济的发展和产业结构的优化升级。

### （三）数字产业化对经济发展的推动作用

数字产业化是推动经济高质量发展和实现智能化、可持续发展的必然选择。数字产业化技术、产品及服务包括5G、人工智能、大数据、云计算、区块链、集成电路、软件等，这些技术和服务的广泛应用，不仅推动了数字经济的快速增长，也促进了传统产业的转型升级。

数字产业化通过推动传统产业向数字化、智能化、服务化方向升级转型，能够创造出新的消费场景、消费模式和服务种类，使消费者的认知和观念发生变化，提振消费意愿、丰富消费选择，激发潜在的消费需求，引导和促进新的消费。同时，数字产业化还能够拉动新领域、新部门的投资，带动传统领域和部门的投资，促进国内外贸易多维增长。

数字产业化能够提升生产效率。通过推动人岗匹配、提供智能工具和技术等，可以提高劳动生产率。同时，数字产业化还可以提高信息的准确性，以及收集、处理、分析效率，合理进行产业时空布局，提高资本生产率。此外，数字产业化还能激发创新，提高全要素生产率，推动经济的高质量发展。

数字产业化促进了产业融合发展。随着数字技术的广泛应用，传统产业之间的技术关联更加紧密，产业之间的供需关联也得到了加强，从上下游分别延伸产业链，推动了产业结构的优化升级。

数字产业化催生了新产业、新业态、新模式。随着数字技术发展和数字化改造的推进，出现了大量新兴产业，如电子商务、在线教育、互联网医疗等，这些新兴产业不仅为经济增长提供了新的动力，也满足了消费者的多样化需求，扩大了就业空间。

总而言之，数字产业化对经济发展的推动作用是多方面的，它不仅能够推动经济的高质量发展，还能够提升生产效率、促进产业融合发展、催生新产业新业态新模式。因此，加强数字产业化的顶层设计和政策支持，推进数字化转型，是当前和未来我国经济发展的重要任务。

## 二、智慧城市

### （一）智慧城市概述

智慧城市是一种基于信息技术和智能化设备，将城市的各个方面进行数字化、网络化和智能化的新型城市发展模式。其核心目的是提高城市管理的效率，改善城市居民的生活质量，并促进城市的可持续发展。

#### 1. 智慧城市的概念

智慧城市是指通过信息技术的应用，将城市的交通、能源、环保、公共安全、医疗、教育等各个领域进行智能化管理和服务，实现城市的高效、便捷、舒适和可持续发展。它利用物联网、云计算、大数据、移动互联网等先进技术，通过信息化手段实现对城市各个方面的优秀感知、智能分析和优化管理。

#### 2. 智慧城市的特点

智慧城市的特点主要包括以下几个方面：

1）广泛覆盖的信息感知网络：智慧城市的基础是构建一个广泛覆盖的信息感知网络，通过各类传感器和智能终端收集城市运行数据。

2）多种网络的深度互联：智慧城市的信息感知以多种信息网络为基础，如固定电话网、互联网、移动通信网等，要求这些网络形成有效的连接，实现信息的互通访问和接入设备的互相调度操作。

3）资源体系的协同共享：智慧城市打破传统城市中信息资源和实体资源被行业、部门、主体之间的边界和壁垒，形成具有统一性的城市资源体系，避免"资源孤岛"和"应用孤岛"现象。

4）海量信息的智能处理：智慧城市拥有体量巨大、结构复杂的信息体系，要求系统能够根据不断触发的需求对数据进行分析，提炼所需知识，自主地进行判断和预测，实现智能决策。

5）信息的开放应用：智慧城市具有信息的开放式应用能力，能将处理后的各类信息通过网络发送给信息的需求者，或对控制终端进行直接操作，从而完成信息的完整增值利用。

### （二）智慧城市的基础设施建设

智慧城市的基础设施建设是智慧城市建设的重要组成部分，涵盖交通、能源、通信、水务等多个方面。通过引入信息技术和通信技术，可以实现基础设施的互联互通和智能化改造，提高城市的运行效率和居民生活质量。

1）在交通基础设施方面，智慧城市的交通系统可以实现交通流量监控和智能信号控制。通过引入智能交通系统，利用车辆识别设备和交通监控摄像头实时监测道路交通情况，根据实时数据调整交通信号灯的时序，优化交通流畅度。此外，还可以实现智能停车管理等功能，提高城市交通效率。

2）在能源基础设施方面，智能电网和智能燃气系统等技术的应用可以实现能源的监测、调度和管理。例如，通过智能电表和智能燃气表实时监测居民和企业的能源使用情况，根据需求进行动态调整，以提高能源利用效率。

3）在通信基础设施方面，构建高速稳定的通信网络是智慧城市的基础。这包括宽带网络、移动通信网络、物联网等，可以实现各类信息的快速传输和共享。通过建设覆盖全面的无线网络，居民和企业可以随时随地访问互联网，享受便捷的在线服务。

4）在水务基础设施方面，智慧城市的水务系统可以实现对水资源的监测和管理。利用智能水表和水质监测设备等技术手段，实时监测居民的用水情况和水质状况，提供用水建议，以促使居民节约用水，并保障供水水质安全。

此外，智慧城市的基础设施建设还包括推动智能建造与建筑工业化协同发展，完善城市信息模型（CIM）平台，搭建完善城市运行管理服务平台等方面。这些措施共同推动智慧城市的建设，为人们提供更加便捷、高效和可持续的生活环境。

### （三）智慧城市的可持续发展

#### 1. 我国智慧城市发展建设问题

（1）我国智慧城市发展建设阶段。我国智慧城市发展建设阶段经历了从探索实践到规范调整，再到战略攻坚和全面发展的过程，每个阶段都有其特定的目标和重点任务，推动了智慧城市建设的不断深入和发展。我国智慧城市发展建设阶段大致可以分为以下几个时期：

1）探索实践期（2008年年底至2014年8月）。智慧城市概念于2008年年底提出，各部门、各地方按照自己的理解来推动智慧城市建设，相对分散和无序。这一时期，各领域开始分别开展数字化改造工作，如物联网建设、云计算中心建设等，为智慧城市的发展奠定了基础。

2）规范调整期（2014年8月至2015年12月）。2014年，国家八部委颁布《关于促进智慧城市健康发展的指导意见》，于国家层面成立了工作组，各部门开始协同指导地方智慧城市建设，智慧城市建设进入统筹建设和运营的阶段，各业务应用领域开始探索局部联动共享，移动通信、云计算等技术逐步引入。

3）战略攻坚期（2015年12月至2017年12月）。2016年，第一份智慧城市标准文件《新型智慧城市评价指标》发布，智慧城市开始重视顶层设计与数据的融合。在此阶段，新型智慧城市理念被提出并上升为国家战略，重点推动政务信息系统整合共享，打破信息孤岛和数据分割，人工智能、大数据、区块链、5G等技术全面引入。

4）全面发展期（2018年1月至今）。随着新型智慧城市理念的深入实践，各地新型智慧城市建设加速落地，建设成果逐步向区县和农村延伸。国家"十四五"规划提出要"建设智慧城市和数字乡村"，以政策为导向，智慧城市建设重心下沉，各县域城市以基础设施智能化改造、特色产业优化提升、基层治理智慧化升级为切入点推进智慧城市建设。

（2）我国智慧城市发展建设问题。我国智慧城市发展建设存在以下问题：

1）数据归集和融通壁垒仍在，数据源头活水不足。这导致城市各部门之间信息共享不畅，形成信息孤岛，影响了智慧城市建设的整体效果。

2）公共数字项目投融资和运维机制不灵活，政府财政压力大。智慧城市的建设需要大量资金投入，而当前投融资渠道有限，运维机制也不完善，给政府财政带来了较大压力。

3）公共数字项目缺乏统筹规划，部门各自为政，疲于应付，效率低。这导致智慧城市建设中的项目重复建设，资源浪费，同时也不利于形成统一的智慧城市体系。

4）数据无法产业化、资产化，数字项目自身造血能力不足。智慧城市的数据资源没有得到充分利用，无法形成有效的产业化和资产化，限制了智慧城市建设的可持续发展。

5）技术更新换代快，如何及时跟进并有效应用于智慧城市建设中是一个难题。随着物联网、云计算、大数据、人工智能等技术的不断突破与应用，智慧城市的技术创新更加快速和频繁，如何将这些新技术有效应用于智慧城市建设中并实现落地应用，是当前面临的一大挑战。

6）智慧城市建设中的信息安全和数据安全面临巨大挑战。随着智慧城市建设的推进，数据量庞大，涉及个人隐私、商业机密、国家安全等方面，因此数据安全面临着巨大的挑战。同时，智慧城市建设中的各种系统、服务、数据都依赖于网络，网络安全问题也对智慧城市建设中的各种系统、服务、数据造成威胁。

此外，我国智慧城市发展建设还存在沿袭传统建设思路，"千城一面"格局显现、重建设轻应用、缺乏市场导向、重模仿轻研发，技术自主研发能力不足等问题。这些问题需要政府、企业和社会各界共同努力，加强统筹规划，完善投融资和运维机制，推动数据产业化、资产化，加强技术创新和信息安全保障，以推动智慧城市建设的健康发展。

### 2. 智慧城市发展建设趋势及建议

1）优化顶层设计：智慧城市建设是全局性、长远性的工程，需要从全局出发做好顶层设计，整合各部门力量，统一思想，使智慧城市建设贴近城市发展需要。同时，要加强跨部门协同，建立政府、企业、社会组织之间的良好合作机制，共同推动城市发展。

2）加强数据整合与共享：智慧城市建设以数据为核心，需要建立高水平的信息化系统平台，加强数据整合与共享，打破数据孤岛，实现数据的互联互通。政府应推动数据开放和共享，吸引各方参与共建智慧城市。

3）注重安全保障：随着智慧城市建设的深入，数据安全和个人隐私保护成为重要问题。政府和企业需要建立健全相应的法律法规和技术手段，确保在智慧城市建设中个人数据不被滥用，保障市民的信息安全和隐私。

4）推动技术创新与产业升级：智慧城市的建设将带动电子信息产业的快速发展。政府应鼓励技术创新和产业升级，推动智慧城市与实体经济的深度融合，促进城市内部各区域差异化发展、专业化分工。

5）强化公众参与与反馈：智慧城市的建设需要注重社会参与和市民反馈。政府应积极推动公众参与，通过开放数据和透明管理，增强居民对城市发展的认同感和参与感。同时，要建立有效的反馈机制，及时回应民众关切，提升智慧城市建设的满意度和效果。

## 课后习题

1. 请描述人工智能与机器学习在产业升级中的具体作用。
2. 大数据技术在企业风险管理与决策中有哪些具体应用？请结合实际案例进行说明。
3. 区块链技术在数字货币领域的应用有哪些优势？请列举至少三个优势，并简要解释其背后的原理。
4. 云计算与边缘计算在数据处理中如何协同工作？请解释它们各自扮演的角色以及协同作用对数据处理效率的影响。

# 第七章　数字化与产业融合

## 案例导入

### 三一集团探索数字化转型

三一集团创建于 20 世纪 90 年代，现拥有 3 家上市公司（三一重工、三一国际、三一重能），公司总资产逾 2000 亿元。其在国内的 12 个省市设立生产基地，于海外构建了印度、加拿大、德国、巴西四个研发制造基地，业务覆盖全球 100 多个国家与地区。在 2022 年，三一集团实现销售额 1395 亿元，其中海外销售额达 412 亿元，同比增长 45%。

近些年来，三一集团秉持"要么成功转型，要么面临困境"的坚定决心与强大魄力，毫不动摇地全力推进数字化转型，全面推动研发、采购、制造、营销服务、管理等方面的数字化进程，施行"三现"数据、设备互联、营销信息化（CRM）、产销存一体化（SCM）、研发信息化（PLM）等一系列数字化项目，并取得显著进展，促进了各项业务的在线化与智能化。2018 年至今，三一集团在推进数字转型方面的投入已然超过 200 亿元，接连构建了 47 家进行数字化转型的工厂，国内 46 家，海外 1 家。北京的桩机工厂及长沙泵送 18 号厂房已然成为重工行业仅有的两家世界级灯塔工厂。在智能工厂建成之后，达成了制造人均产值提高 31% 的成果，制造工艺实现降本 50.03 亿元，人工成本降低了 47%，保内故障率累计降低 39%。身为我国装备制造领域的领军性企业，三一集团率先通过价值链重构摸索出一条践行工业 4.0 的路径——以客户需求及客户价值创造为出发点，并构建出了"终端+云端"的工业大数据软硬平台。推动互联网、大数据、人工智能与实体经济深度融合，致力于成为"全球智能制造的先行者"。连续 3 年成为唯一登上 Gartner《全球工业互联网平台魔力象限报告》的中国企业，连续 4 年入选国家级跨行业跨领域工业互联网平台，到 2025 年，三一集团将借助数字化手段，达成"3 个 3"的战略规划：3000 亿元销售额、3000 名产业工人、30000 名研发工程师。

## 第一节 数字化

### 一、数字化的概念及内涵

#### 1. 数字化发展背景

数字化发展乃是当代社会技术变革与经济转型的关键标识。伴随科技的迅猛进步,人类社会逐步由传统工业化时期跨入数字化时代,数字化已然渗入社会的各个方面,深度改变着人们的生活模式、工作模式及商业运作模式。

首先,从全球范畴来看,数字化已成为不可逆转的大趋向。鉴于云计算、大数据、人工智能等技术的持续涌现及广泛运用,数字化不但深刻变革了信息传递与处理的形式,还推动了全球经济体系的重新构建。越来越多的企业逐步认识到,数字化转型是增强企业竞争力、达成可持续发展的关键所在。其次,我国数字化发展的情境也展现出独特的特性。近些年来,我国的数字经济蓬勃兴起,已变成国民经济的重要构成部分。国家层面也极为注重数字化转型,颁布了一系列政策举措,推进数字产业化、产业数字化,加速数字基础设施的建设,为数字经济的发展给予了有力支撑。于数字化时代,数据变成了最为重要的资源。在数据驱动下的创新发展,不但为企业提供了更多的商业契机,也为决策制定、社会治理给予了有力支撑。借由数据分析,能够更精准地把控市场趋向,优化资源配置,提升生产效率。最后,数字化发展还带来了商业运作模式和行业结构的深刻变革。新兴产业的快速发展、传统产业的转型升级、产业链的整合重构等,均是数字化时代的显著特征。数字化正在推动全球经济体系的转型与升级,为社会发展注入全新活力。

总之,数字化发展情境是当代社会的重要特性,不但改变了人们的生活模式和商业运作模式,还推动了全球经济体系的转型与升级。未来,伴随技术的不断进步与应用,数字化将在更多领域发挥关键作用,为人类社会的发展创造更多可能性。

#### 2. 数字化概念

数字化的概念存在狭义数字化与广义数字化之分。狭义数字化主要是指借助数字技术对具体业务、场景予以数字化改造,更侧重于数字技术本身对业务达成降本增效的效用。而广义数字化则是运用数字技术针对企业等各种组织的业务模式、运营方式实施系统化、整体性的变革,更着重于数字技术对组织整个体系的赋能与重塑。

就狭义数字化而言,狭义数字化意味着利用信息系统、各类传感器、机器视觉等信息通信技术,把物理世界中繁杂多变的数据、信息、知识转化成一系列二进制代码,导入计算机内部,形成可识别、可存储、可计算的数字、数据,接着依据这些数字、数据构建起相关的数据模型,进行统一处理、分析与应用,此即为数字化的基本流程。

就广义数字化来说,广义上的数字化是指通过运用互联网、大数据、人工智能、区块链、人工智能等新一代信息技术,针对企业等各类主体的战略、架构、运营、管理、生产、营销等各个层面展开系统性、全面性的变革,强调的是数字技术对整个组织的重塑,数字技术能力不再是仅单纯地解决降本增效问题,而是变成赋能模式创新和业务突破的核心力量。

### 3. 数字化内涵

和传统信息化、条块化服务业务的方式不一样,数字化更多的是对业务和商业模式进行系统性的变革与重塑,如图 7-1 所示。数字化内涵会随着数字化发展阶段而产生变化。

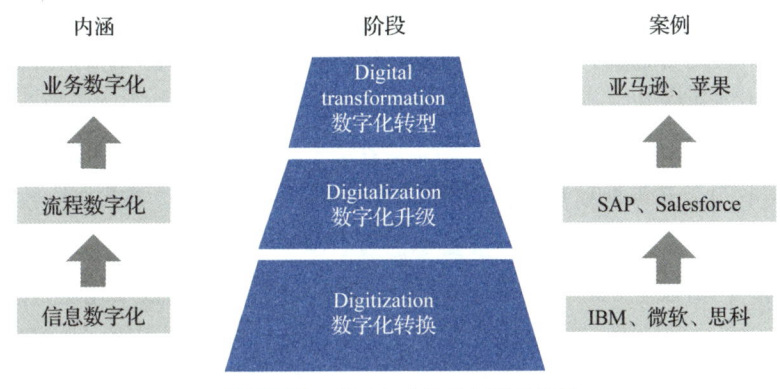

图 7-1　数字化内涵及其发展阶段

(1)数字化转换阶段。数字化转换阶段是企业数字化转型的起始阶段,企业开始在单一职能范围内尝试信息技术的初步应用,如使用电子邮件代替传统的纸质信件,或引入简单的自动化工具来提高工作效率。这个时期的数字化是最简单形式的信息数字化,只是为了更方便地存储、检索和共享,将纸质文件和手工记录转化为电子数据。

(2)数字化升级阶段。数字化升级阶段是在数字化转换阶段的基础上,进一步利用数据和技术来优化业务流程和决策。企业开始利用大数据和数据分析工具,从大量数据中提取有价值的信息,以辅助决策。利用数字技术提升客户体验,如通过在线平台提供个性化服务,或利用社交媒体与客户进行互动。新的数字化技术也使企业能够探索新的业务模式,如电子商务、在线服务等,从而拓宽市场渠道并增加收入来源。

(3)数字化转型阶段。数字化转型阶段是企业数字化转型的高级阶段,强调人工智能(AI)和物联网(IoT)等前沿技术的应用,以实现业务的智能化和自动化。这一阶段的主要特点包括:通过 AI 和机器学习技术,企业能够实现实时的、自动化的决策,从而提高决策效率和准确性。通过 IoT 技术,企业能够实现设备和系统的互联互通,实时监控和管理生产过程,提高生产效率和产品质量。通过融合不同领域的技术和方法,打破传统行业的界限,实现新的业务机会和合作模式。

## 二、政策热点

在当今世界，数字化转型已成为各国竞相追逐的热点。我国作为世界上最大的发展中国家，数字化转型政策的重要性不言而喻。我国数字化转型领域的关键政策，包括《中华人民共和国国民经济和社会发展第十四个五年规划和2035年远景目标纲要》《国务院数字中国建设整体布局规划》等。主要内容包括：①强化顶层设计。从国家层面制定总体规划和战略布局。这有助于确保数字化转型的科学性、合理性和可持续性，避免盲目发展和资源浪费。这是为什么数字化转型要顶层设计先行的关键原因。②推动产业数字化。产业数字化是数字化转型的核心。通过出台一系列政策，鼓励企业加大数字化投入，推动传统产业转型升级。③加强数字基础设施建设。数字基础设施是数字化转型的基石。要高度重视数字基础设施建设，加大投入力度，推动5G、工业互联网、数据中心等新型基础设施建设。④保障数据安全与隐私。在数字化转型过程中，数据安全与隐私保护至关重要。通过制定相关法律法规和标准规范，加强数据安全管理和隐私保护。

2021年3月11日，十三届全国人大四次会议表决通过了《中华人民共和国国民经济和社会发展第十四个五年规划和2035年远景目标纲要》。该规划要求加快数字中国建设，通过数字化驱动生产、生活和治理方式变革，为中国式现代化提供强大动力。数字化建设涉及多个领域，包括数字经济、数字社会、数字政府。规划明确数字化建设的方向，包括加强数字技术创新、推动数字产业化、促进产业数字化转型、提高数字政府建设水平等方面，重点发展关键数字技术，推动数字产业化。规划提出在关键领域加强数字技术创新，包括高端芯片、人工智能、云计算等，培育新兴数字产业，如人工智能、大数据、区块链等。数字社会建设包括提供智慧便捷的公共服务、建设智慧城市和数字乡村、构筑美好数字生活，规划关注公共服务普惠应用，数字化助推城乡发展和治理模式创新，提高全民数字素养，推动数字生活方式变革。数字政府建设要提高服务效能，加强公共数据开放共享，规划要求加强公共数据开放共享，推动政务信息化共建共用，提高数字化政务服务效能，全面推进政府运行方式和服务模式数字化和智能化，构建开放、健康、安全的数字生态。同时，规划要求建立健全数据要素市场规则，营造规范有序的政策环境，加强网络安全保护，以促进数字经济的健康发展。

近些年来，在国家层级颁布了一连串的政策用以推进企业的数字化转型。像是《中小企业数字化转型指南》，意在助力中小企业明晰转型的思路，优化转型的实践操作，提升转型的效能水平。该指南着重强调了由易至难的准则，循序渐进地推动数字化转型，并且突出了数字化转型所具有的综合性、交叉性及复杂性。另外，由国家数据局牵头发布了《"数据要素"三年行动计划（2024—2026年）》，进一步明确了数据作为一类生产要素的关键重要性，同时提出要与各个重点行业领域相互结合，发挥出数据要素的放大、叠加及倍增功效，构建起以数据作为关键要素的数字经济，如图7-2所示。

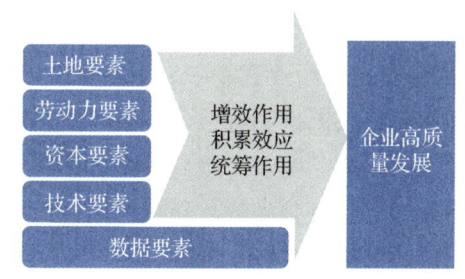

图 7-2 数据作为数字经济的生产要素的政策背景

## 第二节 产业融合

### 一、产业融合的含义、特点及作用

#### 1. 含义

产业融合意味着在时间次序上依次浮现、在结构层级上各异的农业、工业、服务业、信息业、知识业等，于同一个产业、产业链或者产业网络中相互浸透、彼此包含并融合发展的产业样态与经济增长方式。这种融合是通过无形对有形的渗入、高端对低端的引领、先进对落后的提携及纵向对横向的带动，使低端产业成为高端产业的组成部分，从而实现产业的升级，以及知识运营的增长态势。

#### 2. 特点

产业融合主要有以下几个方面的特点：

（1）跨界性。产业融合具有显著的跨界性特点。这一特点体现在不同产业之间的边界逐渐模糊，相互渗透。例如，随着信息技术的快速发展，信息技术与制造业、服务业等产业的融合日益加深，形成了智能制造、智慧城市等新兴产业形态。这种跨界融合不仅打破了传统产业的界限，还推动了产业链的延伸和拓展，促进了资源的优化配置和高效利用。跨界性使产业融合具有更强的包容性和创新性，为产业发展注入了新的活力。

（2）创新性。在产业融合过程中，创新性是一个不可忽视的重要特点。通过不同产业之间的技术、业务和市场等方面的融合，可以催生出新的技术、产品和服务，推动产业创新和升级。例如，互联网与传统产业的融合催生了电子商务、在线教育等新兴业态，这些新兴业态不仅改变了传统的商业模式，还推动了相关产业的快速发展。创新性使产业融合成为推动经济发展和社会进步的重要力量，不断创造出新的经济增长点和就业机会。

（3）动态性。产业融合是一个不断发展和变化的过程，具有动态性特点。随着科技的不断进步和市场需求的不断变化，产业融合的形式和内容也在不断更新和升级。例如，随着人工智能、大数据等技术的快速发展，这些新技术正在不断渗透各个产业，推动着产业融合向更高层次发展。动态性使产业融合具有更强的适应性和灵活性，能够不断适应市场需求和技术变化，推动产业的持续发展和创新。

（4）系统性。产业融合涉及多个产业和领域，形成一个复杂的系统。这个系统内部各产业之间相互关联、相互影响，共同推动着整个系统的协同发展。例如，在智能制造领域，信息技术、自动化技术、材料科学等多个领域的融合共同推动着智能制造技术的不断创新和发展。系统性使产业融合具有更强的整体性和协同性，能够充分发挥各产业的优势和互补作用，推动整个产业体系的优化升级。

（5）多样性和综合性。产业融合的多样性和综合性特点体现在不同产业之间的融合可以是同一产业链上不同环节的融合，也可以是不同产业之间的跨界融合。这种多样性和综合性使产业融合在推动经济发展和社会进步方面具有广泛的应用前景。例如，农业与旅游产业的融合可以实现农田的多功能利用，既可以种植农作物，又可以发展农家乐和观光旅游，实现农民增收和农村经济的发展。多样性和综合性使产业融合能够灵活应对各种市场需求和技术变化，推动产业的多元化和可持续发展。

3. 作用

产业融合在现代经济发展中扮演着至关重要的角色，其作用广泛而深远。

（1）促进产业结构优化升级。产业融合有助于推动产业结构的优化升级。通过技术、市场、管理等方面的相互渗透和交叉，不同产业之间可以实现优势互补和资源共享，从而提高整个产业链的附加值和竞争力。这种融合不仅促进了传统产业的转型升级，还催生了新兴产业和新的经济增长点，为经济发展注入了新的活力。

（2）激发创新活力。产业融合能够激发创新活力，推动技术进步和产业升级。不同产业之间的技术融合可以产生新的技术解决方案和产品，推动技术创新和突破。同时，市场融合和管理融合也能够促进创新思维的扩散和应用，为企业提供更广阔的创新空间和机会。这种创新活力不仅提升了企业的核心竞争力，还推动了整个产业体系的升级和变革。

（3）提高资源利用效率。产业融合有助于提高资源利用效率。通过产业链上下游之间的整合和协同，企业可以更加高效地利用资源，降低生产成本和运营成本。同时，不同产业之间的资源共享和优势互补也能够减少资源浪费和重复建设，提高资源利用效率。这种资源利用效率的提升不仅有助于企业的可持续发展，还推动了整个社会的绿色发展。

（4）开拓新的市场领域。产业融合能够开拓新的市场领域，增加企业的市场份额。通过技术、市场等方面的融合，企业可以开发出新的产品和服务，满足消费者多样化的需求。同时，不同产业之间的合作和整合也能够形成新的商业模式和营销渠道，为企业提供更广阔的市场空间和发展机遇。这种市场领域的开拓不仅有助于企业的市场拓展和品牌建设，还推动了整个市场的繁荣和发展。

（5）推动区域协调发展。产业融合有助于推动区域协调发展。通过不同区域之间的产业融合和协同发展，可以实现资源的优化配置和高效利用，促进区域经济的均衡发展。同时，产业融合也能够带动相关产业的发展和壮大，形成产业集群和产业链效应，提升区域经济的整体竞争力。这种区域协调发展的推动不仅有助于缩小地区差距，还推动了整个经济的协调发展。

（6）增强企业竞争力。产业融合有助于企业形成独特的竞争优势，提高在市场中的竞争地位。通过技术、市场、管理等方面的融合，企业可以不断提升自身的创新能力和管理水平，提高产品和服务的质量和效率。同时，不同产业之间的合作和整合也能够形成协同效应和规模效应，降低企业的运营成本和风险。这种竞争力的增强不仅有助于企业在市场中立于不败之地，还推动了整个产业的健康发展。

## 二、产业融合的方式

产业融合的方式多种多样，每种方式都有其独特的运作机制和效应，以下是几种主要的产业融合方式：

（1）产城（镇）融合型。产城（镇）融合型方式主要围绕中心城镇和中小城市建设，旨在推动现代都市农业与城市生态涵养保育相结合。这种方式通过在城市郊区建设科技型、生态型农业，并推动农业二三产业向县城、重点乡镇发展，从而带动加工、包装、运输、餐饮、金融等相关产业的发展。产城（镇）融合不仅促进了农村经济的繁荣，还加强了城乡之间的经济联系和互动，有助于实现城乡一体化发展。通过优化产业布局和资源配置，这种方式有助于提升城市的综合承载能力和可持续发展水平。

（2）产业链延伸型。产业链延伸型方式主要依托当地的特色农业资源优势，如蔬菜、水果、水产品等，大力发展农产品精深加工及综合利用，以提高农产品的附加值。这种方式通过延伸产业链，将农产品的生产、加工、销售等环节紧密连接起来，形成一个完整的产业链条。这不仅可以提升农产品的质量和竞争力，还可以带动相关产业的发展，如包装、物流、营销等。产业链延伸型方式有助于实现农业产业的转型升级和可持续发展，为农民提供更多的就业机会和收入来源。

（3）农业内部融合型。农业内部融合型方式主要侧重于农业内部的产业融合，如农牧结合、农林结合等。这种方式通过调整优化农业种植养殖结构，加快发展循环农业和生态农业，实现经济效益和生态保护、产业发展和农民增收相统一。在农业内部融合中，还可以培育推广加工专用型品种，加强优势农产品加工专用原料基地标准化建设，推进种养业废弃物资源化利用和无害化处理。这种融合方式有助于提升农业的整体效益和竞争力，推动农业现代化进程。

（4）功能拓展型。功能拓展型方式主要加强产业链的横向拓展，推进农业与旅游、教育、文化、体育、会展、养生、养老等产业的深度融合。这种方式通过发展创意农业、农业主题公园等，支持农家乐、休闲农庄等农林渔各类休闲农业示范创建，从而拓展农业的功能和领域。功能拓展型方式不仅有助于提升农业的附加值和竞争力，还可以促进农村经济的多元化发展，为农民提供更多的就业机会和收入来源。同时，这种融合方式也有助于推动农村文化的传承和发展，提升农村地区的整体形象和吸引力。

（5）技术渗透型。技术渗透型方式主要培育现代农业生产新模式，利用物联网、互联网、智能控制等现代信息技术，整合现代生物技术、工程技术和农业设施，推进智慧农业的发展。这种方式通过引入先进的技术和设备，提高农业生产的智能化和自动化水平，实现农产品线上线下交易与农业信息的深度融合。技术渗透型方式有助于提升农业生产的效率和质量，降低生产成本和风险，推动农业产业的转型升级和可持续发展。同时，这种融合方式也有助于推动农业科技的研发和创新，提升农业的整体竞争力。

（6）产业集聚型。产业集聚型方式主要随着农业产业发展规模的逐步提高，特别是一乡（县）一业、一村一品的发展，产业发展呈现集聚态势。这种方式通过形成产业集群和产业链效应，实现产业发展与经济发展的协调推进。产业集聚型方式有助于提升产业的竞争力和影响力，推动产业向高端化、智能化、绿色化方向发展。同时，这种融合方式也有助于促进资源的优化配置和高效利用，提升整个产业体系的可持续发展水平。

在实际应用中，应根据当地的资源禀赋、产业基础和发展需求等因素，选择合适的融合方式，推动产业的转型升级和可持续发展。

## 三、数字化推动产业融合

### （一）数字化与产业融合背景及趋势

#### 1. 背景

数字中国建设引领数实融合发展，数实融合是现代化产业体系建设的必然趋势。为全面提升数字中国建设的整体性、系统性、协同性，促进数字经济和实体经济深度融合，提出数字中国建设的整体框架，明确数字中国建设的时间表、路线图、任务书，为各方面推进数字中国建设提供了行动指南，为深化数字技术与经济社会各领域多方面持续融合奠定基础。数字中国建设整体框架如图7-3所示。

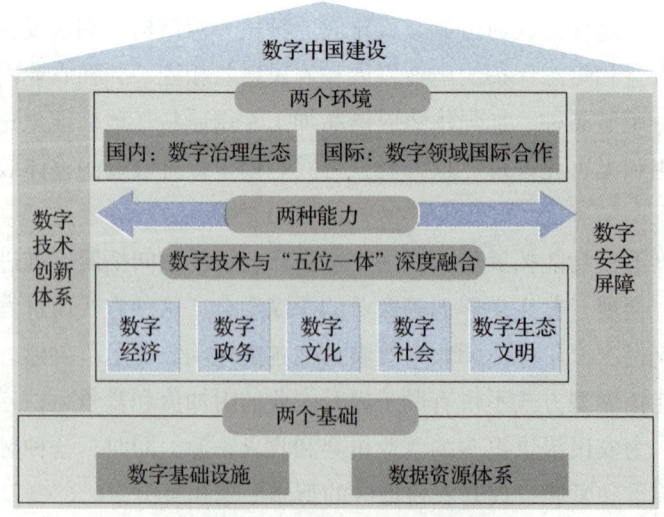

图7-3 数字中国建设整体框架

（1）数实融合变为新型工业化的关键特性与主要脉络。新型工业化是以推进实体经济高品质发展当作主题的工业化，创新乃是新型工业化的根本驱动力，协调属于新型工业化的重要途径，绿色构成新型工业化的生态底蕴，开放是新型工业化的必然之选，共享为新型工业化的本质需要。数实融合凭借数字技术于实体产业的全要素、全流程、全链条深度渗入与创新运用，达成新发展理念于推动实体经济高品质发展的全面落实。在创新发展层面，数实融合促使数字技术、数据资源等新型生产要素全面渗入工业体系，驱动产业发展朝更多依赖创新驱动进行转变。在协调发展层面，数实融合借助协同与融合效应，推动创新链同产业链精确对接，提升产业组织协同自治效率，优化供应链协同管理流程，促进企业内外部、产业链上下游、产业间的资源协调。在绿色发展层面，数实融合运用数字技术提高产业资源、能源的利用效率，将产品设计、生产等全生命周期阶段对环境的负面作用最小化，进而推动产业绿色低碳发展。在开放发展层面，数实融合基于网络和平台的开放创新特性，助力我国工业体系全面整合国际市场与全球产业链供应链资源，推动国内产业经济循环，达成国内国际双循环相互促进共同发展。在共享发展层面，数实融合跨区域、跨主体、跨层级配置各类资源要素，推动不同区域产业系统凭借要素自由流动形成协同效应，实现产业链供应链的优势互补、协同发展、互利共赢。

（2）数实融合成为传统产业的"数字化基因重塑工程"。在新一代信息技术及产业变革的引领下，5G、大数据、云计算、工业互联网等新技术于工业制造领域加快应用，全方位重构产业创新方式、生产模式、主体形态及产业体系构成，促进形成嵌入数字化"基因"，以数据为驱动、平台为支撑、开放协同为关键特性的新型工业体系，从而更好地适应数字时代的市场需求与竞争规律。在数实融合发展策略的引导下，我国工业数字化能力迅速提升，截至2023年6月，制造业重点领域关键工序数控化率、数字化研发设计工具普及率分别达到60.1%和78.3%，比十年前分别提高33.1和26.4个百分点；工业互联网成为工业制造的新型基础设施，连接工业设备超过8900万台，日益融入45个国民经济行业大类生产活动的全要素、全产业链、产品全生命周期。同时，"数字化基因"的植入，也为传统产业要素配置优化、流程再造、业务创新带来更多价值空间，国内已建成的110余家智能制造示范工厂，生产效率平均提升32%，资源综合利用率平均提升22%，产品研发周期平均缩短28%，运营成本平均下降19%，产品不良率平均下降24%。

（3）数实融合成为新兴实体产业根植壮大的发展沃土。以5G、物联网、云计算、大数据、工业互联网、人工智能等作为代表的数字产业迅猛发展，数据价值化成为全新增长点，大数据及其相关技术深度参与到制造价值的创新与分配当中，直接推动大数据软硬件及服务方案的市场拓展，间接促使5G、云计算、物联网、工业软件等加快进步。据不完全统计，工业领域的数据资源规模已超越通信、金融、零售等行业，超过70%的工业企业数据规模达至TB级；工业企业愈发看重工业数据的要素地位与资产价值，在数据采集、管理及应用等方面加快摸索，石化、工程机械等领域的数据采集已涵盖研发、生产、运维、管理等关键环节。

解决方案双向发展的步伐提速，不但通用性、模块化的解决方案愈发广泛流行，为行业数实融合筑牢数字化发展的根基，而且个性化、场景型的解决方案加速探寻，通过提供及时响应、动态调整、持续扩展的服务，更好地适应生产制造活动的复杂性与不确定性。据不完全统计，近三年来，系统解决方案市场以平均13.8%的速率保持高速增长。数字技术与工业技术相互交融，在加速工业知识、经验、工艺等算法化与代码化的同时，不断催生数字孪生装备、智能制造、工业互联网等新应用与新产品，并日益成为数字产业的重要增长点。统计数据表明，2022年我国数字经济核心产业规模达9.2万亿元，同比增长10.3%，占GDP比重为7.6%。近日，国家数据局综合司印发《数字中国建设2025年行动方案》提出，到2025年年底，数字中国建设取得重要进展，数字经济核心产业增加值占GDP比重超10%，数据要素市场稳步推进。

（4）数实融合成为区域探索新型工业化道路的战略支撑点。凭借数字经济为实体经济发展赋能，通过实体经济转型持续壮大数字经济，全力塑造区域竞争新优势。一些地方注重打通数实融合的"要素链"，形成要素供给牵引型发展模式，例如，广东创新构建以行政机制主导与市场为主相结合的两级数据要素市场，打造全新的数据交易场所，培育数据经纪人的生态，开展数据生产要素统计核算试点工作，推动企业开展数据管理能力成熟度国家标准（DCMM）贯标，以数据要素的贯通来推动传统要素的数据化协同共享，助力制造业的数字化转型。江苏开展"智改数转"行动，设立专项基金，塑造智改数转的典型示范标杆，培育服务商资源池，为工业企业智改数转工作提供服务，同时，做强做优"数智云网链"等新兴数字产业，积极发展第三代半导体等未来产业。一些地方优化促进融合、培育创新的政策机制，形成满足数实融合需求的营商环境涵养模式，例如，洛阳市在指导意见的基础上，实施专项支持工程，发布转型指南、场景清单、转型标准，引导第三方进行评估问诊，运用数字技术手段，优化利企便民流程、提升对企业服务的效率。

2. 趋势

当下，借由信息技术与数字化手段来促使传统产业实现升级和转变，旨在提升生产效率、改进管理模式、拓展创新能力、强化竞争力。数字化产业作为一类全新产业形态，关联到各个行业的数字化转型，涵盖制造业、金融业、零售业、医疗健康、教育等范畴。数字化产业的关键在于整合并运用大数据、云计算、人工智能、物联网等先进技术，达成信息流、物流及资金流的高效协同。凭借数字化技术的运用，企业能够达成生产过程的自动化、灵活化及个性化，提升产品质量与交付速度。中国信息通信研究院发布的《中国数字经济发展报告（2022年）》表明，伴随数字技术的创新演进，互联网、大数据、人工智能与实体经济深度融合，数字经济正在加快发展。截至2021年年末，产业数字化规模达37.18万亿元，同比名义增长17.2%，占数字经济比重为81.7%，占GDP比重为32.5%，产业数字化转型持续朝着纵深加速推进。然而在国家"推进数字产业化和产业数字化"的战略布局中，数字产业化依旧处在起始阶段，数字经济尚有诸多细分领域有待突破，数字产业化更需要相关产业、资本、资源及政策等的支撑。

（1）数字基础建设的需求持续稳定增长。数字基础建设乃是企业信息化和数字化建设的主要走向，推动着我国信息化和数字化的长期建设，行业潜力巨大。以数据作为基础驱动是企业信息化和数字化的必然走向，依靠运用大数据整合技术，不断发展的新兴技术与市场需求，致使智能化系统搭建渐趋复杂，客户对于产品要求和智能化服务要求愈发严格，更多客户倾向于选择能够提供全流程、一站式服务的数字化解决方案供应商。故而，依据客户需求提供智能化整体解决方案成为行业的发展趋向。

（2）新基建相关技术助推信息化和数字化发展。信息化、数字化浪潮推动经济转型，为企业数字化提供保障，大数据成为战略引擎，技术全面渗透驱动变革创新及智慧建设，智慧行业与通用模型及关键技术相关，新基建技术发展让"科技红利"取代"人口红利"，我国网络建设及相关技术成熟，区块链提升效率增加安全。

（3）个性化定制迈向信息化和数字化应用的发展趋向。伴随信息化和数字化建设的推进，城市发展观念已由技术主导朝着以人为本逐步变迁。在既有的体系化、固定化服务模式中，伴随着信息化和数字化建设搜集与整合数据资源、服务资源的能力向针对实体和个人的定制化服务转变，各个领域服务之间衍生出相互结合的新服务，个性化定制成为信息化和数字化应用的发展趋向。下游客户的个性化定制需求会促使数字基础建设解决方案供应商持续提升技术研发水平、解决方案规划能力、项目实施交付经验等核心本领。

（4）打造公共能力平台成为信息化和数字化建设的要点。数据属于信息化与数字化建设的核心资源，在数字经济时代已成为国家基础性的战略资源，与智慧建设相关的数据涉及范围广、数量大且价值高。数据的开放共享是基础和核心，构建跨行业跨领域的共享机制至关重要。公共能力平台解决方案塑造智能平台，汇聚成果、减少重复投入以达成统一；利用新技术对数据进行分类、共享和协同，全方位助力高质量发展。

## （二）数字化推动产业融合的主要模式

### 1. 先进制造业与现代服务业融合

先进制造业与现代服务业的融合乃是数字化驱动产业融合的关键模式之一。此种融合模式造就了众多新状态、新模式，借由技术进步、市场敞开及制度创新，促使产业交叉渗透，形成新样态与新模式，推进制造业与服务业的协同联结。先进制造业具备更高的增加值与生产率，而现代服务业则是以提升生产效率及人们的生活品质为指向，两者深度结合能够提高整体生产效益与国际竞争力。

### 2. 数字技术与实体经济的深度融合

数字技术与实体经济的深度融合为当下全球经济发展的重要走向。凭借互联网、大数据、云计算、人工智能等新一代信息技术，推进生产流程与管理模式的智能化与自动化。这种融合不但提升了生产效率，还催生了大量新状态与新模式，推动产业实现高效、智能及可持续发展。借助先进的信息技术手段，像互联网、大数据、云计算、人工智能等，把数字经济的优势和传统实体经济的实际需求紧密相连，达成高效、智能、可持续的发展。

具体应用涵盖物联网、云计算、大数据中心等数字基础设施的构建，这些基础设施对数字技术与实体经济的深度融合有直接影响。

### 3. 平台经济、工业互联网及智能制造等新状态、新模式

平台经济、工业互联网及智能制造等新状态、新模式的出现，是数字化推动产业融合的具体呈现。这些新模式借助数字技术的运用，重新组合全球要素、重塑产业形态，成为引领技术及产业变革的核心力量。比如，工业互联网借助物联网技术达成生产设备的互联互通，提升生产效率与产品质量；智能制造通过人工智能和机器人技术，推动传统制造业朝智能制造转变。传统产业运用数字技术提高生产数量和效率，新增产出构成数字经济的重要部分，具体包含农业数字化、工业数字化、服务业数字化等各个领域。

这些模式的具体应用实例包含：①传统零售业的线上线下融合。经由互联网和电子商务的发展，传统零售业正在历经线上线下融合的转型，以求提升客户体验与销售效率。数字化技术的运用改变了传统产业的生产方式与商业模式，推动了产业的升级与转型。②制造业的数字化转型。通过物联网、大数据和人工智能技术，制造业正在向智能制造转型，提高了生产效率和产品质量。通过数字化的生产、管理和交易方式，企业能够更高效地运营，增强竞争力。③服务业的数字化转型。利用大数据和人工智能技术优化客户体验，提升服务质量。总之，数字化通过多种模式推动了产业的深度融合，促进了产业的转型升级和高质量发展。

## （三）数字技术创新与产业融合

在全球经济竞争日益激烈、科技革命快速迭代的时代背景下，要着眼"激活主体、一体布局、融合赋能、强化纽带、畅通循环"，不断深化科技创新和产业创新的融合。

### 1. 强化数字基础设施的建设与运用

这是推动数字经济与实体经济深度融合的基础。顺应技术演进趋向，加快构建起高速广泛、天地一体、云网融合、智能灵敏、绿色低碳、安全可控的智能化综合基础设施。对信息通信基础设施布局予以优化，深入落实"千兆城市"建设行动，加速5G、千兆光网、移动物联网、互联网协议第6版（IPv6）等的规模布置，推进重点行业与重点应用场景的深度覆盖，促使新型基础设施建设协同发展。安排绿色智能的数据与计算设施，支持具有高技术、高算力、高能效、高安全特性的新型数据中心建设，构建"云边端"协同、"算存运"融合的一体化算力基础设施体系。推进工业互联网的高质量进步，完善其技术体系、标准体系、应用体系和安全体系，探寻新的应用场景与运营模式，加快"5G+工业互联网"的规模应用，推动工业化与信息化在更宽泛范围、更深入程度、更高水平上达成融合发展。

### 2. 推进数字技术的创新及产业发展

这是推动数字经济与实体经济深度融合的关键支撑。立足于国家发展战略需求及重大

技术突破，充分发挥超大规模市场优势与新型体制优势，提升我国数字产业的自主创新能力与核心竞争力。加强关键核心技术的攻克，加大在集成电路、新型显示、关键软件等重点领域核心技术的创新力度，提升基础软硬件、核心电子元器件、关键基础材料和智能制造装备的供给水平，强化原创技术供给，构建起安全可控的技术体系。推动算力、模型、数据等关键要素实现创新突破，筑牢通用人工智能技术的基础。以数字技术与各领域融合应用为导向，优化创新成果的快速转化机制，塑造安全可靠、系统完备的产业发展生态，促进技术的迭代升级。推动重点数字产业的创新发展，加快补齐短板、锻造长板，提升产业链关键环节的竞争力，培育壮大云计算、大数据、区块链、虚拟现实、工业软件等数字产业，支持平台企业在引领发展、创造就业、国际竞争中充分发挥作用，高质量建设我国软件名城、名园，打造世界级的数字经济产业集群。

### 3. 推动制造业的数字化转型

这是促进数字经济与实体经济深度融合的关键领域。以应用作牵引，强化分类引导、分业施策，深入践行制造业数字化转型行动与智能制造工程，促使工业互联网创新进步，推进互联网、大数据、云计算、区块链等数字技术于研发设计、生产制造、经营管理、市场服务等各个环节加以应用，加速制造业的数字化、网络化、智能化发展。加快通用大模型在工业领域的布局，推动通用人工智能助力新型工业化。在原材料行业，推动石化、钢铁、有色、建材等行业生产过程的数字化管理，加快设备系统的相互连通及工业数据的集成共享，促进工艺改进、运行优化、质量管控与安全管理。在装备制造行业，加速重点领域智能装备的发展，构建一批智能制造示范工厂，培育一批智慧供应链，创建一批智能制造先行区，完善国家智能制造标准体系，推进装备的数字化发展。在消费品行业，积极采用数字技术，助力消费品工业增加品种、提升品质、创立品牌，推进产品的个性化定制、柔性化生产，支持建设食品、药品生产流通信息追溯系统，提升产业链供应链的智慧管理水平及产品质量管控能力。

### 4. 激发企业融合发展活力

这是促进数字经济和实体经济深度融合的重点。聚焦于数字经济与实体经济深度融合的重点及新兴领域，营造公平竞争的市场环境，推动各类要素资源向企业集聚，激发企业的创新动力与融合发展活力。培育具有重大引领带动作用的生态主导型企业，鼓励领军企业组织产业链上下游形成创新联合体，构建稳定的产、供、销及技术开发等紧密型协作关系，打造具有国际竞争力的"硬件+软件+平台+服务"产业生态。发挥行业骨干企业的示范功效，培育一批创新能力强、品牌影响力突出的融合应用领军企业，鼓励行业骨干企业依据技术和产业优势，开展专业化服务，提供行业系统解决方案。推进中小企业的数字化转型，施行中小企业数字化赋能专项行动，建设一批成果转化、技术标准、检测认证、市场推广等公共服务平台，降低中小企业数字化转型成本。鼓励大型企业借助开放平台等多种形式，与中小企业展开互利合作，形成协同创新的企业集群。

### 5. 提升数字治理的现代化水准

这是推动数字经济与实体经济深度融合的关键保障。促进有效市场和企业更好地结合，立制度、保安全，不断优化管理与服务，增强数字治理的能力与层级。完备数据资源的管理，加速拟定数据资产、数据交易、数据标注等数据要素市场基础制度的配套政策，强化数据要素应用场景的指引，确保数据要素有序规范地流通。塑造优良的市场环境与政策环境，构建契合数字经济和实体经济融合发展的政策体系，推进建立健全协同监管的机制，提高常态化监管的层级。加强网络和数据安全的保障，增进关键数字基础设施安全保障的能力建设，提升网络安全应急处理的能力。深入推进工业和信息化领域数据安全管理工作，推动网络和数据安全产业的创新发展。深化数字领域的国际交流与合作，积极投身于数字领域技术标准、经贸规则的制定，丰富并拓展数字基础设施、数字化转型、网络安全等领域的国际合作，共同营造开放、公平、公正、非歧视的发展氛围。激励数字经济企业向外拓展，提高其国际化运营的水平。

## 第三节 传统产业数字化转型与融合发展

传统产业数字化转型与融合发展是当前经济发展的重要趋势。通过引入先进的数字技术和创新模式，传统产业能够实现生产效率的大幅提升、成本的有效降低及市场竞争力的显著增强。同时，数字化转型还促进了不同产业之间的跨界融合，催生了新的业态和商业模式，为经济发展注入了新的活力。由于涉及产业众多，本节仅从一、二、三产业中挑选代表产业进行阐述。

### 一、数字农业

#### （一）数字农业数字化转型背景

（1）技术发展。近年，北斗导航、5G、物联网、大数据等技术于农业生产、流通、服务等方面的运用，促使"无人化"农业渐渐取代传统的耕作方式。这些技术的采用增强了农业生产的智能化程度。

（2）政策扶持。我国"十四五"规划首度把粮食综合生产能力当作安全保障类约束性指标，突出了数字农业的重要地位。国务院施行了一系列有关推进信息化的重大决策，推进农业的数字化进程。

（3）市场需要。伴随全球数据量的爆发式增长，数字经济已变成衡量国家经济实力的关键标志。英国、德国、日本等发达国家的数字经济规模占GDP的比重都超过50%，尽管我国已经成为数据总量最大的国家，但数字经济占GDP的比重依旧较低，这显示出我国数字农业的进步仍有巨大潜力。

（4）农业现代化诉求。农业在三大产业里属于信息化、数字化程度最低的一项，加速推动数字农业产业化发展已然成为必然趋势。数字转型的途径涵盖信息的数字化、业务数字化及农业整体的数字转型，以提升农业生产效率与竞争力。

### （二）数字农业数字化转型案例

阿里巴巴集团的数字农业是阿里巴巴集团为提升农业产供销整体链路的数字化而构建的，在全国建立了1000个数字农业基地，推进农业产业数字化进阶，给出了直供直销的助农形式，运用基地、产地仓、销售仓、淘菜菜等环节，将产销完全贯通，令分散的农户深度融入其中。该项目整合了阿里云的IoT和农业科技，帮助农业企业实际标准化生产管理，提升生产效率。

阿里云给出的数字农业解决方案：①农场信息数据化。物联网技术为农业生产全进程赋予能量，达成农场的全程数据化管理。②园区管理协同化。构建以信息技术当作支撑的协同管理，塑造农业一体化产业链，达成产业资源共享。③农情气象服务。供应县域历史、实际状况及未来各个时间段精细化气象数据，贯穿种植的整个流程。④区块链溯源服务。把农产品的全链路信息传入区块链里，为每一件农产品创立独一无二的"原产地身份证"。⑤产销对接。汇聚阿里电商生态和原产地品牌的优势，助力优质农产品向上流通，提升消费者对品牌的认知。⑥阿里生态能力整合。汇集海量农业产业链数据，为现代农业发展和产业融合提供全域指挥调度。

### （三）数字农业数字化转型与融合发展趋势与展望

近年，我国在数字农业与农村信息化方面已取得初步成效，数字经济发展中最为突出的当属电子商务，其在快速发展的同时，还始终维持着较高的增速。特别是2020年后，电子商务，尤其是农产品电子商务的发展要比以往年份更为迅速。而数字农业水平的提升能够从源头对紧急状态下生活物资的保供能力进行优化。我国已在9个省份于物联网方面开展实施了农业物联网区域试验示范工程，起初还进行了针对苹果、大豆、棉花等6种重要经济作物的全产业链数据中心建设试点工程。另外，全国农业农村信息化示范基地的认定已超过400个，且已批准数字农业试点县、数字农业创新中心、单品种全产业链大数据项目达100个。这些农业试点基地的实践也有利于各地域的"一村一品""一县一业"特色农副产品具备充足的市场竞争力，摆脱同质化竞争困境。要提升信息服务的精准性与普惠性，就目前来看，在专用芯片领域未取得显著进展的情况下，需由电信运营商负责提供网络覆盖基础，保障农业数据能全面且及时上传；由农民与新型经营主体对物联网设备进行维护管理、检修及增补，确保数据积累的连贯性与全面性；再由各地市农业数据中心与区域农业研究力量通过数据分析，持续完善作物生长建模；最终通过对数字农业技术的推广与培训，将最为先进且最符合当地实际情况的农业生产技术迅速形成应用。

"十四五"规划的推出是农业农村发展数字转型突破难关的重大契机：首先，农业是数字资源最为丰富的行业，越是深入挖掘生产效率越高；其次，农民对数字技术的需求迫切，越是推广应用综合收益越大。故而数字技术对于农业的全方位、全角度、全链条的优化提升意义重大。现代信息技术对于提高资源利用率、劳动生产率、土地产出率的作用会愈加凸显。数字农业全要素生产率的提升相较于传统农业也会不断构建并扩大竞争优势，数字技术将成为农村经济社会高质量发展的新动力。

未来，农业数字化转型将会更为深入和广泛。伴随 5G、人工智能、区块链等新一代数字技术的发展与应用，农业生产会更加智能化、精准化、自动化。农民和农业从业者将会更为便捷地获取农业信息与技术支持，提升生产效率与经济效益。农业数字化转型也会推动农业产业链的优化与升级，促进农业现代化的全面发展。农业数字化转型是推动农业现代化的重要路径，数字化技术在种植、养殖、物流等环节应用为农业发展带来了诸多优势与挑战。

## 二、智能制造

### （一）智能制造数字化转型背景

（1）市场驱动乃是智能制造数字化转型的关键缘由之一。在当下的市场环境中，消费者针对产品的需求愈加多样化与个性化，中高端产品的市场占比持续扩张。拿汽车行业来讲，消费者不单关注汽车的性能与安全性，还对智能驾驶、车联网等数字化功能有着更高的诉求。制造业企业应凭借数字化技术，精确洞察市场动态，知悉消费者的需求偏好与行为模式，进而适时调整产品设计与生产策略，增进产品品质与多样性，以契合消费者持续变化的需求。

（2）创新驱动是智能制造数字化转型的重要推动力量。全球已然步入第四次工业阶段，数字化、网络化、智能化成为构建新型生产制造与服务体系的核心要素。我国的民营制造业企业积极摸索先进技术在行业里的运用，竭力达成从产品设计、生产供应至销售服务的全方位智能化提升。例如，一些电子制造企业引入人工智能与机器学习技术，对产品设计进行优化，提升产品性能与质量；借由智能化的生产设备与工业互联网平台，实现生产过程的实时监控与优化，提高生产效率与资源利用率。

（3）技术驱动给予了智能制造数字化转型强大的支撑。数字化转型为企业达成核心技术自主可控提供了助力。在当前的国际形势下，关键技术和核心零部件的自主可控对于国家经济安全和企业的可持续发展较为关键。企业借助数字化转型，加大对基础研究和应用基础研究的投入，探寻提升研究效率的途径。例如，在芯片制造领域，一些企业通过数字化技术对生产过程进行优化，提高芯片的良品率和性能；强化与高校和科研机构的合作，共同攻克关键技术难题，逐步实现关键技术和核心零部件的突破，提升了企业的创新水平与核心竞争力。

## （二）智能制造数字化转型案例

首先，研华有关 PCB 电子制造行业的数字化转型规划，通过导入数据驱动及实时监控手段，达成了生产流程的精致化管控。好比，运用低代码平台促进制造业的转变提升，构建完备的数据收集体系，实时取得生产过程的关键数据，进而提升生产效率与质量。研华还施行了标准化作业等举措，保证各个环节均依既定标准施行，更进一步增进生产效率与产品质量。其次，就厂务环安卫而言，研华的 EHS 厂务环安卫解决办法融合了人工智能、大数据、云计算、数字孪生及物联网等前沿技术，全方位应对企业在环境、健康和安全方面的挑战。此方案不但关注企业的日常运营需要，还着力于处理设施分散所导致的管理难题，给予统一的厂务设施管理、环境保护、安全管理等功能，辅助企业降低安全风险，减少安全事故的出现。最后，在 AI 方案运用方面，研华凭借端边云综合实力，将消防、机电、环工、制造等多个子系统串联起来，构筑了一套 24h 实时监管的安全监督平台。这种协同作战的模式不但提升了生产的安全性，还为企业的绿色安全生产给予了有力支撑。

总之，研华的 PCB 电子制造行业数字化转型规划借助精致化的生产管理、全面的厂务环安卫管理及先进的 AI 技术运用，推动各系统的协同合作，助力企业达成数字化、智慧化以及绿色化转型。

## （三）智能制造数字化转型与融合发展趋势与展望

在 2024 年的世界互联网大会乌镇峰会上，《中国互联网发展报告 2024》披露了瞩目的数据，呈现出全国数字化车间与智能工厂的迅猛突进态势。该报告显示，全国已构建起近万家数字化车间与智能工厂，当中涵盖 421 家国家级智能制造示范工厂。人工智能（AI）技术于这些示范工厂里得到了广泛应用，覆盖率超出 90%。此情形不但意味着我国的制造业数字化转型迈入加速阶段，也给我国的产业升级注入了强劲驱动力。人工智能技术，特别是像深度学习及数字孪生等新兴技术的运用，正在推进传统制造业的升级与转型，带来前所未有的创新活力与竞争优势。伴随人工智能技术的蓬勃发展，我国于全球舞台上的地位愈加凸显。报告指明，深度学习架构的优化升级促使 AI 模型在效能方面获得较大提升，这为智能产品的创立和应用提供了有力支撑。大规模语言模型的迅速崛起，进一步推动了人工智能技术的广泛运用，让不同领域的企业可以借助 AI 达成效率提升与流程优化。这些技术的持续演进不但提升了制造业的生产效率，也助力企业更好地应对市场的变化与挑战。数据驱动的智能制造，毋庸置疑是推动经济高质量发展的关键途径。在当下技术创新的潮流里，数字化不只是一个趋势，更是生存与发展的必然之选。制造企业借由智能化改造，能够达成生产过程的可视化、实时监控，并通过数据分析优化决策制定，进而实现降低生产成本、提升产品质量的目标。此外，人工智能与制造业的结合还催生了新的商业模式，例如，以用户需求为导向的定制化生产模式，这是传统制造模式所无法比拟的。这种智能生产的变革，会为消费者提供更高品质、更具个性化的产品，进一步推动消费升级。

展望未来，人工智能与制造业的融合将会进一步深化，推动整个产业链的变革。随着政策的支持及技术的成熟，未来会有更多的企业投身于智能制造行列。与此同时，国家对这一领域的重视也为企业营造了良好的发展环境。制造业企业应积极顺应这一趋势，探索AI在产品设计、生产制造、营销管理等诸多领域的应用，构建完整的智能制造产业生态系统。关键在于，企业不但要看到眼前的机遇，更要确立长远的发展战略，促进技术研发与产业应用的结合，以应对未来可能出现的各类挑战。

## 三、智慧教育

### （一）智慧教育数字化转型背景

智慧教育是学校以人工智能为纽带，以发展人的高阶智慧素养而建构的一种教育新生态。智慧教育的出现不是偶然的，是教育技术不断迭代更新的产物，是人工智能技术与教育融合的结果。显然，智慧教育不是教育的全部，也不是对教育的颠覆和替代，而是对教育的补充和丰富，更是对教育的赋能，它使教育在人的发展中能发挥更大的能量，更有可能使学生的高阶智能得到培养，从而造就适应且引领人工智能时代发展的人才。

近年，我国施行了《教育信息化 2.0 行动计划》《中国教育现代化 2035》《"十四五"数字经济发展规划》等一系列相关政策，多管齐下强化教育数字化建设，促使"互联网+教育"得以持续且健康地发展。在 2022 年 3 月月末，国家智慧教育平台正式启用，诸多省市已相继展开教育数字化改革试点工作，教育部也分批明确并公布了北京市东城区、广东省广州市、河北省雄安新区、浙江省温州市等多个"智慧教育示范区"，我国教育数字化的转型迈入了实质性阶段。

（1）全新的学习途径与教学模式在悄然形成。伴随互联网等信息技术的迅猛进步，教学工具、学习工具、考试评价工具、课程结构及课堂形态等都在发生着演化，从本质上讲这是由于互联网颠覆了信息传播"复杂、末端简单"的传统法则。全新的学习途径和教学模式悄然生成。

（2）教育要素正在发生深度变革。首先，以学校及教师为主的教育者出现了变化。鉴于在线教育等多种教育形式的涌现，教育者的范围逐渐拓宽，不再仅局限于学校教师、教育管理人员等的传统教育者。其次，受教育者的改变。当下的学生属于互联网"原住民"，他们喜爱自主选择学习内容，习惯了屏幕学习及碎片化的学习方式，由此对教学方法、学习习惯、思维方式等方面提出了新的要求，这就给政策制定和教育实践带来了挑战。再次，教育内容的改变。科学技术发展得越来越迅速，新知识呈指数级增长，教育内容的更新速度加快。特别是在信息技术的推动下，数据、知识和信息的迭代速度日益加快。对于多数人而言，正规学校教育的时间不到终身学习时间的 10%。最后，教育手段的改变。在线教育的形式和种类朝着多样化发展，智慧校园构建起了一体化、智能化的教学、管理与服务平台，信息技术推动了人才规模化教育与个性化培养的结合，助力教育教学管理的精准化及决策的科学化。

（3）教育形态与人类社会的发展阶段相适配。技术是推动人类文明进步的根本动力，不同的社会形态对应着不同的教育形态。由信息技术所带来的教育形态转变主要体现在三个方面：学习模式将从固定时间、固定地点的学习，转变为不受时间和地点限制的灵活学习；教学方式正从传统的单一知识传授转变为互动式教学；学校形态将从一群教师在围墙内的固定教室讲授，逐步发展成为教学资源在云端的知识传授大平台。为适应信息技术与教育的融合发展，保持教育资源开放共享的活力，教育评价体系也急切需要改变。

### （二）智慧教育数字化转型案例

针对高校教学资源的管理需要，华栖云把先进的智能媒体处理本领与智能化资源管理能力加以融合，给高校构建起校级的多元数字教学资源生成、制作、管理及分发应用的平台。此平台经由和全校教室对接，能够全面确保线下线上同步教学，教学资源管理平台与306间公共教室的录播系统及教务系统课表对接，把实录课堂视频推送至教学网（BB平台），有力保障了海外学子的常态化学习需要。并且课堂实录视频资源可以自动归入库中以支撑多层级教育资源库的建设，涵盖师生个人资源库、院级资源库及校级资源库等多层级资源库的构建和管理，给予师生、校级等不同层次间的资源交换、资源共享，为学校的不同系统提供底层资源调用服务。同时，该平台为达成资源的高效管理，引入了人工智能技术，平台资源管理支持智能标签、智能审核、智能检索等功能，还具有智能化视频制作工具，师生凭借这些工具就能够实现教学资源的二次编辑和运用，可充实学校现有的课程制作能力，增强精品课程资源的储备和生产能力。北京大学的全媒体智慧教学资源管理平台如图 7-4 所示。

图 7-4　北京大学的全媒体智慧教学资源管理平台

### (三)智慧教育数字化转型与融合发展趋势与展望

伴随数字技术与人工智能的迅猛进步,数智化教育作为全新的教育样态,正逐步渗透教育的各个范畴,且在未来有很大希望推进教育模式、教学手段及教育生态的深度变革。

(1)个性化学习的推广与深入。首先,数智化教育较为显著的一个特性就是可以达成个性化学习。凭借大数据剖析及人工智能技术的运用,教育系统能够实时知悉每个学生的学习状态、兴趣喜好、学习进展及其薄弱之处,进而为学生专门定制学习内容与方法。个性化学习不只是依据学生的学习进展来调适内容,更侧重于对学生潜力与兴趣的挖掘,助力学生按照自身节奏充分发展。其次,未来的教育体系将会依据学生的反馈与数据,动态调整学习路径。借由数据分析,教师和教育平台能够识别学生的优势与不足,自动推荐适宜的学习资源与解决办法,规避传统教育模式里的一概而论现象。这样的教育系统不但能够优化资源配置,还能让学生在自主学习过程中体会到更多的成就感与满足感。最后,数智化教育的广泛普及也意味着自主学习会成为常态。学习者不再依赖传统的课堂教学,而是借助智能化平台、在线资源及自我调节学习路径来实施个性化学习。此外,数智化教育还为终身学习提供了技术支撑。伴随社会与技术的持续发展,终身学习会变成每个人的常态,数智化教育将提供灵活的学习方式与工具,辅助人们持续适应新时代的挑战。

(2)教育资源的共享与优化。首先,虚拟课堂与在线教育平台的发展让优质教育资源不再受限于地理位置。数智化教育借助互联网技术将优质教师、教材、课程及学习工具带入每个学习者的生活。通过云平台、远程教育及 AR/VR 等技术,学生能够在任何时间、任何地点接入全球范畴内的优质教育资源,打破时间与空间的限制,为教育公平奠定了基础。其次,人工智能技术能够助力教育机构精确识别教育资源的需求与分布。通过大数据分析,教育管理部门可以对教育资源进行优化配置,特别是在教育资源相对欠缺的地区。智能化的学习平台能够依照不同地区和学校的资源状况,动态调配教师、教材、设备等资源,提升资源的使用效率,减少资源浪费。最后,随着数智化教育的发展,教育不再仅仅是学校与学生之间的单向关系,而是构建起了一个多维度的教育生态系统。

(3)智能化评估与反馈机制的构建。首先,数智化教育能够达成对学生学习进程的即时监控与智能评判。凭借大数据剖析,智能评估系统可以全方位追踪学生的学习举动,涵盖学习时长、参与程度、作业完成状况、互动质量等多方面数据,助力教师与教育管理者迅速知悉学生的学习进展与困境,进而对教学策略与课程内容予以调整。其次,和传统的单一评估模式不同,数智化教育能够给予每个学生个体化的学习反馈。依据学生的实时表现,教育系统能够给出详尽的学习提议与改进举措,诸如推荐适宜的学习资源、提议调整学习方法或是引导学生展开更深入层次的思考。这种个体化反馈不单单局限于教师与学生间的互动,更多的是仰仗智能系统的自动化反馈与智能化调整,提升学习的效率与成效。此外,伴随智能化评估系统的广泛应用,教师的角色将从传统的知识传授者转化为学习引导者与数据分析师。教师不再仅仅依赖经验进行课堂教学,而是运用智能工具解析数据,明晰每个学生的学习特性与需求,从而进行具有针对性的教学设计与指导。

(4)人工智能与大数据在教育里的深度融合。首先,人工智能,特别是机器学习技术的发展,促使教育系统能够依据海量数据持续优化自身的教学策略与内容。在未来,AI不只是辅助工具,更有可能成为教育决策与评估的核心。在此种环境下,教师和教育管理者能够更精确地理解学生需求,规划更契合学生特点的课程体系,切实实现智能化教学。其次,大数据技术在教育领域的运用将推动教育决策的精准化。在数智化教育体系中,教育管理者能够通过对大数据的分析与挖掘,识别教育中的薄弱环节、资源配置不均衡及教学效果的瓶颈问题。再者,基于大数据的分析结果,可以达成对教育政策、课程设计和教学方法的优化,进而推动教育质量的全面提升。最后,智慧校园作为数智化教育的重要构成部分,正在迅速发展并逐步应用于学校的日常管理与教学活动当中。借助 IoT 技术、云计算、大数据和 AI 等技术,智慧校园能够实现对教室、实验室、图书馆等教学资源的智能管理。

数智化教育的未来将会是一个满含机遇与挑战的时期,在个性化学习、教育资源共享、智能评估与反馈、人工智能与大数据深度融合的推进下,教育将变得更为智能、高效、公平和包容。通过持续创新与技术运用,数智化教育将在全球范围内为每个学生提供更丰富、更高质量的学习体验,开创教育发展的全新局面。随着技术不断发展与应用,未来教育数字化转型能够实现学习方式便利化、个性化教育。

## 课后习题

1. 数字产业化和产业数字化的异同是什么,二者之间有无融合之处?
2. 对比传统企业数字化赋能企业前后的不同之处,以具体某项业务为例分析二者的生产效率变化。
3. 企业如何在数字经济发展大潮下,顺利实现数字化与产业融合?

# 第八章 企业数字化转型

## 案例导入

**卡奥斯 COSMOPlat**

海尔集团作为全球知名的家电企业,在数字化转型的征程中,凭借 COSMOPlat(卡斯奥平台)脱颖而出。COSMOPlat 是海尔基于工业互联网理念打造的开放式创新生态系统。其核心价值在于实现了用户、企业和资源的全流程互联互通,打破了传统制造业的边界,将生产制造从大规模标准化生产转变为大规模定制生产。

在这个平台上,用户处于核心地位,能够深度参与产品的设计、研发、生产和服务等全生命周期。例如,用户可以通过平台提出个性化的家电需求,海尔利用大数据分析和智能算法,将这些需求转化为具体的生产指令,精准驱动生产制造环节。在生产制造环节,COSMOPlat 整合了全球的研发资源、供应商和生产设备,实现了智能化生产调度和协同制造。通过物联网技术,生产线上的设备实时互联,数据实时采集和分析,能够根据订单需求自动调整生产参数和工艺流程,确保生产过程的高效、精准和柔性化。

COSMOPlat 还构建了完善的供应链生态系统。通过与供应商的深度协同,实现了供应链的可视化和智能化管理。供应商可以实时获取海尔的生产计划和物料需求,提前做好准备,确保原材料的及时供应。同时,该平台利用大数据对供应链进行优化,预测市场需求变化,合理安排库存,降低供应链风险。

海尔集团的 COSMOPlat 通过数字化转型,实现了从传统制造业企业向智能制造生态平台的转变。它不仅提升了海尔自身的核心竞争力,还为制造业的转型升级提供了可复制的模式和经验。在全球范围内,众多企业纷纷借鉴 COSMOPlat 的理念和模式,推动自身的数字化转型和创新发展。

# 第一节　数字化转型的本质

## 一、数字化转型

### （一）数字化转型的背景

数字化浪潮汹涌澎湃，数字化转型已成为企业关乎生存与发展的关键抉择。信息技术的迅猛发展，尤其是大数据、人工智能、云计算、物联网等新兴技术的深度融合与广泛应用，正在以前所未有的速度重塑企业的运营环境。消费者的需求呈现出高度个性化、多样化的特征，他们期望企业能够精准地理解并满足其独特需求，提供更加定制化的产品和服务。市场竞争也因此愈加激烈，企业之间的角逐不再局限于传统的产品质量和价格维度，而是扩展到了创新能力、响应速度、客户体验等多个层面。

传统的商业模式和运营方式在这样的变革面前逐渐显露出其局限性，难以适应新的市场格局。数字化转型为企业提供了一条突破困境、实现转型升级的路径。它不仅仅是简单地将信息技术引入企业的日常运营中，更是一场涉及企业战略规划、组织架构调整、业务流程优化、企业文化重塑等全方位的深刻变革。通过数字化转型，企业能够充分利用数字技术，深入挖掘数据资产的价值，实现业务流程的自动化与智能化，提升决策的科学性和准确性。同时，企业能够以更加敏捷的姿态响应市场变化，快速推出创新产品和服务，显著提升客户体验，进而在激烈的市场竞争中脱颖而出，实现可持续发展。数字化转型已成为企业顺应时代潮流、把握发展机遇、提升核心竞争力的关键战略举措，是企业在数字经济时代立足和腾飞的基石。

### （二）数字化转型的核心要素

在数字经济蓬勃发展的当下，数字化转型已成为企业适应时代潮流、实现可持续发展的必由之路。数字化转型的核心要素相互交织、协同作用，共同构成企业转型的坚实基石，推动企业在数字时代实现全方位的变革与发展。

这些要素宛如紧密咬合的齿轮，每一个都在企业数字化转型的进程中发挥着不可或缺的作用。数据驱动如同敏锐的探测器，深入挖掘市场与客户的内在需求；技术融合恰似强大的引擎，为企业创新注入澎湃动力；流程再造仿若精准的导航仪，引领企业优化运营路径；组织变革犹如灵活的架构师，构建适应数字时代的敏捷组织；以客户为中心则是明亮的灯塔，确保企业始终朝着提升客户体验的方向前行。它们之间相互影响、彼此促进，共同塑造企业在数字浪潮中的全新竞争力，以下将详细阐述这些核心要素如何具体推动企业数字化转型。

（1）数据驱动。数据已成为企业最重要的资产之一。企业通过多种渠道广泛收集内外部数据，包括客户行为数据、市场动态数据、生产运营数据等。这些海量数据经过整合与清洗，去除噪声与冗余，形成高质量的数据资源池。运用先进的数据分析技术，如数据挖掘、机器学习算法等，从数据中提取出有价值的信息和洞察。这些洞察能够精准把握客户需求、市场趋势及企业运营中的潜在问题，为决策提供坚实依据。例如，电商巨头亚马逊凭借对用户浏览历史、购买记录等数据的深度分析，实现精准的商品推荐，大幅提高了客户购买转化率，同时优化库存管理，降低运营成本。

（2）技术融合。数字化转型离不开多种前沿技术的有机融合。云计算提供了灵活的计算资源和存储能力，使企业能够根据业务需求弹性扩展基础设施，降低 IT 成本。大数据技术处理和分析海量数据，挖掘其中隐藏的价值。人工智能则赋予系统智能决策和自动化执行的能力，如智能客服可自动解答客户咨询，提升服务效率。物联网实现设备之间的互联互通，实时采集和传输数据，在制造业中用于监控生产设备状态，优化生产流程。区块链技术保障数据的安全性和可信度，在供应链金融等领域有广泛应用前景。例如，一家智能制造企业将物联网设备部署在生产线上，实时采集设备运行数据，通过大数据分析发现潜在故障隐患，利用人工智能算法优化生产调度，同时借助区块链技术确保产品质量追溯信息的真实性和不可篡改。

（3）流程再造。对现有业务流程进行全面审视和重塑是数字化转型的关键环节。企业需要打破部门之间的壁垒，消除烦琐的审批环节和重复劳动，构建端到端的高效流程。通过引入数字化工具和自动化技术，实现流程的自动化执行和实时监控。例如，一家传统金融机构通过数字化转型，实现了贷款审批流程的自动化，客户在线提交申请后，系统自动进行信用评估、风险审核等环节，缩短了审批周期，提高了客户满意度。同时，基于流程产生的数据反馈，企业能够持续优化流程，提升运营效率和质量。

（4）组织变革。构建适应数字化时代的敏捷组织架构是转型成功的保障。传统的层级式组织结构逐渐向扁平化、网络化转变，减少决策层级，赋予基层员工更多的自主权和决策权，提高组织的灵活性和响应速度。成立专门的数字化团队或部门，负责推动数字化项目的实施和创新实践。加强跨部门协作，打破信息孤岛，促进知识共享和协同创新。例如，一些互联网企业采用项目制团队运作模式，团队成员来自不同部门，围绕项目目标紧密合作，快速响应市场变化推出创新产品。

（5）以客户为中心。始终将客户需求放在首位是数字化转型的核心导向。企业借助数字化手段深入了解客户，通过社交媒体、客户反馈平台等渠道收集客户意见和建议，构建全方位的客户画像。基于客户洞察，提供个性化的产品和服务，满足客户多样化和个性化的需求。注重客户体验的优化，从客户接触企业的各个触点入手，打造无缝衔接、便捷高效的服务流程。例如，在线旅游平台可以根据客户的旅游偏好和历史记录，为其量身定制个性化的旅游线路推荐，提供一站式的预订服务，从航班、酒店到景点门票，全程提供贴心的客户支持，提升客户忠诚度。

这五大核心要素相互依存、相互促进，共同推动企业数字化转型的顺利进行，助力企业在数字经济时代实现可持续发展。

## （三）数字化转型的误区与挑战

在企业积极投身数字化转型的波澜壮阔征程中，宛如在未知海域中航行，不可避免地会遇到诸多误区与挑战。数字化转型作为一场全方位、深层次的企业变革，其复杂性和系统性决定了过程中布满荆棘。一方面，企业往往容易陷入认知和实践的误区，导致转型方向偏离正轨；另一方面，各种实际困难和障碍如影随形，考验着企业的应变能力和决心。清晰地认识并有效应对这些问题，犹如掌握精准的航海图和娴熟的驾驶技巧，是企业实现数字化转型成功的关键所在。唯有成功绕过误区的"暗礁"，冲破挑战的"巨浪"，企业才能在数字化的海洋中顺利驶向成功的彼岸。

### 1. 误区

（1）技术至上倾向。部分企业过度迷信技术的力量，认为只要引入最先进的数字化技术，就能自然而然地实现转型。如果盲目跟风投资大数据平台、人工智能系统等，却忽视自身业务需求和实际应用场景，结果往往是技术与业务脱节，系统无法有效整合，数据难以转化为实际价值，不仅造成了资源的巨大浪费，还使企业陷入技术困境，无法真正发挥数字化的优势。

（2）忽视组织变革的重要性。一些企业仅仅关注技术层面的改造，而对组织架构、人员职责和工作流程的调整置若罔闻。新的数字化系统与旧有的组织模式相互冲突，员工仍按部就班地遵循传统流程工作，导致新技术无法落地生根。例如，企业引入了自动化生产设备，但生产计划和调度流程却未相应优化，部门之间的协作依旧不畅，设备闲置率高，生产效率并未得到实质性提升。

（3）急功近利心态。不少企业对数字化转型抱有不切实际的期望，渴望在短时间内获得显著的经济效益。然而，数字化转型是一个长期而复杂的过程，涉及企业的方方面面，需要持续投入和耐心培育。那些急于求成的企业，若在短期内看不到明显回报，就容易动摇信心，放弃转型努力，最终错失发展机遇。

### 2. 挑战

（1）技术整合难度大。数字化转型需要融合多种前沿技术，如云计算、大数据、人工智能、物联网等。但这些技术各自具有独特的架构和标准，企业在整合过程中面临着技术难题。不同系统之间的兼容性问题、接口对接的复杂性及数据格式的不统一等，都可能导致项目实施受阻，增加转型成本和风险。例如，企业试图将物联网设备采集的数据与现有大数据分析平台对接，但由于数据格式差异和接口不兼容，需要投入大量时间和精力进行技术攻关和系统改造。

（2）数据安全与隐私保护问题。随着数字化转型的推进，企业收集、存储和处理的数据量呈爆炸式增长，数据已成为企业的重要资产。但与此同时，数据安全和隐私泄露风险也日益凸显。企业需要应对网络攻击、数据泄露、恶意软件入侵等安全威胁，确保数据的保密性、完整性和可用性。一旦发生数据安全事件，不仅会给企业带来直接的经济损失，还可能损害企业声誉，引发客户信任危机。更严重的可能会导致大量用户信息曝光，面临巨额赔偿和法律诉讼，使品牌形象遭受重创。

（3）人才短缺困境。数字化转型对人才提出了更高要求，企业既需要具备深厚技术功底的专业人才，如数据科学家、人工智能工程师等，又需要熟悉业务流程且能将技术与业务有效结合的复合型人才。然而，当前市场上此类人才供不应求，企业内部员工的数字化技能也亟待提升。招聘困难和人才培养周期长成为企业面临的现实难题，严重制约了数字化转型的推进速度。

（4）文化冲突难题。传统企业文化往往强调层级管理、稳定性和经验传承，而数字化转型则倡导创新、开放、协作和快速迭代。这种文化差异可能导致员工对数字化转型产生抵触情绪，影响转型工作的顺利开展。例如，在传统企业中，员工可能习惯于遵循既定流程和上级指令，对新的数字化工具和工作方式接受度较低，不愿意主动分享知识和创新想法，从而阻碍了企业内部的信息流通和协同创新。

企业在数字化转型过程中，应深刻认识到这些误区与挑战，制定科学合理的策略加以应对，才能在数字化浪潮中乘风破浪，实现可持续发展。

## 二、数字化转型的目的和意义

### （一）数字化转型的目的

数字化转型旨在全方位重塑企业的运营模式与价值创造体系。数字化转型犹如一把神奇的钥匙，为企业开启了提升运营效率的大门，助力企业优化内部流程，打破部门间的重重壁垒，实现信息的高效流通与协同合作；同时，它也是企业创新业务模式的灵感源泉，激发企业挖掘新的市场机遇，探索前所未有的商业模式，开辟全新的盈利增长点；更是企业增强市场竞争力的坚实盾牌，使其能够在风云变幻的市场中精准定位客户需求，提供个性化、优质化的产品与服务。并且，数字化转型还是企业迈向可持续发展道路的重要基石，能够帮助企业合理利用资源、降低环境影响，实现经济、社会与环境效益的和谐统一。

一般来说，企业进行数字化转型出于以下目的：

#### 1. 提升运营效率

企业进行数字化转型，旨在优化内部运营流程，打破部门之间的信息壁垒，实现数据的实时共享与协同处理。借助自动化技术和智能化系统，减少人工干预和人为错误，从而提高生产、销售、管理等各个环节的运作效率。例如，在制造业中，引入智能制造系统，实现设备的互联互通和自动化生产调度，能够精准控制生产过程，缩短生产周期，提高设备利用率。同时，数字化的供应链管理系统可以实时监控库存水平、物流状态等信息，优化采购、配送等流程，降低库存成本，确保物资的及时供应，使企业的整个运营体系更加流畅高效地运转。

### 2. 创新业务模式

数字化技术为企业开辟了全新的业务发展空间，促使企业勇于突破传统业务模式的束缚，积极探索创新的商业模式。借助大数据分析，企业能够敏锐洞察市场趋势和客户潜在需求，从而精准定位新的业务领域和服务方向。例如，共享经济模式的兴起正是数字化转型的产物，企业通过搭建在线平台，实现闲置资源的高效共享与利用，创造出全新的价值增长点。又如，一些传统制造业企业利用工业互联网平台，开展产品远程监控与维护服务、个性化定制生产等创新业务，实现从单纯的产品销售向提供增值服务转型，拓展了盈利渠道，增强了企业的市场竞争力。

### 3. 增强市场竞争力

在数字化时代，市场竞争的规则发生了深刻变革。企业进行数字化转型的重要目的之一就是为了在激烈的市场竞争中脱颖而出，赢得客户的青睐和市场份额。通过数字化手段，企业能够实现产品和服务的个性化定制，满足不同客户的多样化需求，提供超越竞争对手的优质体验。同时，数字化转型可以使企业更快地响应市场变化，及时调整战略和产品策略，保持在市场中的灵活性和适应性。例如，电商企业利用大数据分析客户行为，能够在第一时间推出符合潮流趋势的商品，并通过精准营销将其推送给目标客户，从而在竞争激烈的电商市场中抢占先机。此外，数字化技术还能够帮助企业提升产品质量和服务水平，通过实时监控和反馈机制，及时发现并解决问题，不断优化产品和服务，树立良好的品牌形象，进一步巩固市场地位。

### 4. 促进可持续发展

随着社会对环境保护和资源可持续利用的关注度日益提高，企业数字化转型也肩负着推动企业可持续发展的重任。数字化技术可以帮助企业优化资源配置，减少能源浪费，降低对环境的负面影响。例如，通过智能能源管理系统，企业能够实时监测能源使用情况，精准控制能源消耗，实现节能减排目标。同时，数字化转型还能够提升企业的风险管理能力，提前预警潜在风险，制定应对策略，确保企业在复杂多变的市场环境中稳健发展。此外，数字化创新催生的绿色技术和可持续解决方案，也为企业在绿色发展领域创造了新的机遇，使企业在追求经济效益的同时，更好地履行社会责任，实现经济、社会和环境的协调发展。

## （二）数字化转型的意义

数字化转型对企业自身、行业发展及社会经济均具有深远且广泛的意义，犹如一场深刻的变革之风，以雷霆万钧之势吹遍各个角落，带来全方位的积极影响。它宛如一把神奇的钥匙，开启了企业创新发展的新大门，也为行业进步和社会繁荣注入了强大动力。

在企业层面，数字化转型重塑了企业的运营模式和竞争优势；于行业而言，它推动了产业的升级换代与协同发展；对社会经济来讲，更是创造了新的经济增长点，提升了社会整体福利水平。数字化转型在这三个层面所展现出的具体意义如下。

### 1. 对企业自身

（1）提高决策科学性。在数字化时代，企业能够收集海量的内外部数据，这些数据涵盖市场动态、客户行为、生产运营等各个方面。通过运用先进的数据分析工具和技术，企业可以将这些数据转化为有价值的信息。基于数据驱动的决策，不再依赖主观臆断或经验主义，而是能够精准把握市场趋势、客户需求的细微变化，以及企业内部运营的实际状况，从而做出更加明智、理性且符合实际情况的决策。无论是产品研发方向的确定、市场推广策略的制定，还是生产计划的安排，都能在数据的有力支撑下实现最优化，有效降低决策风险，提高决策的成功率。

（2）优化资源配置。数字化转型使企业能够对各类资源进行精准的数字化管理。借助信息技术，企业可以实时监控资源的使用情况，包括人力、物力、财力等各个方面。通过对生产过程中设备运行数据、人员工作效率数据、原材料库存数据等的深入分析，企业能够清晰地了解资源在各个环节的分配是否合理，及时发现资源闲置或浪费的情况，并进行动态调整。这种优化资源配置的能力，有助于企业提高资源利用效率，降低运营成本，实现效益最大化，使企业在激烈的市场竞争中获得成本优势。

（3）加速创新步伐。数字化环境为企业提供了丰富的创新资源和便捷的创新工具。企业可以通过互联网快速获取全球范围内的最新技术信息、市场趋势及客户反馈，这些信息成为企业创新的灵感源泉。同时，数字化技术如人工智能、大数据分析等，能够帮助企业快速模拟和测试创新想法，缩短产品研发周期，提高创新效率。例如，企业利用虚拟仿真技术在产品设计阶段进行了大量的测试和优化，避免了传统研发过程中的反复试错，加快了新产品推向市场的速度。此外，数字化平台还促进了企业内部员工之间，以及企业与外部合作伙伴之间的知识共享和协同创新，形成创新合力，推动企业持续推出具有竞争力的创新产品和服务。

### 2. 对行业发展

（1）推动产业升级。数字化转型促使企业在技术应用、管理模式、商业模式等多个层面进行深度创新。在技术应用方面，企业积极引入先进的数字化技术，提升生产制造的智能化水平、优化供应链管理效率、增强产品的科技含量。在管理模式上，数字化工具助力企业实现精细化管理，提高组织协同效率和决策响应速度。商业模式创新更是推动企业从传统的线性模式向平台化、生态化模式转变。这些创新实践不仅提升了单个企业的竞争力，更带动了整个行业的技术进步和管理水平提升，推动行业向数字化、智能化方向加速演进，实现产业结构的优化升级，提高行业整体附加值和经济效益。

（2）促进产业链协同。数字化技术打破了企业之间的信息壁垒，构建起高效的信息共享平台。产业链上下游企业能够实时交换生产计划、库存水平、物流配送等关键信息，实现信息的透明化和对称化。基于这些信息，企业之间可以进行更加紧密的协同合作，优化产业链资源配置。例如，供应商可以根据制造商的生产计划及时调整原材料供应，物流企业可以根据客户需求优化配送路线，提高运输效率。这种产业链协同效应能够有效降低产业链整体成本，提高产业链整体效率和竞争力，增强整个产业链应对市场风险的能力，促进产业生态健康发展。

### 3. 对社会经济

（1）创造新的经济增长点。数字化转型催生了一系列新兴产业和创新商业模式，成为经济发展的新引擎。在数字金融领域，移动支付、网络借贷、数字货币等创新服务的出现，改变了传统金融服务模式，拓展了金融服务的边界，为经济发展提供了更加便捷、高效的金融支持。数字医疗借助远程医疗、智能诊断等技术，改善了医疗资源分布不均的问题，提升了医疗服务的可及性和质量，同时也带动了医疗设备制造、医疗信息化等相关产业的发展。数字教育通过在线教育平台，打破了时间和空间的限制，使优质教育资源能够惠及更多人群，推动了教育产业的创新发展。这些新兴产业和商业模式的蓬勃发展，为经济增长注入了新的活力，创造了大量的就业机会和经济价值。

（2）提升社会福利水平。数字化产品和服务的广泛普及，深刻改变了人们的生活方式和生活质量。在消费领域，电商平台为消费者提供了丰富多样的商品选择，便捷的购物体验及个性化的推荐服务，使消费者能够更加轻松地满足自身需求。在线旅游平台整合了全球各地的旅游资源，消费者可以随时随地规划旅行行程，预订酒店、机票等服务，出行变得更加便捷。在社会服务方面，电子政务平台提高了政府服务效率，方便了民众办事；智能交通系统缓解了城市交通拥堵，提升了出行效率；远程办公软件使人们能够更加灵活地安排工作，实现了工作与生活的更好平衡。数字化转型在各个领域的深入应用，可以不断提升社会福利水平，使人们享受到更加便捷、高效、个性化的服务，改善人们的生活品质。

## （三）数字化转型的挑战与对策

在企业积极探索数字化转型之路的波澜壮阔进程中，犹如航行在未知而多变的海洋，面临着诸多如狂风巨浪般严峻的挑战。技术更新换代的速度迅猛，让企业仿佛在一场永不停歇的科技竞赛中疲于奔命；数据质量问题犹如隐藏在深海的暗礁，随时可能使企业的决策之船触礁搁浅；变革管理的难度似汹涌波涛，冲击着企业内部的稳定结构；法律法规合规风险则如高悬头顶的达摩克利斯之剑，稍有不慎便可能带来灭顶之灾。然而，企业并非孤立无援，通过科学合理的对策应对，犹如握紧坚实的船桨、掌握精准的航海图，企业能够化挑战为机遇，成功驾驭数字化转型之舟破浪前行，实现数字化转型。以下将详细剖析这些挑战的具体表现及相应的对策。

### 1. 挑战

（1）技术更新换代快。数字技术领域的创新成果日新月异，企业刚完成一项新技术的应用,可能很快就面临更新、更先进技术的出现。持续跟踪和应用新技术对企业的技术研发能力、资金投入及人才储备都提出了高要求。例如,人工智能算法不断演进,企业若不能及时跟进,其数字化产品或服务可能迅速落后于市场需求,失去竞争优势。

(2)数据质量问题。数据作为数字化转型的核心资产,其质量至关重要。然而,企业在数据收集、存储和处理过程中,常常面临数据不准确、不完整、不一致等问题。这些低质量的数据会严重影响数据分析结果的可靠性,进而误导决策。比如,企业依据错误的市场数据制定营销策略,可能导致资源浪费,错失市场机会。

(3)变革管理难度大。数字化转型涉及企业组织架构、业务流程、人员角色等多方面的深度变革,这往往引发员工对未知的恐惧和对变革的抵触情绪。新的工作方式、技术工具的引入需要员工花费额外的时间和精力去学习与适应,可能在短期内影响工作效率。例如,传统企业向敏捷型组织转型时,层级结构的打破和跨部门协作的加强,可能使部分员工感到无所适从。

(4)法律法规合规风险。随着数字化业务的蓬勃发展,数据隐私保护、网络安全、电子支付等领域的法律法规日益严格。企业若未能及时了解并遵守相关法律法规,可能面临巨额罚款、法律诉讼甚至业务暂停等严重后果。例如,欧盟的《一般数据保护条例》(GDPR)对企业数据处理活动提出了严格要求,企业一旦违规,将面临高额处罚。

### 2. 对策

(1)持续创新与学习。企业应营造鼓励创新的文化氛围,建立创新激励机制,激发员工的创新热情。加大技术研发投入,与科研机构、高校等建立合作关系,共同探索新技术应用场景。同时,定期组织员工参加数字化技术培训,鼓励员工自主学习,提升其对新技术的掌握和应用能力,确保企业始终站在技术发展前沿。

(2)加强数据治理。制定完善的数据治理策略和流程,明确数据标准、规范数据收集渠道和方法,确保数据的准确性和完整性。建立数据质量监控机制,定期对数据进行评估和清洗,及时发现并纠正数据问题。利用数据可视化工具,直观展示数据质量状况,为决策提供可靠依据。

(3)强化变革管理。在转型前,与员工充分沟通,向其清晰阐述数字化转型的目标、意义和预期影响,减少员工的不确定性和恐惧心理。制订详细的变革计划,分阶段、有步骤地推进转型项目,降低变革对员工的冲击。提供必要的培训和支持,帮助员工尽快适应新的工作方式和技术工具。建立有效的反馈机制,及时解决员工在转型过程中遇到的问题,增强员工对变革的认同感和参与度。

(4)建立合规管理体系。设立专门的合规管理团队或岗位,密切关注国内外相关法律法规政策变化,及时调整企业内部的合规管理策略。建立健全数据安全管理制度,加强网络安全防护措施,确保数据的安全存储和传输。对涉及电子支付等关键业务环节,严格遵守相关监管要求,定期进行内部合规审计,及时发现并整改潜在风险点,确保企业在合法合规的轨道上推进数字化转型。

## 第二节 数字化转型的总体思路

### 一、战略定位

在数字化转型的征程中，战略定位犹如灯塔，为企业指引前行的方向，是企业实现成功转型的关键。企业必须以敏锐的市场洞察力和深刻的自我认知，全方位考量自身所处行业特点、市场竞争态势、客户需求，以及自身资源和能力状况，从而精心制定清晰且切实可行的数字化转型战略。

深入剖析行业特点是战略定位的基石。不同行业在数字化浪潮中的机遇与挑战各异，例如，制造业需着重关注生产流程的智能化升级以提高效率和质量；服务业则更侧重于客户交互体验的数字化优化。精准把握市场竞争态势，能使企业明晰自身优势与劣势，找准差异化竞争的切入点。密切关注客户需求是核心，客户需求的多元化和个性化趋势愈加明显，企业需通过深入调研和数据分析，挖掘客户痛点，以客户为导向确定数字化转型的目标，无论是致力于提升运营效率、创新业务模式、拓展市场份额，还是全力增强客户体验，都要确保目标明确且具有针对性。

同时，依据企业自身资源和能力状况，合理确定数字化转型的重点领域和关键举措至关重要。例如，技术实力雄厚的企业可以在大数据分析、人工智能应用等前沿领域重点发力；而资源相对有限的中小企业则可以从优化现有业务流程、利用云服务降低成本等方面入手。以传统零售企业转型线上线下融合的新零售模式为例，企业需明确如何巧妙利用数字化技术整合线上线下渠道，实现全渠道营销，打破数据孤岛，为消费者提供无缝的购物体验；如何运用大数据分析优化供应链管理，精准预测需求，降低库存成本，提高配送效率；如何通过数字化手段提升消费者购物体验，如个性化推荐、虚拟试衣镜等创新应用，从而增强客户黏性，在激烈的市场竞争中脱颖而出。只有确保数字化转型战略与企业整体战略方向高度契合，形成协同效应，才能为企业的持续发展提供坚实有力的支撑，助力企业在数字化时代的浪潮中稳健前行。

### 二、组织架构调整

在数字化转型的浪潮中，构建适应数字化时代需求的组织架构是企业实现转型成功的关键环节之一。企业需要对传统的组织模式进行深度变革，以打造灵活高效的数字化组织，适应快速变化的市场环境和创新需求。

#### 1. 扁平化组织结构

扁平化组织结构是构建数字化组织的重要趋势。通过减少组织层级，缩短决策链条，企业能够显著提高决策效率和市场响应速度。传统的多层级组织结构往往导致信息传递缓慢、决策过程冗长，容易错失市场机遇。而扁平化结构使信息能够更快速地在企业内部流通，基层员工能够更直接地获取决策所需信息，同时高层管理者也能更及时地了解市场动态和一线员工的反馈。例如，一些互联网企业采用了扁平化的项目制团队结构，项目团队成员直接向高层汇报工作进展，减少了中间环节的信息损耗和决策延误，能够迅速根据市场变化调整项目方向和策略，提高了企业的灵活性和竞争力。

### 2. 设立数字化转型团队或部门

为了有效推动数字化转型工作，企业有必要设立专门的数字化转型团队或部门。这个团队或部门应具备跨职能的特点，成员来自不同业务领域，包括信息技术、市场营销、运营管理等，以便整合各方资源，协同推进数字化项目实施。他们负责制定数字化转型战略规划，协调企业内部各部门之间的数字化项目，确保数字化举措在全公司范围内的一致性和连贯性。例如，一家大型制造业企业成立了数字化创新中心，该中心汇聚了技术专家、业务骨干和数据分析人才，专注于研究和应用新兴数字化技术，如工业互联网、人工智能等，推动企业生产制造、供应链管理等环节的数字化转型，同时为其他部门提供技术支持和培训，促进数字化理念和技术在企业内部的广泛传播和应用。

### 3. 培养数字化人才

数字化转型离不开具备数字化素养和技能的人才队伍。企业需要加强员工的数字化技能培训，根据不同岗位需求，提供有针对性的培训课程，涵盖数据分析、人工智能应用、数字化营销等领域，帮助员工提升数字化工作能力。同时，积极引进具有数字化专业知识和丰富经验的外部人才，充实企业数字化人才储备。此外，建立数字化人才激励机制，鼓励员工积极参与数字化转型项目，对于在数字化创新方面表现突出的员工给予表彰和奖励，激发员工的创新热情和积极性。例如，某金融机构为员工提供了大数据分析、区块链技术等方面的培训课程，并设立了数字化创新奖励基金，对提出创新性数字化解决方案的团队和个人给予丰厚奖励，吸引了众多员工主动学习数字化知识，积极投身于数字化转型实践，为企业打造了一支高素质的数字化人才队伍。

### 4. 加强跨部门协作

数字化转型要求企业打破部门之间的壁垒，实现跨部门的高效协作。建立跨部门沟通协作机制是关键，例如，定期召开跨部门会议、设立项目协作小组等，促进业务部门与技术部门之间的深度合作。业务部门了解市场需求和客户痛点，技术部门掌握数字化技术手段，双方通过紧密协作，共同开发出符合市场需求的数字化产品和服务。在数字化项目实施过程中，各部门应明确各自职责，协同工作，确保项目顺利推进。例如，在开发一款新的数字化产品时，市场部门负责收集客户需求和反馈，产品部门进行产品设计和功能规划，技术部门负责技术实现和系统开发，测试部门进行质量检测，售后部门提供客户支持，通过各部门的协同努力，实现产品从概念到市场的快速转化，提高企业整体运营效率和客户满意度。

## 三、业务流程优化

在数字化转型的进程中,业务流程优化是提升企业运营效率和客户体验的核心举措。企业必须以用户为中心,借助数字化技术对业务流程进行全面梳理与再造,实现从起点到终点的端到端数字化,从而在激烈的市场竞争中脱颖而出。

### 1. 流程梳理与诊断

企业首先要对现有业务流程进行深入细致的梳理与全面诊断。这需要绘制详细的业务流程图,如同绘制一张精准的作战地图,清晰呈现业务流程的各个环节、步骤及涉及的部门和人员。通过开展广泛的流程调研,收集来自各个层级员工的意见和反馈,深入了解流程在实际运行中存在的问题、痛点和瓶颈。例如,在传统制造业企业中,生产流程可能涉及多个车间和部门,信息传递不畅、物料流转缓慢等问题可能导致生产周期延长。通过流程梳理与诊断,能够精准定位这些问题所在,为后续的优化工作奠定坚实基础。

### 2. 流程简化与自动化

在明确问题后,企业应果断去除业务流程中那些烦琐、不必要的环节,如同去除机器中的多余零件,使流程更加简洁高效。同时,积极引入数字化技术实现流程自动化,让机器和系统承担重复性、规律性的工作,减少人工干预,降低人为错误率。例如,在企业的财务报销流程中,利用电子审批系统取代传统的纸质审批,员工在线提交报销申请,系统自动根据预设规则进行审批流转,不仅提高了审批效率,还减少了纸张浪费和人工传递的时间成本。又如,在物流配送流程中,通过自动化分拣设备和智能仓储管理系统,实现货物的快速分拣和精准存储,缩短物流配送周期。

### 3. 以客户为导向的流程设计

企业的一切业务流程设计都应以满足客户需求为出发点和落脚点。从客户接触企业的最初环节开始,到最终产品或服务交付后的售后服务,每一个流程节点都要围绕客户体验进行优化。例如,电商企业通过优化网站界面设计和购物流程,让客户能够轻松便捷地搜索商品、下单购买、查询物流信息,提供个性化推荐服务,满足客户多样化的购物需求。同时,在售后服务环节,建立快速响应机制,及时处理客户的退换货请求和投诉建议,提高客户满意度和忠诚度。

### 4. 建立流程监控与持续改进机制

为确保业务流程的持续优化,企业需要建立一套完善的流程监控与持续改进机制。利用数字化工具实时收集和分析流程相关数据,如同为流程装上了"智能监测仪",能够及时发现流程运行中的异常情况和潜在问题。通过设定关键绩效指标(KPI),对流程绩效进行量化评估,定期回顾和分析流程执行情况,找出影响流程效率和质量的关键因素,并针对性地进行调整和改进。例如,根据客户订单处理时间、产品交付准时率等指标,对企业的销售和生产流程进行监控和评估,不断优化流程参数和操作规范,推动业务流程持续向更高效、更优质的方向发展。

## 四、技术体系构建

在当今数字化驱动的商业环境中,构建坚实且适配的技术体系是企业数字化转型的关键支撑。一个完善的技术平台能够整合各类先进技术,为企业的业务创新、流程优化和数据驱动决策提供强大动力,助力企业在激烈的市场竞争中抢占先机。

### 1. 基础设施升级

基础设施是企业数字化转型的基石,其性能和稳定性直接影响整个技术体系的运行效果。企业应根据数字化转型的战略规划和业务需求,对硬件基础设施进行全面升级。这包括选用高性能的服务器,以应对日益增长的数据处理和存储需求;配备大容量、高可靠性的存储设备,确保数据的安全存储和快速读写;优化网络设备,提升网络带宽和稳定性,保障数据在企业内部各个节点之间的高效传输。例如,随着企业业务量的增长和数字化应用的增多,原有的服务器可能出现处理能力不足的情况,导致系统响应缓慢。通过升级服务器,增加处理器核心数、内存容量等,可以显著提高系统的运算速度,为数字化业务的顺畅运行提供有力保障。

### 2. 云计算平台建设

云计算技术的应用为企业带来了前所未有的灵活性和成本效益。企业可以根据自身业务的波动情况,灵活地在云计算平台上调配计算资源和存储资源,实现按需使用、按量付费,避免了传统 IT 架构下资源闲置或不足的问题。在云计算平台的选择上,企业可根据自身规模、行业特点和数据安全要求,选择构建私有云、公有云或混合云架构。例如,一些对数据安全性要求极高的金融企业或大型制造业企业,可能更倾向于构建私有云,将关键业务系统和敏感数据部署在企业内部的私有云环境中,确保数据的绝对安全;而对于一些初创企业或互联网企业,公有云的快速部署、低成本和丰富的服务资源可能更具吸引力,它们可以借助公有云平台快速开展业务,降低前期 IT 投入成本。当下,云计算平台已应用于各行各业,具体如图 8-1 所示。

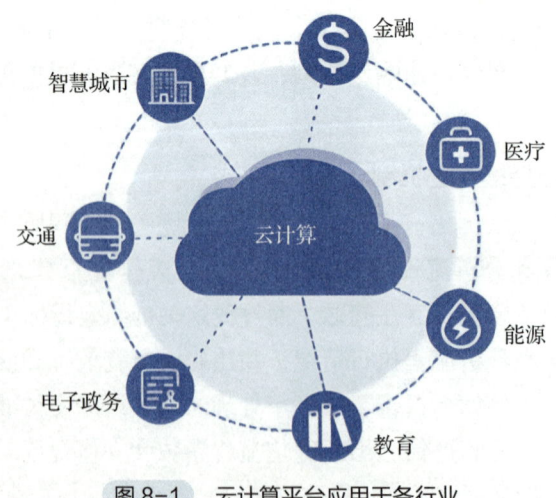

图 8-1　云计算平台应用于各行业

### 3. 大数据平台搭建

大数据已成为企业数字化转型的核心资产之一，搭建大数据平台是实现数据价值挖掘的关键步骤。企业需要建立一套完善的数据采集、存储、处理和分析体系。通过在企业各个业务环节部署数据采集设备和传感器，广泛收集内外部数据，包括客户行为数据、市场动态数据、生产运营数据等，并将这些海量数据存储在分布式存储系统中，如 Hadoop 分布式文件系统（HDFS）。利用大数据处理技术，如 Spark、Flink 等，对数据进行清洗、转换和分析，提取有价值的信息和洞察。例如，电商企业通过大数据平台分析用户的浏览历史、购买行为和评价数据，可以精准了解用户喜好，为用户提供个性化的商品推荐，提高用户购买转化率；同时，企业还可以基于大数据分析优化库存管理，根据销售趋势预测提前调整库存结构，降低库存成本。

### 4. 人工智能与机器学习应用

人工智能与机器学习技术的融入为企业带来了智能化的决策能力和自动化的业务流程。企业可以利用机器学习算法对大数据进行深度挖掘，建立预测模型，实现对市场趋势、客户需求、设备故障等的精准预测。例如，在制造业中，通过对生产设备运行数据的实时监测和分析，利用机器学习模型预测设备故障，提前安排维护计划，减少设备停机时间，提高生产效率；在客户服务领域，智能客服系统可以自动识别客户问题，提供快速准确的解答，提升客户服务质量和效率。此外，人工智能技术还在图像识别、语音识别、自然语言处理等方面有着广泛应用，为企业创造新的业务模式和服务体验。

### 5. 物联网技术部署

物联网技术通过将传感器、设备、机器等物理对象连接到互联网，实现了万物互联和数据的实时采集与交互。在企业生产制造环节，部署物联网设备可以实现对生产设备的远程监控、状态监测和智能控制。例如，通过在生产线上安装传感器，实时采集设备的温度、压力、振动等数据，企业可以及时发现设备异常，提前预警并进行维护，避免设备故障导致的生产中断；同时，物联网技术还可以优化生产流程，根据实时数据自动调整设备参数，提高生产质量和效率。在物流管理方面，物联网技术可以实现对货物运输过程的全程跟踪，实时掌握货物位置、运输状态和环境信息，提高物流配送的透明度和可靠性。某物联网后台数据监控界面如图 8-2 所示，它显示了某企业通过物联网随时监控货物状态。物联网给国家及企业的运营和管理带来了极大的便利性，因此物联网管理平台得到了广泛的应用，具体如图 8-3 所示。

## 五、文化转型

在企业数字化转型的征程中，文化转型犹如灵魂重塑，是培育与数字化时代相契合的企业价值观、行为准则和工作方式的关键所在。它不仅能够激发员工的创新活力和积极

图 8-2 物联网后台数据监控

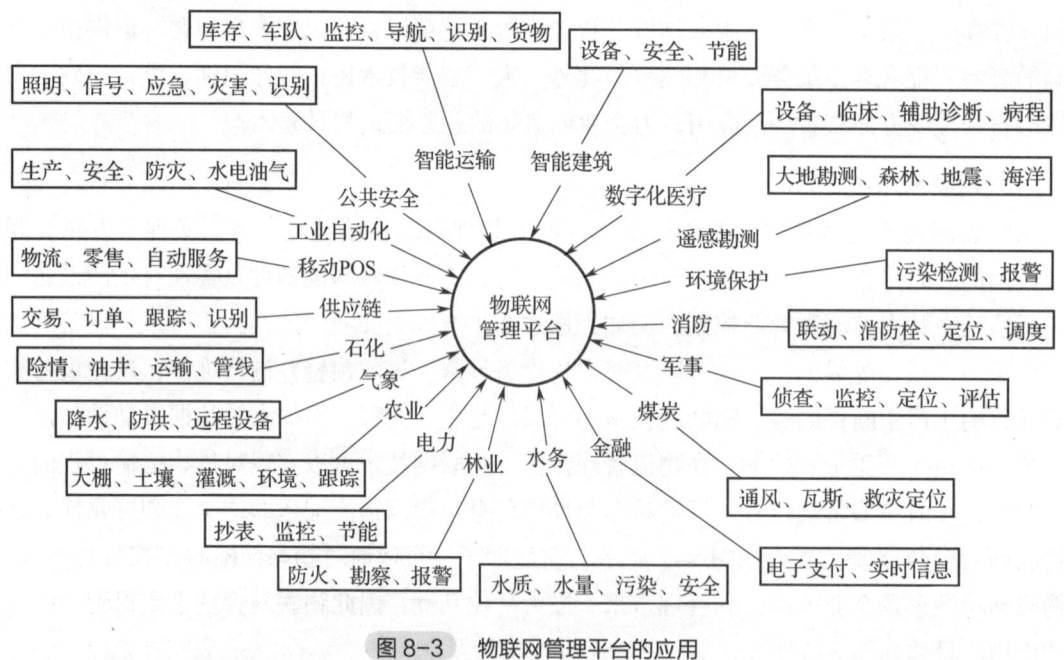

图 8-3 物联网管理平台的应用

性,还能促进企业内部的协作与共享,为数字化转型提供源源不断的内生动力。企业应着重培养以下文化。

1. 创新文化

创新是数字化转型的核心驱动力。企业应积极营造鼓励创新的文化氛围,如同播撒创新的种子，让创新的理念在企业的每一个角落生根发芽。建立创新激励机制，对提出创新性想法、解决方案或成功推动创新项目落地的员工给予表彰和奖励，无论是物质奖励还是精神激励，都能激发员工的创新热情。例如，设立创新奖励基金，定期举办创新大赛，为员工提供展示创新成果的平台，鼓励员工勇于尝试新事物、探索新方法，容忍失败，使创新成为企业的一种常态和习惯。

### 2. 开放文化

数字化时代要求企业打破内部信息孤岛，以开放的心态拥抱外部世界。构建开放文化，促进企业内部知识共享和团队协作，鼓励员工跨部门交流与合作，打破部门壁垒。通过建立内部知识管理平台、定期组织跨部门研讨会等方式，实现信息的自由流通和经验的分享传承。同时，加强与外部合作伙伴的交流与合作，积极引入外部创新资源，与高校、科研机构、上下游企业等建立战略合作伙伴关系，共同开展技术研发、市场拓展等合作项目，拓宽企业的视野和发展空间。

### 3. 数据驱动文化

数据已成为企业数字化转型的关键生产要素，培育数据驱动文化是实现科学决策和精准运营的基础。培养员工的数据意识，让数据说话，使数据成为企业决策的重要依据。开展数据素养培训，提升员工的数据收集、分析和应用能力，使每一位员工都能理解数据的价值，并在日常工作中善于运用数据解决问题。例如，在企业的会议中，鼓励员工用数据支持观点，通过数据分析来评估业务绩效、优化业务流程，形成用数据管理、用数据创新的文化氛围。

### 4. 敏捷文化

敏捷性是应对数字化时代快速变化市场环境的必备特质。企业应强调快速响应市场变化、灵活调整策略的敏捷文化。培养员工的敏捷思维和行动能力，采用敏捷项目管理方法，将大型项目分解为多个小的迭代周期，快速推出产品或服务的最小可行版本，根据市场反馈及时进行优化和调整。鼓励员工勇于尝试新方法、新工具，及时适应变化，提高企业组织的灵活性和适应性，使企业能够在竞争中抢占先机。

### 5. 学习文化

数字化转型是一个不断学习和适应新技术、新趋势的过程。企业要打造学习文化，鼓励员工持续学习数字化知识和技能，为员工提供丰富的培训和学习资源，支持员工参加外部培训课程、行业研讨会等学习活动，鼓励员工自主学习和自我提升。建立学习分享机制，让员工能够将所学知识和经验在企业内部进行分享，形成良好的学习氛围，提高企业员工整体的数字化素养和创新能力，为数字化转型提供人才保障。

## 第三节　数字化转型常用的工具及方法建议

### 一、数字化转型常用的工具

#### （一）数据分析与挖掘工具

在企业数字化转型的浪潮中，数据分析与挖掘工具发挥着举足轻重的作用，它们如同企业的智慧大脑，能够从海量数据中提取有价值的信息，为决策提供坚实依据，助力企业在激烈的市场竞争中赢得先机。

1. Excel

Excel 作为一款广泛应用的电子表格软件，以其强大的功能和易用性成为众多企业进行数据分析的入门之选。它提供了丰富的函数和工具，能够轻松应对数据处理、分析和可视化的基本需求。企业可以利用 Excel 进行数据清洗，通过函数公式去除重复数据、纠正错误值、填充缺失值，确保数据的准确性和完整性。在统计分析方面，Excel 内置了多种统计函数，如平均值、标准差、相关性分析等，可帮助企业快速了解数据的基本特征。此外，其数据透视表功能更是一大亮点，用户可以通过简单的拖曳操作，对数据进行多角度的汇总和分析，从繁杂的数据中挖掘出关键信息，以直观的表格形式呈现分析结果，便于决策参考。

2. SQL

SQL（结构化查询语言）是管理关系数据库的标准语言，对于企业处理和分析结构化数据不可或缺。它犹如一把精准的钥匙，使企业能够灵活地从数据库中提取所需数据。通过编写 SQL 语句，企业可以实现数据的查询、筛选、连接、聚合等操作，精准定位目标数据。无论是从庞大的客户数据库中获取特定客户群体的信息，还是分析销售数据中的趋势和关联，SQL 都能高效完成任务。在企业的日常运营中，如订单管理、库存管理、客户关系管理等多个环节，SQL 都发挥着重要作用，确保数据的有效利用，为企业决策提供及时、准确的数据支持。

3.Python

Python 语言在数据分析领域的崛起得益于其丰富强大的数据处理与分析库（如 Pandas、NumPy、Matplotlib 等）。Pandas 库提供了高效的数据结构和数据分析工具，它能够像一位熟练的数据管家，轻松处理各种格式的数据文件，如 CSV、Excel 等。利用 Pandas 库，企业可以方便地进行数据的读取、清洗、转换和合并操作，为后续的分析工作做好准备。NumPy 库专注于数值计算，其强大的多维数组对象和丰富的数学函数库，为大规模数据的数值计算提供了坚实基础，在科学计算、数据分析等领域被广泛应用。Matplotlib 库则是数据可视化的得力助手，它可以将复杂的数据以直观的图表形式展示出来，如折线图、柱状图、散点图等，帮助企业更直观地理解数据特征、发现数据规律，从而做出更明智的决策。

### 4. R 语言

R 语言是一种专门为统计分析和数据可视化而生的编程语言，在数据分析领域拥有广泛的用户群体和丰富的生态系统。它提供了大量的统计分析算法和包，能够满足企业从简单的数据描述性统计到复杂的机器学习模型构建等多样化的分析需求。在生物信息学、金融数据分析、市场调研等领域，R 语言凭借其专业性和灵活性发挥着重要作用。例如，在药物研发中，研究人员利用 R 语言分析临床试验数据，评估药物疗效和安全性；金融机构则运用 R 语言构建风险评估模型，预测市场趋势。

### 5. 数据挖掘算法与工具

数据挖掘算法与工具（如决策树、聚类分析、关联规则挖掘等）能够帮助企业从海量数据中发现隐藏的模式和规律，为企业决策提供更深入的洞察。决策树算法通过构建树形结构，对数据进行分类和预测，其直观易懂的特点使其在客户分类、风险评估等场景中得到广泛应用。例如，银行可以根据客户的年龄、收入、信用记录等特征构建决策树模型，预测客户的违约风险，从而制定相应的信贷策略。聚类分析算法则根据数据对象的相似性将其划分为不同的簇，企业可以利用聚类分析进行市场细分，了解不同客户群体的特征和需求，有针对性地开展市场营销活动。关联规则挖掘算法能够发现数据集中不同变量之间的关联关系，如在零售行业中，通过分析顾客购买行为数据，发现商品之间的关联购买模式，为商品陈列和促销策略提供依据，提高销售业绩。

这些数据分析与挖掘工具各有特点和优势，企业应根据自身业务需求和数据特点选择合适的工具，或结合多种工具协同使用，充分发挥其在数字化转型中的价值，从数据中挖掘出无尽的智慧和商机。

## （二）云计算与大数据平台

云计算与大数据平台是企业数字化转型的重要基石，它们相互关联、协同作用，为企业提供了强大的计算能力、海量数据存储与处理能力，推动企业在数字化时代实现创新发展。

云计算平台以其弹性、灵活和可扩展性的特点，彻底改变了企业的 IT 资源部署和管理模式。企业无须大规模投资于硬件基础设施建设，而是根据实际业务需求，灵活租用云计算服务提供商的计算资源、存储资源和网络资源等。例如，亚马逊 AWS 提供了广泛的云计算服务，包括计算能力强大的 EC2 实例、可靠的 S3 存储服务，以及各种数据库和网络服务。企业可以根据业务流量的变化，轻松调整资源配置，实现按需使用、按量付费，降低了 IT 运营成本。同时，云计算平台还提供了高度可靠的数据备份和恢复功能，确保企业数据的安全性和可用性。

大数据平台则专注于处理和分析海量数据，挖掘其中蕴含的有价值信息。以 Hadoop

生态系统为例，Hive 提供了类似 SQL 的查询语言，方便企业对大规模数据进行离线处理和分析；Spark 则以其内存计算和迭代计算的优势，能够在短时间内处理复杂的数据分析任务，如实时流处理、机器学习模型训练等。企业通过大数据平台整合来自不同渠道、不同格式的数据，包括客户数据、市场数据、运营数据等，运用数据挖掘和机器学习算法，发现数据中的潜在模式和趋势。例如，电商企业利用大数据平台分析用户的购买行为、浏览历史和评价信息，实现精准营销、个性化推荐和库存优化管理，提升用户体验和企业运营效率。

云计算与大数据平台的融合，为企业带来了前所未有的机遇。企业可以将大数据分析应用部署在云计算平台上，充分利用云计算的弹性计算资源，加速数据分析过程，快速获取有价值的洞察。同时，云计算平台提供的数据存储和管理服务也为大数据处理提供了坚实的基础。在实际应用中，许多企业借助云计算与大数据平台的力量，实现了业务创新和竞争力提升。如金融机构利用大数据分析进行风险评估和欺诈检测，制造业企业通过对生产数据的实时分析优化生产流程，提高产品质量和生产效率。云计算与大数据平台已成为企业数字化转型不可或缺的关键技术支撑，助力企业在数字经济时代乘风破浪，成功驶向彼岸。

### （三）人工智能与机器学习

人工智能与机器学习技术的迅猛发展，正在深刻改变企业的运营模式和竞争格局，为企业数字化转型注入强大动力。人工智能涵盖了众多领域，如自然语言处理、计算机视觉、语音识别等，使机器能够模拟人类的智能行为，实现自动化决策和任务执行。例如，智能客服系统利用自然语言处理技术理解客户的问题，并自动提供准确的解答，提高了客户服务效率和质量，降低了人工客服成本。计算机视觉技术在安防监控、质量检测等领域发挥着重要作用，能够快速识别图像中的物体、场景和异常情况，实现智能化的监控和检测。

机器学习是人工智能的核心组成部分，它通过算法让机器从数据中学习规律和模式，从而进行预测和决策。监督学习算法如决策树、神经网络等，在信用评估、市场预测等场景中广泛应用。企业可以利用历史数据训练模型，预测客户的信用风险、市场需求变化等，为决策提供科学依据。无监督学习算法如聚类分析、主成分分析等，则有助于企业发现数据中的隐藏结构和模式，进行市场细分、客户群体分析等。例如，零售企业通过聚类分析将客户分为不同的群体，针对不同群体制定个性化的营销策略，提高营销效果。

深度学习作为机器学习的一个重要分支，近年来取得了巨大突破。深度学习框架如 TensorFlow 和 PyTorch，为企业提供了强大的工具，用于构建和训练复杂的神经网络模型。在图像识别领域，深度学习模型能够准确识别图像中的各种物体，甚至超越人类的识别水平；在语音识别方面，实现了高准确率的语音转文字功能，广泛应用于语音助手、智能会议系统等。企业利用深度学习技术，可以开发出具有创新性的产品和服务，如智能驾驶辅助系统、智能医疗诊断系统等，提升企业的核心竞争力。

为了充分发挥人工智能与机器学习的价值，企业需要具备一定的数据基础、算法人才和计算资源。同时，还需要关注数据隐私和伦理问题，确保技术的合理应用。随着技术的不断发展，人工智能与机器学习将在企业数字化转型中发挥越来越重要的作用，帮助企业实现智能化运营、创新业务模式、提升客户体验，开启数字化未来的新篇章。

### （四）敏捷开发与 DevOps

敏捷开发与 DevOps 是企业在数字化转型过程中提升软件开发效率、质量和交付速度的关键实践方法，它们相辅相成，共同推动企业适应快速变化的市场需求。敏捷开发强调以客户为中心，通过快速迭代和持续反馈来交付有价值的软件产品。它打破了传统瀑布式开发的线性流程，将项目分解为多个小的迭代周期，每个周期都包含需求分析、设计、开发、测试和交付等环节。在每个迭代中，团队与客户密切合作，及时获取反馈，根据反馈调整产品功能和特性，确保产品始终符合客户需求。例如，在软件开发项目中，团队每周进行一次迭代，每个迭代结束时向客户展示可工作的软件部分，客户提出意见和建议，团队立即进行改进，使产品不断优化。敏捷开发注重团队协作和自我管理，团队成员之间紧密沟通，共同承担责任，能够快速响应变化，提高开发效率。

DevOps 则进一步整合了软件开发（Dev）和信息技术运维（Ops），打破了两者之间的壁垒，实现了从代码编写到部署、运维的全流程自动化和协同工作。它通过持续集成、持续交付和持续部署等实践，确保软件的快速、可靠交付。持续集成工具如 Jenkins、GitLab CI 等，帮助开发团队频繁地将代码集成到共享代码库中，并自动进行构建和测试，及时发现代码中的问题。持续交付则在持续集成的基础上，将经过测试的代码自动部署到预生产环境，准备随时发布。持续部署更进一步，将代码自动部署到生产环境，实现快速的软件更新和迭代。例如，互联网企业利用 DevOps 实践，每天可以进行多次代码部署，快速响应用户需求和市场变化。

敏捷开发与 DevOps 的结合，使企业能够更快地推出新功能、修复漏洞，提高软件产品的质量和稳定性。企业在实施过程中，需要培养具备敏捷思维和 DevOps 技能的团队，建立合适的工具链和流程，加强文化建设，鼓励团队成员之间的协作和创新。同时，还需要关注安全性和合规性，确保软件产品在快速交付的同时符合相关标准和要求。通过敏捷开发与 DevOps 的有效实施，企业能够在数字化转型中提高竞争力，快速适应市场变化，为客户提供更好的产品和服务，实现可持续发展。

### （五）低代码/无代码平台

低代码/无代码平台作为新兴的数字化工具，为企业数字化转型提供了一种高效、便捷的途径，尤其适合那些缺乏专业开发人员或希望快速实现业务数字化的企业。低代码平台通过可视化的开发界面和预定义的组件，允许用户使用少量代码或无须编写复杂代码即可创建应用程序。它降低了软件开发的门槛，使业务人员能够参与到应用开发过程中，快速将业务需求转化为实际应用。例如，企业的销售部门可以利用低代码平台自行构建客户关系管理（CRM）系统，根据自身业务流程定制客户信息管理、销售机会跟踪、订单管理等功能，无须等待 IT 部门的长时间开发，提高了工作效率和业务响应速度。低代码平台通常提供丰富的模板和插件，支持多种数据源连接，能够快速集成企业现有的系统和数据，实现数据的互联互通。

无代码平台则更进一步，完全不需要编写代码，用户通过简单的拖曳和配置操作就能创建功能强大的应用程序。对于一些小型企业或非技术团队来说，无代码平台是实现数字化创新的有力武器。例如，一家小型电商企业可以使用无代码平台搭建自己的在线商城，自定义商品展示、购物车、支付流程等功能，快速上线运营，节省了大量的开发成本和时间。无代码平台还支持移动端应用的创建，方便企业为客户提供便捷的移动服务体验。

低代码/无代码平台在企业数字化转型中具有广泛的应用场景，除了上述的 CRM 系统和电商平台外，还可用于工作流自动化、数据分析报表创建、企业内部协作平台搭建等。然而，低代码/无代码平台也并非万能，在处理复杂业务逻辑和大规模数据处理时可能存在一定的局限性。因此，企业在选择使用时，需要根据自身业务需求和技术能力进行综合评估，合理选择适合的平台。同时，企业还应关注平台的可扩展性、安全性和供应商的技术支持等因素，确保平台能够满足企业长期发展的需求。随着技术的不断发展，低代码/无代码平台将不断完善和强大，为更多企业带来数字化转型的便利和机遇。

### （六）数字化项目管理

数字化项目管理是确保企业数字化转型项目成功实施的关键保障，它借助数字化工具和方法，对项目的全生命周期进行规划、组织、协调和控制，实现项目目标的高效达成。

在项目规划阶段，数字化项目管理工具如 Microsoft Project、Trello 等，帮助项目经理制订详细的项目计划，明确项目目标、任务分解、时间节点、资源分配等。通过可视化的项目进度表和甘特图，项目团队成员能够清晰了解整个项目的流程和各自的职责，确保项目按计划有序推进。例如，在一个企业数字化营销项目中，项目经理利用项目管理工具将项目分解为市场调研、目标客户定位、营销策略制定、营销活动执行和效果评估等多个任务，为每个任务分配具体的人员和时间期限，使项目团队对整体项目有清晰的认识。

在项目执行过程中，数字化项目管理强调实时监控和沟通协作。项目管理软件可以实时收集项目进展数据，如任务完成情况、资源使用情况等，通过仪表盘和报表直观展示项目状态。团队成员可以及时更新任务进度，遇到问题及时反馈，项目经理能够迅速做出决策并调整资源分配。同时，利用在线协作平台如 Slack、飞书等，项目团队成员可以实时沟通交流，共享文件和信息，提高协作效率。例如，在一个软件开发项目中，开发人员在遇到技术难题时可以通过协作平台及时向团队其他成员求助，相关人员能够迅速响应并提供解决方案，避免项目延误。

项目评估与优化是数字化项目管理的重要环节。通过对项目实际执行情况与计划目标的对比分析，找出偏差和问题所在，总结经验教训，为后续项目提供参考。利用数据分析工具对项目数据进行深入挖掘，发现项目管理过程中的潜在风险和改进机会，持续优化项目管理流程和方法。例如，在项目结束后，对项目成本、进度、质量等关键指标进行评估，分析哪些环节做得好，哪些地方需要改进，以便在未来项目中提高项目管理水平。

数字化项目管理还注重风险管理，识别项目中的潜在风险因素，如技术风险、需求变更风险、人员变动风险等，并制定相应的风险应对措施。通过建立风险预警机制，及时发现风险并采取有效的应对策略，降低风险对项目的影响。

总之，数字化项目管理通过数字化手段提升了项目管理的效率和透明度，加强了团队协作和沟通，能够有效控制项目成本、进度和质量，确保企业数字化转型项目的顺利实施，为企业数字化战略的落地提供有力支持，推动企业创新发展和提升竞争力。

## 二、企业数字化转型案例分析

数字化浪潮下，众多企业积极投身数字化转型的实践，其中阿里巴巴的新零售战略堪称成功典范。

阿里巴巴作为全球电子商务的巨头，敏锐地洞察到传统零售行业面临的挑战和机遇，率先提出并积极践行新零售战略，阿里巴巴新零售战略地图如图8-4所示，它开启了零售业数字化转型的新篇章。新零售战略的核心是线上线下融合，利用数字化技术打通线上线下渠道，实现全渠道零售。阿里巴巴通过整合旗下的淘宝、天猫等电商平台，以及银泰百货、盒马鲜生等线下实体商业资源，构建了一个无缝衔接的零售生态系统。在这个生态系统中，消费者可以在不同渠道之间自由切换，享受一致的购物体验。例如，消费者可以在淘宝上浏览商品，然后到附近的盒马鲜生门店体验实物并购买，也可以在门店购物后选择线上配送服务，实现了线上线下的优势互补。

| 行业 | 内生性业务 | 外延式投资收购 |
| --- | --- | --- |
| 下沉新零售 | 天猫优品、农村淘宝、零售通 | 汇通达 |
| 酒水新零售 | 天猫酒水 | 1919 |
| 家电新零售 | 天猫家电 | 苏宁 |
| 百货新零售 | 天猫云mall | 银泰 |
| 家居新零售 | 天猫家居、淘宝心选 | 红星美凯龙+居然之家 |
| 便利店新零售 | 天猫小店、零售通 | 喜士多 |
| 大卖场新零售 | 天猫超市 | 大润发+盒马鲜生 |
| 本地生活服务 | 口碑 | 饿了么 |
| 仓储物流配送 | 菜鸟 | 蜂鸟+四通一达 |
| 新零售供应链 | 天猫供应链 | 云象 |
| 新零售品牌基座 | 天猫 | |
| 新零售基础设施 | 阿里云+蚂蚁金服+菜鸟网络 | |

图8-4　阿里巴巴新零售战略地图

盒马鲜生作为阿里巴巴新零售战略的典型代表，将超市、餐饮、物流配送等多种业态融合在一起，打造了一种全新的零售模式。店内采用了先进的数字化技术，如电子价签、自助收银系统、智能购物助手等，提升了消费者的购物效率和体验。同时，盒马鲜生通过大数据分析消费者的购买行为和偏好，实现了精准营销和商品推荐。例如，根据消费者的历史购买记录，为其推荐个性化的商品清单和优惠活动，提高了消费者的购买转化率。

在供应链管理方面，阿里巴巴利用大数据、物联网等技术对供应链进行深度优化。通过对销售数据的实时分析，预测商品的销售趋势，提前安排采购和库存管理，实现了供应链的敏捷响应和精准配送。例如，在生鲜产品的供应上，根据不同地区、不同季节的消费需求变化，精准调配货源，确保产品的新鲜度和供应稳定性。同时，阿里巴巴还建立了高效的物流配送体系，实现了"30分钟送达"的快速配送服务，满足了消费者对于即时性消费的需求。

新零售战略还注重消费者体验的提升。阿里巴巴通过数字化手段打造了一系列创新的消费场景，如无人便利店、智能试衣镜等，为消费者带来了前所未有的购物乐趣。同时，利用会员体系和积分系统，为消费者提供个性化的服务和权益，增强了消费者的忠诚度。例如，阿里巴巴的88VIP会员可以享受众多品牌的专属折扣、免费配送、会员专享商品等特权，吸引了大量的高价值用户。

阿里巴巴的新零售战略通过数字化转型，重塑了传统零售行业的商业模式和竞争格局。它不仅为消费者带来了更加便捷、高效、个性化的购物体验，也为零售商提供了新的发展思路和增长机会。越来越多的零售企业开始积极探索数字化转型之路，推动了整个零售业的创新发展。

## 课后习题

1. 请简述数字化转型的核心要素，并结合实际案例分析企业忽视其中某个要素可能带来的后果。
2. 对比分析数字化转型在不同行业（如制造业、零售业）中的目的有何异同，举例说明这些目的是如何通过具体举措实现的。
3. 深入剖析企业在进行组织架构调整以构建数字化组织时，可能遇到哪些来自内部员工的阻力，应采取何种策略有效化解这些阻力，推动转型顺利进行。
4. 阐述云计算与大数据平台在企业数字化转型中的协同作用机制，以某一特定企业场景为例，说明如何利用该协同作用提升企业运营效率和决策科学性。
5. 讨论低代码/无代码平台对于中小企业数字化转型的独特优势与潜在局限性，中小企业应如何根据自身业务特点合理运用该平台实现快速发展？

# 第九章 数字金融

## 案例导入

### 数字货币法律地位

2018年6月,姚某根据"球迷联盟"网站发布的广告指引,通过购买以太币的形式参与某境外网站上某项目的OPC数字货币公售活动。姚某随后以3500元的均价购买了25个以太币,并使用了其中的22.2175个参与了Octopaul的数字货币OPC的首轮公售。2019年4月18日,姚某发现已经无法正常登录"球迷联盟"网站,在感觉到被欺诈后,将北京球迷联盟科技有限公司告上法院,请求该公司返还本金。但法院驳回了原告的全部诉讼请求。相关法院均认为,中国人民银行、中央网信办、工业和信息化部、工商总局、银监会、证监会、保监会于2017年9月4日发布的《关于防范代币发行融资风险的公告》规定,数字货币虽然是我国法定货币,具有无限法偿性,但不具有与货币等同的法律地位,公告发布之日起不得买卖或作为中央对手方买卖代币或"数字货币"。同时该公告也提醒投资者,代币交易存在多重风险,投资者需自行承担投资风险,因双方买卖的标的物为数字货币,故案涉买卖合同应为无效合同。公民交易数字货币的行为虽系个人自由,但该行为在我国不受法律保护,交易造成的后果和引发的风险由投资者自行承担,故对于上述原告的诉请不予支持。

# 第一节　走进数字金融

## 一、数字金融的概念及特征

### （一）数字金融的概念

1990年，经济管理出版社出版的《中国金融百科全书》中，对金融的词条解释为：货币流通和信用活动以及与之相关的经济活动的总称。按照《新帕尔格雷夫货币金融大辞典》第二卷的解释，金融基本的中心点是资本市场的运营，资本资产的供给和定价，其方法论是使用相近的替代物给金融契约和工具定价，对那些有时间连续特点和收益取决于解决不确定性的价值工具来说都是适用的。故金融的本质就是在信用的基础上以杠杆和透支的方式实现资金融通与数据服务的一切活动的总和。

数字金融的字面含义为数字技术与传统金融的融合。数字金融也称为网络金融或在线金融，是指借助互联网、移动通信等新兴技术手段，实现金融业务的数字化、网络化和智能化。数字金融涵盖了互联网金融、移动支付、数字货币、区块链技术等多个领域，改变了传统金融的服务模式，为用户提供更加便捷、高效的金融服务。

在数字经济时代背景下，数字金融得以蓬勃发展，其根基在于区块链这一底层技术的强大支撑。区块链技术体系如同一股强大的驱动力，为数字金融注入了新的活力，使其数据功能得以充分扩展、体现和发挥。我们常说数字经济时代意味着数字资产化，这背后离不开数字化货币的"数据化"进程。但数字经济时代的特征远不止于此，它还标志着数据从资产化向资源化的转变，催生了全新的"数据资源"。这种资源与自然资源、劳动力资源、人力资源和智力资源并列，成为一种不可或缺的生产要素。

实际上，数字金融已经渗透金融领域的各个网络应用。无论是人们日常生活中频繁使用的支付宝、财付通等第三方支付交易，还是网络基金、网络保险、网络理财等金融服务，都属于数字金融的范畴。这些应用和服务不仅丰富了金融业态，更提高了金融服务的便捷性和效率，推动了金融行业的转型升级。

数字金融在区块链技术的赋能下，正以前所未有的速度发展，成为数字经济时代的重要力量。而数据资源作为新的生产要素，正在为经济发展注入新的活力和动力。

### （二）数字金融的特征

#### 1. 普惠性

数字金融拓宽了金融服务的覆盖范围。借助互联网和移动通信技术，数字金融能够跨越地理障碍直抵客户终端，将金融服务延伸至偏远地区和弱势群体，打破传统金融服务在地域和人群上的局限性。这使那些没有网点的地区以及以往难以获得正规金融服务的个体和企业，现在能够便捷地享受到包括支付、转账、信贷、保险等在内的多元化金融服务，从而促进金融资源的均衡分配和社会经济的全面发展。

同时，数字金融增强了金融服务的个性化和灵活性。借助大数据和人工智能技术，数字金融平台能够深入了解客户的金融需求、风险承受能力和消费习惯，从而为客户提供量身定制的金融产品和服务。这种个性化的服务不仅提升了客户满意度，还促进了金融市场的创新和多元化发展。同时，数字金融还提供了灵活的还款方式和多样化的投资选择，满足了客户在不同生命周期阶段的金融需求。

### 2. 大数据

随着互联网金融、移动支付、电子商务等业务的快速发展，每一笔交易、每一次用户行为、每一条市场信息都转化为数据，这些数据汇聚成海，为数字金融提供了丰富的分析基础。再通过先进的数据挖掘和分析技术，可以从这些数据中提炼出宝贵的商业洞察和决策依据。例如，通过分析用户交易行为数据，可以发现潜在的消费趋势和信用风险，为金融机构的产品创新和风险管理提供有力支持。这种海量数据的规模，使金融机构能够更全面地了解市场动态、用户行为及风险状况，从而做出更为精准的决策。

### 3. 低成本

数字金融的服务模式以线上平台为主导，这一转变不仅深刻影响了金融行业的运营方式，还降低了传统金融服务的成本结构。通过构建功能强大且用户友好的在线平台，数字金融能够高效地处理各类金融业务，从而显著减少对于开展线下业务所需的大量人员配置和实体设备投入。这种轻量化、高效化的运营模式，使数字金融在客户获取和线下服务成本方面拥有了显著的优势。

同时，数字金融的服务以线上平台为主，减少了开展线下业务的人员与设备支出，降低了客户获取和线下服务的成本。

## 二、数字金融与传统金融的异同

### （一）二者的相同之处

传统金融的核心功能主要包括存款、贷款和结算三个方面。而数字金融作为金融创新的一种形式，是数字企业和传统金融机构借助数字技术、移动通信技术等现代信息工具，在金融服务中开展资金融通、交易、融资等信用中介活动的一种新型服务方式。数字金融并未改变金融服务的本质和内容，它仅革新了金融业务的技术实现和运作模式。

在本质上，数字金融与传统金融并无二致，两者的核心功能、契约精神、金融风险及外部性等核心概念均保持一致。然而，数字金融的快速发展却带来了结算、资产和负债等方面的脱媒现象，这对传统商业银行的业务运营产生了深远影响，同时也激发了商业银行深化改革的动力。

尽管数字金融与传统金融在功能上有所重叠，但它们在市场定位、技术支撑、经营模式、治理架构及竞争优势等方面却呈现出明显的差异。这些差异使数字金融在金融服务领域独树一帜,成为推动金融创新和发展的重要力量。

### (二)二者的不同之处

传统金融有一般等价物、支付手段、交换媒介、延期支付、贮藏手段等功能,即使有潜在的数据功能,也是难以普遍发挥作用的。但数字金融比起传统金融,增加了新的"数据功能"。众所周知,传统金融在服务实体经济的过程中主要以资金融通为主,金融要素只是单纯地作为生产要素之一,但数字金融在作为生产要素的同时,还能通过数据的聚合与裂变功能,弥合传统生产要素结构的缺陷,使生产经营活动、价值生成过程变得更加有效。

数字金融与传统金融作为金融行业的两种不同模式,存在着显著的不同之处。

(1)服务对象与范围不同。传统金融的服务对象范围相对较小,一般针对的是重要客户或高端客户。这些客户通常拥有较高的资产和信用等级,能够享受到金融机构提供的个性化、定制化的金融服务。而数字金融则更加注重普惠金融的发展,服务对象更为广泛,包括农民、下岗工人等一般客户群体。通过数字金融平台,这些客户群体能够便捷地获得金融服务,从而方便人们的生活。

(2)交易方式与效率不同。传统金融的交易方式主要以柜台为中心,客户需要亲自到银行等网点办理存取款等相关业务。这种方式不仅耗时费力,还受到时间和空间的限制。而数字金融则突破了这些限制,客户可以在客户端或线上进行财富管理,实现远程交易和自助服务。这不仅提高了业务效率,还为客户提供了更加便捷、灵活的金融体验。

(3)支付方式与安全性不同。传统的支付方式和方法一般是通过现金、票据及信用卡等实体媒介进行交易。这种方式存在着携带不便、易丢失、易伪造等风险。而数字金融则实现了移动支付目标,进行电子化操作。通过第三方支付平台,客户可以随时随地完成支付操作,不仅减少了时间、费用,还实现了信息的实时性,避免了由于信息不对称引发的风险。同时,数字金融还采用了先进的加密技术和安全认证机制,保障了交易的安全性。

(4)竞争优势不同。传统金融的竞争优势显著,具体表现在资金规模、产品丰富度、风险管理能力、客户基础及实体营业网点的广泛覆盖上。传统金融机构凭借其庞大的体量与雄厚的资金实力,成功打造了发展成熟的现代金融服务产品体系。其资金来源与运用能够实现直接对接,同时,一套完备且成熟的风险管理体系确保了业务的稳健运行。此外,传统金融机构还拥有着稳定的客户关系和遍布各地的营业网点,为其提供了坚实的市场基础。

相比之下,数字金融的竞争优势则聚焦于普惠性、高效性、低成本、技术创新及服务创新等方面。数字金融公司致力于服务那 80% 的长尾中小微用户群体,其客户覆盖面之广,让那些以往难以触及传统金融体系服务的群体也能享受到种类繁多且质量上乘的金融服务。这一举措提升了金融的普惠程度,让金融服务更加贴近广大民众的需求。

## 第二节 我国数字金融的分类

### 一、数字资产

#### （一）数字资产的概念及特征

**1. 数字资产的概念**

数字资产是利用区块链技术，具备明确且受法律保护的权属关系，能够为资产拥有者带来稳定且可预期的经济利益，可以交易的以数字形态存在的一种新型经济资源。简言之，数字资产就是资产的数字化存在形态。

数字资产本身并不直接参与价值的创造过程，而是作为一种关键的生产要素，通过其蕴含的数据信息深度融入生产或服务流程之中，从而在提升生产效率、创造更多收益及有效降低成本等多个方面，展现出更为显著且突出的价值效应。这正是数字资产使用价值的核心所在，也是其在当今数字经济时代中扮演重要角色的根本原因。

**2. 数字资产的特征**

（1）数字性。数字资产存在形式独特，完全以数字形式存在，实现了电子化和无形化的转变，不再依赖于任何物理实体。这种存在方式使得数字资产具有极高的灵活性和便捷性，便于存储、传输和交易。

（2）产权明晰。数字资产具有明确的产权归属。这主要得益于区块链等分布式账本技术的应用，使数字资产具有去中心化、不可篡改和无须信任的特性。这些技术确保了数字资产的产权清晰明确，并有效防止了产权纠纷的发生，为数字资产安全交易提供了有力保障。

（3）可交易性。数字资产还具备可交易性，它们具有明确的经济价值，可以在特定的交易平台或市场上进行自由买卖。这种可交易性为数字资产的流通和增值提供了广阔的空间。

（4）形式多样。数字资产的种类丰富多样，涵盖了数字货币（如比特币、以太坊等）、数字证券、数字艺术品（如非同质化代币 NFT）、虚拟土地及数字版权等多个领域。这种多样性使数字资产能够满足不同投资者的需求，为数字经济的发展注入了新的活力。

#### （二）数字资产的发展趋势

**1. 市场规模不断扩大**

随着区块链技术的不断发展和数字资产市场的日益成熟，数字资产市场规模不断扩大，吸引了越来越多的投资者与机构参与。这些投资者和机构不仅看中了数字资产的高增长潜力，更被其去中心化、透明度高、交易便捷等特性所吸引，纷纷涌入市场，推动了数字资产价格的持续攀升，也为市场带来了更多的流动性和活力。

与此同时，数字资产市场的监管环境也在逐步完善。各国政府和监管机构开始加强对数字资产的监管力度，出台了一系列相关政策和法规，旨在保护投资者权益，防范市场风险。这些政策的出台，不仅为数字资产市场的健康发展提供了有力保障，也增强了投资者对市场的信心。

在此背景下，数字资产市场的创新活力得到了进一步激发。各种新型的数字资产不断涌现，如稳定币、去中心化金融产品等，为投资者提供了更多的选择和机会。同时，区块链技术也在不断创新和发展，如智能合约、跨链技术等，为数字资产市场的交易效率和安全性提供了有力支持。

此外，数字资产市场还吸引了众多传统金融机构的关注和参与。这些机构纷纷布局数字资产领域，通过设立数字资产交易平台、发行数字资产基金等方式，积极参与市场竞争。他们的加入，不仅为市场带来了更多的资金和资源，也推动了数字资产与传统金融体系的深度融合。

展望未来，随着区块链技术的持续创新和数字资产市场的不断发展，数字资产市场将迎来更加广阔的发展前景。投资者和机构将继续涌入市场，推动市场规模的进一步扩大和交易活跃度的提升。同时，监管环境的完善和市场创新的加速，也将为数字资产市场的健康发展提供有力支撑。

### 2. 数字资产交易平台不断涌现

为投资者提供了更加便捷和安全的交易渠道。

数字资产交易平台不断涌现，为投资者开辟了一片全新的金融沃土。这些平台不仅为数字资产爱好者们提供了一个高效、透明的交易场所，更在无形中推动了整个金融行业的革新与发展。

在这些平台的助力下，数字资产逐渐走进了大众视野，成了投资者们资产配置中的重要一环。各平台通过不断的技术迭代和模式创新，使数字资产的交易变得前所未有的便捷和安全。从最初的简单买卖，到现在的杠杆交易、合约交易等多种交易模式的并存，投资者们可以根据自己的风险偏好和投资策略，灵活选择适合自己的交易方式。

与此同时，数字资产交易平台也在积极推动着监管的完善。在早期的野蛮生长阶段，一些不合规的平台确实给市场带来了不少乱象。但随着监管政策的逐步明确和平台自身的合规化建设，整个行业正在向着更加健康、有序的方向发展。平台们不仅积极配合监管机构的各项要求，还主动承担起社会责任，通过投资者教育、风险防控等多种方式，提升投资者的风险意识和自我保护能力。

此外，数字资产交易平台还在不断探索与实体经济的深度融合。从最初的支付结算，到现在的供应链金融、数字藏品等多个领域的尝试，各平台正努力将数字资产的价值渗透到社会经济的各个角落。这种跨界融合不仅为数字资产提供了更为广阔的应用场景，也为实体经济的发展注入了新的活力和动力。

### 3. 技术创新引领发展

（1）区块链技术不断成熟。区块链作为数字资产的核心技术，其性能、安全性、可扩展性等方面将持续提升。随着区块链技术的不断成熟，数字资产的交易速度将更快，交易成本将更低，隐私保护也将得到显著加强。

（2）跨链技术不断进步。跨链技术将解决不同区块链网络之间的互操作性问题，促进数字资产在不同区块链平台之间的自由流通和交易。

（3）应用场景不断拓展。数字资产的应用场景将不断拓展，从金融、供应链、资产证券化等领域，逐渐延伸到数字身份认证、物联网、智能制造等多个新兴领域。这将进一步推动数字资产市场的增长和发展。

### 4. 监管环境逐步明确

在政策规范方面，各国监管机构将加强对数字资产的监管力度，出台更加明确和完善的监管政策。这些政策将规范数字资产市场的交易行为，保护投资者的合法权益，促进市场的健康发展。2023 年 12 月 31 日，我国财政部印发了《关于加强数据资产管理的指导意见》，旨在推动数据资产的合规高效流通使用。

随着数字资产市场的全球化趋势加速，各国之间的监管合作将不断加强。通过共享监管信息、协调监管政策等方式，共同应对数字资产市场面临的挑战和风险。

## 二、数字支付

### （一）数字支付概况

数字支付是指借助计算机、智能设备等硬件设施和通信技术、信息安全等数字科技手段实现的数字化支付方式。

数字支付的发展可以追溯到 20 世纪 80 年代的电子钱包和电子支票。这些早期的数字支付方式为用户提供了在线购买商品和服务的新途径。进入 21 世纪，数字货币和移动支付逐渐成为主流。特别是移动支付，通过智能手机应用程序或短信消息即可完成支付，为用户提供了更加便捷、安全的支付体验。如今，数字支付已经渗透人们生活的方方面面，从线上购物到线下消费，从国内支付到跨境支付，数字支付都发挥着重要作用。

#### 1. 我国数字支付的发展

20 世纪 80 年代末至 90 年代初，我国开始推出银行电子支付服务，如 ATM（自动柜员机）、POS 机（销售终端）等。这些服务主要用于银行卡交易和跨行转账，但由于技术和基础设施的限制，使用相对有限。这些电子支付工具的引入，标志着我国支付体系开始从传统的现金支付方式向电子支付方式转变。

2010 年，我国央行正式颁布《非金融机构支付服务管理办法》，为第三方支付机构的发展提供了法律基础。支付宝和财付通（即现在的微信支付）成为最早的第三方支付平台，通过与银行合作提供在线支付、转账和结算等服务。这些平台推动了数字支付的普及，并逐渐成为市场的主流支付方式。

2013年，支付宝和微信支付推出了扫码支付功能，通过二维码快速完成支付。这一功能的推出引发了移动支付的爆发。2014年，我国移动支付用户规模达到3.4亿人，移动网民渗透率达到61.7%。2023年12月，我国网络支付用户规模达9.54亿人，较2022年12月增长4243万人，占网民整体的87.3%。

从全球角度来看，我国是全球移动支付市场的领导者，该市场由支付宝和微信支付等主要移动支付平台主导。根据《2023—2028年中国移动支付产业运行态势及投资规划深度研究报告》中的数据，我国的移动支付市场占据了全球近半的份额，其中支付宝和微信支付的市场份额超过了90%。印度的移动支付市场也在迅速增长，主要受到政府推动数字化支付和普及金融服务的影响。在印度，Paytm、PhonePe等移动支付平台领先，移动支付的普及率不断提高。

移动支付市场规模分析数据显示，2023年全球移动支付交易额同比增长23%，达到每年850亿美元，移动支付在全球范围内被广泛接受和持续增长。我国是全球最大的移动支付市场，市场占比高达45.6%，规模达到24965亿美元。其中支付宝市场份额占比为53.76%，微信支付占比为38.95%。

移动支付的发展使支付更加便捷、高效，推动了数字支付的进一步普及和深化。

2. 数字支付运营模式

（1）以运营商为主导。移动运营商提供移动支付业务数据传输网络，金融机构负责管理移动支付账户。运营商的主要收入来源是从商家获得的每笔交易的服务佣金和从消费者获得的通信费，并与金融机构按一定比例分成。

（2）以金融机构为主导。以银联为主导的移动支付，通过非接触通信和无线数据通信技术进行现场和远程的新型支付方式。金融机构的主要收入来源是从商家获得的每笔交易的服务佣金。

（3）以第三方支付平台主导。独立于银行和移动电信运营商的第三方运营商，利用移动电信的通信网络资源和金融组织的各种支付卡，进行支付的身份认证和支付确认。第三方运营的最大优势是可以利用其支付平台，为消费者提供跨银行和运营商的移动支付服务。

（4）法定数字货币的双层运营模式。中央银行作为发行方，通过商业银行将法定数字货币推动到公众手中。这种模式既有中央银行的信用背书，又能有效整合商业银行的客户资源和支付网络。

3. 数字支付的特点

数字支付作为货币数字化和数字通信结合的方式，具备许多优势，但这些优势取决于数字支付未来的发展前景。

（1）支付方便快捷。数字支付具备便捷的特点，可以清除地域限制，并结合前沿的数字通信技术，用户仅需拨通对应的手机、推送短信、连接数字网络就可以随时选购实体、享有服务项目、分享信息娱乐。与常规支付专用工具对比，用户黏性比较强，更为便捷。

（2）交易费用低。用户能够随时享有数字支付带来的便捷，大大缩短银行和商户的交通出行时长；并且数字支付利用数字技术性，能够提升支付效率，缩短支付等待时间，节省经济成本；此外，用户应用数字支付只需向数字网络运营商缴纳手机通信费、短信花费或者更加低廉的数据信息流量费用，节省了交易手续费。

（3）兼容模式好。用户所拥有的账户品种繁多，如金融机构账户包括不同金融机构提供的不同种类银行信用卡、储蓄卡，数字通信账户包括不同类型的网络运营商，不同数字支付平台上的申请注册账户不同。想让销售终端设备适用全部账户的难度很大，而数字支付则能够将金融机构账户、第三方账户等各账户结合于手机上，用户只需通过一部数字终端设备就可以实现线上支付和线下支付，可以比较好地处理兼容模式问题。

（4）商业场景更加丰富。数字支付可以覆盖线上与线下等不同支付场景，用途十分广泛，如线下支付可以适用线下传统式卡业务流程所适用的场景，包括商场、便利店的线下购物、网上支付等，远程控制支付能够完成其他数字支付所能完成的绝大多数内容，包括转账、网上购物、公共事业缴费等。

## （二）数字支付的发展趋势

### 1. 数字支付的影响

数字支付方式发展改变了消费者的支付习惯，由传统现金支付过渡到非现金支付时代，以第三方互联网和移动支付为代表的电子支付提高了支付效率，使小额非现金支付变为可能，同时为消费者在高收益互联网理财产品和高流动性存款之间进行实时转换创造了可能。

数字支付替代现金导致货币供给的可控性和可测性下降。一方面是因为数字化支付降低了现金漏损率，提高货币流通速度，放大了货币乘数；另一方面是由于数字支付模糊了各层次货币之间的界限，改变了基础货币的结构。数字支付发展使货币需求对利率更加敏感，总体稳定性下降。随着数字支付的普及，消费者不必携带大量现金，不同类型资产之间的转换成本降低，按照凯恩斯的货币需求理论，交易性货币需求和预防性货币需求会有所减少，而投机性货币需求则会相应增加，货币需求对利率的反应更加敏感，交易性货币、预防性货币及投机性货币之间的界限变得模糊。数字支付时代传统数量型货币政策传导的梗阻效应放大，传导效果受到干扰。

数字支付方式的发展使货币供给内生性增强，可测性和可控性下降，货币需求不再稳定，金融脱媒愈发严重，货币政策中介目标选择更加困难，传统数量型货币政策调控框架下货币政策传导的效果受到干扰。比特币等私人数字货币试图以去中心化方式打破央行货币发行垄断权，模糊了各种用途货币之间的界限，弱化货币政策传导效果。采用双层投放模式发行中央银行数字货币，仅仅替代传统现金而不替代银行存款，不会对现行货币政策运行框架和传导效率产生影响，采用"现金+存款"替代型模式直接对公众发行中央银行数字货币，不仅可以提高货币供给的可测性和可控性，保持货币需求稳定，而且可以疏通货币政策利率传导渠道，改善传导效果。

### 2. 数字支付趋势

（1）市场规模持续增长。2024年，全球数字支付市场规模已达到1370.7亿美元，有关机构预计在未来几年内数字支付市场将以15.7%的复合年增长率持续增长。这一增长趋势反映出数字支付在全球范围内的广泛接受度和日益增长的需求。数字支付市场规模持续增长，主要得益于消费者对便捷支付方式的追求及技术的不断进步。随着智能手机的普及、互联网接入的改善，数字支付市场需求不断攀升。信用卡、借记卡、数字货币、移动钱包等多种支付方式的应用范围不断扩大，为用户提供了更多选择。此外，更流畅的用户体验和更强的定制化功能也进一步推动了数字支付市场的快速发展。

（2）移动支付的持续增长。移动支付作为数字支付的重要组成部分，近年来呈现出快速增长的态势。随着智能手机的普及和移动互联网的快速发展，移动支付已经成为人们日常生活中不可或缺的支付方式。2024年全年全球数字支付应用下载量达到了77亿次，使用次数增长35%，这一数据进一步证明了移动支付的强劲增长势头。

（3）跨境支付的便捷化。随着全球化进程的加速和跨境贸易的不断发展，跨境支付的需求日益增长。数字支付技术为跨境支付提供了更加便捷、高效的解决方案。通过数字化支付平台，用户可以轻松实现跨国转账、支付和结算，提高了跨境支付的效率和便捷性。

（4）支付方式更加多样。数字支付的发展不仅限于移动支付，还包括了电子钱包、数字货币、在线支付等多种支付方式。这些支付方式各具特色，满足了不同用户群体的需求。例如，数字货币的兴起为支付领域带来了新的变革，其去中心化、匿名性等特点使数字货币在某些特定场景下具有独特的优势。

（5）支付与社交、电商等场景的深度融合。数字支付正在与社交、电商等场景进行深度融合，为用户提供了更加便捷、丰富的支付体验。例如，通过社交平台实现好友间的转账、红包等功能，既方便了用户，又促进了社交互动。同时，电商平台也广泛采用数字支付方式，为用户提供了更加安全、快捷的购物体验。

（6）技术创新推动支付安全升级。随着云计算、大数据、人工智能等技术的不断发展，数字支付的安全性和便捷性得到了进一步提升。通过采用加密技术、建立风险监测体系等措施，数字支付行业不断推出创新解决方案，有效应对了支付安全风险。

（7）监管政策不断完善。随着数字支付的快速发展，监管政策也在不断完善。各国政府纷纷出台相关政策，针对数字支付的安全性、消费者保护、反洗钱、税收等方面进行严格监管，以保障支付市场的健康有序发展。同时，国际合作也在不断加强，共同应对数字支付领域的挑战和问题。

## 三、数字货币

### （一）数字货币概述

数字货币（Digital Currency，DC）是一种基于节点网络和数字加密算法技术，通过特定的数据形式在网络上流通的货币。它代表了货币未来的一种演进形态，并不同于虚拟世界中的虚拟货币，因为它被用于真实的商品和服务交易，而不只是局限于网络游戏等虚拟环境中。

目前关于数字货币尚未形成统一概念，但基本上存在两种主要观点，一种是指以比特币为代表的去中心化加密代币，即"私人数字货币"，另一种是指由中央银行发行的法定加密货币，即"央行数字货币"。

2012年，欧洲中央银行的一份报告将虚拟货币（Virtual Currencies）定义为一种数字货币，这里的虚拟货币是在特定情况下可作为货币替代物的一种价值的数字体现，不是由央行、信用机构或电子货币机构发行的。国际清算银行认为数字货币是一种具有一定货币特征，可以用法定货币计价，由发行人发行并负责赎回的数字形式的资产。

2013年12月，中国人民银行与工信部、银监会、证监会和保监会联合印发《关于防范比特币风险的通知》，明确界定比特币不是货币，而是"网络虚拟商品"。我国的数字人民币是由中国人民银行发行的数字形式的法定货币。

#### 1. 数字货币的特点

（1）匿名性。数字货币交易可以保持一定的匿名性，保护用户隐私。

（2）安全性。数字货币使用数字签名、安全加密存储等技术确保交易的安全性和防篡改性。

（3）可编程性。数字货币具有可编程性，可以根据特定规则进行自动执行和智能合约等操作。

（4）高效率性。数字货币以区块链形式运行记账，可以减少对中介的需求，降低交易成本，提高交易效率。

（5）去中心化（部分数字货币）。不依赖于任何中央机构或政府进行发行和管理，通过特定的算法或挖矿方式发行，总量有限。

#### 2. 数字货币的分类

数字货币根据发行主体、应用场景和特性等因素，可以分为多种类型，包括但不限于：

（1）公众币。去中心化，全球认同度高，主要以长期持有为主，如比特币、以太坊等。

（2）小众币。技术上与比特币类似，但认同度低，币值小，投机性较强，如世界币、地球币等。

（3）创新币。有开发团队，具有一定创新性，但风险也较高，如小蚁股、量子链等。

（4）资产币。主要通过 ICO 等众筹方式发行，风险较高，如瑞波币、比特股等。

（5）央行币（或法定数字货币）。由各国央行发行，币价由国家保证稳定，没有投资和投机价值，主要用于日常交易和支付，如中国数字人民币等。

## （二）数字货币的发展历程

数字货币的发展历程是一个从理论探索到实际应用，并伴随着技术进步和监管政策调整的复杂过程。以下是对数字货币发展历程的详细梳理：

数字货币的思想最早可以追溯到密码学家对于加密货币的探索。他们设想通过加密技术，使现金能够像邮件一样进行加密和签名后，在网络上进行安全传输。

20 世纪 80 年代，"数字货币之父"大卫·乔姆提出了"盲签"算法和去中心化概念，并创立了 DigiCash 公司，试验了人类历史上第一种数字货币 eCash。然而，由于经营不善，DigiCash 于 1999 年申请破产，eCash 也随之失败。

2008 年，中本聪（Satoshi Nakamoto）发表论文 *Bitcoin: A Peer-to-Peer Electronic Cash System*，首次提出并阐述了比特币的概念。2009 年，中本聪发布了首个比特币软件，并正式挖出比特币区块链的第一个区块，标志着比特币这一世界上第一个成功的数字货币的诞生。

比特币的成功促使人们开始探索区块链技术在其他领域的应用。区块链作为一种去中心化的分布式账本技术，为数字货币的安全性和透明度提供了重要保障。

随着比特币的成功，各种替代币如莱特币、以太坊等相继问世，数字货币市场也迅速扩大。这些数字货币在算法、应用场景等方面不断创新，推动了数字货币市场的繁荣发展。

随着区块链技术和去中心化理念的深入人心，数字货币逐渐得到了全球的认可。各国中央银行和其他机构开始研究数字货币的可能性和影响，部分国家开始认可数字货币的合法地位，并探索央行数字货币的发行可能性。

数字货币的快速发展也引发了监管机构的关注。不同的国家和地区对数字货币的监管政策不同，这可能会影响数字货币的交易和投资。一些国家采取了积极的监管措施，如建立监管框架、制定相关法律法规等；而一些国家则持谨慎观望态度。

面对数字货币的全球性特点，国际社会开始加强合作与协调。例如，多边央行数字货币桥（m-CBDC Bridge）项目的推进，就是数字人民币在跨境领域的突破及央行数字货币在国际上合作共进的体现。

## （三）数字人民币

数字人民币是由中国人民银行发行的数字形式的法定货币，具有价值特征、法偿性。数字人民币，字母缩写为"e-CNY"，由指定运营机构参与运营，与实物人民币等价，具有价值特征和法偿性。简单来讲，数字人民币是人民币现金的数字化形式。

在定位上，数字人民币是 M0（纸钞和硬币）的替代，而不是 M1（M0+ 活期存款）或 M2（M1+ 定期存款）的替代。数字人民币是公共产品，具有非营利性，也就是流通中的现钞和硬币，不计付利息。中国人民银行建立免费的数字人民币价值转移体系和金融基础设施，不向发行层收取流通费用，商业银行也不向客户收取数字人民币的兑出和兑回的服务费。因此，数字化支付和数字人民币并不相同，即微信和支付宝等数字化支付方式是金融基础设施，是"钱包"；而数字人民币是支付工具，是"钱包"的内容。

中国人民银行数字货币研究所所长穆长春在第二届外滩金融峰会上表示，在电子支付场景下，微信和支付宝的这个"钱包"里装的是商业银行存款货币，数字人民币发行后，大家仍然可以用微信支付宝进行支付，只不过钱包里装的内容增加了央行货币。同时，腾讯和蚂蚁各自的商业银行，即微众银行和网商银行也属于运营机构，和数字人民币不存在竞争关系。

数字人民币具有如下特征：

（1）与现金具有同等效力。数字人民币是人民银行发行的数字形式的法定货币，与实物人民币等价，具有价值特征和法偿性，和现金具有同等效力，可以像现金一样用于各种支付场景，在流通中被广泛接受，具有法定的支付能力。

（2）信用等级高。数字人民币以国家信用为支撑，由央行发行，其信用等级远高于任何基于银行账户的电子货币，具有较高的安全性和可靠性。它是央行对公众的负债，作为法定货币在市场上流通，公众可以放心使用。

（3）可双离线支付。数字人民币注重持续探索应用模式创新，利用智能合约技术，赋予数字人民币可编程特性，提升扩展能力，促进与应用场景的深度融合。通过与相关手机制造商合作，能够提供包括双离线交易等功能在内的移动支付新体验，即使在没有网络的情况下，只要手机有电，双方设备碰一碰就能完成支付操作，这一特性使支付更加便捷和灵活，扩大了支付的使用场景范围。

（4）无须绑定任何银行账户。数字人民币体系将进一步降低公众获得金融服务的门槛，保持对广泛群体和各种场景的法定货币供应。没有银行账户的社会公众可通过数字人民币钱包享受基础金融服务，短期来华的境外居民可在不开立中国内地银行账户情况下开立数字人民币钱包，满足在华日常支付需求，使更多人群能够方便地使用数字人民币进行交易。

## （四）数字货币的未来展望

### 1. 技术创新

随着科技的不断进步，数字货币将迎来更加广阔的发展空间。智能合约、分布式存储等创新技术将继续为数字货币的发展带来新的可能性。

### 2. 监管完善

随着监管政策的逐步完善和市场环境的进一步规范，数字货币将更好地为社会经济发展提供支持和助力。各国政府和国际组织将加强合作与协调，共同推动数字货币的健康发展。

### 3. 应用场景拓展

数字货币将在支付、投资、跨境交易等多个领域发挥重要作用。特别是在数字资产和去中心化金融领域，数字货币的应用将不断拓展和深化。

数字货币的发展历程是一个充满挑战与机遇的过程。从早期的理论探索到比特币的诞生与区块链技术的兴起，再到数字货币的多样化发展与全球认可，以及当前的监管挑战与国际合作，数字货币已经逐渐成为全球金融体系中不可忽视的一部分。展望未来，数字货币将继续在技术创新、监管完善和应用场景拓展等方面取得新的突破和发展。

## 四、数字理财

### （一）数字理财概述

数字理财是指利用数字化工具和平台进行财富管理，数字理财结合了互联网技术和金融知识，使理财更加便捷高效。

自加入 WTO 以来，我国经济蓬勃发展，特别是资本市场迅速转暖升温，金融市场和产品日趋成熟和丰富，居民金融消费观念、模式逐渐转变，理财意识日益强烈，各种数字理财机构及产品应运而生，数字理财在我国步入了快速发展的阶段。

一方面，数字理财是金融业中已被广泛使用的一个术语，它是一种综合性的金融服务，即由专业的理财人员通过评估客户各个方面的财务状况、明确其理财目标，最终帮助其设计出合理、可操作的数字理财方案，使这个方案能够满足人们在不同人生阶段的需求，实现其在财务上的自由。数字理财作为一项新兴的金融业务，是一种个性化、综合化的金融服务，它并不像其他金融服务，有固定的模式和严格统一的要求，而是根据客户的实际情况为客户量身定制的数字理财方案。

另一方面，数字理财涉及的领域主要包括银行、证券、保险及信托四大部分，也包括基金、税务、期货等。数字理财由受委托的金融机构在相关法律规范的框架下进行。专业性的数字理财受托人主要分为五类，分别为商业银行、证券公司、基金公司、保险公司及信托投资公司。受托人对于数字理财产品的设计管理、信息披露、收益分配等事项均应在数字理财合同中列明，并履行告知说明义务，同时经营行为受到相关监管机构的监督与管理。在我国，数字理财的受托人大多为金融机构，尤其是商业银行，原因是相较于其他数字理财机构，商业银行资金规模大，信用度也较高。

### （二）数字理财的优势

#### 1. 便捷性

数字理财不受时间和地点的限制，只要有网络，投资者可以随时随地通过数字化工具和平台（如手机 App、网站、智能设备等）进行理财操作。这种便捷性提高了理财效率，使投资者能够更加灵活地管理自己的财务资源。同时，数字理财平台通常提供全面的功能，包括账户管理、转账付款、信用卡还款、预算制定、支出跟踪、投资组合管理等，简化了理财流程。

### 2. 多样性

数字理财提供了多种投资选择，如货币基金、债券、股票、P2P等，满足了不同风险偏好和投资需求。投资者可以根据自己的风险承受能力和投资目标，在数字理财平台上选择适合自己的投资产品。此外，随着区块链、数字货币等新兴技术的发展，数字理财领域还不断涌现出新的投资机会和方式，为投资者提供了更多元化的投资选择。

### 3. 智能化

数字理财平台利用大数据、人工智能等技术，为投资者提供个性化的投资建议和资产管理服务。通过分析投资者的风险偏好、财务状况和投资目标等因素，智能投顾能够制定投资策略并实时调整投资组合以应对市场变化。这种智能化服务不仅降低了理财门槛，还使投资过程更加高效、精准和智能化。

### 4. 低成本

数字理财通常具有较低的成本。与传统的理财方式相比，数字理财平台通常不需要投资者支付高额的佣金或费用。此外，一些数字理财平台还提供免费的投资顾问服务或投资课程，帮助投资者提高投资水平和理财能力。

### 5. 安全性

在数字化个人理财中，区块链技术由于其不可篡改和易于追溯的特性，正在被应用于保障交易记录的安全性和提高金融服务的透明度。同时，多重认证技术、生物识别技术（如指纹和面部识别）等的应用，也为用户账号提供了额外的保护层次，确保了用户信息和资金的安全。

### 6. 投后服务智能化

数字化技术使投后服务变得更加智能化。金融机构可以利用智能投顾系统，对投资者的投资组合进行实时监测和动态调整，确保投资者能够持续享受稳健的投资回报。这种智能化的投后服务不仅提高了投资者的满意度和忠诚度，还降低了投资风险。

## （三）数字理财产品——余额宝

2013年6月13日，阿里巴巴旗下的支付宝公司推出了"余额宝"这一创新功能。该功能允许支付宝用户将账户余额转入余额宝，不仅便于随时进行消费、转账和缴费，更重要的是，用户还能通过购买货币基金来实现资金的增值。为此，天弘基金特别为支付宝定制了一款集数字理财与消费功能于一体的基金产品——天弘增利宝货币基金，其收益情况直接关联天弘基金的运营业绩。

从支付宝用户的角度来看，余额宝无疑是一个强大的现金管理工具，它提供了余额增值的增值服务；而对于货币基金投资者来说，余额宝则是一个借助第三方支付平台实现货币基金支付功能的创新渠道。余额宝成立初期，其年化收益率曾一度超过 6%，并在 2014 年 1 月达到了史上的最高峰，具体数值为 6.763%。这一时期，受市场"钱荒"的影响，余额宝的收益率异常高企。近年来，随着市场利率的整体下调及余额宝投资方向的限制（主要投资方向是银行存款），余额宝的收益率逐步走低。截至 2024 年 12 月，余额宝的 7 日年化收益率已经降至较低水平，如 1.3%、1.27% 等，但相比活期存款，余额宝的收益率仍颇具吸引力。

在众多以"某某宝"命名的网络基金产品中，余额宝以其独特的地位和影响力成为数字理财产品的典范。凭借支付宝在网购支付市场的高占有率和广大用户基础，余额宝一经推出便迅速吸引了大量用户。到 2014 年 6 月月初，余额宝的用户数已突破 1.24 亿，其背后的天弘基金也因此一跃成为中国最大的公募基金公司，基金规模超过 5000 亿元。研究显示，已有数百万用户选择通过余额宝进行理财，这一产品无疑成为数字理财领域的一个重要里程碑。

过去，基金公司通常将支付宝、财富通等第三方支付公司视为网上直销的支付渠道，客户并不能直接在第三方支付网站上购买基金，销售仍依赖于基金公司的网上直销系统，但支付方式的选择变得更加多样化。然而，余额宝的推出打破了这一格局，不仅改变了第三方支付公司在数字理财领域的战略定位，还推动了数字理财的蓬勃发展。随后，财富通、易付宝等第三方支付公司也纷纷进军数字理财产品市场，数字理财因此受到了前所未有关注。

此后，腾讯的理财通、天天基金网的活期宝、苏宁的零钱宝等相继涌现，其他活期理财产品如外快理财、荷包金融和 PPmoney 等也快速发展，虽然引发了广泛关注，但也因部分企业宣传不当而遭到金融监管机构的问询和整改要求。截至 2023 年 6 月 30 日，余额宝占整个货币基金规模的 28%，在数字理财产品中占据了相当大的市场份额。

随着数字金融的快速发展，余额宝作为具有巨大潜力的新型金融理财产品，其发展速度令人瞩目，同时也面临着诸多挑战和争议。在通货膨胀背景下，余额宝为投资者提供了高于银行存款利率的收益，实现了资金的保值增值，因此迅速成为市场上最热门的理财产品之一。

### （四）数字理财的发展趋势

数字理财的发展趋势呈现出技术创新与智能化、产品与服务多样化、安全性与合规性增强、国际化与跨境理财、绿色金融与可持续发展等特点。

#### 1. 技术创新与智能化

（1）智能理财崛起。依托人工智能和大数据技术，智能理财能够根据投资者的风险偏好、财务状况和投资目标，提供个性化的理财建议和资产配置方案。这种智能化的服务不仅降低了理财门槛，还提高了投资效率和精准度，让普通投资者也能享受到专业级的理财服务。随着技术的不断进步，智能理财将更加精准地满足投资者的需求。

（2）大数据驱动。通过大数据分析，金融机构能够深入了解投资者的需求和偏好，实现精准营销和个性化服务。这不仅提高了营销效率，还增强了投资者的满意度和忠诚度。未来，大数据将在数字理财中发挥更加重要的作用，帮助投资者发现更多的投资机会。

### 2. 产品与服务多样化

（1）理财产品丰富。随着数字理财市场的不断发展，理财产品将更加丰富多样，包括但不限于债券基金、货币基金、指数基金等。这些产品将满足不同投资者的风险偏好和投资需求，为投资者提供更多的选择。

（2）服务升级。数字理财平台将不断提升服务质量，包括投后服务的智能化升级。金融机构可以利用智能投顾系统，对投资者的投资组合进行实时监测和动态调整，确保投资者能够持续享受稳健的投资回报。

### 3. 安全性与合规性增强

（1）加强数据安全保护。金融机构将建立完善的数据安全体系，确保投资者的个人信息和交易数据不被泄露或滥用。同时，投资者也应提高安全意识，妥善保管自己的账户信息和密码。

（2）合规性提升。随着监管政策的不断完善，数字理财平台将更加注重合规性运营。这将有助于维护市场的公平、公正和透明，保护投资者的合法权益。

### 4. 国际化与跨境理财

数字化技术使跨境理财变得更加容易。投资者可以通过互联网平台，轻松投资全球各地的金融产品，享受全球化的投资机会和收益。未来，跨境理财将成为数字理财的一个重要发展方向。

### 5. 绿色金融与可持续发展

随着全球对环保和可持续发展的重视，绿色金融成了一个新兴的投资领域。数字理财平台将积极推出绿色金融产品，为投资者提供更多元化的投资选择，同时推动可持续发展目标的实现。

随着技术的不断进步和市场的不断发展，数字理财将为投资者提供更加便捷、高效、安全的理财服务。

## 第三节　数字金融风险与监管

金融风险是指在金融活动中，由于各种不确定性因素的影响，导致金融资产损失、金融机构经营困难，甚至引发金融市场动荡和金融危机的可能性。

## 一、数字金融的风险

### （一）数字金融风险的类型

#### 1. 信用风险

信用是对交易双方的评估。传统金融的信用系统相对完善，通过线下"面对面"的沟通与交流，可以对客户信用进行有效的了解。而在数字金融领域，对信用的评估很少能通过"面对面"交流，因而对交易双方信用了解得不够透彻，故存在一定信用风险。

#### 2. 技术风险

数字金融依托互联网技术的发展而兴起，大数据、人工智能、云计算、区块链等技术的发展和运用又进一步扩展了数字金融的深度。然而，技术的发展也会带来诸多问题。例如，技术创新引发的技术漏洞会存在技术风险，技术风险被不法分子利用则可能产生网络犯罪。

#### 3. 流动性风险

数字金融满足了平民投资和中小企业融资的需求，但这个消费群体整体金融素质偏低，盲从性强，财力基础相对有限，快速趋利心理预期强，侧重短线。加之数字金融操作便捷，增大了挤兑发生可能，所以流动性风险更加突出。

#### 4. 信息安全风险

数据采集是否合法、数据保护是否足够是数字金融中数据安全风险的重要方面。随着金融科技行业的不断创新，信息安全风险也会不断放大。

#### 5. 法律与监管风险

国家对于数字金融的监管政策还在不断完善和修改中，新的监管政策的出台很可能修改数字金融企业的业务流程和作业模式，也可能让一些规范性较差的数字金融企业从市场上消亡。

### （二）数字金融风险的基本特征

#### 1. 不确定性

数字金融基于数字技术在金融行业的全面应用，在金融模式、流程、产品设计等方面发生了根本性的变化。数字技术不仅种类多，而且与金融各业务条线融合应用，衍生出许多新场景与新模式。因此，数字金融的风险因素明显增加。

#### 2. 空间传染性

数字金融的发展不仅突破了传统金融模式下时间和空间的限制，而且数字技术具有传播快速、反应瞬间等特点，对于风险事项具有较强的传播与放大效应。在互联网金融时代，平台化是数字金融的一个重要特征，互联网平台将金融供需方、产品、服务等集中于一个平台空间内，之间没有物理隔断，各金融机构间、各社会要素间都是网网相通相连，一个时点或节点发生风险，瞬间可以影响网上所有的关联单位，空间传染性强、传染速度快，技术上难以隔离。

### 3. 技术依赖性

由于数字金融高度依赖信息技术，如云计算、大数据、区块链等，这些技术的安全性、稳定性和可靠性就成为数字金融面临的重要风险。一旦技术系统出现故障或被黑客攻击，可能导致金融服务中断、数据泄露、资金损失等严重后果。此外，技术的快速发展和迭代也可能带来新的风险点，如新技术可能存在未知漏洞或安全隐患，而技术更新换代也可能导致旧系统的兼容性问题。技术风险本来就难以管控，技术手段广泛应用到金融业务当中，意味着数字金融风险的管理必须主要依靠技术手段来实现。

### 4. 形成到质变时间短

数字金融风险从形成到质变时间往往很短。这是由于数字技术本身处于不断创新过程当中，作为金融业务构成的底层技术的任何变动都会对金融模式、产品、生态等产生基础性影响，技术的不断创新也可能会衍生出新的金融风险。

## 二、数字金融监管的理论支撑

### （一）数字金融监管的必要性

（1）保护消费者权益。监管机构应将保护消费者权益放在首位，确保数字金融机构的信息披露透明、准确，防止消费者被误导或欺诈。

（2）防范系统性风险。数字金融行业具有高度关联性，一家机构出现问题可能会引发连锁反应。因此，监管机构应加强对数字金融机构的资本充足率、流动性等指标的监管，防范系统性风险。

（3）鼓励创新与发展。监管机构应鼓励数字金融创新与发展，为优秀的数字金融机构提供良好的发展环境，推动行业健康发展。

（4）跨境监管合作。随着互联网技术的无国界化，跨境数字金融业务日益增多。监管机构应加强国际合作，共同应对跨境风险。

（5）审慎监管、行为监管、金融消费者保护等主要监管方式都适用。鉴于部分数字金融活动的混业特征，针对数字金融的监管协调必不可少。

数字金融监管的必要性不容忽视。只有在严格的监管下，数字金融才能真正发挥其优势，推动金融行业的创新与发展。广大投资者和消费者也才能享受到更加安全、便捷的金融服务。

### （二）数字金融的监管原则

#### 1. 鼓励创新原则

数字金融作为金融服务的一种创新形式，有利于提升金融资源的配置效率。因此，在监管过程中,需要坚持风险防范与鼓励创新并重,赋予数字金融机构一定的试错空间和风险容忍度,以促进其健康发展。

#### 2. 监管一致性原则

对于经营相同的业务,监管应保持一致,以避免数字金融机构进行监管套利,损害监管的公信力和有效性。同时,同一金融机构的线上和线下业务也应受到同样的监管,以确保监管的公平性和一致性。

#### 3. 底线思维原则

数字金融行业必须坚持底线思维,不得以数字金融名义进行诈骗、非法吸收公众存款、洗钱等违法活动。监管部门应明确数字金融业务创新的边界和监管底线,列出区域性风险和系统性风险的清单,同时允许数字金融机构在合规范围内积极探索和创新。

#### 4. 功能监管原则

数字金融具有混业经营的特征,传统的机构监管方式可能导致监管套利和风险盲区。因此,应以功能监管为主,根据各个业务的金融功能本质来进行监管。这要求增强监管措施的针对性,根据业务特点采取相应的监管措施,并确保从事相同业务的数字金融机构受到同样的监管。

#### 5. 协调监管原则

面对数字金融的挑战,现有的金融监管体系需要加强协调、分工协作,推进监管的无缝对接。这包括明确各业态的监管主体,加强与地方政府和公检法部门的合作,以防范区域性和系统性金融风险。

#### 6. 技术监管原则

数字金融依托于互联网技术,监管对象和数据不确定性增大,因此必须推进监管技术化。这包括建立数字金融监管平台,运用大数据模型的算法监管;优化数字金融运行的技术环境,制定信息安全防护标准;推进数字金融新业务技术审查制度,对新业务实行入网审查和准入机制;加强监管队伍建设,提高对各种监管技术的认知和跟踪研究能力。

#### 7. 最小干预原则

数字金融的监管应秉持最小干预原则,避免对市场的过度扭曲。监管政策应平衡好监管的收益与成本,不宜过度介入金融市场和机构的日常运营。同时,监管的组织和人员编制也应与数字金融特点相适应,保证可行且有效。

## 三、构建我国数字金融监管体系

### (一)完善数字金融监管法律法规

#### 1. 加强立法工作

制定专门性法规。针对数字金融行业的特殊性,制定专门的法律法规,明确数字金融的定义、范围、监管主体、监管职责、监管措施等，为数字金融监管提供明确的法律依据。制定适应数字金融发展的监管政策，确保数字金融活动在法律框架内进行。

完善现有法规。对现有的金融法律法规进行修订和完善，将数字金融纳入其中，确保数字金融活动在法律框架内进行。同时，要明确数字金融与传统金融的界限，避免监管空白和重复监管。

### 2. 提高数字金融准入门槛与资金监管力度

严格规定准入标准，提升数字金融领域的进入门槛。参考温州金融改革的成功经验，构建一个网络借贷登记与监管平台，要求借贷双方均完成实名登记与认证流程，以确保交易活动的真实性和透明度。同时规定网络借贷企业的资金必须委托商业银行进行托管，涵盖资金发放、客户使用及还款情况等多个环节，实施全程跟踪管理。此外，建立资金安全监控体系，以监测风险动态并采取相应的防范措施。进一步完善数字金融的法律框架，加强针对数字金融的监管与风险控制体系的立法工作，明确监管的基本原则与界限，并适当放宽数字金融经营的地域限制。

### 3. 保护消费者权益

加强消费者权益保护。明确数字金融机构在保护消费者权益方面的责任和义务，建立健全消费者权益保护机制。加强对数字金融机构的监管和处罚力度，确保其遵守相关法律法规和监管要求。

提高消费者金融素养。加强对消费者的金融教育和宣传，提高消费者的金融素养和风险意识。可以开展金融知识普及活动，帮助消费者了解数字金融产品的特点和风险，避免盲目投资和受骗上当。

## （二）构建合作监管体系

### 1. 明确监管主体和职责

建立统一监管体系。建立数字金融监管的统一体系，明确各监管部门的职责边界，避免监管重叠和监管空白。同时，要加强监管部门之间的信息共享和沟通协作，形成监管合力。

强化跨部门协作。建立统一的数字金融监管机构，明确各监管部门的职责边界，加强监管部门之间的信息共享和沟通协作。推动监管体制从机构性监管向功能性监管转变，以适应数字金融行业的综合经营格局。加强与国际金融监管机构的合作与交流，共同应对跨国金融风险和挑战。

### 2. 提升监管技术和能力

运用监管科技。利用大数据、人工智能等先进技术提升监管效率和准确性。建立数字金融监管平台，实时监测数字金融活动，及时发现和处置风险。

加强监管人员培训。提高监管人员的专业素养和技术水平，使其能够适应数字金融监管的新要求。可以开展定期培训和交流活动，提升监管人员的业务能力和监管水平。

### 3. 强化风险管理

加强数字金融风险监测、预警和防范，建立风险预警机制，及时发现和处置潜在风险。完善风险管理体系，通过监测分析、预警提示、应急处置等手段，有效防范和化解数字金融风险。加强网络安全防护能力，建设完善的网络安全防护体系，确保数字金融服务安全稳定。

### 4. 加强国际合作与交流

加强国际合作。积极参与国际数字金融监管合作与交流，提升我国数字金融监管水平。可以与国际金融监管机构建立合作关系，共同应对跨国金融风险和挑战。

推动监管标准统一。推动国际数字金融监管标准的统一和协调，减少监管差异和冲突。可以参与国际金融监管标准的制定和修订工作，推动形成全球统一的数字金融监管体系。

## 课后习题

1. 数字金融概念与几年前使用的网络金融概念有何区别与联系？举例说明当前数字金融的主要形式，并分析其风险。
2. 比特币的含义和特点是什么？
3. 金融创新的动力是什么？运用金融创新原理，结合"大众创业、万众创新"，分析基于互联网大数据的金融创新机制及其效果。
4. 什么是逆向选择和道德风险？从银行信贷角度看，为什么在存在逆向选择和道德风险的情况下，银行可能会选择不发放贷款？

# 第十章 数字贸易

## 案例导入

### 卢旺达的数字化改革

2018年,卢旺达政府在首都基加利宣布与阿里巴巴共同建设非洲首个eWTP项目,卢旺达成为第一个共同建设eWTP的非洲国家。不久,通过阿里巴巴的跨境进口平台天猫国际进行销售。卢旺达的"大猩猩牌"咖啡豆通过电商平台销往中国,并亮相首届中国国际进口博览会,收获越来越多的中国"粉丝"。受益于"数字丝绸之路"建设,咖啡销售省去了中间环节,卢旺达咖啡农户每售出1公斤咖啡豆,要比之前多赚4美元。

卢旺达作为非洲的一个新兴市场,近年来一直在积极推行数字化改革,旨在建立一个有利于电商发展的环境。随着互联网普及率的提高及移动支付系统的日益完善,卢旺达的电商行业正迎来前所未有的机遇,中国与卢旺达之间的电子商务合作也呈现出广阔的发展前景。随着全球贸易的数字化转型,两国在电商领域的合作不仅有助于推动双边贸易的增长,还能够促进卢旺达乃至整个非洲地区的经济发展,天猫国际的合作案例具有代表性。

总部在义乌的老牌国际物流服务企业华晔物流,通过在乌干达建立海外仓,让其成功打开东非市场。2018年,公司在距离乌干达首都坎帕拉市区约13公里的纳曼维(Namanve)工业园区内建设了乌干达海外仓,总面积44506平方米。此外,公司还在肯尼亚蒙巴萨、内罗毕、乌干达坎帕拉等城市均设有物流分公司,打通了肯尼亚蒙巴萨-乌干达等东非运输线路;组建清关团队,为小百货、服装鞋帽、食品等品类提供海外清关、海外派送服务。客户只需将货物送达义乌国内仓库,告知国外客人指定仓库,华晔物流就可以完成全流程服务,确保货物高效送达。2021年,华晔物流在乌干达设立的海外仓——华晔(乌干达)公共物流保税仓被评为浙江省公共海外仓。

# 第一节 数字贸易的定义与内涵

## 一、数字贸易的概念

数字贸易（Digital Trade）是指通过电子手段进行的商品、服务和数据的跨境交换。它不仅限于电子商务，还包括了通过数字平台进行的服务贸易和数据的跨境传输。数字贸易的核心在于其依托互联网、云计算、大数据等现代信息技术，打破了时间和空间的限制，实现了全球范围内的即时、便捷交易。

与传统贸易相比，数字贸易具有显著的特点。传统贸易主要以实体商品的进出口为主，依赖于物理物流和海关清关等环节。而数字贸易则以数字化的方式进行，交易过程不再局限于传统的货物进出口，服务、数据等无形资产的流动成为新的贸易形式。数字贸易不仅提高了交易效率，降低了成本，还拓宽了市场边界，使小企业和个人也能参与到全球贸易中来。

数字贸易的范畴大致分为以下几类：

### 1. 电子商务

这是数字贸易最广泛的形式，即通过互联网进行的商品和服务的买卖交易。电子商务包括但不限于：B2C（企业对消费者）模式，如亚马逊、阿里巴巴等在线零售平台；B2B（企业对企业）模式，如中国制造、一呼百应网等企业间交易平台；C2C（消费者对消费者）模式，如 eBay、淘宝等个人间交易市场。

### 2. 数字服务贸易

数字服务贸易涵盖了通过数字网络进行的各种服务，具体如图 10-1 所示。

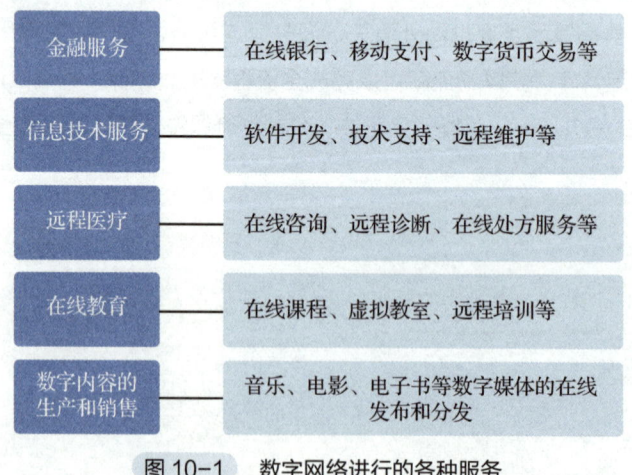

图 10-1　数字网络进行的各种服务

### 3. 数据流动和数据服务

数据流动和数据服务涉及跨境的数据传输及其相关服务，具体如图 10-2 所示。

**云存储**
- 提供数据存储和备份服务的云平台。

**数据分析服务**
- 利用大数据技术进行市场分析、客户行为分析等。

**图 10-2**　涉及跨境的数据传输及其相关服务

数据流动本身作为一种新型贸易方式，已经成为数字贸易的重要组成部分。例如，跨国公司可以通过云服务在全球范围内共享和管理数据，而无须实际的物理运输。

通过上述分类，可以看出数字贸易不仅涵盖实物商品的在线交易，还包括了大量的无形服务和数据的交换。这些新的贸易形式不仅丰富了全球贸易的内容，也促使国际贸易规则和监管方式的革新。数字贸易的发展为全球经济注入了新的活力，同时也带来了诸如数据安全、隐私保护等方面的挑战，需要通过国际合作和技术手段来共同应对。

## 二、数字贸易的特征

数字贸易有几个显著特征，使其区别于传统贸易，这些特征不仅体现了数字贸易的优势，也为其在全球经济中的地位奠定了基础。

### 1. 非物质性

大多数数字贸易的产品和服务是非物质的，可以通过网络进行即时传输和交付，打破了传统贸易中对物流运输的依赖。例如，软件、音乐、电子书籍、在线课程等内容可以直接通过互联网下载或访问，无须实体介质的传递。这种非物质性不仅降低了生产和分发的成本，还提高了交易的速度和灵活性。

### 2. 即时性

数字贸易可以在全球范围内实现即时交易和交付，不受地理位置的限制。无论是购买一件商品还是接受一项服务，用户只需点击几下鼠标或触摸屏幕即可完成交易。这种即时性提高了交易效率，缩短了从下单到交付的时间周期，降低了交易成本。对于企业而言，这意味着可以更快地响应市场变化，提高竞争力。

### 3. 数据驱动

数字贸易的核心是数据，无论是电商平台的交易数据、数字服务的使用数据，还是跨境流动的个人数据和商业数据，这些数据都是驱动数字贸易发展的关键要素。通过数据分析，企业可以更好地理解市场需求，优化产品设计和服务流程，提高客户满意度。同时，数据还可以用于精准营销，帮助企业更有效地触达目标受众，提升转化率。

#### 4. 全球化

数字贸易打破了国界限制，通过互联网将全球市场紧密连接在一起。无论是小型企业还是个人创业者，都能通过数字平台接触到世界各地的潜在客户，从而扩展业务范围。消费者也可以享受到来自全球各地的商品和服务，增加了选择的多样性和便捷性。这种全球化不仅促进了国际贸易的增长，也为发展中国家和新兴市场提供了更多参与全球价值链的机会。

综上所述，数字贸易凭借其非物质性、即时性、数据驱动和全球化等特征，正在重塑全球经济格局，推动传统贸易模式向更加高效、便捷的方向转变。这些特征不仅为企业创造了新的商业机会，也为消费者带来了更好的购物体验，同时对国际政策制定者提出了新的挑战，需要在保障数据安全、促进公平竞争等方面做出相应的调整和改进。

### 三、数字贸易的驱动因素

#### 1. 技术进步

技术进步是数字贸易发展的核心驱动因素。随着大数据、人工智能、物联网等数字化技术的不断发展和应用，数字贸易得以迅速崛起。5G、数据中心、云计算、人工智能等数字基础设施的加速构建完善，为数字贸易提供了坚实的技术支撑。这些技术不仅提升了贸易流程的效率和准确性，还降低了交易成本，推动了贸易方式的创新和变革。例如，通过大数据分析和人工智能技术，企业可以更加精准地把握市场需求和消费者行为，从而优化产品设计和营销策略。同时，物联网技术使商品在供应链中的追踪和管理变得更加便捷，提高了物流效率和客户满意度。此外，区块链技术也为数字贸易提供了更加安全、透明的交易环境。可以说，技术进步为数字贸易的发展提供了强大的技术支持和动力，推动了全球贸易的数字化转型和升级。

#### 2. 政策支持

政策支持对数字贸易的发展起到关键作用。政府通过制定相关政策和法规，为数字贸易提供了良好的发展环境和法律保障。一方面，政策鼓励数字技术的研发和应用，推动了数字贸易的创新和发展。例如，通过税收优惠、资金支持等政策，激励企业加大数字技术的投入，提升贸易效率和服务质量。另一方面，政策还加强了数字贸易的监管和风险防范，保障了贸易的公平和安全。例如，建立数字贸易的统计监测体系，完善跨境数据流动的管理机制，加强知识产权保护等。这些政策的实施，为数字贸易的健康发展提供了有力支持，推动了全球数字贸易的繁荣和发展。

#### 3. 全球化需求

全球化作为 21 世纪最显著的经济现象之一，对全球贸易格局产生了深远的影响。首先，消费者不再满足于本国市场提供的商品和服务，在全球范围内寻求优质产品。数字贸易通过跨境电商平台，使全球商品的供需匹配变得更加迅速和便捷，满足了消费者对全球商品的需求。跨境电商平台如亚马逊、阿里巴巴、eBay等，通过互联网连接全球买家和卖家，提供了一个无国界的市场。这些平台不仅为消费者提供了更多的选择，也为中小企业打开了国际市场的大门。跨境电商的崛起，是全球化需求推动数字贸易发展的直接体现。其次，数字支付和物流技术的发展为数字贸易提供了必要的基础设施。数字支付如支付宝、PayPal等，使跨境支付变得更加快捷和安全。同时，物流技术的进步，如无人机配送、智能仓储等，提高了物流效率，降低了运输成本，使全球商品的流通更加高效。随着全球化的不断深入，数字贸易将继续在全球经济中扮演越来越重要的角色。

## 第二节　数字贸易对经济的影响

### 一、数字贸易对全球经济的推动

#### 1. 促进经济增长，创造新的贸易机会和市场

数字贸易打破了传统贸易在时间和空间上的限制，企业和个人能够更便捷地进入全球市场，接触到更多的潜在客户和合作伙伴。通过数字化技术，贸易流程得以简化和自动化，如电子合同、电子支付、数字物流等的应用，减少了纸质文件处理、中间环节沟通等方面的时间和成本，提高了贸易效率，增强了企业的竞争力，进而促进了全球经济的高效运行。数字贸易的发展带动了如数字技术研发、信息技术服务、物流配送、电子支付等一系列相关产业的繁荣。这些产业的发展不仅创造了大量的经济附加值，还为全球经济增长提供了新的产业支撑。以云计算为例，它为数字贸易提供了强大的计算和存储能力，同时自身也发展成为一个庞大的产业。

#### 2. 优化资源配置，促进全球要素流动

数字贸易使数据、技术、资本等生产要素能够在全球范围内更加快速、高效地流动。企业可以根据自身需求在全球范围内获取和配置资源，将生产环节布局在成本最低、效率最高的地方，提高了资源的利用效率，推动了全球产业分工的深化和优化。借助大数据、人工智能等技术，数字贸易平台能够更准确地分析消费者需求和企业供给信息，实现供需的精准对接。这有助于减少生产过剩和资源浪费，提高资源配置的合理性和有效性，促进全球经济的平衡发展。

#### 3. 推动技术创新，激励企业加大研发投入

数字贸易的竞争促使企业不断投入研发，以提升自身的数字技术能力和创新水平，开发出更具竞争力的数字产品和服务。数字贸易为新技术的传播和应用提供了便捷的渠道，使先进的数字技术能够迅速在全球范围内扩散和推广。发展中国家可以通过数字贸易更

快地获取和应用发达国家的先进技术，实现技术追赶和跨越发展，推动全球技术水平的提升。

#### 4. 提升消费者福利，丰富消费选择

数字贸易让消费者能够突破地域限制，买到来自全球各地的商品和服务，无论是特色食品、时尚服装还是数字内容产品等，丰富了消费者的选择范围，满足了不同消费者的多样化需求。数字贸易减少了中间环节，降低了商品和服务的流通成本，使消费者能够以更低的价格购买到心仪的产品和服务。同时，数字平台上的价格比较和竞争也促使企业降低价格，提高了消费者的实际购买力。

#### 5. 创造就业机会，催生新的就业岗位

数字贸易的发展创造了许多新的就业机会，如数字技术研发人员、数据分析专家、电商运营人员、数字营销专员、跨境物流配送人员等。这些岗位不仅需要具备专业技术知识的人才，也为普通劳动者提供了就业机会。数字贸易与传统产业的融合，推动了传统产业的数字化转型，从而带动了相关产业的就业增长。例如，传统制造业在数字化转型过程中，需要大量既懂制造业又懂数字技术的人才来进行生产流程优化、智能制造系统维护等工作。

## 二、数字贸易对各行业的影响

数字贸易作为经济全球化与数字化浪潮的产物，正逐步成为推动全球经济高质量发展的新引擎，对各行业产生了广泛而深远的影响。

（1）数字贸易促进了商品和服务的全球化流通。借助先进的数字技术，企业可以跨越地理界限，将产品和服务推向全球市场，这不仅拓宽了企业的销售渠道，降低了交易成本和时间，使新的贸易产品不断涌现，并改变了几乎所有行业的贸易方式和规模，也丰富了消费者的选择。在金融、保险、零售等行业，数字贸易使跨境支付、在线购物、远程服务成为可能，提升了行业的运营效率和客户体验。

（2）数字贸易促进了全球价值链的重组和优化。数字技术使全球生产分工更加深入，降低了已有产品全球价值链的组织和协调成本，同时提供了新的可贸易产品及相应的新产品全球价值链。这有助于各行业在全球范围内实现资源的优化配置，提高生产效率。随着数字技术和数字贸易的推动，全球服务贸易增速远超商品贸易增速，由此产生的经济价值远超传统贸易统计所能涵盖的范围。

（3）数字贸易推动了各行业的数字化转型和升级。企业为了适应数字贸易的发展，纷纷加大在数字技术上的投入，如云计算、大数据、人工智能等，以提升自身的竞争力。这些技术的应用不仅优化了企业的生产流程，降低了运营成本，还催生了新的商业模式和服务业态。例如，在医疗领域，数字贸易推动了远程医疗、智能诊断等服务的兴起，提高了医疗服务的可及性和效率。

未来，数字技术将与各类专业服务深度融合，共同推动数字全球价值链的形成，实现资源的优化配置。同时，数字贸易也提供了新的贸易机会，使一些原本难以贸易的产品和服务变得可贸易，进一步丰富了全球市场的多样性。

## 三、数字贸易对就业的影响

数字贸易的蓬勃发展创造了大量的就业岗位，涵盖了从技术研发、数据分析到在线营销、跨境电商运营等多个领域。这些新兴岗位不仅要求从业者具备专业的数字技能和知识，还强调创新思维和跨文化沟通能力。为年轻人、技术型人才及具备国际视野的专业人士提供了广阔的就业舞台，推动了就业结构的优化和升级。同时，数字贸易的快速发展也带动了相关产业的繁荣，进一步扩大了就业容量，为经济发展注入了新的活力。

### （一）数字贸易带来的新工作岗位

#### 1. 技术研发相关岗位

（1）软件开发工程师。随着数字贸易平台的不断发展，需要大量的软件开发工程师来构建和维护贸易相关的软件系统。例如，开发跨境电商平台的购物界面、支付系统、物流追踪系统等。这些工程师要熟练掌握编程语言，如 Java、Python 等，并且要了解网络安全和数据库管理知识，以确保平台的稳定性和安全性。

（2）数据分析师。数字贸易产生了海量的数据，包括消费者购买行为数据、市场趋势数据等。数据分析师负责收集、整理和分析这些数据，为企业提供决策支持。他们可以通过数据分析来优化商品推荐系统，提高贸易效率。例如，分析不同地区消费者对某种产品的偏好，从而帮助企业调整库存和营销策略。

#### 2. 数字营销岗位

（1）社交媒体营销专员。在数字贸易时代，社交媒体成了推广产品和服务的重要渠道。社交媒体营销专员需要制订并执行社交媒体营销计划，通过 Facebook、Instagram、微信等平台吸引潜在客户。他们要懂得制作吸引人的内容，如短视频、图文等，并且能够利用社交媒体的广告投放工具，精准定位目标客户群体。例如，在 Instagram 上为一家跨境美妆品牌设计营销活动，通过网红合作和话题标签吸引用户关注，从而增加品牌知名度和产品销量。

（2）搜索引擎优化（SEO）专员。SEO 专员的职责是优化网站内容，提高网站在搜索引擎（如百度、谷歌）中的排名。在数字贸易中，企业的网站排名直接影响其流量和销售额。他们需要研究关键词，优化网站结构和内容，确保网站能够在用户搜索相关产品或服务时出现在靠前的位置。例如，一家电子产品外贸公司的网站，通过 SEO 专员优化产品描述和关键词，使网站在搜索"智能手表批发"等关键词时排名提升，从而获得更多的商业机会。

### 3. 跨境电商运营岗位

（1）跨境电商平台运营经理。该岗位主要负责整个跨境电商平台的日常运营和管理。他们要协调各个部门，包括采购、销售、客服等，确保平台的正常运转。同时，还要关注竞争对手动态和市场变化，及时调整平台的运营策略。例如，管理一个面向欧美市场的服装跨境电商平台，要根据欧美时尚潮流的变化及时上架新款服装，并优化产品展示页面。

（2）跨境电商客服代表。该岗位主要为海外客户提供售前、售中、售后的咨询服务。他们需要具备良好的外语能力和沟通技巧，能够及时解决客户的问题。比如，为国外客户解答产品的使用方法、处理退换货等问题，提升客户满意度，维护品牌形象。

### 4. 物流与供应链管理岗位

（1）物流信息系统管理员。数字贸易的发展对物流信息的准确性和及时性要求更高。物流信息系统管理员负责管理和维护物流信息系统，确保货物的运输状态能够实时跟踪。他们要整合各种物流渠道的数据，如快递、海运、空运等，为企业和消费者提供准确的物流信息。例如，在一个全球物流平台上，管理员要确保从我国发货到美国的商品，其运输进度能够在系统中实时更新，方便商家和消费者查询。

（2）供应链数据协调员。协调供应链上各个环节的数据，包括供应商、生产商、仓库和零售商的数据。他们要确保数据的一致性和流畅性，通过数字化手段优化供应链流程。比如，通过建立供应链数据共享平台，协调原材料供应商和生产厂家之间的数据交互，使生产计划能够根据原材料供应情况及时调整，提高供应链的效率。

## （二）数字贸易带来的就业新变化

### 1. 工作方式的变革，远程工作的兴起

数字贸易的发展使很多工作不再局限于传统的办公室环境。例如，许多数字营销和软件研发岗位可以通过网络实现远程办公。员工可以在任何有网络连接的地方工作，这不仅提高了员工的工作灵活性，也为企业节省了办公空间成本。同时，远程工作也促使企业采用更加灵活的管理方式，如通过项目管理软件和视频会议工具来监督和协调员工的工作。

弹性工作时间。数字贸易的一些岗位由于其工作性质，允许员工采用弹性工作时间。比如，数据分析师在处理数据的关键时期需要集中精力工作，但在其他时间可以根据自己的节奏安排工作。这种弹性工作时间能够更好地平衡员工的工作和生活，提高员工的工作满意度和工作效率。

### 2. 技能要求的变革，数字化技能的重要性提升

传统贸易岗位可能更注重销售技巧和人际关系的处理能力，而数字贸易岗位则要求员工具备数字化技能。例如，员工需要熟练掌握电子商务平台的操作、数据分析工具的使用等。而且，随着数字技术的不断更新，员工还需要不断学习新的数字化技能，如人工智能和区块链在贸易中的应用，以适应行业的发展。

跨学科知识的融合。数字贸易岗位往往需要员工具备跨学科知识。比如，跨境电商运营人员不仅要懂得贸易知识和电子商务平台的运营规则，还要了解目标市场的文化、法律法规等知识。供应链数据协调员需要掌握数据管理知识和供应链管理的专业知识，这种跨学科知识的融合要求员工拓宽自己的知识领域，提升综合素质。

#### 3. 就业市场的变革

全球就业市场的融合。数字贸易打破了地域限制，使就业市场更加全球化。企业可以在全球范围内招聘人才，员工也有机会在全球范围内寻找工作机会。例如，一家欧洲的数字贸易公司可能会招聘亚洲的软件开发人员，而亚洲的数字营销人才也可以应聘美国电商企业的工作岗位。这种全球就业市场的融合加剧了人才竞争，同时也为人才提供了更广阔的发展空间。

## 第三节 数字贸易面临的挑战

### 一、数据隐私和安全

数据隐私是指个人对其个人信息的控制权，包括决定哪些信息可以被收集、如何使用，以及与谁分享。在数字贸易中，个人数据的保护尤为重要，因为这些数据往往包含了消费者的敏感信息，如身份信息、财务信息和消费习惯等。

在数字贸易的快速发展中，数据安全和隐私保护问题已经成为全球关注的焦点。随着大数据、云计算、人工智能等技术的应用越来越广泛，个人和企业数据的收集、存储、处理和传输变得越来越频繁，数据泄露、滥用和网络攻击的风险也随之增加。

数据安全涉及保护数据不被未授权访问、破坏、泄露或修改。在数字贸易中，数据安全面临的挑战主要包括：

（1）网络攻击。黑客攻击、病毒和恶意软件等网络攻击对数据安全构成威胁。
（2）内部威胁。企业内部员工的不当行为也可能导致数据泄露。
（3）技术漏洞。软件和硬件的技术漏洞可能被利用来窃取数据。
（4）供应链风险。供应链中的第三方服务提供商可能成为数据泄露的源头。

数据泄露可能导致严重的后果，包括：

（1）经济损失。数据泄露可能导致企业面临罚款、诉讼和声誉损失。
（2）消费者信任丧失。消费者可能因为数据泄露而失去对企业的信任。
（3）法律风险。违反数据保护法规可能导致法律责任。

为了保护数据隐私和安全，各国和地区制定了一系列法律法规，如欧盟的《一般数据保护条例》（GDPR）、美国的《加州消费者隐私法案》（CCPA）等。这些法规要求企业：

（1）增加透明性。向用户清晰地说明如何收集和使用他们的数据。

（2）征得用户同意。在收集和使用个人数据前征得用户的明确同意。

（3）数据最小化。只收集实现目的需要的最少数据。

（4）数据保护。采取适当的技术和管理措施保护数据安全。

数据加密是保护数据安全的重要技术手段。通过加密，数据在传输和存储过程中被转换成无法被未授权用户解读的形式。常见的加密技术包括：

（1）对称加密。使用相同的密钥进行数据的加密和解密。

（2）非对称加密。使用一对密钥，即公钥和私钥，进行加密和解密。

（3）端到端加密。数据在发送方加密，在接收方解密，确保数据在传输过程中的安全。

（4）数据匿名化和去标识化。

数据隐私和安全是数字贸易发展中需要重点关注的问题。随着技术的不断进步和全球化的深入发展，我们需要采取更多的措施来保护数据隐私和安全，以实现数字贸易的健康和可持续发展。

## 二、跨境数据流动的法律障碍

跨境数据流动是数字贸易中的关键环节，它允许数据跨越国界传输，从而实现全球业务的无缝运作。然而，不同国家和地区在数据保护、隐私权和网络安全等方面的法律法规差异，构成了数字贸易发展中的法律障碍。

一些国家为了保护本国数据和增强数据主权，实施了数据本地化政策，要求某些类型的数据必须存储在本国境内。这种政策限制了数据的自由流动，对跨国公司的数据管理和全球业务运营造成了挑战。一些国家对数据跨境传输设有限制，特别是涉及个人敏感信息时。这些限制可能基于国家安全、隐私保护或其他政策考量，对数字贸易中的数据处理和分析造成障碍。

全球各地的数据保护法规差异巨大，例如，欧盟的 GDPR、美国的 CCPA 和 CPRA、巴西的 LGPD 等，这些法规对数据处理提出了不同的要求，跨境数据流动可能引发法律冲突，特别是在涉及多个法域的情况下。确定哪个国家的法律适用，以及如何协调不同法律体系，是跨境数据流动中的一个复杂问题。

跨境数据流动的法律障碍是数字贸易发展中亟待解决的问题。为了促进数字贸易的健康发展，需要国际社会共同努力，加强立法协调，建立统一的数据流动规则，同时保护数据安全和个人隐私。

## 三、数字鸿沟

在全球数字贸易博览会上，世界贸易组织（WTO）现任总干事恩戈齐·奥孔乔-伊维拉强调了"数字鸿沟"问题,这是指在全球数字化进程中,不同国家、地区、行业,以及社会群体之间在信息获取、信息技术使用和数字经济发展上存在的差距。数字贸易的兴起加剧了这种鸿沟,使发展中国家和贫困地区难以充分享受数字贸易带来的红利。这可能导致全球经济发展不平衡,加剧社会矛盾和不稳定因素。因此,如何缩小数字鸿沟,实现包容性增长是数字贸易发展中必须面对的挑战。关于数字鸿沟的具体内容会在第十四章做详细介绍。

## 四、数字贸易的法律与监管问题

随着数字贸易的迅速发展,全球经济活动越来越多地转移到线上,这带来了一系列新的法律和监管挑战。规则体系的缺失不仅影响了数字贸易的效率和公平性,也对消费者保护、数据安全、知识产权保护等方面提出了新的要求。

### 1. 数字贸易的法律挑战

(1)跨境管辖权问题。数字贸易的全球性使确定管辖权变得复杂,不同国家的法律体系和管辖要求可能相互冲突。

(2)合同法的适应性。传统的合同法可能不适应数字环境下的交易特点,如电子合同的法律效力和执行问题。

(3)消费者权益保护。在线交易中消费者权益保护面临新的挑战,包括退货政策、消费者信息保护和跨国消费者纠纷解决机制。

(4)知识产权保护。数字环境下,知识产权的侵权行为更难以监控和打击,尤其是版权和商标权在跨境交易中的保护问题。

(5)数据保护和隐私。数据的跨境流动带来了数据保护和隐私权的问题,不同国家的数据保护法规差异给企业合规带来挑战。

(6)税收问题。数字贸易中的税收问题复杂,包括增值税(VAT)的征收、数字服务税(DST)的实施等。

### 2. 数字贸易的监管挑战

(1)监管协调。全球缺乏统一的数字贸易监管框架,不同国家和地区的监管政策差异导致市场分割和监管套利。

(2)技术发展与监管滞后。技术发展迅速,而监管往往滞后,导致监管措施难以适应新的商业模式和技术应用。

(3)反垄断和竞争政策。大型数字平台的市场主导地位引发了反垄断和竞争政策的关注,如何平衡创新与竞争是一个重要问题。

(4)网络安全和信任。数字贸易的安全性和信任度是消费者和企业关心的问题,如何确保交易安全和数据保护是监管的重点。

（5）中小企业的监管负担。中小企业可能面临较高的监管成本，如何设计合理的监管政策以减轻中小企业的负担是一个挑战。

### 3. 国际合作与规则制定

为了应对数字贸易的法律与监管问题，国际合作和规则制定至关重要。

（1）多边贸易协定。通过多边贸易协定，如WTO的电子商务谈判，推动形成全球统一的数字贸易规则。

（2）国际标准和最佳实践。国际组织可以推动制定数字贸易的国际标准和最佳实践，为各国立法提供参考。

（3）跨境执法合作。加强跨境执法合作，打击数字贸易中的非法行为，如网络诈骗、侵犯知识产权等。

（4）政策对话和协调。通过G20、APEC等国际平台，加强政策对话和协调，减少政策差异和冲突。

### 4. 国内法律与监管体系的完善

各国也需要完善国内的法律与监管体系。

（1）立法更新。更新和完善国内立法，以适应数字贸易的发展，包括《电子商务法》《数据保护法》等。

（2）监管机构建设。建立或加强专门的数字贸易监管机构，提高监管的专业性和效率。

（3）公众参与和透明度。在制定数字贸易政策时，鼓励公众参与，提高政策制定的透明度和公众信任。

（4）技术中立和灵活性。在制定监管政策时，考虑技术中立和灵活性，以适应快速变化的技术环境。

数字贸易的法律与监管问题是多方面的，涉及合同法、消费者保护、知识产权、数据保护等多个领域。为了促进数字贸易的健康发展，需要国际社会和各国共同努力，制定和完善适应数字贸易发展的规则和监管体系。

## 第四节 数字贸易的未来发展趋势

### 一、技术创新对数字贸易的推动

技术创新是数字贸易发展的重要推动力。它通过提升数字内容制作质量和水平、促进数字技术研发与支持、加强数字贸易领域知识产权公共服务等方式，为数字贸易的高质量发展奠定了坚实的技术基础。首先，技术创新在数字贸易内容创新方面发挥着关键作用。

通过利用全球创新资源和数字技术，不断优化数字贸易结构，推动数字贸易"质"的有效提升。例如，在数字音乐、线上演播、数字影视、网络游戏、数字出版等领域，技术创新促进了内容的丰富和质量的提升，进而扩大了这些领域的出口。同时，技术创新也推动了数字金融、在线教育、远程医疗等数字服务贸易的创新发展，为数字贸易带来了新的增长点。其次，技术创新在数字贸易模式创新方面也起到了重要作用。数字贸易通过互联网平台将分属不同国家或地区的生产者和消费者直接对接起来，缩短了中间环节。这种模式的创新得益于大数据、云计算等数字技术的广泛应用，使企业能够更好地捕捉消费者偏好，通过个性化定制、柔性化生产等方式获得更多的市场空间。技术创新不仅降低了交易成本，还提高了交易效率，为数字贸易的快速发展提供了有力支撑。此外，技术创新还推动了数字贸易的全球化进程。随着5G、数据中心、云计算、人工智能等数字基础设施的加速构建和完善，数字技术快速迭代，支撑了数字贸易在全球范围内的创新发展。例如，一些具有国际竞争力的平台企业利用技术创新解决了各国间法规差异与技术标准不一致等难题，确保了数据跨境流通符合隐私保护政策与合规要求，从而推动了数字贸易的全球化发展。

### 1. 云计算技术的助力

（1）提供强大的计算资源。云计算为数字贸易提供了可扩展的计算能力。对于数字贸易平台而言，尤其是在处理大量交易数据、高并发用户访问等情况时，云计算能够确保系统的稳定运行。例如，在"双11"或"黑色星期五"这样的购物狂欢节期间，电商平台会面临海量的订单处理和用户访问。云计算平台可以根据实际需求动态分配计算资源，像阿里云、亚马逊 AWS 等云计算服务提供商，能够在短时间内为电商平台扩充服务器资源，保证交易流程的顺畅，避免因服务器崩溃而导致的交易中断等问题。

（2）降低企业运营成本。云计算采用按需付费的模式，这使中小数字贸易企业能够以较低的成本获得先进的信息技术基础设施。企业无须自行购买和维护昂贵的服务器设备和数据中心。以一家小型跨境电商企业为例，通过使用云计算服务，它可以将网站托管在云端，只需要支付每月几百元到数千元不等的云计算服务费用，而如果自行搭建服务器机房，前期的设备购置、安装调试及后期的维护成本可能高达数十万元，这减轻了企业的资金压力，使企业能够将更多的资金投入到业务拓展和营销等环节。

### 2. 大数据技术的深度应用

（1）精准营销与个性化推荐。大数据技术能够收集和分析消费者的各种数据，包括浏览历史、购买行为、偏好等。数字贸易企业可以利用这些数据实现精准营销和个性化推荐。例如，亚马逊通过分析用户的购买和浏览历史，为用户推荐他们可能感兴趣的书籍、电子产品等商品。这种个性化推荐系统能够提高用户的购买转化率，因为它提供的商品更符合用户的需求。据统计，采用个性化推荐系统的电商平台，其商品购买转化率可以比普通平台提高 20%~30%。

（2）市场趋势预测与风险评估。通过对海量数据的挖掘和分析，数字贸易企业可以预测市场趋势和评估风险。在国际贸易中，汇率波动、政策变化等因素会对贸易产生影响。大数据可以整合宏观经济数据、行业动态数据等，帮助企业提前预测市场变化。例如，一家从事农产品数字贸易的企业，通过分析气象数据、农产品产量数据、市场价格波动数据等，可以提前预测某种农产品的价格走势，从而合理安排采购和销售计划，降低因价格波动带来的风险。

### 3. 人工智能技术的赋能

（1）智能客服系统。人工智能驱动的智能客服系统能够自动回答消费者的常见问题，提供全天候的服务。在数字贸易中，由于涉及不同时区的客户，智能客服系统的优势尤为明显。例如，阿里巴巴的阿里小蜜客服系统，它可以理解用户的自然语言问题，如"我的商品什么时候发货？""如何申请退款？"等，并快速准确地回答。智能客服系统不仅提高了客户服务的效率，还能降低人工客服成本，因为它可以处理大部分简单的咨询问题，让人工客服有更多的时间处理复杂的客户问题。

（2）智能贸易决策支持。人工智能可以分析各种复杂的贸易数据，为企业提供决策支持。例如，在供应链管理中，人工智能可以根据库存数据、销售数据、运输数据等，优化库存控制和配送计划。通过机器学习算法，企业可以预测不同产品的销售周期，从而合理安排补货时间。以一家电子产品贸易公司为例，人工智能系统可以根据以往的销售数据和市场趋势，预测下一季度不同型号电子产品的销售数量，帮助企业提前采购原材料、安排生产计划，减少库存积压和缺货的情况。

### 4. 区块链技术的保障作用

（1）数据安全与隐私保护。区块链技术通过加密算法和分布式账本，保障数字贸易数据的安全和隐私。在数字贸易过程中，交易双方的身份信息、合同条款、支付信息等都需要严格保密。区块链的加密技术可以防止数据被篡改和窃取。例如，在跨境支付领域，区块链可以确保支付信息的真实性和完整性，避免中间人攻击和信息泄露。每一笔交易都被记录在区块链的多个节点上，只有通过授权的节点才能访问和修改数据，这提高了支付系统的安全性。

（2）信任机制的建立。区块链为数字贸易建立了一种可信的交易环境。在传统贸易中，合同执行、产品质量验证等环节往往需要依赖第三方机构的信誉。而区块链技术可以通过智能合约自动执行合同条款。例如，在国际大宗商品贸易中，买卖双方可以通过区块链上的智能合约约定货物的交付时间、质量标准、付款方式等条款。当满足合约规定的条件时，如货物验收合格，智能合约会自动触发付款流程，无须第三方介入，这减少了交易成本，提高了交易效率，同时增强了交易双方的信任。

## 二、数字贸易未来的挑战与机遇

数字贸易未来既面临诸多挑战,也存在大量机遇。

面临的挑战:①国际竞争加剧,全球数字贸易市场不断扩张,各国纷纷出台支持政策,如美国凭借其科技巨头企业在数字技术和平台方面占据领先地位,欧盟也在积极推动数字单一市场战略,这使市场竞争愈发激烈,我国数字贸易企业在国际市场拓展中面临更大压力。②数据安全与隐私保护,数字贸易涉及海量数据的跨境流动与存储,像消费者的个人信息、企业的商业机密等。一旦数据被泄露或篡改,会给个人和企业带来严重损失。例如,曾有跨境电商平台遭受黑客攻击,导致大量用户数据泄露。③贸易规则与监管体系不完善,数字贸易的快速发展超出了传统贸易规则和监管体系的范畴。一方面,对于数字产品和服务的定义、归类等基础问题尚未形成统一标准;另一方面,在跨境数据流动、知识产权保护、税收等方面,国际上还缺乏成熟且被广泛认可的规则,这导致数字贸易企业在跨国经营时面临不确定性。④技术创新压力,数字技术更新换代迅速,如人工智能、区块链、云计算等技术不断发展。数字贸易企业需要持续投入大量资源进行技术研发和创新,以跟上技术发展潮流,否则可能面临被市场淘汰的风险。⑤人才短缺,数字贸易是一个跨领域的行业,需要既懂数字技术又熟悉贸易规则、外语、市场营销等多方面知识的复合型人才。目前,这类复合型人才在全球范围内都较为短缺,人才的培养速度难以满足数字贸易行业的发展需求。

同样数字贸易也伴随着很多机遇:①市场需求旺盛。随着全球消费者对数字化产品和服务的需求持续攀升,如在线教育、远程医疗、数字娱乐等领域需求不断增长,为数字贸易提供了广阔的市场空间。以在线教育为例,2020年,全球在线教育市场规模迅速扩大,大量学生和职场人士通过在线教育平台获取知识和技能。②技术创新驱动。人工智能、大数据、云计算、区块链等技术的不断进步和应用,为数字贸易提供了强大的技术支撑。例如,人工智能可实现智能客服、精准营销。③大数据能帮助企业进行市场预测和风险评估。④云计算提供强大的计算资源和降低成本。⑤区块链保障数据安全和建立信任机制。⑥产业融合发展。数字贸易能够促进不同产业之间的融合与协同发展,推动制造业服务化、服务业数字化等趋势。例如,制造业企业通过与数字贸易平台合作,实现从传统生产向"生产 + 服务"模式的转型,不仅销售产品,还提供基于数字技术的增值服务。⑦国际合作加深。各国在数字贸易领域的交流与合作不断加强,我国积极参与全球数字贸易规则的制定和谈判工作,通过与其他国家和地区签署贸易协定、开展双边或多边合作项目等,可以为数字贸易企业创造更好的国际合作环境,拓展海外市场渠道。⑧新兴业态和模式涌现。如众包、云外包、平台分包等服务外包新业态新模式不断涌现,为数字贸易提供了更加灵活和高效的服务方式,也为企业降低成本、提高效率提供了新的途径。

## 三、数字贸易发展的建议与策略

### 1. 加强顶层设计与政策支持

（1）完善政策体系。政府应制定和完善数字贸易领域的支持政策，构建系统的政策体系与制度框架，明确发展目标、任务和支持政策清单，统筹推进各领域创新发展。

（2）出台相关法律法规。加快数字贸易相关立法进程，完善数字贸易领域法律制度，为数字贸易的健康发展提供法律保障，鼓励有条件的地方出台数字贸易地方性法规。

（3）建立协调机制。建立跨部门的数字贸易协调机制，加强商务、科技、网信、海关、税务等部门之间的协同合作，形成推动数字贸易发展的合力。

### 2. 提升技术创新能力

（1）加大研发投入。政府和企业都应加大对数字技术研发的投入，重点支持人工智能、区块链、云计算、大数据等前沿技术的研究与应用，努力实现关键核心技术自主可控。

（2）建立创新平台。鼓励高校、科研机构和企业共建数字贸易创新平台，促进产学研用深度融合，加速数字技术的创新与转化。

（3）推动技术标准制定。积极参与数字贸易国际技术标准的制定，争取在数字贸易领域拥有更多的话语权和主导权，同时加快国内数字贸易技术标准的研究与制定，提升标准的协同性和配套性。

### 3. 强化人才培养与引进

（1）优化高校培养体系。引导高校根据数字贸易发展需求，设置相关学科专业，如数字经济、数字贸易、数据科学等，推进人才培养模式数字化转型，深化新工科、新文科研究与实践，培养复合型人才。

（2）开展职业培训。针对在职人员开展数字贸易职业技能培训，提升现有从业人员的数字素养和专业技能，以适应数字贸易发展的新要求。

（3）引进海外人才。制定优惠政策，吸引海外高端数字贸易人才来创业和工作，鼓励海外留学人员回国发展，为数字贸易发展提供智力支持。

### 4. 促进产业融合发展

（1）推动制造业与数字贸易融合。鼓励制造业企业利用数字技术开展跨境电商、智能制造等业务，实现从传统制造向"制造+服务"转型，提升产品附加值和国际竞争力。

（2）加强服务业与数字贸易融合。加快金融、物流、教育、医疗等服务业的数字化转型，发展数字金融、智慧物流、在线教育、远程医疗等新业态，提高服务业的数字化水平和国际竞争力。

（3）培育数字贸易新业态新模式。积极探索发展数字贸易、平台经济、共享经济等新业态新模式，培育新的数字贸易增长点。

## 5. 拓展国际市场与合作

（1）参与国际规则制定。积极参与世界贸易组织、亚太经合组织等国际组织的数字贸易规则制定，推动建立公平、合理、透明的全球数字贸易规则体系。

（2）深化多双边合作。加强与各国、区域集团的数字贸易对话与合作，通过签署数字贸易合作协议、开展双边或多边数字贸易试点等方式，拓展数字贸易国际市场。

（3）推动"一带一路"数字贸易合作。以"一带一路"倡议为契机，加强与沿线国家在数字基础设施、数字技术、数字内容等领域的合作，共同打造数字丝绸之路。

## 6. 优化监管与服务体系

（1）创新监管方式。运用大数据、人工智能等技术手段，建立适应数字贸易特点的监管体系，实现对数字贸易的精准监管和动态监管，提高监管效率和水平。

（2）完善服务平台。建设和完善数字贸易公共服务平台，提供一站式服务，为数字贸易企业提供政策咨询、市场信息、金融服务、知识产权保护等全方位服务。

（3）加强数据安全管理。建立健全数据安全管理制度，加强对数字贸易中数据的保护，确保数据的安全、合法、合规使用。

## 课后习题

1. 数字贸易对各行业产生哪些影响？
2. 传统贸易和数字贸易有哪些区别？
3. 数字贸易带来的隐患有哪些？
4. 数字贸易对就业带来哪些积极的影响？
5. 数字贸易未来有哪些机遇？

# 第十一章　平台化与智能化

## 案例导入

### 金融科技平台——蚂蚁金服的崛起

蚂蚁集团（Ant Group），原名蚂蚁金服，是由阿里巴巴集团孵化的金融科技公司，成立于2014年。蚂蚁集团以技术驱动金融服务创新，通过连接消费者、商家、金融机构及合作伙伴，构建了一个全面的数字金融生态系统。其主要业务涵盖数字支付、数字互联、数字金融、数字科技及全球化等。根据阿里巴巴财报，2023年全年，蚂蚁集团的净利润共计约238.2亿元。

为什么蚂蚁金服能在短短的10年时间内迅速成为中国金融科技的领军企业呢？主要源于其核心产品：支付服务平台——支付宝。其自2004年推出后迅速成为我国最大的移动支付平台，可以这么说，没有支付宝就没有蚂蚁金服，支付宝的成功为蚂蚁金服的建立和发展奠定了基础。

支付宝是我国最广泛使用的移动支付平台，支持线上购物、转账、线下扫码支付等功能。截至2024年，支付宝活跃用户已突破10亿，全球用户约12亿。随着数字技术的进步，支付宝不断优化支付流程，引入刷脸支付、无感支付等技术，不断提升用户体验。蚂蚁金服依托支付宝平台，拓展业务至小额贷款、网络银行、在线融资、在线理财、保险等多个衍生领域。此外，支付宝不仅局限于支付，还融入生活服务，包括水电缴费、交通出行预订等。

蚂蚁金服通过支付宝平台的建设，不仅改变了我国的支付生态，还在全球范围内扩展其影响力。其基于大数据的风控系统和多元化的金融服务（如借贷、理财、保险等），使其迅速成为全球领先的支付平台之一。蚂蚁金服展示了平台经济在金融领域的巨大潜力。

基于此，我们可以感受到平台对经济发展带来的巨大影响，那什么是平台经济呢？

# 第一节 平台经济

## 一、平台经济的定义与特征

### （一）平台经济的理论发展

2021年3月15日中央财经委员会第九次会议强调，我国平台经济发展正处在关键时期，要着眼长远、兼顾当前，补齐短板、强化弱项，营造创新环境，解决突出矛盾和问题，推动平台经济规范健康持续发展，肯定了平台经济在经济社会发展全局中的地位和作用。党的二十届三中全会通过的《中共中央关于进一步全面深化改革、推进中国式现代化的决定》在"健全促进实体经济和数字经济深度融合制度"一节中指出，促进平台经济创新发展，健全平台经济常态化监管制度。

对平台经济理论的关注，最早始于21世纪初。当时由于一连串发生在美国和欧洲的国际银行卡网络反垄断案件，如美国的反托拉斯案，欧盟委员会对Visa的反垄断调查等㊀，这些公司被指控滥用其市场主导地位，限制竞争。于是学者开始关注双边市场的特性，并提出了双边市场理论的初步模型，强调平台如何服务于两个相互依赖的用户群体，但这些争论围绕银行卡产业是否具有平台及双边市场的特性展开。随着信息技术的发展，部分学者发现在媒体、互联网及计算机行业也存在类似平台发展的特征。国内平台经济的研究最早源于徐晋和张祥建（2006年）在中国工业经济期刊上发表的文章《平台经济学初探》。而后随着支付宝、淘宝和微信等平台的迅速崛起，学者们针对平台在现实发展中产生的问题，重新梳理了平台经济理论，提出了平台经济发展的机制设计和实践方向。

### （二）平台经济的定义

随着信息技术不断迭代，平台如雨后春笋般，不断涌入我们的生活。从亚马逊（Amazon）、阿里巴巴到支付宝、微信，再到网易云、抖音等，平台经济随着互联网平台企业的发展逐渐兴起。百度百科认为，平台经济是一种基于数字技术，由数据驱动、平台支撑、网络协同的经济活动单元所构成的新经济系统，是基于数字平台的各种经济关系的总称。维基百科认为，平台经济是指由平台推动的经济和社会活动。国家发展改革委发布的《关于推动平台经济规范健康持续发展的若干意见》（发改高技〔2021〕1872号）认为，

---

㊀ 指美国反托拉斯案件，2001年，美国司法部针对Visa和MasterCard提起反垄断诉讼，指控这两家公司限制银行发行其他竞争对手（如美国运通和发现卡）的信用卡，限制了市场竞争。裁决：法院判决支持美国政府的观点，认为Visa和MasterCard的某些政策违反了反垄断法，限制了竞争和创新。欧盟委员会对Visa的反垄断调查，2001—2003年，欧盟委员会对Visa Europe进行了多次调查，其中一个重点是Visa对商户征收的交易费用（即互换费）。欧盟认为这些费用限制了市场竞争。裁决：Visa Europe最终与欧盟委员会达成和解，同意降低其互换费标准。

平台经济是以互联网平台为主要载体,以数据为关键生产要素,以新一代信息技术为核心驱动力、以网络信息基础设施为重要支撑的新型经济形态。我国学者徐晋认为,平台是一种显示或虚拟的空间,该空间可以导致或促成双方或多方客户之间的交易。而平台经济(Platform Economics)则是通过交易成本和合约理论,强调市场结构的作用,探讨不同类型平台的发展模式与竞争机制的新经济学科。上述观点对平台经济的描述略有差异,但其均认为平台经济的建立依赖于信息技术,并且其主要经济特征是维护多边市场交易。

因此,从经济学的角度来看,平台经济是一种市场结构。中介平台通过技术连接供给者与需求者,以便促进交易、分享信息或进行互动。平台经济利用数字技术,创建并维护多边市场环境,实现不同用户需求的有效匹配和服务交付,同时降低交易成本和提高市场效率。

### (三)平台经济的特征

在现代技术背景下,尤其是随着数字化技术、区块链技术和智能化技术的兴起,平台经济逐渐发展出了一些新兴特征,具体见表11-1。

表11-1 平台经济的特征

| 特征类型 | 概念 | 举例 |
| --- | --- | --- |
| 双边或多边结构 | 平台经济的基本结构是双边或多边的,意味着它连接两个或多个不同的用户群体,以促进交易和互动 | 广告平台连接广告商和观众,电子商务平台连接买家和卖家 |
| 交叉网络外部性 | 指在一个平台经济环境中,一个用户群体的增长会提高另一个用户群体的效用和满意度 | 在一个在线市场平台,买家数量的增加可以吸引更多的卖家加入,因为卖家看到了更大的潜在客户基础;相反,卖家的增加也会吸引更多的买家,因为买家可以从更多的商品选择和竞争定价中受益 |
| 双边市场需求的双边依存性 | 在双边市场中,一边的需求直接影响另一边的需求 | 视频内容提供者和观众 |
| 长尾经济性 | 不受重视、销售量小但是种类多的产品或服务由于总量巨大,累积起来的需求量或总收益超过主流产品的现象 | 在线媒体库可以提供广泛的电影和电视节目来满足不同口味的观众 |
| 不对称定价 | 指平台对不同用户群体实施不同的定价策略,通常是为了最大化平台的总体利益,同时吸引并保留多边市场中的各方用户 | Android系统为智能手机提供了一个开源的操作平台 |
| 平台协同性 | 指多个组成部分或参与者之间在平台上的互补与互动关系,以实现共同目标效率优化 | Apple的iOS生态系统涵盖了iPhone、iPad、Mac、Apple Watch、Apple TV等多个设备和服务 |
| 多属行为 | 指用户在多个平台上注册和活动的行为 | 用户可能不仅仅依赖一个平台,而是同时使用多个平台以获得最大的利益 |
| 数据驱动 | 它涉及收集、分析和应用用户数据来指导决策、优化服务、提升用户体验及创造新的商业价值 | 抖音使用高度精细化算法根据用户观看历史、互动行为推荐视频 |

（1）双边或多边结构。平台经济的基本结构是双边或多边的，意味着它连接两个或多个不同的用户群体，以促进交易和互动。例如，广告平台连接广告商和观众，电子商务平台连接买家和卖家。这种结构允许平台通过降低交易成本和解决信息不对称问题来有效地协调这些不同类型的用户需求。

（2）交叉网络外部性。这种特性是指在一个平台经济环境中，一个用户群体的增长会提高另一个用户群体的效用和满意度。这种外部性在多边平台中尤为重要，因为平台的价值往往依赖于多个不同群体的互动和交互。例如，在一个在线市场平台，买家数量的增加可以吸引更多的卖家加入，因为卖家看到了更大的潜在客户基础；相反，卖家的增加也会吸引更多的买家，因为买家可以从更多的商品选择和竞争定价中受益。交叉网络外部性能增加平台用户黏性和忠诚度，以及平台的市场竞争力；促进平台规模经济发展，随着用户群体的扩大，平台可以更有效地分摊固定成本（如技术基础设施、客户服务等），降低单位成本，提高运营效率。在平台初期，交叉网络外部性可以帮助平台同时吸引多方用户，解决启动阶段的困难，同时吸引供需两侧的参与者。

（3）双边市场需求的双边依存性。在双边市场中，一边的需求直接影响另一边的需求。直接双边依存性表现在一个群体的产品或服务直接满足另一个群体的需求，如视频内容提供者和观众。间接双边依存性则涉及如广告等附加服务，这些服务虽然不是直接需求，但对主要服务的提供至关重要。

（4）长尾经济性。其是经济学和商业中的一个重要概念，由克里斯·安德森（Chris Anderson）在2004年首次提出，特别用来描述数字经济中产品和市场分布的现象。长尾效应指的是在某些市场中，不受重视、销售量小但是种类多的产品或服务由于总量巨大，累积起来的需求量或总收益超过主流产品的现象。这种现象在互联网和数字化平台上尤为明显，因为在线平台可以经济有效地存储和分销大量不同的产品，即使这些产品的个别销量不高。平台能够利用其低边际成本优势提供广泛的产品或服务选择，满足少数用户的多样化需求，从而形成长尾效应。这种模式使即使是需求量较小的产品也能在市场上生存和盈利，例如，在线媒体库可以提供广泛的电影和电视节目来满足不同口味的观众；亚马逊是长尾效应的典型应用案例。通过其庞大的在线库存，亚马逊能够提供从畅销书到小众书籍的广泛选择，满足不同消费者的需求。这不仅增加了用户满意度，也显著提升了其总体销售额。许多小众图书的累计销售收入相当可观，与畅销书的销售相比，并肩重要。长尾效应函数示意如图11-1所示。

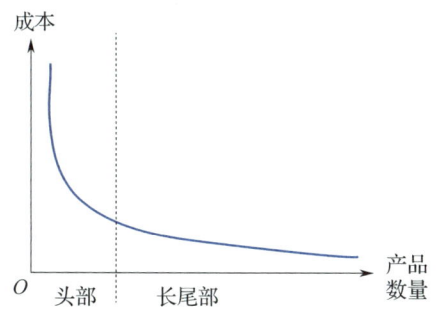

图 11-1　长尾效应函数示意

（5）不对称定价。它是指平台对不同用户群体实施不同的定价策略，通常是为了最大化平台的总体利益，同时吸引并保留多边市场中的各方用户。这种定价策略常见于涉及两个或更多不同用户组（如买家和卖家）的平台，其中一个组可能获得补贴（甚至免费服务），而另一个组则可能被收取较高的费用。这种策略的核心在于利用交叉网络外部性的特点，通过补贴一方来吸引另一方，从而增加整个平台的价值。由于平台需要同时吸引两边或多边的用户，其定价策略往往是不对称的，通常会补贴一边的用户以吸引更多的另一边用户。例如，社交媒体平台可能通过提供免费访问来吸引用户，同时通过向广告商收费来赚取收入。Google 和 Android 操作系统是一个典型的不对称定价策略的案例。Android 系统为智能手机和其他移动设备提供了一个开源的操作平台。Google 提供了免费的 Android 系统给手机制造商，并且不收取任何授权费用。同时，Google 通过向开发者和广告商提供有偿服务，以及通过应用商店（Google Play）和广告（通过其广告平台）来盈利。

（6）平台协同性。它是指多个组成部分或参与者之间在平台上的互补与互动关系，以实现共同目标的效率优化。这种协同通常涉及平台与其上的应用、服务，或产品提供者之间的技术整合、数据共享和战略合作。平台协同性使单独的组件或服务能够通过集成和协作产生超出各自独立运作时的总和效果。平台经常通过与互补品企业的合作，整合技术和服务，以提供协同的解决方案。这种互补合作能够增强平台的市场吸引力和竞争优势，Apple 的 iOS 生态系统是平台协同性的一个突出例子，涵盖了 iPhone、iPad、Mac、Apple Watch、Apple TV 等多个设备和服务。这个生态系统中，Apple 通过整合硬件、软件和第三方开发者的应用，为用户提供了一个无缝和高度互补的使用体验。

（7）多属行为。它是指用户在多个平台上注册和活动的行为。在多边市场中，用户（无论是供应者还是需求者）可能不仅仅依赖一个平台，而是同时使用多个平台以获得最大的利益。多属行为在平台经济中尤为常见，具有以下特点：①降低平台锁定。降低平台锁定，用户通过多属行为减少了对单一平台的依赖，提高了自身的谈判能力和选择灵活性。②竞争策略。多属行为对平台的竞争策略具有重要影响。当用户采取多属行为时，平台之间的竞争加剧，因为用户可以轻易地在不同平台之间切换，寻找更优质或更具成本效益的服务。为了应对多属行为带来的挑战，平台必须采取一系列竞争策略，以留住老用户并吸引新用户。③市场分割。多属行为可能导致市场被多个平台共同占有，而不是单一平台的垄断。例如，许多司机选择在滴滴打车和曹操出行两个平台上注册和运营，这是典型的多属行为。通过这种方式，司机可以最大化他们的工作时间和收入，无论哪个平台在某一时刻需求更高或提供更好的赚钱机会，他们都可以灵活调整。

（8）数据驱动。数据驱动是智能化广泛运用之后，平台经济发展的一个关键特点，它涉及收集、分析和应用用户数据来指导决策、优化服务、提升用户体验及创造新的商业价值。数据驱动的特点不仅帮助平台提高效率和效果，还能为用户提供更加个性化的服务。其核心元素包括：用户行为分析，个性化推荐，动态定价等。平台通过追踪用户的浏览、购买、交互和搜索行为来收集数据，利用这些数据来了解用户偏好、行为模式和需求。利用算法（如机器学习模型）分析用户数据，平台能够提供个性化的内容、产品推荐或服务。这增强了用户体验，提高了用户满意度和平台的转化率。使用数据驱动的方法来实施动态定价策略，根据需求、用户特征和市场条件调整价格。例如，字节跳动的抖音使用高度精细化的算法根据用户的观看历史和互动行为推荐视频，提高了用户黏性和平台的活跃度。通过持续分析用户对不同内容的反馈，抖音能够实时调整推送的内容类型和形式，以最大化用户参与。

这些特征共同定义了平台经济的动态和复杂性，展示了平台如何通过创新的结构和策略来满足多样化的市场需求。

## 二、平台业务模式与定价

在当今多样化的平台经济中，平台可以根据其功能、结构和市场策略被分类为多种类型。但基于它们与第三方合作伙伴、开发者，以及用户互动的方式，同时考虑它们在市场上的影响力和控制程度，平台主要分为三类：开放平台、封闭平台和垄断平台。

开放平台允许第三方开发者和外部合作伙伴自由接入和开发新服务。这种平台通过提供 APIs 或 SDKs 促进创新和功能扩展。

封闭平台限制外部接入，控制平台内的所有操作和服务。这种平台通常提供高度集成和优化的用户体验。

垄断平台在特定市场或领域内占据主导地位，能够显著影响市场价格和供应。

开放平台、封闭平台和垄断平台这三种分类决定了平台如何与用户、开发者和其他商业伙伴互动，以及如何在市场中定位自己以实现盈利和增长，对平台的业务模式有显著影响。因此，接下来就来主要介绍一下平台的业务模式。

### （一）平台的业务模式

平台的业务模式是其价值创造和交付方式的核心，这些模式影响平台的结构、收益来源和客户互动。具体平台业务模式及其特点见表 11-2。

表 11-2 平台业务模式及其特点

| 平台业务模式分类 | 特点 | 举例 |
| --- | --- | --- |
| 召集双边客户的业务模式 | 先行者优势，价格策略灵活性 | 当当网 |
| 双边客户利益平衡的业务模式 | 差异化定价，补贴策略 | 支付宝 |
| 规模化和流动性的业务模式 | 逐步扩展，重视流动性，灵活调整 | 滴滴出行 |
| 多属业务模式 | 竞争促进，用户利益增强 | 在线视频平台：腾讯、优酷 |
| 众包业务模式 | 开放性和包容性，成本效率低，创新和多样性 | 猪八戒网 |

（1）召集双边客户的业务模式。它是指平台企业为了成功运营，必须同时吸引并满足两个互相关联的用户群体的需求，如买家和卖家，或广告商和观众。这种模式下，平台的价值依赖于双边用户的参与度和交互，因此平台需采取特定策略来同时或依次吸引这两方。召集双边用户的模式源于对"鸡与蛋"问题的解决需求，即在多边市场中，一方的参与依赖于另一方的存在。这种模式侧重于同时吸引两个或多个不同的用户群体（如买家和卖家），利用网络效应增强平台的吸引力和市场份额。

召集双边客户的业务模式具有两个特点：①先行者优势。通常需要通过免费或补贴的方式快速建立市场一侧的用户基础，从而吸引另一侧的参与。②价格策略灵活性。初始可能提供免费服务或者补贴以吸引用户，随着平台的成熟和市场地位的稳固，可能调整定价策略开始向某一侧或双方收费。

当当网是召集双边客户业务模式的一个典型案例。当当网最初作为一个 B2C 图书音像制品销售平台，后因图书音像市场利润下滑，转型为综合型的 B2C 及 C2C 平台。为了吸引商家和消费者，当当网实施了免费政策，对 2006 年内注册的网络商家实行终身免费。这一策略不仅成功吸引了大量商家入驻，也带动了消费者的流量和交易量，有效地推动了平台的市场扩展和品牌影响力的提升。当当网利用这种策略，逐步建立起稳固的用户群体和市场地位，后续通过引入交易费和其他增值服务来实现商业盈利。

（2）双边客户利益平衡的业务模式。它是指平台通过制定合理的收费结构或定价策略来同时吸引并满足两个相互依赖的市场方的需求。在这种模式下，平台不仅要解决如何吸引两侧客户的问题（即"鸡和蛋"的问题），还必须设计一种价格结构，使两边的客户都觉得自己获得了合理的价值，从而保持平台的长期可持续性和竞争力。平台需要精心设计机制以平衡不同用户群体的利益，确保各方都从平台中获得足够的价值。这种业务模式起源于多边市场理论，特别是当平台需要服务两个或多个互相独立但经济上相互依赖的用户群体时。早期的理论和实践表明，平台的成功依赖于能够平衡不同方的利益，因此发展了一系列策略来最大化整个平台的总体价值。这包括采用补贴策略、差异化定价及对关键用户群体的战略投资。

双边客户利益平衡的业务模式有两个特点：①差异化定价。根据市场一方的价格敏感性不同而调整价格，常见于将较低的价格或免费服务提供给较为敏感的市场一方，而从较少敏感的一方收取更高费用。②补贴策略。通过对市场一方的补贴来刺激另一方的增长，例如，通过对用户免费或低成本提供服务来吸引更多的广告商。支付宝是一个典型的案例，它在创立初期就采用了多边市场的利益平衡策略。支付宝最初为用户提供免费的支付服务，通过吸引大量的用户使用其支付系统，从而吸引了大量商家加入。随着平台用户基数的增长，支付宝开始向商家收取小额的交易费，而对绝大多数消费者保持免费。这种策略不仅促进了支付宝的广泛接受和市场渗透，也使其能够在竞争激烈的支付市场中保持领先地位。

（3）规模化和流动性的业务模式。规模化和流动性的业务模式涉及多边平台在初期通过有限的投资测试市场反应，并逐步扩大规模以增加平台的流动性。这种模式强调在扩大规模前对平台的功能、市场接受度和技术可行性进行仔细评估和优化，确保在投资增加之前，平台已经具备足够的吸引力和市场基础。这种业务模式源自于对多边市场特性的深入理解，其中强调的是在多边平台中如何有效地解决"鸡和蛋"的问题，并通过初始的小规模试点来验证业务假设和市场需求。它反映了一个渐进式的市场进入策略，旨在通过逐步增加投资来降低早期阶段的风险，并确保每一步扩展都建立在坚实的市场验证基础之上。其侧重于通过规模经济和增加市场流动性来降低成本并提高服务效率。

规模化和流动性业务模式有三个特点：①逐步扩展。平台不是一开始就全面扩展，而是先在一个小范围或特定领域进行试验，评估市场反应后再决定是否扩大规模。②重视流动性。初期关注点放在如何增加用户的交互和交易，即流动性，因为这将直接影响平台的吸引力和长期可行性。③灵活调整。这种模式允许平台根据初期市场反馈灵活调整其功能和服务，优化用户体验和运营效率。滴滴出行是规模化和流动性业务模式的一个典型案例。滴滴最初作为一个专注于提供出租车呼叫服务的平台开始，目标是解决城市交通中的"即时召车难"问题。通过提供一个连接驾驶员和乘客的直接平台，滴滴快速获得了用户的关注和市场的认可。在确保基本服务的流动性并获得初步成功后，滴滴开始逐步扩展其服务范围，增加了专车、快车、顺风车等多种出行选项，从而大幅提升了平台的用户基数和交易量。这种逐步扩张的策略允许滴滴在每一个阶段都优化其服务和技术，适应不断变化的市场需求和监管环境。随着业务的扩展，滴滴进一步投资于人工智能和大数据分析，以优化调度系统和提高运营效率。这些技术进步加强了平台的流动性，使其能够高效匹配大量的驾驶员和乘客，提供更快速、更便捷的服务。

（4）多属业务模式。它是指在多边市场中，平台的一方或双方用户同时使用多个竞争平台的行为。例如，在个人电脑市场，软件开发商可能同时为 Windows 和 MacOS 开发应用，或者在智能手机市场，制造商可能会使用多种操作系统。这种模式使用户能够从多个平台获取服务，增加了选择的多样性和灵活性。多属的业务模式起源于用户和供应商寻求最大化其利益和市场覆盖率的需求。由于技术的发展和市场的竞争，多个平台能提供相似或互补的服务，用户和供应商不再依赖单一平台满足所有需求。这种模式随着市场的开放和技术的进步而变得更加普遍。

多属业务模式有两个特点：①促进竞争。多属行为增加了平台之间的竞争，迫使各平台提升服务质量和创新能力以吸引和留住用户。②增强用户利益。用户可以选择最适合自己需求的服务，减少了对单一平台的依赖，降低了被锁定的风险。我国的在线视频平台市场是多属业务模式的一个典型案例。用户通常不限于使用单一平台观看视频内容，而是根据内容的独特性和可用性在多个平台之间切换。这些平台为了吸引和保留用户，不仅在价格上进行竞争，还在原创内容和独家节目上投入大量资金。这种多属行为会促使各大视频平台持续优化其内容库和服务体验，以满足广大用户的多样化需求。

（5）众包业务模式。它是指企业或组织将传统由内部员工完成的任务，通过互联网向广泛的非特定大众外包,从而利用大量网络用户的智力、创意和技能解决问题或创造价值的一种商业模式。这种模式允许组织通过公开招募的方式收集外部人群的贡献,例如,解决特定问题、进行设计任务、编写软件或者生成创新的想法和内容。众包的概念最早由《连线》杂志的记者杰夫·豪(Jeff Howe)在 2006 年提出,用来描述互联网时代企业如何利用网络大众集体的智慧和能力来完成工作任务的现象。随着互联网技术的发展和用户行为的变化,众包成为企业获取外部资源和创新解决方案的重要手段,特别是在信息技术和数字内容产生方面,众包充分利用了互联网的开放性和全球性。众包业务模式构成要素如图 11-2 所示。

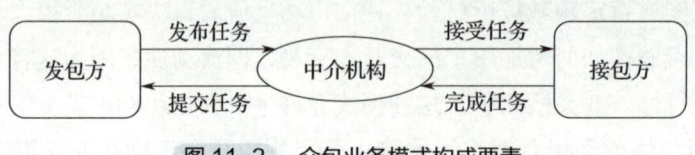

图 11-2 众包业务模式构成要素

众包业务模式有三个特点:①开放性和包容性。众包模式不限于特定的地理区域或人群,任何有互联网接入的个人都可以参与。②成本效率低。通过利用全球志愿者或非正式工作者的劳动力,企业可以以较低的成本获取创意和解决方案。③创新和多样性。聚集来自不同背景和专长的参与者,众包可以带来创新的想法和多样化的解决方案。

猪八戒网是众包业务模式在我国的典型案例。作为国内领先的服务外包和众包平台,猪八戒网连接了大量的服务提供者和需求方,其业务构成如图 11-3 所示。

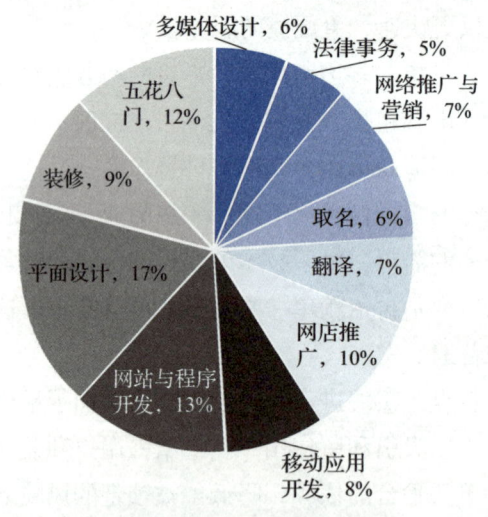

图 11-3 猪八戒网业务构成

平台通过公开招标的方式,让各种规模的企业能够找到合适的服务提供者,同时也为自由职业者和小型工作室提供了展示才能和获取订单的机会。猪八戒网通过提供一个透明、高效的市场环境,促进了我国众包业务模式的发展和创新。

## （二）平台的定价模型

研究平台的定价问题是核心，因为它直接影响平台的商业模式和盈利能力，对于建立和维护两边市场用户的平衡至关重要。在平台经济中，合理的定价模型不仅关系到平台能否吸引和保留足够的用户参与，还关系到如何在不同用户群体之间有效地分配资源，从而最大化整个平台的交易活动和社会福利。价格设置影响用户的参与决策，包括他们加入平台的意愿及在平台上的活动频率。例如，高额的使用费可能抑制交易频率，而高额的会员费可能限制新用户的加入。正确的定价模式能帮助平台优化这些费用，实现对交易的激励与用户基数扩展之间的最佳平衡。

（1）Rochet-Tirole 定价模型。这是一种经典的平台定价模型，强调在不同市场之间进行价格平衡，考虑到交叉网络效应。Rochet-Tirole 定价模型由经济学家 Jean-Charles Rochet 和 Jean Tirole 开发，主要目的是解决双边市场上的定价问题。这个模型首次被详细讨论在他们 2003 年的论文 *Platform Competition in Two-Sided Markets* 中。模型的出发点是考虑如何在涉及两个不同用户群体（如买家和卖家）互动的市场中设置价格。它试图解释和指导如何通过定价策略平衡这两个群体的需求，以最大化平台的总体价值和吸引力。

Rochet-Tirole 定价模型在设置定价时，考虑了两方面的网络外部性影响：一方用户的数量增加会如何影响另一方用户的价值。该定价模型指出，平台应该根据每个群体对另一群体所提供的外部性的大小来调整价格。具体来说，如果一个群体对另一个群体的正面外部性较大（如更多的买家吸引更多的卖家），那么这个群体应支付较低的费用，反之亦然。该模型通过一个数学公式来平衡这些外部性，以确定每个群体应支付的最优价格。用户间不需要付费的模型如图 11-4 所示。

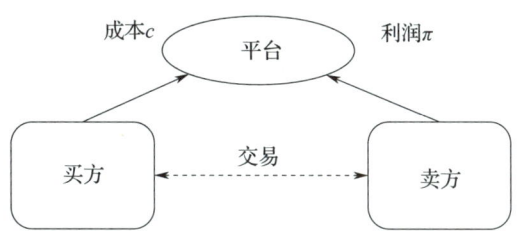

图 11-4　用户间不需要付费的模型

Rochet-Tirole 定价模型适用于任何涉及两个或多个互相依赖用户群体的平台，常见于在线市场、支付系统、广告平台等双边或多边市场。例如，一个在线购物平台可能需要平衡买家和卖家的利益，一个广告平台需要考虑广告商和内容观众的互动。模型特别适用于那些用户群体间交互非常频繁、每个群体的规模和活跃度对平台整体价值有显著影响的市场。

通过这种方式，Rochet-Tirole 定价模型帮助平台经营者理解如何通过差异化定价策略来有效管理和利用市场的双边性，从而优化其收入结构，增强平台的吸引力和市场竞争力。

（2）倾斜定价模型。在双边市场中，倾斜定价模型是一种核心的定价策略，它旨在通过不对称的定价方式优化平台的利益和增加用户交互。这种模型特别关注于不同用户群体间的外部性,通过调整价格结构来平衡用户之间的交叉网络效应。在这种模型中,平台可能对一侧用户进行补贴(低价或免费),而从另一侧用户那里收取更高的费用,以吸引和平衡两边的用户规模。

倾斜定价模型源于对双边市场特性的深入研究,其中一方市场的增长可以带动另一方市场的增长,反之亦然。经济学家识别到,传统的单一定价策略在这种市场结构中往往不适用,因为它不能充分激励两侧市场的参与。因此,倾斜定价模型被提出,旨在通过对一侧市场进行补贴(通常是价格较低或免费),而在另一侧市场上收取较高的价格来补偿,从而最大化整体的平台价值和参与度。在设定倾斜定价模型时,平台首先需要识别哪一侧市场具有更强的正向网络外部性,即其增长会对平台整体价值产生更大的正面影响。一旦确定,平台会对这一侧设置较低的价格甚至免费,以快速增加这一侧的用户基数。相对地,另一侧市场,通常是对平台价值贡献较小但付款意愿较高的用户群体,则会被收取较高的价格。这样的定价策略不仅能吸引关键用户群体,还能通过高价侧补贴低价侧,实现平台的收益最大化。

倾斜定价模型广泛应用于需要强化网络效应的双边市场。典型应用场景包括在线广告平台、电子商务平台、支付系统等,具体见表11-3。

表11-3 倾斜定价模型的应用场景

| 应用场景分类 | 常见案例 |
| --- | --- |
| 在线广告平台 | Google AdWords,向广告商收取费用,而向内容消费者(如搜索用户)提供免费服务 |
| 电子商务平台 | Amazon,可能对买家提供免费的运输服务,而向卖家收取较高的交易费用或会员费 |
| 支付系统 | 信用卡公司,向商家收取较高的手续费,而对持卡人提供积分奖励、无年费等优惠 |

这种模型特别适合那些需要快速扩展市场影响力、依赖于广泛用户参与度的平台,通过倾斜定价策略,平台能够在维持收入的同时,最大化两侧市场的活跃度和满意度。

### (三)平台的价格结构

价格结构是平台如何设置不同服务和用户群体的具体价格的策略,直接影响到平台的市场吸引力和盈利能力。因此,平台的价格结构是平台战略的核心组成部分,对平台的长期成功和市场地位有着直接和深远的影响。正确的价格设置可以增强平台的市场吸引力和财务表现,是平台运营中不可或缺的一环。

#### 1. 价格对平台关系的影响

(1)调节平台参与度。价格是最直接的市场信号,对平台两边用户的参与度具有调节作用。合理的价格结构可以平衡双边市场的供需,吸引和维持足够数量的买家和卖家。例如,较低的访问费用可以鼓励更多的买家加入,而较高的供应方费用(如广告费或服务费)可以筛选出更有质量或更专业的卖家,从而保持平台的高质量服务标准。

（2）影响交叉网络外部性。价格对于激发和管理交叉网络外部性至关重要。平台可以通过对一侧用户群体施加较低费用（甚至免费）来快速扩展这一侧的用户规模，从而提高另一侧的价值，这种策略常见于免费提供给用户基础服务的社交媒体和广告驱动的平台。

（3）市场效率。在理论上，价格应当反映商品或服务的边际成本。在双边市场中，合理的价格结构有助于提高市场效率，使资源分配更加优化。例如，通过对用户收取交易费用，平台能够减少拥挤成本和过度使用的问题，提高服务质量。

（4）作为竞争策略的工具。价格结构是平台在激烈市场竞争中的重要工具。通过价格战策略，新进入者可能会设定较低的价格以吸引用户，迫使现有平台重新考虑自己的价格政策。此外，差异化定价可以帮助平台在特定用户群体中建立独特的市场地位。

（5）收入分配。在多边平台中，价格还决定了收入如何在平台内部各方之间分配。例如，如果平台对一侧用户收费较高，那么这部分用户对平台的贡献也相对较大。相应地，平台可能需要向这一侧用户提供更多的服务或激励，以保持其忠诚度和活跃度。

价格对平台的影响及对应案例见表11-4。

表11-4 价格对平台的影响及对应案例

| 影响 | 常见案例 |
| --- | --- |
| 调节平台参与度 | 某外卖平台提高了向餐饮商家的抽成比例（佣金），结果许多小型餐馆因利润空间减少而退出该平台。这直接导致平台上的餐馆选择减少，用户体验下降，用户流失到其他竞争平台 |
| 交叉网络外部性 | 某视频游戏平台对用户和游戏开发商分别收费（双边收费），导致用户抱怨价格过高而流失，同时游戏开发商因为用户基数减少也选择退出。交叉网络效应被削弱，平台陷入恶性循环 |
| 市场效率 | 一个电商平台为了提高收入，向卖家收取高额的展示排名费用。结果，大量高质量但付不起费用的中小型卖家的商品被埋没，而劣质商品通过高价买到了曝光位置，降低了用户购买的效率和满意度 |
| 竞争策略 | 某网约车平台为提高利润，强制司机购买平台独家的高价会员服务以接单。这种策略导致许多司机转向竞争对手平台，同时乘客因为车辆供应减少而遭遇更长等待时间，平台整体竞争力下降 |
| 收入分配 | 某音乐流媒体平台提高了对创作者的分成门槛，仅对高播放量的创作者提供优厚分成，而中小型创作者因无法获得足够收益逐步退出平台。这加剧了内容创作者间的收入差距，并减少了平台上的多样化内容供应 |

价格水平和结构会影响用户对平台的感知和选择，高昂的费用可能抑制需求，而过低的价格可能影响平台的长期可持续性。

### 2. 价格结构与社会福利

价格结构应考虑对整体市场和社会福利的影响，如是否促进公平竞争和消费者利益。价格结构与社会福利的研究源自经济学中的市场定价和福利经济学理论。这些理论探讨价格决策如何影响消费者剩余、生产者剩余及总社会剩余。特别是在双边市场和平台经济的背景下，研究者开始关注不同定价策略如何影响两边市场的用户，并进一步影响整体的市场效率和社会福利。价格结构对社会福利的影响存在以下几个方面：

（1）效率与市场覆盖。合适的价格结构可以提高市场效率，通过合理定价吸引更多用户加入平台，提高市场的覆盖率。例如，低价或免费策略可能初期减少平台收入，但能迅速扩大用户基础，长期可能带来更高的广告收入或交叉销售机会。

（2）消费者剩余。价格结构直接影响消费者对服务的支付和获得的满足度。例如，通过差异化定价或价格歧视，平台可以向价格敏感的消费者提供低成本服务，同时向对服务高度依赖的用户收取更高费用。

（3）生产者剩余。生产者剩余即平台或服务提供者从交易中获得的利润。有效的价格结构可以最大化平台的利润，同时保持市场的竞争力。消费者剩余和生产者剩余如图 11-5 所示。

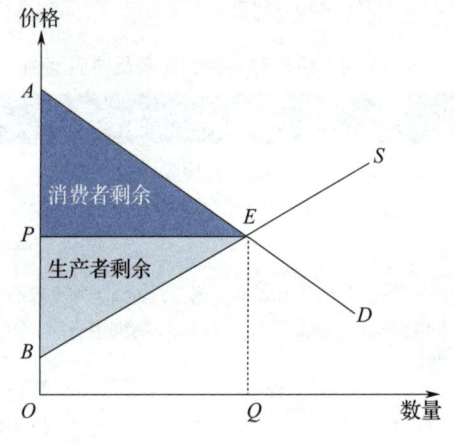

图 11-5　消费者剩余和生产者剩余

（4）总福利。理想的价格结构应平衡消费者和生产者的福利，以实现帕累托效率，即无法通过改变一个人的福利而不损害另一个人的福利来提高整体福利。

Uber 使用的动态定价（也称需求定价）模型是一个关于价格结构与社会福利交互作用的典型例子。在需求高峰期（如雨天、大型活动结束时），Uber 会提高价格，这种价格上涨可以吸引更多司机上路服务，同时平衡供需关系。从理论上讲，这应该提高市场的效率和社会福利，因为它减少了乘客的等待时间并提高了司机的工作积极性。然而，这种定价策略也受到批评，因为它可能导致价格短时间内显著上涨，损害消费者剩余，特别是在紧急情况下。

## 三、平台治理与监管

在探讨现代平台经济时，不可忽视的是平台治理与监管的重要性。平台经济作为"大数据—大平台"模式的产物，已深刻影响了我们的商业操作和社会互动，因此，一个全面而坚实的治理框架是确保其健康发展的关键。本节内容将侧重于三个核心问题：平台责任与规则、数据隐私与平台安全，以及反垄断与平台的公平竞争。这些问题不仅是平台经济理论的实践应用，也是设计和执行平台政策时应细致考量的要素。通过深入分析这些治理问题，我们能更好地理解和应对在广泛的平台经济领域中出现的各种挑战，从而为构建一个更公正、更安全、更有创新力的数字经济环境奠定基础。

## （一）平台责任与规则

随着平台经济的发展，平台的社会责任和治理机制成了热点问题。平台不仅是技术提供者，还在一定程度上扮演了市场监管者的角色。平台需要建立明确的规则来管理用户行为、商家行为及平台内容，确保交易的公平性和透明性。平台应负有防范虚假信息传播、保护消费者权益及维护公平竞争的责任。

### 1. 平台的核心责任

平台的核心责任在于创建一个公平、透明的操作环境，其中包括对用户数据的保护、对交易行为的公正监管及对市场规则的清晰定义。平台不仅需要对内部操作负责，更要对其在广阔的市场生态中所扮演的角色承担责任，这包括：

数据保护，确保用户个人信息安全，防止数据泄露和滥用；公平交易，提供公平的市场访问机会，防止任何形式的市场操纵或不正当竞争行为；透明度，在费用结构、数据使用政策及其他关键政策上保持透明，让用户清晰了解其权利与义务。

### 2. 规则的制定与执行

平台规则的制定应当基于全面考虑市场运作的公平性与效率，规则的目标是为了促进健康竞争、保护消费者权益、鼓励创新并防止权力滥用。制定规则的过程中，平台方需要与利益相关者进行广泛的沟通和协商，确保规则的合理性和实施的可行性。规则的执行应当严格、公正，包括：合规监督，惩罚机制，争议解决等措施。

### 3. 社会责任

平台在追求经济利益的同时，还应当认识到自己在社会中的影响和责任。这包括对环境的保护、对消费者权益的捍卫，以及对社会公益的贡献。例如，平台可以通过减少碳足迹、支持可持续发展项目、提供教育和培训资源等方式，积极参与社会责任活动。

通过上述探讨可以看出，平台责任与规则的建立和执行是平台可持续发展的关键，不仅有助于塑造健康的市场环境，也反映了平台作为现代经济体中不可或缺的一员对社会的贡献和责任。通过不断优化这些规则和责任机制，平台能够更好地服务于用户，同时赢得市场和社会的信任与支持。

## （二）数据隐私与平台安全

数据隐私和安全问题是平台经济中的重要议题。随着平台收集和存储的用户数据日益增多，如何保护个人隐私和防止数据泄露成了全球范围内的焦点。在现代平台经济的脉络下，数据隐私与平台安全构成了治理结构中的关键维度，这不仅关系到平台的可持续运营，更牵动着广大用户的切身利益和社会的整体福祉。数据隐私与平台安全的问题，源于网络时代信息流动的高度自由化和无边界性，平台在收集、处理和分析大规模用户数据的同时，也暴露于各种安全威胁和隐私侵害的风险之中。

数据隐私关注点在于保护用户个人信息不被未经授权的访问、使用或披露。平台的数据治理必须严格遵守相关的数据保护法规，确保在所有用户数据的收集、存储和使用过程中，用户的隐私权得到充分尊重和法律保护。然而，平台的运作往往需要处理大量的用户数据以提供个性化的服务和优化用户体验，这在操作上往往与隐私保护的要求发生冲突，形成了一种复杂的治理挑战。

而平台安全则涉及防止数据泄露、滥用及各类网络攻击，保证平台的稳定运行和用户资料的安全。在技术层面，这要求平台不断升级其安全协议和防护措施，如使用加密技术、安全套接层（SSL）证书、持续的安全审计及实施严格的访问控制。从管理层面看，平台还需建立应急响应机制和数据泄露通报程序，以便在数据安全事件发生时能迅速采取措施，最小化损害。

侵犯数据隐私和威胁平台安全的主要原因可能来源于以下几个方面：①网络攻击，包括黑客攻击、勒索软件和钓鱼攻击等。黑客可能利用平台安全中的漏洞进行数据盗窃、服务中断（如DDoS攻击）或注入恶意代码（如SQL注入）。②内部威胁，平台内部人员可能滥用其访问权限，进行未授权的数据访问或数据泄露。或者员工的错误操作，如误发邮件、错误配置服务器等，也可能导致敏感数据泄露。③软件和硬件漏洞，软件中未修复的安全漏洞可能被攻击者利用来获得未授权的访问权。④法律和合规风险，全球运营的平台需要遵守所有业务所在地的数据保护法规，不一致的法律要求可能导致合规性风险。监管政策的变动也会影响平台的数据处理和存储实践。

针对上述风险，平台需要采取综合的安全策略，包括技术保护措施、人员培训、安全政策制定、及时的安全审计和合规性检查等。通过这些措施，可以最大限度地减少潜在的安全威胁和隐私风险。例如，作为我国领先的金融科技平台，蚂蚁集团在处理海量的交易和个人数据时，采用了多层加密技术，确保数据在传输和存储过程中的安全。同时，蚂蚁集团还引入了基于区块链的技术来提高数据的透明度和追溯性，以增强用户对平台的信任。又如，面对数据安全和隐私保护的双重要求，百度云推出了严格的数据隔离和权限管理措施，确保用户存储在云端的数据不被未授权访问。百度云还实施了实时的安全监控和定期的安全审计，以防范潜在的网络攻击和数据泄露。

在全球化的平台经济浪潮中，数据隐私与平台安全的问题日益突显，成为平台可持续发展的重要支撑。只有建立健全的数据治理和安全保障机制，平台才能在保护用户利益的基础上，维持其市场地位和业务成长，进而在激烈的全球竞争中保持领先。

## （三）反垄断与平台公平竞争

平台经济的发展不可避免地带来了市场集中化的趋势，一些大型平台可能通过并购、合并等手段形成市场垄断。反垄断监管在平台经济中显得尤为重要，尤其是针对技术巨头如谷歌、亚马逊等。如何在促进创新和确保市场公平之间取得平衡，成为平台监管的一个难题。

### 1. 平台竞争类型

平台竞争类型在当代平台经济的框架下呈现出多样化和复杂性，涵盖了不同层面的市场行为和战略互动。这些竞争类型不仅体现在平台内部成员之间，也表现在不同平台之间的广泛对抗中。平台竞争呈现多样化特征，主要包括内部竞争和外部竞争两种形式。内部竞争发生在同一平台内的参与者之间，例如，购物平台中商家之间为了吸引消费者的价格竞争、支付平台中不同银行之间的业务竞争等。这种竞争通常以自由市场机制为导向，平台通过制定规则引导竞争的良性发展。外部竞争则发生在不同平台之间，形式更为复杂，包括同类平台之间（如支付宝与微信支付），以及异类平台之间（如购物平台与社交平台）的竞争。这类竞争往往伴随不同维度的利益争夺，如用户规模、流量占有、市场份额等。外部竞争的复杂性还体现在间接网络外部性和多属现象中，即用户在多平台间选择时，平台需要在功能、价格和用户体验方面争夺优势。

### 2. 平台竞争策略

平台在竞争中采取的策略分为以下几类，具体见表 11-5。

表 11-5　平台竞争策略

| 策略 | 解释及作用 |
| --- | --- |
| 价格策略 | 平台通过降低使用成本（如买家或卖家的费用）增强对用户的吸附力，并利用网络外部性吸引更多用户。这种策略往往导致双边降价现象，即竞争中的平台通过价格竞争获取市场份额 |
| 功能创新策略 | 新进入者或竞争压力下的现有平台常凭借功能创新（如附加服务或用户体验优化）获得市场份额。例如，平台包络策略通过整合新功能和目标市场功能，建立新的竞争优势 |
| 排他性策略 | 平台通过与特定供应商或用户签订排他性协议，限制竞争对手的市场资源。例如，游戏行业中硬件厂商通过专属软件增强市场竞争力 |
| 用户临界规模策略 | 平台通过激励机制快速达到用户临界规模，从而利用正反馈机制建立竞争优势 |
| 多属与标准化策略 | 平台通过主动吸引多属用户（使用多个平台的用户），降低用户切换成本，或通过推动市场单一平台标准化，提高对市场控制力 |

综上，平台竞争的多样性决定了策略的灵活性和复杂性。平台需要根据市场环境和竞争形势，动态调整价格、功能和用户规模等要素，以在激烈的竞争中占据有利位置，同时

平衡平台目标与社会福利的冲突。

**3. 促进平台公平竞争的方法**

（1）加强政策监管。政策监管主要包括以下几个方面：①反垄断措施，防止平台通过合并、垄断协议等方式形成市场支配地位。例如，加强对大型平台企业并购行为的审查，避免其排挤潜在竞争者。防止滥用市场支配力。②限制平台利用市场优势压制中小型企业或挤压供应商利润的行为，确保市场参与者的公平竞争环境。③跨境协调监管，针对跨国平台的全球化运营，加强国际协作监管，确保公平竞争规则适用于不同区域。

（2）促进市场机制优化。降低用户切换成本，通过推动数据可携带性和互操作性，使用户能够在不同平台间自由迁移。例如，允许用户在更换平台时携带其社交数据或购买记录。

（3）提高社会福利的具体措施。增强用户福祉，降低平台服务费用，特别是在关键公共领域（如支付、教育平台）。通过智能推荐和个性化服务提高用户体验，同时避免算法偏见。支持弱势群体，提供针对中小商户、初创企业的优惠政策或专项支持。确保平台劳动者的合理收入和工作保障，防止劳动者权益被平台规则侵蚀。

（4）扩大普惠金融和服务。推动平台向农村、偏远地区扩展，提供基础金融和电子商务服务，缩小数字鸿沟。鼓励平台以合理的价格提供公共服务，如教育、医疗等数字化解决方案。

**4. 案例示范**

欧盟数字市场法案。欧盟数字市场法案（DMA）于2020年提出，并于2022年正式通过。其核心目标是通过限制大型科技企业（被称为"守门人"）的市场行为，促进数字经济中的公平竞争，同时保护消费者权益。DMA适用于那些在欧洲市场中具有显著影响力的大型在线平台，如谷歌、亚马逊、苹果、Meta和微软。

（1）关键规定。关键规定包括以下几个方面：①互操作性要求，要求大型平台向其他竞争者开放其技术和数据接口，确保第三方服务能够无障碍地与其平台兼容。例如，消息服务提供商需要与其他消息平台实现互操作性。②数据透明化，平台必须向监管机构透明披露其数据收集与使用策略，禁止滥用用户数据。③公平竞争规则，禁止平台优先推广自家产品或服务（如亚马逊在其电商平台中偏向自营商品）。限制平台通过预装应用、默认设置等手段，阻碍用户选择竞争产品。

（2）影响与成果。DMA的影响与成果主要包括：①促进创新，小型企业和初创公司在技术接口和市场进入方面获得更多机会，鼓励多样化创新。②保护用户权益，用户能够更加自由地选择平台和服务，避免被锁定在单一生态系统中。③提升公平竞争，DMA有效地遏制了垄断性平台的不当行为，例如，苹果和谷歌在应用商店收费和分成比例上的主导地位面临调整。

## 第二节 智能经济

### 一、智能经济的概念与框架

#### （一）自动化、数字化与智能化的关系

王坚在《在线》中写道，数据本没有价值，就像你留在地上的脚印，直到你有计算能力去处理才会产生价值。自动化、数字化和智能化一直是在探索数据价值时无法绕开的话题，又是较容混合的三个概念。自动化是指通过使用控制系统（如计算机程序、机器和其他技术）来执行曾经需要人工操作的任务。其目标是提高工作效率、减少人为错误、降低生产成本和提高生产力。自动化的核心目标是将人的劳动从重复性、危险性或复杂的任务中解放出来，并通过机械化和电子化来完成重复性的操作。数字化是将传统的物理或模拟信息转化为数字格式的过程，使信息能够通过计算机系统存储、传输和处理。数字化不仅仅是将文件转换成电子文件，它还包括信息处理流程的数字化，使决策和操作能够基于数据和信息进行，此外，数字化还是信息技术革命的基础。智能化是指系统或设备通过人工智能（AI）、机器学习、大数据分析等技术，模拟、扩展或增强人的智能决策能力，使其不仅能够自动执行任务，还能在复杂、动态的环境中进行决策、预测和学习。

因此，自动化关注的是任务执行的自动化，减少人工干预，提高效率；数字化着重于信息和业务流程的电子化，借助计算机技术对传统业务进行转型；智能化则是在自动化的基础上，加入了智能决策和学习能力，系统可以根据环境变化和历史数据做出优化和调整。

#### （二）智能经济的定义

1956 年的达特茅斯会议是人工智能（AI）领域的起点，这次会议确立了"人工智能"这一概念。虽然会议的主要目标是探讨如何使机器模拟人类智能，但"智能经济"概念的雏形也可以追溯到这一时期。在达特茅斯会议上，研究者们没有明确提出"智能经济"这一术语，但他们讨论了人工智能技术如何通过模拟人类智能推动社会和经济发展的潜力。这一会议为后来的智能经济发展奠定了理论基础。其核心思想是：智能经济是通过算法和计算能力将智能技术融入生产和生活中，提升经济运行效率。这次会议也点出了智能经济的基本特征，即利用数据、算法和计算能力进行自动化和智能化的经济活动管理。尽管达特茅斯会议更关注于技术层面的人工智能发展，但其思想为后来的智能经济概念提供了重要的理论支撑。

到了 1980 年，随着计算机和信息技术的普及，"信息经济"概念兴起，数据的作用逐步得到认可。此时，"智能经济"还未明确提出，但初步体现为信息化经济。随着互联网技术的发展，在大数据、人工智能与经济融合的背景下逐步明确化。国际学术界认为，智能经济是数字经济发展的高级阶段，其核心特征是"数据+算法"驱动的经济模式。人工

智能对经济的驱动越来越引人注目。世界经济论坛（WEF）创始人克劳斯·施瓦布（Klaus Schwab）在《第四次工业革命》中详细阐述了智能经济作为未来经济发展的核心形式。他认为智能经济是技术革命与经济深度融合的结果，通过人工智能、大数据和网络技术全面改变生产方式、商业模式和社会治理。2017年，国务院印发《新一代人工智能发展规划》，提到培育高端高效的智能经济，强调要以加快人工智能与经济、社会、国防深度融合为主线，发展智能经济，建设智能社会。何玉长和宗素娟（2017）在发表的论文中也提出了智能经济的概念，文章指出，智能经济是以人工智能技术开发和应用为依托的经济结构和经济形态，以人脑智慧与计算机网络、物理设备相融合，以智能产业和企业为支撑，将人工智能技术贯穿于社会生产、交换、分配和消费的全过程，并将人工智能技术应用于宏观经济管理与决策。

2019年，在第六届世界互联网大会上，百度创始人李彦宏从产业与技术结合的视角阐述了智能经济的概念。他指出，智能经济是指以新一代信息技术为核心驱动力的经济。具体而言是在经历了PC发明与普及、PC互联网和移动互联网等初级数字经济之后，进入以大数据、云计算、人工智能等新一代信息技术为核心驱动的高级数字经济时代。智能经济发展与中国特色新型工业化推进形成历史性交汇，并开辟了中国特色新型工业化发展的新境界。而人工智能驱动下的智能经济将会带来三个方面的变革：①人机交互方式的变革；②智能经济给IT的基础设施层面带来巨大的改变；③智能经济催生很多新的业态。

2020年，由中国发展基金会与百度联合撰写的《中国智能经济发展白皮书》给出了智能经济较为完整的定义。白皮书指出，智能经济是以人工智能（AI）为核心驱动力，以5G、云计算、大数据、物联网、边缘计算、区块链、混合现实（MR）、量子计算等新一代信息技术和智能技术为支撑，通过智能技术产业化和传统产业智能化，推动生产生活方式和社会治理方式智能化变革的经济形态。简言之，智能经济是在数字经济充分发展的基础上，由人工智能等智能技术推动形成和发展的新经济形态。

智能经济与信息网络、知识密不可分，但智能经济与以往提到的信息经济、知识经济有明显区别。

### （三）智能经济的特征

基于智能经济的定义可以总结智能经济主要呈现的特征，具体见表11-6。

表11-6 智能经济的特征

| 特征 | 要点 |
| --- | --- |
| 数据驱动 | 数据被称为智能经济的"新生产要素"，它在智能经济的发展中扮演着至关重要的角色 |
| 人机协同 | 通过人与智能体的深度互补与动态适应，以数据驱动为核心构建柔性协作机制，在实时交互中实现能力增强与持续学习优化，最终达成高效协同、自主决策与价值共创的智能生态系统 |

（续）

| 特征 | 要点 |
|---|---|
| 跨界融合 | 通过"智能+"方式，跨界、跨行业的融合发展正在成为经济发展的新形态。当前，"智能+"已成为传统企业转型升级的有效途径，并在各行业蓬勃发展 |
| 共创分享 | 共创分享是智能经济中资源、信息、知识等重要生产要素配置的体现，是满足智能经济发展目标的重要保障 |

（1）数据驱动。智能经济是数字经济发展的高级阶段，是由"数据+算力+算法"定义的智能化决策、智能化运行的新经济形态。数据被称为智能经济的"新生产要素"，它在智能经济的发展中扮演着至关重要的角色。通过数据驱动，智能经济不仅推动了技术进步和产业升级，还深刻影响了各行各业的运营模式和商业结构。数据不仅是技术创新的基础资源，更是决策、预测和优化的核心支撑。数据驱动决策与创新，数据能够为企业和政府提供关于市场趋势、消费者需求和资源配置等方面的深刻洞察，帮助各方做出更加精准的决策。智能经济依赖于大量的实时数据，以便通过算法和机器学习快速分析并得出最佳的决策。智能经济强调通过数据分析来优化资源的配置、提高生产效率，特别是在制造业和服务业中，数据起着至关重要的作用。智能经济推动了各行业向智能化转型，数据是实现这一转型的核心驱动力。数据的智能化处理与分析正在重塑各个行业的商业模式，催生新的经济形态。

（2）人机协同。人机协同是经济活动中人与智能的和谐状态体现。人机协同表明在智能经济结构中，人与智能（机器、传感器、信息、人工智能等）相互依存、相辅相成，具有同等重要的作用。人机协同是智能经济的"智能化"过程，与过去制造业追求的"自动化"过程有本质区别。"自动化"的本质是机器替代人，强调大规模的机器生产；而"智能化"追求机器的柔性生产，强调机器自主配合人的工作，自主适应环境变化。目前，智能经济中"人机协同"有三个典型方向：①智能生产，实现生产设备、供应链、价值链的数字化连接和高度协同，使生产系统具备敏捷感知、实时分析、自主决策、精准执行、学习提升等能力，全面提高生产效率。②智能产品，通过云端连接或将训练好的人工智能系统封装到硬件中，赋予产品自动响应外界变化的能力。③智能服务，实时监测产品状态并响应用户需求，提供以租代售、按时计费、故障预测、远程诊断、远程维修、一体化解决方案等增值服务，实现制造企业从提供产品向提供"产品+服务"的转变。

（3）跨界融合。智能经济是智能技术与各种要素的融合，通过融合将技术实体化、泛在化，推动实现经济社会各领域的互联互通和兼容发展，促进多技术的集成应用和多领域的跨界创新。相比以往的经济形态，智能经济具有更强大的跨界整合能力。通过"智能+"方式，跨界、跨行业的融合发展正在成为经济发展的新形态。当前，"智能+"已成为传统企业转型升级的有效途径，并在各行业蓬勃发展。例如，在汽车行业，焊接、搬运、喷涂等各类工业机器人在生产领域轮番上阵，无人驾驶汽车已经上路；在煤炭行业，以云计算、大数据、工业互联网等智能技术为支撑的智慧矿区、无人矿井建设不断加快，企业从劳动密集型向人才和技术密集型转变；在生产方式较为传统的农业领域，无人机、智能遥感、物联网等技术被越来越多地应用，农业农村部于"十三五"期间，在全国9个省市开展农业物联网工程区域试点，形成426项节本增效的技术、软硬件产品和商业模式，广泛覆盖设施农业、畜禽水产养殖、大田粮食作物生产监测、农产品质量安全监控。伴随新一轮新型基础设施建设加速，将进一步降低创业与技术门槛，提升创新速度，助推生产效率，同时将创造大量跨界融合新机会，加速智能社会到来。

（4）共创分享。共创分享是智能经济中资源、信息、知识等重要生产要素配置的体现，是满足智能经济发展目标的重要保障。通过共创分享，智能经济的生产要素才能在经济活动中自由地流通，从而最大限度地发挥出价值。以数据为例，在现实世界中，任何单一机构，即便强大如当下的互联网巨头，都只能掌握一部分数据，不足以全面、精准地勾画出目标对象的全部特性。智能经济时代，越来越多的企业需要与产业链上下游业务伙伴在数据流通、交易等领域进行深度合作。各方可以通过多方数据安全"融合"及建模分析计算，更好地释放数据价值，提升生产效率，推进产业创新。在大数据应用场景下，数据流动是"常态"，数据静止存储才是"非常态"。数据共享将成为刚性业务需求，推动商业流程跨越企业边界，编织全新的生态与价值网络。

### （四）智能化对经济结构的影响

人类社会每一次技术和产业的变革都带来了经济和社会生活的创新与重构。人工智能（AI）、机器学习、大数据分析、物联网（IoT）、区块链等，正在深刻改变全球经济的运作模式。智能技术带来的变化不仅体现在生产力提升、成本降低和效率提高上，还深刻影响着各行业的商业模式、社会结构、劳动市场等方面，将人类社会引入智能社会，具体见表11-7。

表11-7 智能化对经济结构的影响

| 影响 | 体现 |
| --- | --- |
| 改变生产方式 | 提升生产效率与质量，灵活与定制化生产，降低生产成本与浪费，供应链的智能化与优化 |
| 改变生活方式 | 智能家居的普及，智能健康管理，智能出行等 |
| 改变工作方式 | 自动化替代传统工作，灵活办公与远程工作，智能化提升工作效率与决策精度，就业岗位的消失与转型，新兴职业的崛起，技能升级与教育培训的需求 |
| 改变社会治理方式 | 提升社会治理效率与精准性，促进社会治理的精准化和个性化，社会安全与风险管理 |
| 改变安全格局 | 智能防控等 |

### 1. 改变生产方式

生产方式经历了从传统生产方式向智能化生产模式的转变。智能化生产不再仅仅依靠人力和机械化设备,而是依赖先进的智能算法和数据分析技术,推动了生产力的提升、生产效率的优化及产品个性化定制的实现。智能化对生产方式的影响,不仅体现在技术革新层面,还深刻影响着产业结构、企业运营模式及社会经济发展。工业4.0理论是德国提出的第四次工业革命的核心思想,其强调利用物联网、云计算、大数据、人工智能等技术将物理世界与数字世界相连接,推动传统制造业向智能制造转型。工业4.0旨在通过智能化系统实现生产自动化、柔性化、智能化,并最终推动全球制造业的高质量发展。

智能经济对生产方式的影响体现在以下几个方面:

(1)提升生产效率与质量。智能化生产通过自动化、实时数据采集与分析、精准控制等技术,显著提高了生产效率,减少了人为错误和生产延误,提升了产品质量,如富士康的智能工厂、特斯拉的智能化生产线等。富士康在其智能工厂中大量使用机器人和自动化生产线,减少了人工操作,提高了生产效率。此外,通过人工智能和大数据分析,富士康能够实时监控生产过程中的设备状态,提前发现潜在的故障和异常,确保了生产过程的顺畅和产品质量的稳定;特斯拉的智能化生产线。特斯拉的生产线使用了高度自动化的机器人来装配汽车,大大减少了生产时间和人工成本,同时提高了产品一致性和质量。

(2)灵活与定制化生产。智能化生产方式能够根据消费者需求的变化灵活调整生产模式。传统的大规模生产往往是固定和单一的,而智能化生产能够实现个性化定制和小批量生产的平衡,如阿里巴巴的智能制造。阿里巴巴通过与制造企业合作,推动"千人千面"的个性化定制生产模式。消费者可以根据自己的需求进行定制,智能制造系统根据这些需求自动调整生产流程,实现小批量个性化生产。

(3)降低生产成本、减少浪费。智能化生产不仅提高了生产效率,也帮助企业降低了成本,特别是在资源管理和能源消耗方面,如海尔的智能制造。海尔在智能制造方面采用了自适应生产系统,能够根据市场需求实时调整生产计划。通过智能设备的应用,海尔不仅提高了生产效率,还降低了库存和物料浪费,实现了"精益生产"。

(4)供应链的智能化与优化。智能化生产改变了传统供应链的运作方式,使供应链更具透明度、响应速度和灵活性。智能化系统能够实时监控供应链中的每个环节,提供精准的数据支持,优化资源配置,如亚马逊的智能仓储,亚马逊通过自动化仓库和大数据分析,优化了供应链管理。亚马逊的智能仓储利用机器人和智能算法自动完成库存管理和商品分拣,大幅提高了配送效率。

总体看来,智能技术正在推动社会生产实现全局性、正向性发展,社会生产效率的提高与管理方式的智能化是最显著成果。在此过程中,因为各行业生产要求与流程不同,人工智能各类技术发展程度不均,人工智能在不同行业的应用存在差异性。在政务、金融、制造、医疗和电商等领域,人工智能的应用走在前列;但在其他传统行业,由于缺乏较好的信息化基础,部分企业尚未引入智能基础设施,暂未实现生产经营的智能化管理。

## 2. 改变生活方式

智能经济的迅速发展,为人们的生活提供了较大的便利。从智能家居到智能健康,从智能出行到智能娱乐,智能化技术正在各个领域渗透并重新定义我们生活的方方面面,人们的生活开始步入"智能+"时代。信息化理论认为,信息和数据的普及和应用将引领社会的变革。随着技术的发展,智能化产品不断涌现,这些产品通过数据传输和信息处理,将个体、家庭、社会与技术进行紧密连接,改变了人与人、人与物,以及物与物之间的互动方式。

智能经济对生活方式的影响体现在以下几个方面:

(1)智能家居的普及。智能家居技术通过互联网将家庭设备进行互联互通,实现智能控制和自动化管理。用户可以通过手机、语音助手等方式远程控制家庭电器设备,享受更加便利的居住体验,如智能家电、智能门锁、智能监控摄像头等设备。小米米家是国内智能家居的代表性平台之一,通过将家居产品进行智能化互联,使用户能够通过米家 App 或者语音助手来控制家中的设备,如空调、电视、灯光等。米家产品强调简易性和高性价比,让智能家居走进千家万户。

(2)智能健康管理。智能技术通过传感器、可穿戴设备等工具,实时监测个人的健康状况,分析和处理健康数据,为个人提供量身定制的健康建议和预警,如智能手环和智能手表。Apple Watch、华为手环等设备,通过监测用户的心率、步数、睡眠质量等数据,帮助用户实时了解自己的健康状况,及时发现健康风险。

(3)智能出行。智能出行通过智能交通系统、自动驾驶技术等,推动出行方式的变革,提高了出行效率,减少了交通拥堵和环境污染,如 Uber、滴滴出行、曹操出行等共享出行平台,以及自动驾驶。滴滴出行通过其智能平台,将用户与车辆进行高效匹配,利用大数据分析和机器学习算法优化出行路线,减少了等待时间和出行成本。

(4)智能娱乐与社交。智能化改变了人们的娱乐方式和社交互动。通过智能设备和互联网平台,个体可以随时随地获取娱乐内容,进行社交互动,甚至通过虚拟现实(VR)、增强现实(AR)等技术享受全新的沉浸式体验,如智能电视和流媒体平台。这些平台通过人工智能和大数据分析为用户提供定制化的短视频推荐,改变了用户的娱乐消费习惯,并在全球范围内迅速流行。

(5)智能消费与个性化服务。随着智能化技术的进步,零售和电商平台能够为消费者提供个性化的购物体验。通过数据分析和人工智能,商家能够根据消费者的偏好和购买历史,推送定制化的商品和服务,如无现金支付和移动支付。支付宝和微信支付通过智能化支付系统,用户可以轻松完成支付,改变了传统的支付方式,推动了无现金社会的发展。

智能化对生活方式的影响是深远且多维的。它通过智能家居、智能健康、智能出行、智能娱乐和智能消费等方面的技术应用,不仅提高了生活的便利性,还带来了更高效、个性化和舒适的生活体验。智能化生活方式的核心特征包括高效、便捷、个性化、互联互通,并且在改变传统生活方式的同时,带来了社会效益和经济效益。

### 3. 改变工作方式

智能化的迅猛发展正在深刻影响着工作方式和就业形态。自动化、人工智能（AI）、大数据、云计算等技术的应用，不仅提升了工作效率，也在重塑劳动力市场。它带来了大量的工作岗位自动化，替代了传统的低技能劳动岗位，但同时也创造了新型的高技能岗位。劳动价值理论由卡尔·马克思提出，认为劳动是创造价值的源泉。在智能化发展过程中，传统的劳动方式逐渐被技术取代，特别是那些重复性高、劳动强度大的工作。随着人工智能和机器学习技术的进步，许多简单的、机械化的工作被自动化生产系统所替代，生产效率提升，而人力劳动逐渐转向更加复杂和创意性的领域。

智能经济对工作方式的影响体现在以下几个方面：

（1）自动化替代传统工作。智能化使许多传统的工作被自动化和机器人取代，尤其是一些重复性高、技术含量低的工作。例如，制造业中的装配线工人、仓储物流中的拣货员，很多岗位都已经开始采用自动化设备和机器人来完成。又如，亚马逊仓储机器人（Kiva机器人），亚马逊的仓储物流系统已经采用了Kiva机器人，它们能自动搬运商品、进行库存管理，提高物流效率。虽然这种智能化提高了效率，但也导致了一部分仓库工人的岗位消失，部分工作由机器人代替。

（2）灵活办公与远程工作。智能化技术的普及，使远程工作成为可能。云计算、视频会议、协作工具等使员工不必受限于物理办公地点，能够更加灵活地进行工作。这种远程办公模式不仅提升了工作效率，还打破了时间和空间的限制，改变了传统的工作方式，如Zoom、腾讯会议等。这些视频会议和协作平台帮助全球企业实现了无缝远程办公。

（3）智能化提升工作效率与决策精度。智能化技术，如人工智能、大数据分析和机器学习，能够快速处理海量数据，辅助企业做出更精准的决策。这意味着工作中的一些决策任务可以由智能系统来完成，减少了人为的失误和主观因素，提高了工作效率，如IBM Watson。它利用自然语言处理、机器学习等技术，帮助企业和医疗行业快速处理复杂的决策问题。在医疗行业中，它能够协助医生诊断病情并推荐治疗方案，提高医疗决策的准确性。

（4）就业岗位的消失与转型。智能化带来了许多低技能、重复性劳动岗位的消失，特别是制造业、客服、行政等领域。例如，传统的客服人员可能会被AI客服系统取代，很多生产工人的岗位被自动化生产线取代。又如，京东无人仓库通过机器人和自动化系统实现了货物的自动化分类和运输，减少了对人工劳动力的需求，这可能导致许多传统的仓库岗位消失。

（5）新兴职业的崛起。智能化的发展同时也创造了大量的新兴职业，尤其是在AI、大数据、物联网、自动化等领域。数据科学家、机器学习工程师、AI开发人员等职位需求量大幅增加。这些新兴职业通常要求更高的技能水平和技术能力，如数据科学家。随着数据量的激增，越来越多的公司需要专业的"数据科学家"来处理数据、建立模型并从中提取有价值的信息。根据Glassdoor的统计，数据科学家已经成为美国最受欢迎的职业之一。随着AI技术的应用扩展，如何确保技术的道德合规性变得越来越重要，人工智能伦理学家成了新兴的职业角色。

（6）技能升级与教育培训的需求。随着智能化技术的普及，工作者需要不断学习新技能以适应市场需求，尤其是需要掌握数字技能、编程技能、数据分析技能等。教育和职业培训系统应跟得上智能化的步伐，为劳动力提供与时俱进的技能培训。Coursera 和 Udacity，这些在线教育平台提供的课程，如数据分析、人工智能和机器学习等，已经成为求职者技能提升的重要途径，帮助人们适应智能化带来的职业变化。还有企业内部培训，许多大公司，如谷歌和腾讯，已经开始为员工提供内部的技能培训，以帮助他们适应技术的快速发展。

虽然智能化会取代部分传统岗位，但它同时也创造了大量的新职业，这就要求工作者不断提升技能，以适应新的工作环境和职业要求。对于企业来说，智能化技术提升了工作效率、减少了人为错误，带来了更高的决策精度；对于个人来说，智能化促进了工作方式的灵活性和多样化，同时也带来了职业技能的转型需求。面对智能化的浪潮，个人、企业和教育机构都需要积极适应，以确保能够在新的经济环境中保持竞争力。

### 4. 改变社会治理方式

智能经济为社会治理提供了全新的思路。新一代人工智能技术的运用正在深刻地改变着社会治理的方式。它不仅在提升政府决策效率、公共服务水平和社会安全等方面起到了重要作用，而且推动了社会治理从传统的"政府主导"向"社会协同"转型。一方面，动态信息的实时获取与分析，有利于优化政府治理流程和治理方法，提升社会治理的科学性；另一方面，便捷的渠道和广阔的平台为公众通过线上线下融合等多种方式参与社会治理创造了有利条件，推动了多元主体社会治理的协同性和有效性，提高了社会的信任度。

### 5. 改变安全格局

作为新一轮科技革命和产业变革的核心驱动力量，智能经济的快速发展不仅在传统的军事、治安和国家安全领域中扮演着越来越重要的角色，还对网络安全、社会安全等非传统安全领域产生了深远影响。随着智能经济的快速发展，智能经济或将打破传统的国际战略对抗模式，重塑国家安全格局。

## 二、智能经济的核心技术

智能经济的迅速发展离不开一系列前沿技术的支持，其中包括人工智能、大数据与分析技术、机器学习、物联网，以及区块链等技术。由于前面章节已经做了阐述，在此不再赘述。

## 三、智能经济的未来发展

智能经济已上升为国家重大发展战略。加快发展智能经济，助推实体经济振兴与转型升级，已成为新时代的主旋律。在 2019 年的政府工作报告中，我国首次提出了"智能+"的重要战略，表示要深化大数据、人工智能等研发应用。打造工业互联网平台，拓展"智能+"，为制造业转型升级赋能。近年来，我国相继发布"中国制造 2025""互联网+"，以及大数据、创新驱动、人工智能等多个国家战略，对智能经济相关重点领域展开布局。"中国制造 2025"明确提出要加快推动新一代信息技术与制造技术融合发展，把智能制造作为主攻方向，着力发展智能装备和智能产品，全面提升企业研发、生产、管理和服务的智能化水平。《促进大数据发展行动纲要》提出要探索大数据与传统产业协同发展的新业态、新模式，促进传统产业转型升级和新兴产业发展，培育高端智能、新兴繁荣的产业发展新生态，并提出要大力发展工业大数据，打造智能工厂。《新一代人工智能发展规划》中提出要培育高端高效的智能经济，包括发展人工智能新兴产业、改造和提升传统产业、大力发展智能企业三个层次。基于此，我们应着眼于国家战略导向，大力提升智能经济核心能力，加强智能经济核心产业集聚和壮大，形成经济发展新引擎。

当前，我国经济已由高速增长阶段转向高质量发展阶段，新旧动能不断接续转换。以人工智能为核心驱动力的新一轮科技革命与产业变革，正在形成从微观到宏观各领域的智能化新需求，引导经济向高质量发展阶段跃升。但智能经济的发展依然有很多没有解决的难题。

### （一）技术伦理与就业替代

随着人工智能和自动化技术的快速发展，技术伦理与就业替代问题日益引起社会各界的关注。智能经济不仅推动着产业升级和生产效率的提高，同时也带来了社会结构和就业形态的深刻变化。特别是随着机器学习、自然语言处理和自动化技术的发展，许多传统职业面临被取代的风险。

技术伦理的挑战。技术伦理涉及人工智能、自动化和数据使用等技术在实践中对人类行为、隐私、自由等基本权利的影响。随着技术的不断进步，尤其是在人工智能领域，算法决策已经渗透教育、医疗、金融等多个领域。例如，人工智能能够在医疗领域进行疾病预测、在金融领域实现信用评分，但这些技术的背后依赖于大量的数据分析，可能会涉及隐私泄露、算法歧视等问题。技术伦理问题必须得到重视，以确保技术的使用符合社会的基本伦理标准。

就业替代的影响。随着人工智能的广泛应用，尤其是自动化和智能化生产模式的兴起，许多传统工作岗位面临被机器取代的风险。例如，自动驾驶技术的普及可能导致驾驶员行业的失业，制造业的自动化可能导致大量装配工人的失业。这些变化引发了对未来工作形式和社会保障体系的讨论。如何平衡技术创新与社会影响，如何通过教育和培训提升劳动力的适应能力，成为亟待解决的问题。

解决上述问题的应对策略有：①教育与再培训，政府和企业可以通过教育与培训帮助劳动者适应新经济环境，转型为新的行业需求。②完善社会保障体系。加强社会保障体系，为受到自动化影响的群体提供支持，缓解就业替代带来的冲击。③增强技术包容性。确保技术的发展能够惠及全社会，尤其是低收入和弱势群体，避免技术进步带来的贫富差距加大。

### （二）人工智能伦理与监管

人工智能伦理与监管是智能经济面临的重要议题。随着人工智能在各个领域的深入应用，如何确保人工智能的使用符合伦理和法律规范，已经成为全球讨论的热点问题。人工智能的伦理问题包括透明性与可解释性、公正性、隐私保护、监管框架等多个方面。

透明性与可解释性，人工智能系统的决策往往基于大量的数据和复杂的算法，普通人难以理解其决策过程。这种"黑箱"现象可能导致用户对 AI 决策的信任问题。在金融、医疗等关键领域，AI 的"黑箱"可能导致不公平的决策或错误的判断，因此，如何提高人工智能系统的透明度和可解释性，已成为伦理讨论的重点。公正性，由于人工智能模型是基于大量数据进行训练的，而这些数据可能受到历史偏见、社会偏见等因素的影响，导致 AI 系统在判断过程中可能会存在歧视性。例如，在招聘过程中，如果 AI 模型训练数据中存在性别或种族歧视，那么 AI 的推荐系统就可能无意中加强这种歧视。隐私保护，人工智能的核心在于大数据的处理，而大数据的使用往往伴随着个人隐私的暴露。例如，AI 在医疗健康领域的应用需要大量的病人数据，这些数据一旦泄露或滥用，可能会造成个人隐私的严重侵犯。如何在保证技术创新的同时，保护用户的隐私，已成为伦理监管的重要内容。监管框架，人工智能技术的发展和应用需要有效的监管来确保其健康发展。全球多个国家和地区都在探索人工智能伦理和法律框架的制定。例如，欧盟在 2018 年发布的《人工智能伦理准则》中提出，AI 应该符合人类价值、保障公正并促进多样性。我国也在加速人工智能的相关法律法规建设，例如《数据安全法》和《个人信息保护法》的出台，旨在保障数据的安全性和隐私权利。

解决上述问题的应对策略有：①制定伦理规范。各国政府和国际组织需要制定相关伦理规范，确保人工智能在发展过程中遵循公平、公正、透明等基本原则。②加强国际合作。人工智能的应用具有全球性，因此国际合作至关重要。各国应加强合作，制定全球统一的人工智能伦理和法律框架，避免技术滥用和监管套利。③建立监管机构。各国可以成立专门的人工智能监管机构，负责审查人工智能技术的应用和创新，确保其符合公共利益和伦理标准。

### （三）人机协作与共生发展

人机协作与共生发展是智能经济中另一个重要议题。随着人工智能和自动化技术的迅速发展，未来的工作环境将不再是单纯的"人"或"机器"独立工作，而是将进入到人类与机器的协作阶段。人机协作并非完全取代人类工作，而是通过技术赋能，使人类的工作更加高效、精准。

人机协作的核心思想是增强人类能力。人工智能在数据处理、计算能力和模式识别等方面远超人类，而人类则擅长复杂的判断、创造性思维和情感理解。通过人机协作，人工智能能够增强人类的决策能力、效率和创造力。例如，在医疗领域，AI可以辅助医生进行精准诊断，而医生则可以依托AI提供的分析结果做出最终判断。智能助手与辅助决策。人工智能系统在各行各业中的应用正在帮助人类做出更好的决策。在金融领域，智能投顾系统可以根据客户的风险偏好和财务状况，提供个性化的投资建议；在生产制造领域，智能机器人可以进行装配和检测，减少人为错误，提升产品质量。

人机协作在制造业领域有较多应用案例。例如，越来越多的制造业企业开始应用协作机器人（Cobots），这些机器人能够与工人一起工作，完成繁重、危险或重复的工作任务。又如，福特和宝马等企业都在其生产线中使用协作机器人，帮助工人完成焊接、装配等高强度工作，从而提高生产效率并减少工人受伤风险。

共生发展的未来，人机协作的发展并非简单的技术替代，更多的是技术与人类能力的结合，通过相互补充来提升整体效率。随着人工智能技术的不断成熟，未来的工作环境将成为一个人机共生的生态系统，在这种系统中，人类和人工智能各自发挥其特长，形成高度协同的工作方式。

本章主要介绍了智能经济的定义、发展历程、技术特征，以及其在不同领域的应用，并深入探讨了智能经济的未来发展方向。通过对智能经济的全面分析，我们能够清晰地认识到，智能经济不仅是当前经济转型和升级的重要驱动力，也是未来社会经济发展的必然趋势。它不仅能够推动经济的高质量发展，还将引领社会结构、生产方式和生活方式的深刻变革。随着智能技术的不断进步，智能经济不仅为各行各业带来了前所未有的变革，其未来充满无限可能。而如何在科技进步和社会需求之间找到平衡，将决定这一进程的成败也引发了社会、伦理与法律等方面的深刻思考。

## 课后习题

1. 选择一个你熟悉的平台（如滴滴、淘宝、Airbnb等），分析该平台如何通过平衡不同用户群体（如买家与卖家、乘客与司机等）实现成功运营。
2. 平台经济中的"网络效应"是促进平台成长的重要因素，但也可能带来市场垄断问题。你如何看待网络效应与市场垄断之间的关系？平台应如何避免垄断风险？
3. 比较智能经济中的"大数据与云计算"和"物联网与智能制造"，分析它们在智能经济中的角色及相互关系。
4. 随着智能经济的快速发展，自动化和人工智能逐渐取代了部分人类工作岗位。你如何看待这种趋势？政府和企业应采取哪些措施来应对就业市场的变化？
5. 在平台经济与智能经济的融合趋势下，未来的商业模式将如何演变？你认为平台型企业如何利用智能技术进一步提升竞争力？

# 第十二章 数字政府

## 案例导入

**数字政府建设路径**

2022年6月,国务院印发了《关于加强数字政府建设的指导意见》(以下简称《指导意见》),对加快转变政府职能,建设法治政府、廉洁政府和服务型政府意义重大。《指导意见》明确提出"三个首次",为各地方各部门全方位系统性推进数字政府建设提供了重要指导。首次确立了数字政府建设的总体战略定位。加强数字政府建设是引领驱动数字经济发展和数字社会建设、营造良好数字生态、加快数字化发展的必然要求,是建设网络强国、数字中国的基础性和先导性工程,是创新政府治理理念和方式形成数字治理新格局、推进国家治理体系和治理能力现代化的重要举措。首次阐明了数字政府建设的组织领导责任。加强党中央对数字政府建设工作的集中统一领导。各级党委要切实履行领导责任,及时研究解决影响数字政府建设的重大问题。各级政府要在党委统一领导下,履行数字政府建设主体责任,谋划落实好数字政府建设各项任务。各级政府及有关职能部门要履职尽责,将数字政府建设工作纳入重要议事日程。首次明晰了数字政府建设的五大任务体系。系统化构建协同高效的政府数字化履职能力体系、数字政府全方位安全保障体系、科学规范的数字政府建设制度规则体系、开放共享的数据资源体系和智能集约的平台支撑体系,分阶段建成与政府治理能力现代化相适应的数字政府体系框架。

**案例思考**:数字政府为政府治理带来了怎样的变革?同时,数字政府建设又面临什么样的挑战?

## 第一节　数字政府的定义与内涵

在全球化、数字化和智能化浪潮的推动下，数字政府逐渐成为国家治理现代化的重要标志和关键路径。从数字经济到数字社会的全面转型过程中，政府的职能、服务和管理模式也随之发生深刻变革。数字技术的快速发展，特别是大数据、人工智能、区块链和物联网等新一代信息技术的广泛应用，不仅拓展了政府的治理边界，也重新定义了政府与社会、市场之间的关系。

数字政府是通过数字化手段提升政府治理能力和服务水平的一种新型治理模式。它以数据为核心生产要素，以技术为驱动力，围绕公共服务、社会治理和经济管理等方面，重塑传统政府的组织架构和运作流程。与传统政府相比，数字政府不仅在理念上更加注重协作、透明和高效，还通过数字化工具与平台提升公共服务的可及性与个性化程度，促进社会的广泛参与与资源的高效配置。在数字政府建设中，如何有效地整合和利用数据资源，如何确保技术应用的公平与安全，如何推动政策法规的与时俱进，成为政府治理现代化过程中的核心议题。

### 一、数字政府的概念及发展背景

#### （一）数字政府的概念

##### 1. 数字政府理念的由来

"数字政府"理念的提出最早可追溯到1998年1月美国前副总统戈尔在加利福尼亚科学中心发表演讲时提出的"数字地球"的概念，随后"数字政府"一词在西方政府与IT企业合作中应运而生。此后，国外学者对数字政府的研究日渐丰富。在我国，学者梁木生最早关注并研究数字政府运行的技术规制对预防政府权力滥用方面的作用，并从中总结出了数字政府的概念、技术规制的特点、法律建设的特征，为后续研究提供了概念引介的重要作用，由此开启数字政府在我国的研究进程。黄建伟和刘军提出国外数字政府相关概念的研究经历了电子政府、数字政府、数字治理三个阶段。对我国数字政府概念和建设历程的演进，学者们普遍认为分为三个阶段：政府信息化阶段、电子政府阶段和数字政府阶段。世界各国的数字政府大致都经历了这三个阶段，但因信息技术发展和应用的差异其起步时间并不一样。

（1）政府信息化阶段。数字政府的雏形阶段，主要利用信息技术进行政府内部的电子化改造，以提高行政管理效率和基础设施建设。该阶段的主要任务是实现政府业务流程的电子化和计算机化，构建基础信息系统，如人口管理、财税统计、社会保障等系统。发达国家的这一阶段始于20世纪60年代。1966年，美国实施《自由信息法案》，为信息公开奠定法律基础。1970年，美国政府开始引入大型计算机，建立大型政府数据库，用于国防、人口普查和社会保障数据管理；英国推动公共部门使用计算机技术，优化政府文档管理。1972年，日本发布《社会信息化计划》，为公共服务引入信息技术。1979年，韩国制定《关于行政业务电算化的规定》，标志着其政务信息化的开启。我国因信息技术起步较晚，这一阶段始于1978年改革开放之后。20世纪80年代中期，中央开始对经济、金融、铁道、电力等十多个关系国家经济命脉的国家级信息系统进行立项建设。1993年，我国启动"三金工程"① 建设，为政府信息化奠定了坚实的基础。1999年，多部委共同发起"政府上网工程"。在政府信息化阶段，主要集中于优化内部管理流程，通过计算机化和电子化手段显著提升了政府内部运行效率，然而，这一阶段的重点在于内部信息处理，公众接触和服务较少。同时，由于部门间缺乏数据共享机制，各系统各自为政，导致"信息孤岛"现象严重，不同部门之间数据难以互联互通，制约了协同治理的实现，限制了信息化对外部服务和决策支持的实际效果。

（2）电子政府阶段。这一阶段的目标主要是实现政务透明化、信息公开和政府服务的在线化。早期的电子政府建设是简单地将传统政府服务搬到互联网上，实现政府的"电子化"和"虚拟化"。后期开始通过跨部门的信息共享和流程协同，提高行政效率。20世纪90年代，随着信息技术的应用，电子政府成为发达国家推动政府改革的重点，着重通过互联网、电子政务平台来简化政府的行政程序和提供公共服务。1993年，美国提出《国家信息基础设施计划》（NII），鼓励信息技术在公共服务中的应用。1999年，联合国发布《电子政府指数报告》，各国开始重视电子政府建设。2002年，欧洲联盟提出电子政府计划，推动数字政府在欧盟范围内的实施。2005年，联合国发布《电子政府调查报告》，提出电子政府的全球发展趋势并推动数字政府的实施。2008年，OECD② 发布报告《电子政府：从政策到实施》，进一步推动政府通过数字平台提升服务质量和效率。2000年，我国由政府信息化阶段进入电子政务建设阶段，其标志性事件是《全国政府系统政务信息化建设2001—2005年规划纲要》（国办发〔2001〕25号）的颁布及"三网一库"电子政务框架的提出。2006年，国务院发布《国家电子政务总体框架》，明确了电子政务的总体目标、技术路径和组织架构，提出了构建"四横两纵"的政务信息共享网络。2018年，上海等地率先试点"一网通办"，整合政务服务资源，实现网上政务事项的统一办理。这一改革是我国电子政务向服务型政府转型的标志性事件。电子政府阶段，通过互联网技术和政府门户网站建设，公共服务效率显著提升，实现了许多服务的在线办理，如税务申报、

---

① 三金工程即"金桥工程""金卡工程""金关工程"。"金桥工程"首先建立国家共用经济信息网。具体目标是建立一个覆盖全国并与国务院各部委专用网连接的国家共用经济信息网。"金关工程"是对国家外贸企业的信息系统实联网，推广电子数据交换技术（EDI），实行无纸贸易的外贸信息管理工程。"金卡工程"则是以推广使用"信息卡"和"现金卡"为目标的货币电子化工程。

② 经济合作与发展组织（Organization for Economic Co-operation and Development，OECD），简称经合组织。

许可证申请等，大幅减少了线下流程和公众的时间成本，公众的获得感明显增强。然而，这一阶段的服务仍以单项服务为主，各部门间协同能力有限，信息系统之间的互联互通尚未成熟，难以满足复杂的跨部门、跨领域需求，制约了一站式和整体性服务模式的全面发展。

（3）数字政府阶段。随着信息技术尤其是大数据和云计算技术的进步，政府对数据和信息的利用不再局限于服务提供和信息公开，而开始向利用数据支撑政策决策、提升行政效率的方向发展，从单纯的信息化服务拓展到"数据驱动"和"智能化"管理。2014年，爱沙尼亚推出"电子居民"计划⊖吸引全球公民，推动数字公民身份与电子治理，被誉为全球数字政府的典范。2018年，我国提出"数字政府建设"战略，提出要构建"互联网＋政务服务"模式，全面推进政务服务数字化。进入全面数字化阶段，数字政府建设强调全流程、全领域的数字化与智能化，特别是在政府决策和管理、公众参与、服务智能化等方面的应用。美国的数字政府建设在推进"智能城市"和"智慧治理"方面取得重要进展，利用大数据和AI提升城市管理效率。数字政府逐渐成为政府现代化治理体系的重要组成部分，重点关注提升政府透明度、增强政策响应能力、推动智慧治理，推进政府治理能力现代化。数字政府阶段通过大数据、人工智能等先进技术的应用，实现了治理模式的深刻创新和服务效能的全面跃升，推动了政府从被动响应向主动服务转型，提升了决策精准性和公共服务的质量。然而，这一阶段也面临技术鸿沟和数字排斥的问题，部分弱势群体因缺乏数字技能或技术资源而难以公平享受数字化服务。如何消除这一差距，确保数字服务的公平性和包容性，成为数字政府建设急需解决的重要挑战。

三个阶段的特点和差异见表12-1。

表12-1 政府信息化、电子政府、数字政府阶段的差异

| 阶段 | 特点 | 技术应用 | 成果 | 局限 |
| --- | --- | --- | --- | --- |
| 政府信息化 | 内部管理电子化，提升效率 | 大型计算机、主机系统 | 提高政府内部效率 | 数据孤岛，缺乏对外服务 |
| 电子政府 | 服务在线化，提升政务服务与公众互动 | 互联网技术、门户网站 | 公众服务便利化，部分跨部门协同试点 | 数据协同能力不足，单一部门系统为主 |
| 数字政府 | 数据驱动治理，服务智能化与协同化 | 大数据、人工智能、云计算、区块链 | 智能化决策与协同服务，数据资源高效利用 | 技术鸿沟与隐私保护挑战 |

---

⊖ 爱沙尼亚电子居民（e-Residency）计划是首个面向全球公民开放的数字身份项目，旨在为全球企业家和数字游民提供无国界的商务环境。自2014年年底启动以来，这项计划通过提供一种特殊的电子身份（e-ID），使非爱沙尼亚公民能够享受爱沙尼亚的数字服务和创建欧洲联盟（EU）内的公司。

### 2. 数字政府的相关概念

（1）电子政府。在国内外政府政策和诸多学者的研究中，因电子政府和电子政务在建设内容和内涵上的高度重合，所以两者在使用时多有混用。学者张锐昕研究发现，国内很多学者在翻译和引用国外成果时常把 Electronic Government（电子政府）译为电子政务。有学者认为两者之间区别甚微，无须进行辨析。有学者认为，"政府"的外延要大于"政务"。也有学者认为电子政务覆盖了包括党、司法、政府等所有的政务部门，所以电子政务的范围大于电子政府，这也是电子政务概念更适合我国的原因。在本书中，我们不去讨论两者之间的差异，统一使用电子政府这一概念。

电子政府旨在通过将信息通信技术（ICT）应用于政府运行，重新构建政府的内部与外部关系，从而实现高效率、合法性、透明度及问责性。本书综合各国电子政府、电子政务建设内容，以及国内外学者的观点，认为电子政府是指各级政府利用互联网、计算机技术和通信技术，将传统政府职能数字化，实现公共服务和治理活动的电子化、网络化和协同化。电子政府通过在线平台和数字工具，提供信息发布、在线服务办理和公众互动功能，以优化政府内部管理效率，提升对外服务质量，促进政府透明度和公众参与。其目标是通过技术手段改善政府治理方式，为公众、企业和社会各界提供更加高效、便捷和透明的服务。

（2）数字政府。数字政府是指以新一代信息技术为支撑，重塑政务信息化管理架构、业务架构、技术架构，通过构建大数据驱动的政务新机制、新平台、新渠道，进一步优化调整政府内部的组织架构、运作程序和管理服务，全面提升政府在经济调节、市场监管、社会治理、公共服务、生态环境等领域的履职能力，形成"用数据对话、用数据决策、用数据服务、用数据创新"的现代化治理模式。相较于传统型政府，数字政府经历了观念、流程、业务数字化三个方面的变革。

## （二）数字政府发展背景

### 1. 技术变革的驱动

全球数字政府的迅速发展离不开信息通信技术（ICT）的持续进步。这些技术的普及为政府数字化转型奠定了坚实的基础，也为公众带来了更加便捷、高效和个性化的服务。首先，互联网技术的普及推动了电子政务的全面应用，政府通过构建门户网站、在线办事平台和移动应用，实现了政务服务的在线化和透明化。云计算和大数据的广泛应用，则提升了政府在数据处理、信息分析和政策制定方面的能力，为实现数据驱动型治理奠定了基础。例如，通过大数据分析，政府能够更精准地识别公共需求并优化资源分配。

此外，人工智能和区块链技术正在成为数字政府建设的新热点。人工智能不仅在智能客服和公共服务自动化领域展现了优势，还在预测分析、社会风险防控等方面为政府治理提供了有力支持。区块链技术以其分布式存储和不可篡改的特点，被广泛应用于政务数据的存储和共享，如数字身份认证和电子档案管理等场景，大幅提升了数据的安全性和透明度。同时，移动互联技术的普及为政府提供了更便捷的服务渠道，特别是在 5G 技术的支持下，政府得以实现与公众间的实时互动，进一步增强了公共服务的响应能力。

### 2. 社会需求的升级

社会结构的变化和公众需求的升级也是推动数字政府发展的重要背景。首先，随着全球化的深入和民主化进程的推进，公民对政府的透明度、效率和参与度提出了更高要求。传统的治理模式往往难以满足公众对信息公开的期待，而数字政府通过政务数据开放和透明化治理，增强了公众对政府的信任度。例如，通过开放数据平台，政府可以让公众直接获取政策信息和行政数据，推动决策过程的透明化。其次，公众对参与决策的需求日益增长，数字政府为公民参与公共事务提供了多种便捷渠道，如电子投票、在线咨询和社交媒体互动等工具，逐步实现了从"被管理者"到"共同治理者"的转变。此外，人口老龄化和城市化进程加速也带来了新的治理需求。老龄化社会的背景下，政府需要为老年人提供更加精准化的公共服务，如在线医疗、社会福利申请等。与此同时，城市化带来的公共管理压力，如交通拥堵、环境污染等问题，也亟须通过数字技术实现智慧化的治理。例如，智慧城市中的数据采集和实时分析技术，为解决复杂的城市问题提供了切实可行的方案。

### 3. 经济转型的需要

经济结构的转型和数字经济的崛起进一步推动了数字政府的发展。在全球范围内，数字经济已经成为驱动经济增长的重要引擎，而政府作为经济活动的重要参与者，需要通过数字化手段促进经济创新。数字政府通过优化营商环境、提升服务效率，为企业尤其是中小企业的发展创造了有利条件。例如，通过"网上审批"和"一网通办"等手段，企业在办理行政审批事项时可以节省大量时间和成本，从而专注于创新和生产。

此外，数字化手段在优化政府资源配置方面具有显著优势。传统公共服务模式存在流程烦琐、资源浪费等问题，而通过在线服务和流程自动化，政府能够大幅降低行政成本，提高资源的利用效率。例如，税务部门通过电子报税系统实现了无纸化办公，不仅提高了工作效率，还减少了对自然资源的消耗。数字政府还通过对数据的深度挖掘和分析，精准服务于产业转型升级需求，助力国家经济从依赖传统产业向高附加值的创新型经济转变。

### 4. 全球化与国际合作的深化

全球化进程的深入和国际合作的深化也为数字政府的发展提供了契机。在国际层面，多个跨国议程推动了数字政府的快速普及，例如，联合国可持续发展目标强调通过数字技术实现包容性和可持续发展。许多国际组织也为各国数字政府的建设提供指导框架和技术支持，如经济合作与发展组织发布的数字政府政策框架，为政府规划数字化转型提供了清晰的路线图。

与此同时，全球化进程也带来了网络安全和数据主权方面的挑战。随着跨境数据流动的加速，各国政府需要在保障数据安全的同时实现全球范围内的数据共享与合作。数据主权问题的日益凸显使政府必须在技术和政策层面制定有效措施，确保敏感数据的安全性，同时推动跨国数据流动以支持全球经济一体化。在网络安全方面，政府不仅需要防范网络攻击，还需要通过技术和制度建设保护公民隐私，增强公众对数字服务的信任感。

全球数字政府的发展背景复杂且多元，既受到技术革命的推动，也源于社会、经济和全球化的需求。技术进步为数字政府提供了强大的工具和平台，社会需求为其发展注入了动力，经济转型为其创造了机会，而全球化则促进了各国间的数字化协同与合作。未来，随着技术的持续演进和全球治理模式的不断优化，数字政府将在提升公共服务质量、增强治理能力和推动全球可持续发展方面发挥更为关键的作用。

### （三）国内外数字政府建设实践

#### 1. 美国数字政府建设实践

自20世纪90年代美国正式开启数字战略布局以来，其数字战略经历了以信息基础设施建设为重点的克林顿政府时期、以电子政务制度化推进的小布什政府时期、以开放数据与移动优先战略为重点的奥巴马政府时期、以聚焦国际竞争为重点的特朗普政府时期四个阶段。

（1）克林顿政府时期。美国1993年发布的《国家信息基础设施行动计划》提出建设"信息高速公路"，强调信息通信技术对政府运作的支撑作用。1996年通过的《电子自由法案》首次要求联邦机构以电子方式公开政府文件，提升信息透明度。该时期重点推广互联网和电子邮件的应用，并启动电子报税系统（e-File），初步奠定了数字政府的技术基础。

（2）小布什政府时期。在这个时期，美国将电子政务提升为国家战略，通过政策和制度保障推动政府数字化转型。2001年宣布成立"电子政务特别工作小组"。2002年颁布《电子政府法案》，确立了电子政务的法律框架，推动跨部门数据共享和在线服务的普及。联邦企业架构的实施，为解决政府信息孤岛问题提供了系统性框架。实践中，"GovBenefits.gov"等平台整合社会服务信息，提升服务可及性，同时加强网络安全建设，推进数字政府建设的规范化与高效化。

（3）奥巴马政府时期。在这个时期，美国数字政府进入全面创新阶段，强调开放数据与公民参与。2009年的《开放政府指令》提出透明、参与和协作三个目标，推出"Data.gov"平台，集中开放联邦政府数据。2012年的《数字政府战略》进一步确立"移动优先"战略，推动政务服务适应移动设备访问需求，同时启动"云优先"政策，推动政府服务向云计算迁移。"Healthcare.gov"等在线平台的建立，使公众享受到更便捷的数字化服务。

（4）特朗普政府时期。在这个时期，美国将网络安全和信息技术现代化作为数字政府建设的重点。2017年的《现代化政府技术法案》设立技术现代化基金，支持联邦机构更新过时的信息系统，并推出"Login.gov"平台统一用户登录体验。2018年发布的《联邦数据战略》强调数据驱动决策，提升政府数据资产管理能力。同时，《国家网络安全战略》提出强化网络威胁防控，确保政府数字化转型过程中信息系统的安全性。

### 2. 新加坡数字政府建设实践

自 20 世纪 80 年代以来，新加坡数字政府建设的历程大致可划分为四个主要阶段：信息技术普及阶段、国家科技计划阶段、电子政务行动计划阶段，以及智慧国建设阶段。

（1）信息技术普及阶段（1980—1990 年）。在此阶段，新加坡政府先后制订了《国家计算机计划（1980—1985）》和《国家 IT 计划（1986—1991）》等战略规划，推动办公无纸化、自动化，以及全社会的信息化。政府不仅为各级公务员配备了计算机设备，还开展了系统性的信息化培训。此外，政府开发了超过 250 套计算机管理系统，并建立了覆盖 23 个部门的计算机互联网络，旨在实现部门间的数据共享以及政企间的数据交换，为数字政府建设奠定了基础。

（2）国家科技计划阶段（1990—2000 年）。随着国家计算机计划和 IT 计划的实施，信息技术在新加坡各级政府和社会中得到了广泛应用。在此基础上，新加坡政府进一步制订了《国家科技计划（1991—2000）》和《IT2000 智慧岛计划（1992—1999）》，旨在消除信息孤岛，促进数据的共享和互联互通，并成功建成国内首个宽带网络。1996 年，新加坡政府启动《覆盖全国的高速宽带多媒体网络计划（Singapore One）》，构建集高速与交互功能为一体的多媒体网络服务平台，使公众能够通过该平台获得 7×24h 全天候的在线服务。

（3）电子政务行动计划阶段（2000—2006 年）。进入 21 世纪，新加坡政府于 2000 年推出《电子政务行动计划 I》，提出将新加坡建设成为电子政务领域的全球领先国家。2003 年，政府进一步实施《电子政务行动计划 II》，目标是在未来三年内打造全面覆盖部门业务的数字化政府。与此同时，政府发布了《信息通信 21 世纪》《互联网新加坡》等战略规划，推动信息技术的整合与深度应用，构建"随时随地可获取信息服务"的高效能社会。

（4）智慧国建设阶段（2006 年至今）。2006 年，新加坡启动了"智慧国 2015 计划"，这是一个为期十年的信息通信产业发展蓝图，旨在通过广泛应用信息通信技术（ICT）提升自身经济竞争力和创新能力，将新加坡打造成"信息技术无处不在"的智慧国家。该计划加速了数字政府的建设，成功实现了"多个部门、一个政府"的目标，并提前在 2014 年完成任务。随后，新加坡提出"智慧国 2025 计划"，这是全球首个由政府主导的智慧国家发展蓝图，旨在通过互联网、物联网、数据分析及通信技术的应用，提升民众生活质量、创造商业机会，并促进社会和谐。

### 3. 我国数字政府发展现状

从改革开放以来，我国数字政府建设经历了政府信息化建设、电子政务建设和数字政府建设三个阶段。

（1）政府信息化建设阶段。20 世纪 80 年代初期，我国开始政府信息化建设，起初主要是政府经济管理信息化。1984 年，国务院先后批准建设经济、金融、电力、铁道等十多个关系到国家经济命脉的信息化系统。1993 年，我国成立国家经济信息化联席会议，加强了信息工程化的统一领导,同年,正式启动"三金"工程,由此拉开了我国政府信息化建设的序幕。1996年,国务院信息化工作领导小组成立,并于次年召开第一次全国信息化工作会议,会议要求信息化建设要遵循"统筹规划、国家主导;统一标准、联合建设;互联互通、资源共享"的原则。1999年,多家中央部委共同发起了"政府上网工程"。该阶段是我国政府信息化的筹备和起步阶段,重点是建设信息化基础设施、行业系统与政府门户网站,借助自上而下的电子业务系统提升政府办公和管理效率,提供便利的公共服务。

（2）电子政务建设阶段。2002年8月,中共中央办公厅、国务院办公厅联合印发《国家信息化领导小组关于我国电子政务建设指导意见》,标志着我国政府信息化建设正式进入电子政务建设阶段。该阶段一方面围绕"两网一站四库十二金"展开,包括政府信息化网络、政府门户网站、数据库系统,以及重点政务信息应用系统等建设;另一方面开始大力推进"互联网+政务服务"工作,2016年,国务院印发《关于加快推进"互联网+政务服务"工作的指导意见》,标志着"互联网+政务服务"成为电子政务建设重点。"一网、一门、一次"改革及全国一体化在线政务服务平台建设,有力推进了电子政务发展。同时,随着智能终端的出现和广泛普及,公共服务的供给方式,以及公民和企业参与过程的执行方式受到重大影响,为电子政务发展成为数字政府创造了条件。

（3）数字政府建设阶段。2018年,广西壮族自治区、广东省先后印发《广西推进数字政府建设三年行动计划（2018—2020年）》《广东省"数字政府"建设总体规划（2018—2020年）》,率先开始数字政府建设。2019年,党的十九届四中全会通过的《中共中央关于坚持和完善中国特色社会主义制度 推进国家治理体系和治理能力现代化若干重大问题的决定》中明确指出,要推进数字政府建设,加强数据有序共享,这是我国首次在国家层面的文件中明确了"数字政府"的建设要求。2022年6月,国务院印发《关于加强数字政府建设的指导意见》,从国家层面首次发布围绕数字政府建设的专项政策文件,作为数字政府建设的纲领性文件,对我国数字政府建设做出全面部署。

## 二、数字政府与传统政府的区别

相比传统政府,数字政府在治理理念、组织结构、服务模式、公众参与,以及技术支撑方面均发生了显著变化。

### （一）治理理念的区别

#### 1. 从效率优先到多元价值融合

传统政府的治理理念以效率和秩序为核心,注重通过层级化管理和制度约束实现资源的高效分配与社会稳定。然而,数字政府更加强调多元价值的融合,不仅追求效率,还关注透明性、公平性和包容性,旨在通过数字技术实现社会资源的优化配置和个性化服务。

传统政府治理目标集中于资源高效利用和稳定性维护，往往采取"一刀切"的治理方式，以满足普遍需求为主，缺乏对个性化需求的深度回应。通过数据分析和智能化技术，数字政府实现了对不同群体需求的精准洞察，能够在效率与公平之间寻求平衡。

### 2. 从单一职能到跨部门协同

传统政府的治理理念往往以单一职能为导向，各部门职责界限分明，强调专业化分工，但容易导致"数据孤岛"和"信息断层"现象。而数字政府则以协同为核心理念，打破部门壁垒，通过数据共享和平台整合，实现跨部门、跨领域的协同治理。

### 3. 从静态管理到动态调整

传统政府以计划经济思维为主导，强调稳定性和可控性，治理方式相对静态。数字政府则依托大数据、人工智能等技术手段，通过实时监测和动态反馈优化治理策略。例如，在疫情防控中，数字政府通过实时数据分析调整资源配置和政策方向，展现出极高的灵活性和响应能力。

## （二）组织结构的区别

### 1. 从层级化到扁平化

传统政府的组织结构以科层制为特征，呈金字塔形态，强调职能分工和上下级之间的命令传递。这种模式虽然在资源相对匮乏的时代具有效率，但随着社会需求的复杂化，其决策速度和执行能力面临挑战。

数字政府通过数字化平台和信息共享机制，推动组织结构向扁平化方向发展。通过减少中间环节，实现直接沟通和快速响应。例如，在新加坡的数字政府建设中，部门间通过统一的数据平台实现了高效协作，提升了资源配置效率。

### 2. 从封闭管理到开放协作

传统政府以封闭管理为主，各部门之间的信息沟通较少，决策与执行的过程对外部透明度不足。数字政府则倡导开放协作，强调政府与企业、社会组织及公众的多方互动，通过开放数据和平台化治理促进社会参与。

### 3. 从职能导向到能力导向

传统政府的组织结构更多以职能划分为导向，而数字政府则以能力建设为核心。例如，数字政府更注重数据分析能力、技术创新能力及应急响应能力的培养，以满足快速变化的社会需求。

## （三）服务模式的区别

### 1. 从被动服务到主动服务

传统政府的服务模式以"申请响应"为主，公众需要主动提出需求，政府再予以解决。这种服务方式效率低、响应速度慢，特别是在偏远地区和弱势群体中表现明显。

数字政府利用人工智能和大数据技术，能够预测公众需求，提供主动式服务。例如，通过智能客服系统，数字政府可以在市民提出需求前，提供个性化解决方案。这种模式显著提升了服务的效率和满意度。

### 2. 从标准化到个性化

传统政府的服务模式多采用标准化流程，难以满足公众的多样化需求。而数字政府通过数据驱动的精准画像，为公众提供个性化服务。例如，"智慧教育"系统根据学生学习情况推荐个性化课程，提升了教育资源的利用效率和学生学习效果。

### 3. 从线下为主到线上线下融合

传统政府的服务以线下实体为主，公众需要亲自到政府机构办理业务，过程烦琐且耗时。数字政府以数字化平台为依托，实现了服务的在线化和智能化，同时保留必要的线下服务支持，形成了线上线下融合的服务模式。例如，我国各级政府推出的"政务服务一网通办"平台，简化了行政流程，为公众提供了便利。

## （四）公众参与的区别

### 1. 单向管理到双向互动

传统政府治理模式以自上而下为主，公众在政策制定和执行中多处于被动接受状态。数字政府通过信息技术，构建了公众与政府之间的双向互动机制。例如，通过电子政务平台，市民可以实时反馈政策效果，甚至直接参与政策制定。

### 2. 从有限参与到广泛参与

传统政府由于信息不透明和渠道限制，公众参与的范围和深度有限。而数字政府通过社交媒体、开放数据平台等手段，为公众提供了广泛参与的渠道。例如，智慧城市建设中，市民可以通过移动应用参与城市规划和环境保护，实现共建共享。

### 3. 从事后监督到全程监督

传统政府的监督机制往往以事后问责为主，公众难以了解政策制定和实施过程的全貌。数字政府通过区块链等技术手段，实现了决策、执行和评估全过程的公开透明，增强了公众的信任感和参与积极性。

## （五）技术支撑的区别

### 1. 从工具应用到核心驱动

传统政府将技术视为辅助工具，用于提升某一环节的效率，如档案管理或办公自动化。而数字政府将技术视为治理的核心驱动力，贯穿政策制定、执行、服务和监督的全过程。例如，人工智能被广泛应用于政策模拟和优化，大幅提升了治理效果。

### 2. 从独立系统到一体化平台

传统政府的技术系统多为独立运行，导致"数据孤岛"现象严重。而数字政府通过一体化平台建设，整合多方数据资源，形成数据共享和业务协同。例如，我国的"政务服务平台"整合了各地的政府服务，为公众提供了便捷的"一网通办"服务体验。该平台通过数据共享和跨部门协作，打破了原有的部门壁垒，使市民和企业能够更加高效地办理各类行政事务。

### 3. 从安全保障到信任机制

传统政府的技术应用主要关注系统安全和数据隐私保护，而数字政府更进一步，通过区块链技术构建数据共享与信任机制，提升数据治理水平。例如，区块链技术在政务数据中的应用确保了数据的真实性和可追溯性，增强了公众对政府的信任。

数字政府在治理理念、组织结构、服务模式、公众参与，以及技术支撑等方面相较于传统政府实现了全方位的变革。这种变革不仅是技术进步的结果，更是治理逻辑从权力中心化向以人为本的现代化转型的体现。在未来，数字政府的发展将继续推动公共治理的创新，为社会提供更加高效、透明和包容的治理模式。

## 三、数字政府的核心要素和构成

数字政府是技术、资源、模式和治理理念的全面融合，其建设需要数字资源的高效整合、数字平台的强力支撑、模式创新的不断深化、数字人才的驱动保障，以及制度与法律的全面护航。各要素之间相辅相成，共同构成数字政府发展的完整体系。

### （一）数字化转型战略

数字化转型战略是数字政府建设的核心指导框架，是驱动政府数字化变革的"方向盘"。它不仅为数字化建设提供了清晰的目标蓝图，还整合了技术、资源和制度创新，成为优化治理模式、提升公共服务水平的重要保障。

一个科学、完善的数字化转型战略可以帮助政府明确方向、协调资源并推动变革，从而在有限的资源下取得更大成效。首先，数字化转型战略明确了政府在数字化建设中的使命和目标。通过统一的战略框架，政府能够确保所有部门在共同目标下协作，避免因目标分散而导致的资源浪费和效率低下。例如，新加坡的"智慧国家2025"（Smart Nation 2025）计划提出了系统性目标，通过构建数字基础设施和促进全民数字文化，实现经济、社会与政府的全面数字化转型。其次，数字化转型战略可以帮助政府在资源有限的情况下优先解决关键问题。通过合理分配资金、人力和技术资源，避免重复投资和资源浪费。例如，优先发展数据共享和公共服务平台建设，不仅能够迅速取得成效，还能为后续的全流程数字化治理奠定基础。最后，数字化转型战略不仅关注技术工具的应用，更关注治理模式和服务模式的深层次变革。通过推动社会治理模式创新，战略将技术进步转化为实际效能,为公众带来切实的便利。

数字化转型战略应具备以下主要内容:①明确战略目标。数字化转型战略的成功实施离不开明确的战略目标。战略目标的设计应基于实际需求,关注政府治理和公共服务的痛点,同时结合技术发展趋势,确保目标的前瞻性和可行性。②规划实施路径。数字化转型是一个长期且复杂的过程,需要科学规划实施路径,确保战略目标得以实现。实施路径应根据技术成熟度、资源分布和需求变化制定阶段性目标,并针对重点领域实现突破。③创新多方协作机制。数字化转型的复杂性要求政府与社会各方紧密合作,共同推动战略目标的实现。协作机制应包括政府部门之间的内部协作,以及与企业、学术机构和公众的外部协作。

### (二)数字资源

数字资源是数字政府建设的核心要素,涵盖政府运作过程中产生的各类数据,以及由此形成的数据资产。作为推动数字政府建设的"燃料",数字资源决定了政府在智能决策、公共服务和治理能力方面的深度与广度。数据资源的开发涉及数据采集与整合、数据开放与共享、数据安全与隐私保护、数据价值挖掘与应用等方面。

数据采集与整合是提升数据价值的重要环节,包括多元化的数据来源,如政府业务数据、社会公共数据(如交通、能源)、企业数据,以及物联网感知数据;同时,通过技术手段对不同格式的数据进行标准化和结构化处理,实现数据整合与清洗,例如,英国政府推出的"数据共享平台"整合多部门数据资源,不仅支持政策制定,还有效避免了"信息孤岛"问题。

数据开放与共享是推动数据价值最大化的重要途径,通过开放公共数据资源,使公众、企业和科研机构能够从中获益,实现创新驱动和社会效益的双赢。数据开放政策通常涉及政府业务数据、社会经济数据和公共服务数据的公开化,以保障数据可用性和透明度。例如,美国实施的"开放数据计划"通过开放联邦政府大量数据集,为企业创新、科研突破和公共政策优化提供了基础支持。这一计划不仅促进了商业生态的繁荣,如在交通、医疗、金融等领域催生了大量数据驱动型企业,还增强了政策制定过程的透明性,推动了政府治理的现代化。

数据安全与隐私保护是数据开发和利用过程中不可忽视的重要问题。在技术层面,通过数据加密、权限控制、区块链等技术手段实现数据的安全传输与存储,确保数据在采集、共享和使用环节中免受外部攻击和未授权访问。在法律层面,通过完善的法规和政策明确数据使用的边界和责任,规范数据使用行为。

数据价值挖掘与应用是释放数据生产力的核心环节,其真正价值在于通过先进的技术手段为政策制定、社会治理和公共服务提供强有力的支持。大数据分析、机器学习等技术能够从庞杂的数据中提炼有意义的信息,揭示潜在规律,支持决策优化。

## （三）数字基础设施

数字基础设施是数字政府建设的关键支柱，它为数字化治理、公共服务和社会互动提供了物质与技术保障。从基础网络到先进的物联网设备，从云计算平台到一体化政务服务平台，这些技术设施共同构成了数字政府运作的坚实基础。

网络设施建设是数字政府的核心技术支撑，其完善程度决定了信息流动的效率与覆盖范围。通过加快宽带网络普及和部署 5G 通信技术，如我国的"千兆光网建设计划"，政府部门、企业和居民得以享受更快更稳定的网络服务，同时支持物联网、大数据采集等场景的技术需求。在此基础上，通过政策支持推动城乡网络均衡发展，如"电信普遍服务补偿机制"，缩小数字鸿沟，实现数字普惠。此外，政务网络作为专属通信系统，通过高安全性和高效率的数据传输，提升了政府内部信息共享与协同能力。

物联网技术通过智能设备的感知和交互，将物理世界数字化，为政府提供实时、精准的数据支持。它通过传感器采集环境数据，如交通流量、空气质量等，用于智慧交通信号调控和城市监控，提升公共安全管理效率。此外，智能设备广泛应用于政务服务和智能家居，如社区自助终端支持居民办理户籍和社保，智能家居则通过政府系统实现远程预约和应急通知。物联网与人工智能结合进一步提升自动化水平，如智能垃圾桶通过传感器监测垃圾容量并发出清理请求，优化资源调度和城市管理效率。

云计算与大数据中心是数字政府运转的核心支撑，承担海量数据的存储与处理，通过资源虚拟化和共享降低信息化建设成本。例如，新加坡的"GovTech"云平台整合数据和应用，为公共服务提供高效支持，并在突发事件中实现快速响应。大数据中心通过数据清洗、整合和实时分析提升政府决策质量。如我国精准扶贫案例利用数据比对制订个性化脱贫计划，或在交通管理中优化信号调控。此外，边缘计算作为补充，在低延迟、高实时性场景下通过现场数据处理减少核心负担，提升了数据处理的效率和智能化水平。

政务服务平台是数字政府面向公众的一体化服务窗口，通过整合资源和技术，提供信息公开、业务办理等高效便捷的服务。例如，我国的"互联网＋政务服务"平台实现了跨部门的一体化服务，同时通过智能搜索和导航功能降低了用户的使用门槛。平台逐步向移动端迁移，支持 App 和社交媒体工具接入，为公众提供多渠道服务入口。借助大数据分析，平台能够提供个性化与精准服务，如根据用户需求推荐税务申报路径或匹配就业信息。此外，7×24h 的全天候服务与智能客服技术进一步优化了用户体验，通过自动化与人工服务的结合提升了服务效率与满意度。

## （四）模式创新

数字政府的建设不仅是一场技术革命，更是推动治理模式系统性变革的重要契机。从公共服务供给方式到社会治理运行机制，各领域均发生了深刻的创新与变革。这些创新体现在服务模式、决策模式、治理结构，以及公私合作模式等方面，为现代政府提升治理效能提供了重要支撑。

### 1. 服务模式创新

数字技术的引入彻底改变了传统政府服务的供给方式。以往依赖面对面交流和纸质流程的服务模式，正逐步被高效、便捷的数字化服务所取代。通过大数据分析与整合，政府能够提供基于数据的个性化服务。数字技术让政府服务突破了时间与空间的限制，7×24h 的在线服务平台使公众可以随时随地完成业务办理。数字政府致力于打造一站式服务平台，通过整合各部门的业务系统，实现跨部门协作和一体化服务。

### 2. 决策模式创新

数字技术赋予了政府更强大的决策能力，通过实时数据获取与智能化分析，政府决策模式发生了革命性变化。借助大数据和人工智能，政府能够根据实时数据进行动态决策。例如，在智慧交通管理中，交通指挥中心通过物联网传感器收集道路流量数据，并结合人工智能分析结果，动态调整红绿灯信号或规划车辆分流路径，从而有效缓解交通拥堵。历史数据的分析与挖掘让政府具备了预测未来趋势的能力。例如，在公共卫生领域，通过对传染病传播规律的建模与模拟，政府可以预测疫情的可能走向并提前部署防控资源。同样，环境治理中，通过监测和分析空气质量数据，政府能够预测未来的污染趋势并制定相应的治理政策。通过对海量数据的细化分析，政府能够制定更精准的政策。例如，精准扶贫工作中，政府通过数据对比识别贫困户，为其量身定制帮扶方案，实现资源的最优配置。这种决策模式不仅提高了政策的针对性，还优化了资源利用效率。

### 3. 治理结构创新

数字技术的深度应用推动了治理结构的深刻变革，传统的"层级式治理"逐步向"扁平化治理"过渡，治理更加高效、透明和开放。数字政府的一个重要特点是打破部门间的信息壁垒，通过构建统一的信息共享平台，实现跨部门协作。数字技术还为公众广泛参与政府决策提供了便利。政府通过社交媒体、在线问卷等渠道收集公众意见，不仅提升了政策的合法性和执行力，也让治理更加贴近民众需求。例如，一些城市通过网络平台征集公众对城市规划的建议，最终形成更加科学合理的规划方案。数字技术使政府内部的层级关系简化，直接实现数据共享与快速决策。政府部门通过直通式沟通和协作减少了中间环节，提升了政策执行效率。例如，在突发公共事件中，扁平化治理结构让决策能够直接传递至基层部门，确保应急措施迅速落地。

### 4. 公私合作模式创新

数字政府的建设不仅是政府的任务，也离不开企业的技术支持和创新参与。公私合作模式成为推动数字政府建设的重要动力来源。在智慧城市建设中，政府与企业通过合作开发应用场景和基础设施，共同推动城市数字化转型。例如，在交通管理领域，政府与技术公司合作部署智能交通系统，通过整合交通流量数据、智能信号控制与公共交通管理，实现城市交通的智慧化运作。政府在政策制定中为企业提供创新支持，例如，设立科技产业园区和创新基金，吸引企业参与技术研发和应用。这种合作模式既满足了政府对数字化转型的需求，也为企业创造了发展机遇，实现了互利共赢。一些传统由政府主导的公共服务，如基础设施建设与维护，正在通过公私合作的方式实现更高效的运营。例如，智慧停车项目中，政府提供政策与资金支持，企业负责技术研发与管理运营，从而提升服务质量和经济效益。

### （五）数字人才

数字政府的建设离不开高素质的人才队伍，尤其是具备数字化思维和技能的专业人才。在数字政府的背景下，政府不仅需要具备技术能力的工作人员，还需要能够理解数字技术与政策之间联系的管理者和复合型人才。

#### 1. 技术型人才

技术型人才是数字政府建设的基础。这类人才通常包括大数据工程师、人工智能开发人员、信息安全专家等。他们负责构建和维护数字政府的技术框架，确保技术平台的高效运行与安全性。例如，大数据工程师负责处理和分析海量的公共数据，帮助政府做出科学决策；人工智能开发人员则致力于将人工智能技术融入政府服务中，通过智能化手段提升服务效率和质量；信息安全专家负责保障政府平台的安全，防范黑客攻击、数据泄露等网络安全风险。

#### 2. 管理型人才

管理型人才是具备数字技术背景的政府管理者，他们不仅能够理解数字技术的基本原理，还能在行政管理中有效推动数字化改革。这类人才不仅需要具备传统的政府管理能力，还需要具备较强的创新思维和跨部门沟通协调能力。例如，数字政府的管理型人才能够在政府内部推动数字化转型的战略规划、预算分配、项目实施和绩效评估等方面发挥重要作用。此外，这类人才还需要能够领导和激励团队，在推动政策创新的同时，提升政府服务的效能和质量。

#### 3. 复合型人才

复合型人才是既懂政策又懂技术的跨界型人才，能够在技术与政策之间架起桥梁。数字政府的实施不仅需要技术支撑，还需要政策制定和法律监管的框架，而复合型人才正是能够将这两者有效融合的人才。这类人才不仅具有一定的技术背景，能够理解新兴技术的应用和发展趋势，还具备深厚的政策理论素养，能够在技术与政府治理之间找到平衡点。复合型人才能够帮助政府实现技术创新与政策创新的双赢，推动数字政府的全面发展。

### （六）制度与法律保障

制度与法律是数字政府发展的重要保障，它们为数据资源管理、平台运营和模式创新提供了规则框架和安全保障。在数字化转型的过程中，政府需要完善的制度设计和健全的法律体系，以确保数字政府建设在规范和合规的环境中进行，从而实现更高效、更安全、更可信的数字治理。随着技术的发展和全球合作的深化，政府需要不断完善数据治理制度、数据共享与开放机制、技术与安全规范和法律法规保障，确保数字政府的健康运行。

数据治理制度。明确的数据分类与分级标准至关重要，将数据分为公开、敏感、机密等类型，并设定相应管理要求，既能保障数据安全，又能提升使用效率。例如，在政务服务中，公开数据可增强透明度，敏感数据则严格受限使用。数据权属与使用规则的确定也不可或缺，鉴于数据所有权可能归政府、企业或公民，需清晰界定并制定公平合法的使用规则，确保跨部门、跨行业数据使用遵循法律法规，维护数据市场秩序。

数据共享与开放机制。构建跨部门政务数据平台，打破信息孤岛，实现各级政府数据共享，能优化资源配置、助力科学决策。适度开放非敏感数据给公众和企业，如经济数据、公共服务信息等，可激发社会创新活力，推动数字经济发展，促进政府与社会互动。在此过程中，数据隐私保护是核心要点。政府应制定严格政策，运用匿名化、加密等技术及保护协议保障数据安全，并建立监管机制监督数据全生命周期，切实保护公民隐私。

技术与安全规范。统一的技术标准是实现系统和平台兼容协作的关键。政府制定统一的技术架构、接口和数据格式标准，可减少重复建设与资源浪费，提升信息流通效率，增强服务能力。数字政府平台涉及大量重要信息，其安全性至关重要。需制定严格网络安全规范，监管技术供应商和开发商，确保平台安全设计达标，尤其在新兴技术应用下，建立安全审查机制防范各类安全风险。同时，完善的网络安全应急响应机制不可或缺，涵盖预防、监测、处理和审查等环节，通过定期演练提升应急能力，保障平台稳定运行。

法律法规保障。随着数字政府发展，传统法律体系难以应对新挑战，需完善相关法律法规，如制定数据保护法、电子政务法等，明确政府职责义务，规范行为，保障公民权利。数据保护法尤为关键，详细规定数据处理规则，保障数据安全隐私，并赋予数据主体多项权利，维护公民在数字环境中的权益。在全球化背景下，跨国数据流动成为重要议题，政府应积极参与国际规则制定，在保障数据安全隐私的同时，推动国际合作，建立统一的国际数据保护和共享规则，提升全球数字治理话语权，助力数字政府全球化发展。

## 第二节　数字政府应用场景

近年来，国内外的数字政府建设呈现出蓬勃发展的态势。发达国家在数字基础设施、数据治理体系和智能化服务方面持续引领创新，而发展中国家则在数字普惠和公共服务数字化转型方面实现了跨越式发展。在我国，以"数字中国"战略为指引，数字政府已成为构建现代化治理体系的重要内容和推动力。各级政府以技术创新为支撑，结合地方实际需求，在公共服务优化、社会治理创新和经济调控数字化等领域开展了卓有成效的探索。

## 一、数字化公共服务

党的十九大以来，我国社会的主要矛盾变为人民日益增长的美好生活需要和不平衡不充分的发展之间的矛盾，公众对公共服务的需求也发生了深刻变化，迫切要求政府的公共服务能力提升。随着数字时代的到来，数字技术在医疗、教育、文化等公共服务领域的广泛应用，推动了公共服务各环节的升级和改造，促进了服务效率和用户体验提升，并实现了公共资源的公平与高效分配。

### （一）数字医疗

在医疗需求日益增长和资源分布不均的背景下，利用数字技术创新医疗服务已成为时代发展的必然选择。数字医疗是现代信息技术与医疗服务深度融合的一种新型医疗模式，旨在解决传统医疗服务中的资源分布不均、看病难等问题，为患者提供便捷、高效、精准的医疗服务，实现以患者为中心的全生命周期健康管理，推动医疗行业向智能化、网络化和人性化方向发展。这一模式具体应用于远程医疗、电子健康档案、智能诊断系统和个性化医疗服务等多个领域，不仅涵盖了医疗设备和系统的数字化，还涉及医疗服务、资源管理、医院运营和患者体验的全面升级。通过互联网、大数据、人工智能、物联网等技术的赋能，数字医疗显著提升了医疗服务的效率、质量与可及性，促进了医疗资源的共享与优化配置，是公共医疗发展的重要方向。

随着"健康中国"理念的提出，我国医疗的数字化转型有了明确的政策导向。2018年，国务院颁布《关于促进"互联网+医疗健康"发展的指导意见》，推动医疗与互联网技术的深度融合，加快我国医疗信息化的进程。《"十四五"国家信息化规划》中明确提出提供普惠数字医疗，进一步强调了数字医疗的发展目标。此外，2021年发布的《国务院办公厅关于推动公立医院高质量发展的意见》中明确提出，强化信息化支撑作用，推动云计算、大数据、物联网、区块链、5G等新一代信息技术在医疗服务中的深度应用。这些政策文件的发布从两个方面推动了数字医疗的发展。一方面，在更大区域范围内促进信息互联互通，实现医疗数据资源的同步共享和行业标准的统一。另一方面，注重个人全生命周期健康管理，通过串联出生以来的就诊和保健等医疗信息，构建完善的个人健康档案。

在政策的推动下，全国各地积极开展试点，加速数字医疗的发展。例如，山东以省政府令的形式颁发了健康医疗行业数据管理办法，动态更新数据采集标准，梳理数据资源目录，并初步建立起数据开发利用的基础制度体系。截至2024年12月，山东省汇聚了包括电子病历、健康档案、基础资源和全员人口在内的2121亿条数据，数据容量达740T。在具体应用方面，山东省通过"鲁云影像"和"鲁医互认"平台，成功实现了290家医疗机构的云影像数据跨机构调阅，以及529家医疗机构检查检验结果的互认共享，累计提供查询服务超过2.6亿次。同时，"鲁健e查"平台开放了9010多万份居民健康档案，为居民提供便捷的健康数据查询服务。这些实践不仅提高了医疗服务效率，也为其他地区推进数字医疗提供了有益的借鉴。

## （二）数字教育

数字教育是教育的数字化转型，是指运用信息技术、互联网、大数据、人工智能等数字化手段，推动教育资源、教学模式、学习方式与数字技术深度融合的一种新型教育模式。它通过数字化平台和工具改造传统教育模式，为学习者提供个性化、多元化和智能化的学习体验，促进教育的公平与质量提升。数字教育不仅包括在线教育、虚拟课堂、电子教材等形式，还涉及智能教学系统、教育大数据分析、虚拟现实（VR）与增强现实（AR）技术在教育中的应用。其核心是通过技术手段优化教学资源配置，突破时间与空间的限制，实现教育资源的广泛共享和教学效果的精准提升。

随着互联网、大数据、人工智能等技术的快速发展，教育数字化转型已成为全球教育领域的必然趋势。2020年，联合国教科文组织、国际电信联盟和联合国儿童基金会等机构联合发布的《教育数字化转型：学校联通 学生赋能》报告强调了数字化转型对提升教育公平和质量的重要性。我国也相继出台了《教育信息化2.0行动计划》《中国教育现代化2035》等政策，推动教育数字化转型的深入发展。2022年，全国教育工作会议首次提出实施教育数字化战略行动。2022年3月28日，国家智慧教育平台正式上线，该平台是国家教育公共服务的综合集成平台，聚焦学生学习、教师教学、学校治理、赋能社会、教育创新等功能。平台一期项目主要包括国家中小学智慧教育平台、国家职业教育智慧教育平台、国家高等教育智慧教育平台和国家24365大学生就业服务平台等4个子平台。截至2024年3月，中小学平台资源总量达到8.8万条，高等教育平台拥有了2.7万门优质慕课，职业教育平台遴选国家在线精品课程超1万门。

数字教育突破了地域限制，使优质教育资源能够跨越空间障碍，更加公平地分配给所有学生。数字化教育平台提供了全国范围内的教育资源，学生可以通过互联网随时随地访问这些资源，消除了地理位置的限制。同时数字化技术还促进了教育资源的优化配置，提高了资源的使用效率，能够使更多学生享受到高质量的教育资源。

数字教育通过个性化学习和智能化推荐机制，提高了教育教学的针对性和有效性。个性化学习允许根据每位学生的学习习惯和能力水平定制专属的学习计划，有助于激发学生的学习兴趣和动力。智能化推荐系统则可以根据学生的学习行为和成绩，为学生推荐最适合他们的学习资源和课程，提升了学习资源的匹配度和利用效率。这些措施共同促进了教育质量的提升，进一步推动了教育公平的实现。

数字教育在缩小城乡教育差距方面发挥了重要作用。通过远程教育技术和在线学习方案，乡村地区的学生也能够接触到城市优质的教育资源，减少了因地域差异造成的教育机会不平等。此外，数字化学习资源相对传统的实体书籍和面对面教学成本更低使得经济条件较差的家庭也能承担得起教育费用，进一步缩小了城乡教育差距。

### （三）数字文化

数字文化是指在数字技术的驱动下，文化资源的生产、传播、消费和创新方式发生变革，形成的一种基于数字化的新型文化形态。数字文化应用场景广泛涵盖了文化资源的数字化保护、在线文化内容的生产与传播，以及数字技术与文化创意产业的深度融合。政府公共文化服务数字化转型主要包括：文化资源数字化，即对图书、文物、档案、音像资料等传统文化资源进行数字化采集和存储，建立数字文化数据库；公共文化平台建设，即通过建设数字图书馆、文化云平台、在线展览平台等，为公众提供便捷的数字文化服务；智能化文化服务，即利用人工智能、大数据和虚拟现实技术，开发智慧导览、个性化推荐和沉浸式体验等服务；文化活动的数字化延伸，即在线直播文化活动、数字化展览和线上教育资源，实现公共文化服务的线上线下融合。

数字文化具有普惠性、共享性、交互性和创新性的特征。

（1）普惠性。数字文化以技术为依托，通过互联网、人工智能、虚拟现实等手段，使文化生产和消费突破了传统的时空限制。例如，浙江省的"文化礼堂云"平台，集合了数字图书馆、在线展览和文化活动直播等功能，让乡村居民也能享受到与城市同等的文化服务。这不仅缩小了城乡文化资源分配的差距，也为现代公共文化服务体系的数字化升级提供了示范。

（2）共享性。数字文化通过数字平台，实现文化资源在更大范围内的共享与传播。由联合国教科文组织及32个的公共团体合作建立国际性数字文化共享平台——世界数字图书馆，向全球免费提供源于世界各地的图书、地图、手抄本、影片与照片等原始材料，促进了各国文化的互通互鉴。例如，我国的古籍《永乐大典》通过该平台展示，向全球用户传播中国传统文化的精髓。

（3）交互性。数字文化通过数字技术增强了公众参与公共文化的方式，激发公众的文化参与热情。比如，上海市通过"上海文化云"平台，整合了全市文化资源，实现了"一站式"文化服务供给，不仅提供个性化推荐、沉浸式导览，还鼓励公众在线参与文化活动的策划与反馈。

（4）创新性。数字文化通过数字技术赋能传统文化的传承与弘扬，推动文化内容创作与传播模式的变革，使传统文化焕发新的活力。例如，故宫博物院推出的数字文物库和"数字故宫"应用，不仅实现了珍贵文物的在线展示，还通过虚拟现实技术让公众"漫游"历史，提供身临其境的文化体验。这种全新的传播方式不仅增强了文化传播的广度和深度，而且拉近了大众与传统文化的距离。

## 二、数字化社会治理

随着数字技术的迅猛发展和社会需求的不断演变，传统社会治理模式面临着全新挑战。数字化社会治理应运而生，它以大数据、人工智能、物联网等技术为依托，通过优化资源配置、提升协同效率，为解决城市化加速、突发事件频发等复杂社会问题提供了有效路径。数字化社会治理的兴起，不仅是技术进步的必然结果，更是实现治理现代化、构建高效、透明、公平社会治理体系的重要方向。数字化社会治理利用物联网、大数据、人工智能等新兴技术，建立高效的技术平台和信息系统，实现社会资源的智能化配置、管理模式的创新，以及多主体间的协同治理，以提升城市、社区等社会单元的治理效率，推动公共服务精准化，同时增强社会风险的预测与应对能力。

### （一）智慧城市

随着城市化进程的加速，城市面临着诸多挑战，如交通拥堵、环境污染、公共安全等问题。同时，人们对生活质量的需求也日益提高，对城市的治理能力和服务水平提出了更高的要求。智慧城市正是为解决这些问题而生。

智慧城市是一个综合性概念，旨在运用物联网、云计算、大数据、空间地理信息集成等新一代信息技术，促进城市规划、建设、管理和服务智慧化，以应对城市化进程中出现的各种挑战，提升城市可持续发展能力。智慧城市的核心在于以人为本，强调通过数据驱动的决策和管理实现城市资源的优化配置和高效利用，提升居民的幸福感和满意度。具体体现在以下几个方面：①提升城市管理效率。通过物联网技术，城市管理者可以实时获取交通、环境、公共安全等关键领域的海量数据，结合大数据分析、人工智能等技术手段，实现精准预测、快速响应和智能决策，提高城市管理效率。②优化城市资源配置。智慧城市能够基于实时数据，对城市的能源、交通、医疗等资源进行合理分配和调度，减少资源浪费，提高资源利用效率。例如，智能交通系统可以根据实时路况调整信号灯配时，缓解交通拥堵；智能电网则能根据用电需求自动调节供电量，保障电力供应稳定。③提升居民生活质量。智慧城市的构建，使居民能够享受到更加便捷、高效、个性化的服务。从智能家居到智慧医疗，从在线教育到远程办公，智慧城市的各项应用丰富了居民的生活方式，提高了生活品质。智慧城市通过智能化手段，推动节能减排、环境保护和绿色出行等可持续发展理念的实施。例如，智能垃圾分类系统能够引导居民正确分类垃圾，促进资源回收利用；智能照明系统则能根据环境光线自动调节亮度，减少能源消耗。

2008年"智慧城市"概念的提出，标志着全球智慧城市建设的序幕正式拉开。各国根据自身城市发展的关注重点，逐步探索智慧城市的建设路径。例如，新加坡以人文生态为核心开展智慧城市建设，而美国则更加关注新兴产业的发展。在我国，由于地域辽阔、城市发展水平参差不齐，智慧城市建设起初以"摸着石头过河"的方式进行。各城市主要利用各种技术解决单点问题，但尚未形成系统化、整体性的建设思路。2012年，住建部办公厅发布《关于开展国家智慧城市试点工作的通知》，正式启动全国范围内的智慧城市试点工作。2013年至2015年，全国共有290个城市入选试点名单，智慧城市建设在全国范围内铺开。由于城市发展状况和资源禀赋的差异，各地在智慧城市建设中的侧重点有所不同。北京、上海、杭州等大型城市主要聚焦交通、医疗、教育和治安等民生领域，通过智慧化手段提升城市综合竞争力。烟台、海口、桂林等中型城市则结合自身经济特点和发展需求，选择若干重点领域进行智慧化建设，提供从网络到城市平台的整体解决方案。而资金不足的小城市则优先补齐信息基础设施短板，同时在重点行业或产业领域开展智慧城市应用示范。

为规范和推动智慧城市的持续、健康、快速发展，2014年8月，国家发改委、工信部、科技部等八部委联合印发《促进智慧城市健康发展的指导意见通知》，将智慧城市建设上升为国家战略。在随后的"十三五"规划纲要和"十四五"规划纲要中，进一步提出"以基础设施智能化、公共服务便利化、社会治理精细化为重点，充分运用现代信息技术和大数据，建设一批新型示范性智慧城市"等指导性意见，强化国家对智慧城市建设的顶层设计和统筹指导。在这一战略指引下，大型城市的智慧化建设得到了有序推进。为缩小地区差距并提升全国城镇化水平，2021年4月，国家发改委发布《2021年新型城镇化和城乡融合发展重点任务》，提出加快推进以县城为重要载体的城镇化建设，推动城乡融合发展，提升城市建设与治理的现代化水平。智慧城市建设逐渐渗透到各类城市和城市的方方面面，全面助力城市向高质量方向发展。

2024年5月，国家发改委、国家数据局、财政部、自然资源部联合发布《关于深化智慧城市发展 推进城市全域数字化转型的指导意见》，明确了7个领域的转型任务：建立城市数字化共性基础，培育壮大城市数字经济，促进新型产城融合发展，推进城市精准精细治理，丰富普惠数字公共服务，优化绿色智慧宜居环境，提升城市安全韧性水平。该意见强调全域数字化转型与中国式现代化城市建设的结合，为未来智慧城市建设进一步指明了方向。

### （二）智慧交通

随着城市化进程的加速和机动车保有量的迅猛增长，交通拥堵、环境污染、资源浪费等问题越发突出，严重影响了城市的可持续发展和居民生活质量。传统的交通管理模式面临着效率低下、资源配置不足及无法适应日益复杂的交通需求等诸多挑战。在这一背景下，智慧交通的概念应运而生，为解决城市交通难题、提升交通效率和实现绿色可持续发展提供了新的解决方案。

智慧交通的提出与现代信息技术的快速发展密切相关。以物联网、大数据、云计算、人工智能和5G通信技术为代表的新一代信息技术，正在深刻改变着交通系统的运行模式，使传统的"以硬件为核心"的交通管理逐渐向"以数据和智能化为核心"的方向转变。同时，智慧交通的发展也得益于全球范围内智慧城市建设的推动。作为智慧城市的重要组成部分，智慧交通既是建设智慧城市的基础环节，也是其最终实现高效运行的重要保障。从全球范围来看，发达国家和地区纷纷将智慧交通纳入战略发展规划，例如，美国的"智能交通系统"（ITS）计划、日本的"综合智能交通体系"（C-ITS），为智慧交通提供了先进的经验和技术支持。

智慧交通是指以新一代信息技术为基础，通过数据采集、传输、处理和分析，实现对交通系统的全面感知、高效管理和智能决策，从而提升交通效率、改善交通服务质量、降低环境影响的综合性系统。其核心目标是实现"人、车、路"的全面协同，构建一个更加高效、安全、绿色的交通生态系统。它不仅关注交通工具的智能化，还注重交通基础设施、交通管理模式的智能化，从而为城市交通的高效运行提供系统性保障。

智慧交通的实践涉及多个层面，从城市交通到区域交通，再到跨国运输，涵盖了多领域的探索和应用。在我国，智慧交通已成为国家战略的一部分，各大城市结合自身交通特点，积极推进智慧交通建设。北京在智慧交通领域引入了先进的智能信号控制系统，通过实时分析交通流量数据，动态调整信号灯时长，有效缓解了高峰时段的拥堵问题。此外，北京还部署了大规模的公共自行车租赁系统和智能停车导航服务，为市民提供了多元化的出行选择。杭州的智慧交通建设以"城市大脑"为核心，通过整合全市交通数据，实现了智能调度、车辆诱导和交通事故快速响应等功能。据统计，自"城市大脑"上线以来，杭州的主要道路通行效率提升了15%以上，城市交通运行更加顺畅。深圳在智慧公交方面进行了广泛实践，如全市范围内推广纯电动公交车，并通过车联网技术实现公交线路的优化调度。此外，深圳还在智能网联汽车测试和应用方面走在全国前列，为智慧交通的未来发展积累了宝贵经验。

美国的智慧交通系统以 ITS（Intelligent Transportation System）为核心，通过车联网技术构建车车通信和车路协同系统。例如，在加利福尼亚州，高速公路上配备了动态交通管理系统，可以根据实时交通流量信息调整车道分配和通行速度，显著提升了高速公路的运行效率。日本的 C-ITS 系统结合了高精度导航技术和交通信号联动控制，为驾驶员提供精准的路径规划和实时交通信息。此外，日本还在无人驾驶技术和智慧物流领域开展了大量实践，进一步推动了智慧交通的全面发展。新加坡的智慧交通体系以综合交通信息平台为基础，通过电子道路收费系统（ERP）和智能公交调度系统，实现了交通流量的精确控制和公交系统的高效运行，其城市交通的智能化程度居全球领先地位。

智慧交通的发展仍在不断演进。随着技术的进一步突破和政策的持续支持，未来智慧交通将更加注重人与交通系统的互动体验，以及交通系统在绿色低碳方面的贡献。例如，自动驾驶汽车的普及将使出行更加安全高效，智能化的物流系统将进一步提升全球供应链的运行效率。同时，智慧交通也将在智能化治理、跨区域协作和数字化服务方面实现更大突破，为全球交通的可持续发展提供更加丰富的解决方案。总之，智慧交通的快速发展不仅是现代交通技术进步的体现，也是实现高效、安全、绿色交通的必然趋势。在未来的建设中，智慧交通将继续为城市的可持续发展注入强劲动力，为人类的美好生活提供坚实保障。

### （三）智慧社区

社区是城市的基本单元，社区治理是城市治理现代化的关键核心。当前社区治理面临诸多挑战，存在治理精细化程度不够、治理共同体意识不强、风险应对能力不足、业务协同效率不高等问题。数字化转型是社区治理破局的必由之路。数字赋能社区治理的实质是运用人工智能、大数据、云计算、物联网等新一代信息技术构建城市智能感知体系，通过对社区治理要素的全面赋能，充分挖掘数据要素价值，辅以智能分析决策功能，实现社区治理场域的数智化升级。大数据、人工智能等新技术在城市社区治理中的广泛运用，既扩展了社区的时空边界，又带来了社区治理模式的革新，形成了全新的基于数字化技术的城市社区治理共同体，实现了社区内外各种资源的高效、优质整合，以及社区治理各主体的责任共担与利益共享，有效解决了"谁来治理""怎么治理""治理的如何"等核心问题。

智慧社区不仅是对传统社区的技术升级，更是社区治理模式的创新，其目标是构建一个便民利民、安全高效、可持续发展的社区生态系统。其核心特征包括：①信息化感知。通过物联网设备（如智能摄像头、传感器）采集社区内的各类数据，包括居民活动、公共设施运行状况等，实现对社区状态的实时监测。②智能化决策。利用大数据分析和人工智能技术，挖掘数据价值，优化社区服务和管理决策。③便捷化服务。通过智能终端和线上平台，为居民提供一站式生活服务，如物业管理、医疗健康、文化娱乐等。④协同化管理。构建多方参与的社区治理结构，实现政府、企业、居民之间的协同互动，提升社区治理的整体效能。

依托数字技术打造城市社区治理共同体，已成为推动我国基层治理现代化的主要方向和抓手，各城市积极探索推进路径，不断提升社区治理体系和治理能力现代化水平。比如，深圳市宝安区在智慧社区建设中构建"无处不智慧"的生活场景，为居民提供更智能、更安心、更便捷的服务。"AI（人工智能）移动网格员"实时"巡查"社区各条道路，发现占道经营、乱摆卖、乱丢垃圾等问题，将自动上报和自动分拨给整治员进行处置，预警准确率达到95%，减轻了社区网格员的巡查压力；"AI消防快感知"将社区各类消防设备接入物联感知系统，智能灭火器可以将瓶体气压、位置及周围温度等信息数据实时传送到后台，当灭火器的监测信息发生异常时，系统将第一时间发生预警，通知小区物业服务企业的工作人员及时赶赴现场进行核实和处置；"AI天眼"将重点路段、商铺、小区、学校等处的信息接入社区服务中心，随时排查社区安全隐患，尤其是在台风暴雨等恶劣天气状况下，实时监测环境的不安全性情况，做到提前预防、及时预警。同时，宝安区推进"掌上小程序"建设，完善社区居民议事会等居民自治平台，居民参与社区治理的积极性不断提升，形成共建、共治、共享的社区治理格局。

智慧社区是智慧城市建设的重要组成部分，是提升社区治理水平和居民生活质量的关键手段。在现代信息技术的支持下，智慧社区通过优化基础设施、打造服务平台、开发智能化应用场景，实现了社区服务的便捷化和治理的高效化。实践表明，智慧社区不仅能有效解决传统社区服务的痛点，还能满足居民多样化需求，促进社区和谐发展。未来，随着技术的进步和治理模式的不断创新，智慧社区将在推动社会全面进步中发挥更加重要的作用。

### （四）数字生态文明

随着全球生态环境问题的日益复杂化及数字技术发展的驱动需求，数字生态文明成为生态环境治理能力现代化的必然选择。一方面，传统生态环境保护手段难以有效应对跨尺度、跨部门、多要素的环境挑战，亟须采用先进的数字技术构建完备的数字化治理体系，通过精准治污、科学治污、依法治污和系统治理实现生态保护修复的最佳解决方案。另一方面，生态环境治理对象和内容的数字化转型要求治理方式更加依赖数据驱动，通过数字技术实现决策科学化、监管精准化和服务高效化，提高治理效率与成效。

在我国，数字生态文明建设已上升为国家战略。2023年2月，中共中央 国务院发布《数字中国建设整体布局规划》，提出了"建设绿色智慧的数字生态文明"的重大战略任务。2023年7月，全国生态环境保护大会强调，深化人工智能等数字技术的应用，构建数字化的美丽中国治理体系，为建设绿色智慧的数字生态文明指明了方向。2023年12月，中共中央 国务院《关于全面推进美丽中国建设的意见》下发，该意见提出要深化人工智能等数字技术应用，构建美丽中国数字化治理体系，建设绿色智慧的数字生态文明。这一背景奠定了数字技术与生态文明深度融合的基础，也使数字生态文明成为国家生态治理现代化的关键战略。

数字生态文明是数字技术与生态文明深度融合的新型发展模式，其核心在于运用数字技术赋能生态环境保护与治理。它通过大数据、人工智能、区块链等技术，实时获取生态环境信息，提升对环境风险的精准监测、预警和治理能力，从而实现绿色发展目标。数字生态文明包含以下几层内涵：①技术驱动与数据赋能。数字生态文明以技术创新为核心，通过智能化手段深度挖掘生态环境数据的价值，构建一体化的生态环境信息管理体系。②智慧治理与协同推进。它强调区域协同治理和全方位数字化治理模式，推动跨区域联防联治及生态环境数据的共享和融合，为精准治污、科学治污提供支撑。③绿色低碳与可持续发展。数字生态文明注重将数字技术应用于绿色生产和低碳生活，通过优化资源配置、引导绿色消费、推动绿色技术创新，实现生态系统的可持续保护。

数字生态文明的建设内容涵盖多个领域，从技术应用到治理体系创新，主要包括以下几个方面：

（1）构建生态环境一体化信息平台。建立全要素感知体系，运用物联网、卫星监测等技术，实时收集空气、水、土壤等数据。例如，利用无人机监控森林覆盖率变化，或通过卫星遥感技术监测全球气候变化趋势，为环境治理提供数据支撑。并在此基础上，通过大数据平台实现数据整合、分析与共享，提升环境质量评估和治理决策能力。

（2）创新生态环境治理模式。数字生态文明通过数据驱动的智能化治理手段提升环境治理效率，运用人工智能、数字孪生等技术实现模拟分析、精准调控。比如，利用大数据分析污染源分布和成因，制定针对性治理措施；通过智能算法模拟生态系统演化，为生态修复工程提供优化方案；通过物联网技术实时监测自然灾害风险，提升应急响应能力。

（3）发展绿色低碳经济。数字生态文明强调将数字技术融入经济活动中，推动传统产业绿色化改造和新兴绿色产业的发展。比如，深圳市在低碳城市建设中，从工业高质量发展出发，持续推动产业结构转型升级，形成以战略性新兴产业为主的高技术产业，其能源单位 GDP 能耗和 GDP 碳排放分别仅是全国平均水平的 1/3 和 1/5。

（4）推广绿色智能生活方式。发展绿色出行、绿色消费等数字化生活服务，建设共享服务平台，引导公众践行低碳生活方式；推动远程办公、在线会议的广泛应用，探索创新型碳普惠机制，激励全民参与绿色行动。

（5）实现多元主体共治。数字生态文明建设需要政府、企业、社会组织和公众的协同合作，通过数据共享和公众参与，推动生态保护的全民行动，构建开放、透明、高效的治理体系。

数字生态文明作为生态治理现代化的重要抓手，已经融入数字中国建设的整体布局。它不仅为应对全球生态环境挑战提供了中国智慧，也为实现人与自然和谐共生的现代化目标奠定了基础。未来，数字生态文明将在推动生态环境治理能力提升的同时，为经济社会高质量发展注入绿色动能。

## （五）智慧应急管理

21 世纪以来，随着全球化、城市化和气候变化的加速，社会面临的突发事件种类和频率不断增加，包括自然灾害、公共卫生事件、社会安全事件，以及科技引发的复杂灾难。这些事件的高频发生对传统应急管理模式提出了严峻挑战。传统应急管理通常依赖人工指挥和经验决策，存在响应速度慢、信息共享不足、资源调度效率低等问题。

数字技术的迅猛发展为提升应急管理能力提供了全新路径，推动传统应急管理向信息化、智能化、智慧化转型。应急管理智能化通过全面运用信息化技术，实现应急管理数据感知、动态监测、智能预警、精准监管等，支持扁平、快速、精准的应急指挥与快速处置，致力于提高应急效率和处置效果。应急管理智慧化则是在技术上全面应用 5G、大数据、区块链、人工智能、大模型等技术，融合人的集体智慧和技术的信息处理能力，实现敏捷、科学、精准和动态的全方位应急管理。这标志着应急管理从智能化向更高水平的智慧化迈进，覆盖应急体系的全过程并显著提升效能。

我国是世界上主要的气候脆弱区之一，自然灾害频发，分布广、损失大，是世界上自然灾害最严重的国家之一，平均每年灾害造成的经济损失约占 GDP 的 3%~6%，且灾害数量在近 20 年来也急剧增多。面对日益严峻的灾害挑战，我国应急管理加快了信息化建设进程，并取得显著成效。随着物联网、大数据、人工智能、云计算等技术的广泛应用，应急管理呈现出信息化、智能化、智慧化多层并进的蓬勃发展态势。尤其是生成式人工智能（AIGC）的兴起，为构建互联互通的数据体系和精准应急知识图谱提供了重要技术驱动力。

作为国家治理体系和治理能力现代化的重要组成部分，应急管理部门和有关行业部门应急管理业务的信息化体系建设已经成为一项事关应急管理事业长远发展的基础性、全局性、战略性重大任务。经过多年发展，国家应急管理相关部门和各省市日常应急管理工作平台普遍搭建完成，地方在应急管理的数字化转型方面积极探索，形成诸多优秀案例与实践。

例如，山东临沂市以信息化建设为主线，自主研发沂蒙山生态林保护监控预警系统，从被动响应向主动预防、从传统防护到实时监测转型升级，实现全域全时全覆盖预警，为应急管理指挥决策提供科学依据。该预警系统结合沂蒙山区域生态林特点和防灾减灾实际，综合利用卫星遥感、视频监控、红外热成像技术、烟火智能检测算法、地面专业监测设备等先进技术手段，对临沂市沂蒙山区域生态林进行全天候实时监控，自动完成对生态林森林火灾、地质灾害和洪涝灾害的预警。系统接入 7 颗卫星遥感数据，新建高空鹰眼监控系统 638 处，人车智能管理卡口 34 处，其中，森林防火监控点位 388 处、地质灾害视频监控 50 处、雨量监测站 50 处、水库塘坝河道监控 128 处、水位监测站 22 处。通过打造多手段协同的空、天、地立体化监测网，实现了全域全时全覆盖预警。此外，该系统通过采用 AI 模型、云计算技术、大数据挖掘技术及物联网等信息化技术，建设覆盖沂蒙山区域生态林的森林火灾、地质灾害和洪涝灾害立体监测预警网，以及包含 AI 模型动态分析能力的监测预警中心，并细分为林区高空鹰眼监控系统、林区人车管理系统、单兵巡护系统、地质灾害视频监控系统、雨量监测站、水库塘坝河道监控、雨量水位监测站，以及配套的监测数据存储系统。沂蒙山生态林保护监控预警系统运行以来，已累计核查可疑森林火点烟点 5400 余处，实现了森林火情早发现、快处置。

尽管我国数字应急管理取得了长足进步，但整体上仍处于初步发展阶段，局部应用较多，全面智慧化尚未实现。为此，《"十四五"国家应急体系规划》提出系统推进"智慧应急"建设，建立符合大数据发展规律的应急数据治理体系，完善监督管理、监测预警、指挥救援、灾情管理、统计分析、信息发布、灾后评估和社会动员等功能。未来，随着数字技术的进一步发展，数字应急管理将在数据整合、算法优化和公众参与方面不断深化，为构建韧性强、适应性高的社会提供重要支持。

## 三、数字化经济治理

经济治理数字化转型是全球化与技术革命共同驱动的必然趋势。其一，随着全球化进程加速，各国面临的跨境问题日益复杂，如跨国税收、跨境电商监管和国际数据流动等，传统治理方式已难以适应动态变化。数字化手段通过数据共享、智能化分析和高效协作，为提升治理效率提供了全新解决方案，并成为国际社会促进经济协调发展的重要工具。其二，技术变革为经济治理数字化提供了有力支撑。人工智能、大数据、区块链等前沿技术显著提高了信息采集、处理与决策效率，同时降低了治理成本。作为新型生产要素，数据的积累和深度应用推动了治理体系的智能化升级，使经济政策调控更加精准，市场效率显著提升，为高质量发展和新兴产业监管提供了技术保障。其三，社会变迁与政策推动进一步加速了经济治理的数字化进程。随着数字技术深入日常生活，在线购物、移动支付等新常态对治理体系提出适应性要求。公众对公开透明和参与治理的需求，也借助数字化手段得到更好的满足。与此同时，许多国家将数字化转型上升为战略重点，并通过法律法规和智慧政务提升治理水平，推动经济治理向科学化、智能化和高效化迈进。

数字化经济治理是指利用数字技术优化经济运行规则、市场秩序和宏观经济管理，以促进经济的高效、可持续发展。它通过大数据、人工智能、区块链等技术手段，提升经济治理的精准性和科学性。数字化经济治理的关键在于构建开放、透明、公平的数字经济规则，保障数据资源的合理利用，同时加强市场监管能力。通过智能化技术，政府能够实现对经济活动的实时监测、科学决策和风险预警。

### （一）数字化税收

税收在国家治理中发挥着基础性、支柱性、保障性作用。税收治理是国家治理的重要组成部分。随着数字时代来临，数字经济发展迅猛、规模巨大且具有广阔的前景，纳税主体日益呈现出平台化、隐蔽性、模糊性和高度流动性等特点，以工业经济为基础建立起来的税制体系及治理体制正遭遇不适配、不适应问题，税收监管能力已跟不上数字时代经济社会的发展变化。一方面，数字经济跨越国界，其商业模式通常基于数据流动和无形资产，导致跨国公司可以通过数字技术规避税收责任。例如，许多跨国企业通过设立低税率国家的子公司，转移利润以降低整体税负。这种税基侵蚀和利润转移问题严重削弱了国家税收收入的稳定性和公平性。另一方面，在数字经济时代，数据作为生产要素全面渗透至生产、分配、交换、消费等各个环节，由此产生的新业态和新模式也丰富了征税对象及税收治理。面对征税对象和收入分配格局呈现出的新特点和新变化，只有加快国家税收治理数字化转型、构建适应数字时代的税收治理体系，才能更好地发挥税收治理在推进国家治理现代化中的作用。

在此背景下，各国政府和国际组织逐渐认识到数字化税收改革的重要性。经济合作与发展组织（OECD）提出了针对数字经济的税收改革建议，即《应对数字经济的税收挑战——支柱一蓝图报告》《应对经济数字化税收挑战——支柱二全球反税基侵蚀规则立法模版》。其中支柱一侧重与数字经济相匹配的征税权分配机制，支柱二则侧重解决剩余利润转移和税基侵蚀问题。同时，欧盟、美国等国家和地区也积极探索数字服务税（Digital Services Tax，DST）等新型税制模式，以应对数字经济发展对现行税收制度带来的冲击。我国通过推广增值税电子发票和区块链技术，大幅提升了税务管理的效率与透明度。数字化税收的提出，不仅是为了应对新型经济模式的挑战，也是提升国家税收治理能力和公平性的重要举措。

数字化税收可以理解为运用现代信息技术和大数据手段，对税收的征收、管理和服务进行全面数字化转型的一种新型税收治理模式。其核心目标是通过技术手段实现对经济活动的精准识别、实时监测和高效征管，从而提高税收征管效率，减少税收流失，优化纳税服务。税收治理数字化转型涉及以下三个维度：

（1）税法规则与制度体系数字化。数字经济的特性要求在税收立法和制度设计上进行深度调整。当前，关于数字税立法存在两种路径：①在现行税法框架内进行制度优化；②制定专门的数字税法，以适应数字经济的特殊性。无论路径如何，数字化税收制度需要实现国内外规则的协调联动，同时兼顾市场竞争公平性和税收法定原则，逐步构建规范性与灵活性相结合的数字化税制体系。

（2）税收征管与服务体系数字化。传统税收征管模式无法适应数字经济快速发展的需求，数字技术的深度应用成为税收征管改革的核心。通过大数据、区块链和人工智能等技术，税务部门能够优化流程，提高征管效率；增加税务管理的公正透明，减轻纳税人负担；实时数据分析，增强决策的前瞻性和科学性。

（3）税务信息与组织体系数字化。税务信息与组织体系的数字化升级不仅体现在数据采集和分析能力的提升，还包括数字化思维模式的全面建立。税务部门通过构建智能化的信息系统和协同组织模式，可以实现税收治理的透明化和协同化、数据实时共享与深度挖掘，以及高效处理复杂的税务争议事项。

在我国，以深化财税体制改革为历史性契机，推动税收治理实现数字化、智能化转型升级，已成为推进国家治理体系和治理能力现代化的重要议题之一。无论是国家层面还是地方层面，均高度关注税收征管与服务的数字化转型。2021年，中共中央办公厅、国务院办公厅印发的《关于进一步深化税收征管改革的意见》明确提出，全面推进税收征管数字化升级和智能化改造，整体性集成式提升税收治理效能。党的二十届三中全会对深化财税体制改革做出部署，要求研究同新业态相适应的税收制度，深化税收征管改革。在此指引下，全国各地税务机关加快推进数字化转型，通过优化税收服务模式助力税收治理提质增效。比如：北京首创"线下零窗口"智能税务模式，主要税费业务均可通过非接触式办理，实现税务环节办理时间由90分钟压减至5分钟，自动化办理率达92%；上海建成全国首个"5G智慧胶囊厅"，能够提供人机交互"智能咨税"、专家视频"远程帮办"等智慧服务，实现296项高频涉税业务云端"轻松办"；广州税务部门运用前沿数字技术，通过"政策找人""企业画像"等方法构建征纳互动服务新模式，并且推出"131需求快响机制"，即纳税人需求1天内归集信息，3天内研判反馈，1天内提级响应。

数字化税收的提出和实践是应对数字经济发展挑战的必然选择。通过技术创新、制度建设和国际协作，数字化税收能够提升税务治理能力，优化税收公平性，并助力税收治理现代化。在未来，需进一步完善数字税收的政策框架，推动税收治理向智能化、智慧化迈进。

### （二）数字信任

随着数字经济的快速发展，信息技术与经济社会深度融合，数据已经成为驱动社会进步的重要生产要素。然而，在数字技术加速变革的同时，也伴随出现了隐私泄露、数据滥用、网络安全威胁等诸多问题。这些问题削弱了公众和企业对数字技术的信任，制约了数字经济的可持续发展。在数据要素流通、交易的过程，只有以数字信任为基础，才能实现数据要素市场建设与数据安全合规可信流通。因此，全球主要经济体纷纷将"数字信任"纳入其重要建设议程，围绕身份主权、数据安全、隐私保护、数据控制、法律执行及管理审计等关键领域展开深入研究和实践。数字信任体系已成为国家可持续发展和数字化转型成功的重要影响因素。

数字信任是指在数字世界中，通过人际、制度、技术等一系列组合手段，在个人、组织等主体间构造对于彼此行为、数据及交互过程安全性、可靠性的一种信赖关系。其表现形式为利用数字身份、区块链、隐私保护等技术，用数学原理和代码建立信任关系，为互联网经济活动提供数字化信任服务。数字信任在当今数字化时代至关重要，其原因包含以下几个方面：①保障数据安全。随着个人信息和企业数据的大量存储与传输，数字信任可确保这些数据免受窃取、篡改或滥用。例如，电商平台需要借助数字信任机制保护消费者的敏感信息，从而赢得用户信赖。②推动数字经济发展。数字信任是企业间合作和线上交易的基础。在供应链数字化管理中，可靠的信任机制使上下游企业能够高效共享订单和库存信息，提升经济运行效率。③促进社会数字化转型。数字化政务服务的推进依赖于民众对其信任。例如，在线办理证件和政务审批等便民措施的推广，必须以数字信任为支撑，方能实现社会数字化转型。

构建数字信任体系需要从技术、制度和社会多个维度入手，确保数字环境的可信度和稳定性。技术保障方面，包括通过部署防火墙、入侵检测系统等网络安全技术，保障网络的安全性；采用数据加密、数据脱敏等技术数段，防止数据泄露和滥用；引入多因素认证、生物识别等身份认证机制，确保用户身份的真实性。制度建设方面，包括通过数据保护与网络安全相关法律的制定和完善，明确数据权属和使用边界，强化数据隐私保护；健全数据监管机制，加强对网络平台和数据处理的监督，如对互联网金融平台的资金监管，保障用户资产安全。在伦理与社会规范方面，包括要求算法开发和应用过程公开，避免算法歧视和偏见；建立技术伦理审查机制，对新技术的潜在风险进行评估；通过公众咨询和参与，增强数字政策的透明度和合法性，等等。信任机制设计方面，包括建立完善信用评估体系，为数字平台和服务建立信用评分机制，提升用户对其的信任；利用区块链的去中心化和可追溯性特点，增强数据处理的透明度和可信度；引入独立机构对数字服务的安全性和可靠性进行认证，等等。

美国、欧盟、新加坡、日本等发达国家和地区早已着手建立数字信任框架，以应对数字世界带来的新挑战和风险。《数据安全政策研究报告（2022年）》曾对欧洲、北美洲、南美洲、亚洲、大洋洲、非洲六大洲，包括欧盟、德国、法国、英国等14个国家或组织的87项数据安全政策及战略进行分析，结果显示数据安全等数字信任战略已成为聚焦点。欧盟《电子身份认证与签名条例》（eIDAS条例）、《一般数据保护条例》（GDPR）、《2010泛欧洲电子身份标识（eID）管理框架路线图》《2030数字罗盘：欧洲数字十年之路》《欧洲数据战略》，以及一系列数字信任顶层建设持续完善。其中，GDPR要求企业在处理个人数据时必须获得用户的明确同意,并为用户提供数据访问、修改和删除的权利,通过强制性法律约束显著提高了公众对数字服务的信任水平。

在我国,具有个人信息保护和重要数据安全职责的部门有近 20 个,包括国家网信办、工业和信息化部、国家市场监督管理总局、教育部、公安部、人力资源和社会保障部、中国证券监督管理委员会、国家保密局、国家邮政局等部门,分别负责各自行业的个人信息保护和重要数据安全。金融行业、工业信息行业、医疗卫生行业、交通运输等各个行业都相应制定了行业标准。

数字信任是数字社会发展的基石,其重要性随着数字技术的普及而愈发凸显。构建完善的数字信任体系,不仅需要技术的保障,还需要法律和伦理的支持,以及社会各方的广泛参与。通过数字信任体系的建设,可以有效增强公众对数字环境的信任,促进数字经济的可持续发展,为构建更加安全、透明和公平的数字社会提供有力支撑。

### (三)大数据决策与宏观经济调控

随着信息技术的飞速发展和数字化进程的加快,大数据正日益成为宏观经济调控的重要工具。传统宏观经济调控主要依赖统计调查、经济模型和专家判断,而大数据的引入则为宏观经济决策提供了更加全面、实时和精确的支持。

大数据决策在宏观经济调控中的作用主要体现在以下三个方面:

(1)提高决策的科学性和精准性。大数据能够整合多源数据,如消费行为、金融交易、企业生产等,形成全方位的经济画像。通过对实时数据的捕捉和分析,政策制定者可以快速掌握经济动态,从而进行更加精准的调控。同时,大数据分析结合机器学习算法,能够更好地预测经济走势,为政策提前布局提供依据。例如,澳大利亚政府通过采集交通系统感应器生成的海量数据,构建交通密度指标,从而分析经济活动与交通密度之间的高度相关性,并将其用作经济政策的评估工具之一。

(2)优化资源配置效率。通过分析市场需求和供应链数据,政府可以发现资源配置的瓶颈问题,优化经济结构;或是针对特定产业或区域,基于数据分析制定差异化政策,提高政策实施的针对性和有效性。例如,德国政府利用家庭电表反馈的数据制定针对智能电网基础设施的激励政策,取代传统补贴模式,进一步优化电力资源配置。

(3)增强经济风险的识别与防控能力。通过对金融市场、就业数据和企业财务的实时监测,能够快速发现经济运行中的风险点。在经济波动或突发事件发生时,大数据能够帮助政府快速响应,制定有效的应急措施。例如,新加坡的"风险评估与水平扫描系统"(RAHS)最初用于防范恐怖主义和传染病,后扩展至住房、交通、教育等领域,不仅实现了风险监测,还支持政策规划和市场预测。

2015 年,国务院印发《促进大数据发展行动纲要》,该纲要明确提出,要建立运行平稳、安全高效的经济运行新机制,实现对经济运行更为准确的监测、分析、预测、预警,提高决策的针对性、科学性和时效性。国家发展改革委作为我国宏观经济运行的核心部门，在利用大数据进行宏观经济分析方面早有布局：2015年，组建国家发展改革委互联网大数据分析中心，并启动建设国家发改委互联网大数据分析系统。2016年发布的《关于推进全国发展改革系统大数据专项工作的指导意见》提出，围绕发展改革系统履行职能，建设国家和省两级宏观决策可视化平台，充分应用可视化技术，围绕投资、工业、交通、能源、农业等重点领域开发经济地图，建设基于地理信息可视化的宏观经济运行大数据监测分析"一张图"，形成涵盖宏观决策各方面的数据汇聚展示系统，支撑各级发展改革委领导会商与综合研判。2017年，国家发展改革委发布《"智慧发改"建设规划（2021—2025）》，提出打造智慧决策大脑的设想，要求面向重大决策需求，构建"智慧发改"决策算法库、模型库、指标库、知识库，开展各类大数据分析指标与传统统计指标的回归比对和关联分析，逐步推动经验智慧与人工智能融合创新，为加强和创新宏观调控提供强有力技术支撑。2021年，发布《"智慧发改"建设规划（2021—2025）》，旨在提升共建共享、集约统筹的智慧设施能力，数据汇集、专题展示的智慧分析能力，一体联动、高效运转的智慧办公能力，业务协同、精准施策的智慧决策能力，高效联动、便捷优质的智慧服务能力，监管有效、保障有力的智慧安全能力。

地方层面，各地政府在利用大数据开展宏观经济分析方面开展了大量有益探索。比如，2018年9月正式上线运行的浙江省经济运行监测分析数字化平台，涉及"15+4"个模块、2660项指标、3000万条数据，除展示GDP、三次产业等主要经济指标，还归集电力指数、宁波舟山港等高频数据，达成多元数据的关联分析、相互印证和融合应用。以一块"大屏"看经济、对标对表找原因、分析趋势谋对策等创新举措，真正实现经济调节用数据说话、用数据决策、用数据管理。

大数据决策在宏观经济调控中的作用正在不断深化。它不仅提高了调控的科学性和效率，还为政府实现经济高质量发展提供了技术支撑。然而，大数据决策也面临着数据隐私、技术依赖和治理能力的挑战。未来，随着技术的进步和数据治理体系的完善，大数据将在宏观经济调控中发挥更加重要的作用，为全球经济治理注入新动能。

## 四、数字乡村

随着全球数字化转型的加速，信息技术的广泛应用正在深刻重塑社会经济发展的各个领域。在这一背景下，农业农村领域的数字化发展受到越来越多的关注。数字乡村作为信息化技术与农业农村发展的融合产物，不仅承载着实现农业现代化的目标，也被赋予了乡村振兴战略的时代使命。

### （一）数字乡村发展背景

#### 1. 政策驱动与乡村振兴战略

数字乡村建设源于国家实施乡村振兴战略的现实需求。《中共中央 国务院关于实施乡村振兴战略的意见》明确提出，要通过数字化手段提升乡村治理能力和公共服务水平。2019年发布的《数字乡村发展战略纲要》更是将数字乡村确立为乡村振兴的重要组成部分，明确提出要依托现代信息技术，实现乡村经济、社会、文化等多方面的全面数字化转型。

#### 2. 城乡发展不平衡问题的缓解需求

城乡数字化发展的差距长期制约着农村经济与社会的全面发展。相较于城市，农村地区的信息基础设施相对薄弱，数字经济的渗透率较低，导致农村经济发展滞后、公共服务供给不足、治理能力欠缺。数字乡村建设正是以弥合城乡"数字鸿沟"为目标，通过技术赋能提升乡村发展质量和效率。

#### 3. 技术发展与应用场景的成熟

大数据、物联网、人工智能等技术的快速发展，为数字乡村建设提供了坚实的技术支撑。近年来，农村地区信息通信基础设施不断完善，光纤宽带和移动互联网的普及率显著提高，为数字技术在农业生产、乡村治理和农村社会生活中的应用奠定了基础。此外，5G技术的逐步推广，以及数字人民币、智慧物流等新型应用场景的探索，为数字乡村的实施创造了有利条件。

### （二）数字乡村的建设内容

数字乡村的建设是一项系统工程，涉及信息基础设施建设、数字化农业发展、乡村社会治理数字化、公共服务数字化提升、乡村文化和生态建设等多个维度，核心在于通过信息技术的全面赋能，推动乡村实现可持续、高质量发展。

#### 1. 信息基础设施建设

数字乡村的核心在于完善信息基础设施，具体包括宽带网络、移动通信网络和物联网等技术设施的部署与升级。通过"互联网+"的应用，推动5G基站建设和光纤宽带普及，使更多农村地区实现"网络全覆盖"，从而为农业生产、乡村治理和农村居民生活提供稳定的数字化支持。

#### 2. 数字化农业发展

数字乡村的重要内容之一是推动农业生产数字化、智能化。利用大数据、人工智能和物联网技术，构建精准农业体系，涵盖农作物生长监测、智能灌溉、农机调度等领域。通过农业信息服务平台的建设，为农民提供实时市场信息、技术支持和天气预警，进一步提高农业生产效率和资源利用率。

#### 3. 乡村社会治理数字化

数字乡村建设还旨在提升乡村社会治理能力。通过建立乡村大数据平台，整合人口、土地、资源和公共服务等信息，推动村级事务的数字化管理和在线化运行。例如，智慧社区系统、数字党建平台和村务公开系统的建设，有助于实现乡村事务透明化，提高基层治理效率。

#### 4. 公共服务数字化提升

数字乡村通过信息技术提升乡村公共服务的供给能力，包括在线教育、远程医疗、电子政务等方面。例如，农村地区的在线教育平台建设，可以弥补乡村师资力量不足的短板；远程医疗技术的推广，则让农村居民享受到高质量医疗资源。此外，数字支付和智慧物流的普及，为农村居民的日常生活带来了便利。

#### 5. 乡村文化和生态建设

在文化建设方面，数字乡村注重通过数字化手段传承和保护乡村文化遗产，如建设乡村文化数据库、发展在线文旅项目等。在生态建设方面，通过环境监测技术和绿色农业解决方案，推动生态环境保护和可持续发展目标的实现。

### （三）数字乡村的建设实践

数字乡村在我国的建设已经取得了一定的成效，各地根据自身实际情况展开了丰富多样的实践探索，这些实践为全国范围内的数字乡村建设提供了有益经验。浙江省作为数字经济发展的先行省份，其数字乡村建设在全国具有标杆意义。浙江省在推动宽带网络、移动通信网络、卫星互联网、物联网和云计算等新基建方面走在全国前列，这些都为该省的数字乡村建设提供了良好的基础。浙江省的数字乡村建设不仅体现在硬件上，还包括对政策制度的优化升级。2018年，省政府发布了《浙江省数字乡村建设实施方案》，明确提出要构建全省统一的数字三农协同应用平台和乡村治理数字化平台。同年发布的《浙江省数字乡村建设"十四五"规划》，旨在统筹推进乡村数字化改革，助力打造充满活力的乡村产业生态圈，提升农村公共服务质量，增强农村内生发展动力。预计到2025年，浙江将实现省市县乡村五级全覆盖的数字乡村综合服务平台。浙江省的数字乡村建设主要采取产业数字化、治理数字化和服务数字化三个维度，在实际操作中注重融合，形成各具特色的建设模式。比如，杭州临安自2017年起成为阿里巴巴全国"农产品电商50强县"之一，并形成了完备的农产品电商产业体系，利用互联网、大数据、人工智能等数字信息技术提升了数据汇集服务能力，通过大数据技术推进了智能化农业生产，不断深化乡村农产品营销数字化应用，进一步完善了农产品质量安全追溯体系，为当地农产品电商发展注入了新活力；金华浦江的数字乡村建设则专注于保障当地特色农产品的高质量生产。当地通过引进先进的智慧农业生产管理系统，构建了高精尖的特色产业体系，让浦江的果蔬成为上海市场的"香饽饽"，为农业品牌建设提供了强有力的支撑；湖州安吉县的数字乡村建设致力于建设信息化平台促进乡村农旅融合发展。安吉充分利用自身资源优势，通过信息化手段实现人与自然和谐共生，实现4G覆盖率和农村互联网普及率的高标准，对于实现"农业＋旅游业"的数字乡村建设提供了重要参考价值。湖州市平湖的数字乡村建设则进一步深化了治理体系，关注产业发展中的生态环境建设，构建绿色生产体系，推动农业服务，深化乡村治理水平。

数字乡村的建设是推动乡村振兴战略的重要举措，是解决城乡发展不平衡问题的有效路径。通过完善信息基础设施、推进农业和社会治理数字化、提升公共服务水平，数字乡村建设逐步形成了一套可持续发展的模式。然而，在实践过程中仍需应对技术资源不平衡、数据治理不完善及数字技术对传统文化可能带来的冲击等挑战。未来，数字乡村建设应注重技术创新与社会需求的深度结合，构建一个富有活力、包容性和可持续性的数字化农村发展格局，为全球乡村振兴提供"中国方案"。

## 第三节 数字政府发展面临的挑战

### 一、政府数据开放与数据安全

政府数据是政府部门在履行职责过程中收集、产生、存储和管理的各类数据。这些数据来源广泛、种类繁多，涵盖了政府活动的各个领域。其中，一些来源于政府的日常行政工作，如办理证件（身份证、营业执照等）、税务申报、社会保障登记等业务流程时收集到的大量的个人和企业信息。一些是政府部门为了了解经济、社会、人口等方面的情况，开展各种统计调查收集到的数据。如国家统计局进行的全国人口普查，收集的人口数量、年龄结构、家庭构成、就业状况等数据。另一些则来源于政府对经济、环境、安全等领域进行监管监测产生的数据。例如，环保部门通过在各地设置监测站点，收集空气质量、水质、土壤污染等环境数据。政府数据具有较高的价值。它不仅有助于政府部门实现更高效和精准的管理，对于促进经济发展、推动社会进步等方面也有着重要作用。随着数字技术和信息化建设的不断推进，政府数据的开放共享已经成为一种趋势。然而，政府数据开放与数据安全犹如一把双刃剑，一方面，数据开放是释放数据价值、提升公共服务效率与透明度的关键路径；另一方面，数据安全问题随之而来，海量的政府数据包含着公民隐私、国家安全等重要信息，一旦遭受泄露或恶意攻击，后果不堪设想。如何在保障数据安全的前提下，实现数据的充分开放与高效利用，成为数字政府建设的首要难题。

#### （一）政府数据开放的必要性

##### 1. 推动经济增长

政府数据开放对推动经济增长有着全方位的助力。一方面，麦肯锡公司的相关研究显示，政府数据开放能够为教育、运输、消费品、电力、石油与天然气、医疗保健和消费金融等多个领域赋能，促使这些领域每年产生3万亿到5万亿美元的经济价值。其逻辑在于，企业得以利用开放数据洞察市场需求、优化生产流程、创新商业模式。例如，物流企业依据交通流量、路况等政府数据规划最优配送路线，降低运输成本，提升运营效率，进而带动上下游产业协同发展，推动整体经济增长。另一方面，政府数据开放激发了市场活力，为中小企业创造了更多机会。中小企业以往受限于数据获取与分析能力，在市场竞争中处于劣势。如今，免费且丰富的政府数据资源向它们敞开大门，使其能够精准定位市场缝隙，尝试新型商业模式，如基于消费趋势数据推出个性化定制产品，吸引更多消费者，扩大市场份额，为经济增长注入新动力。再者，政府数据开放促进了产业融合与创新。不同产业部门基于政府数据实现跨界合作，打破传统产业边界。比如，农业与科技产业结合，利用气象、土壤等政府数据开展智慧农业项目，提高农业生产效率与农产品质量，同时带动相关科技产业发展，催生新的经济增长点，助力经济持续增长。

### 2. 提升政府运行效率与公平性

政府数据开放构成了政府信息公开的进阶形态。相较于传统的政府信息公开，无论是内容特性还是开放模式，均实现了质的飞跃。一方面，其涵盖政府公开信息的底层数据，这一突破打破了政府对数据解释权的垄断格局，促使社会各方能够基于同一数据集合进行多元解读，激发思想碰撞，为决策优化提供多元视角。另一方面，开放范围拓展至海量可机器读取的数据，囊括诸多以往因格式、技术限制难以公开的信息，使公众能够全方位洞察政府工作细节。较高的政府工作透明度由此得以保障，有效规避暗箱操作，稳固正当程序运行根基，为社会监督与问责提供有力支撑，进而全面提升政府运行效率与公平性。

### 3. 强化社会主体的参与协作

政府数据开放宛如一把钥匙，解锁了社会主体的创造潜能，为公众与社会组织深度参与、协同合作搭建了广阔平台。这一开放举措等同于向全社会递出监督与建议的"邀请函"，吸引不同学科背景、生活阅历丰富的社会主体踊跃参与，他们凭借专业知识与实践经验，化身政府决策的"智囊团"，为政策制定注入多元智慧。然而，单纯的数据开放路径，难以长效维系社会各方参与热情。个体参与唯有融入广泛社会群体、组织，凝聚成强大社会协作力量，方能持续释放社会价值，这既是政府数据开放社会价值的续航动力，更是巩固民主制度的务实实践。通过协作，各方能够围绕政府数据挖掘深层问题，提出创新性解决方案，实现社会共治的良好局面。

### 4. 鼓励社会创新

不同社会主体能够搭乘政府数据开放的"东风"，借由创造新产品、新服务催生经济价值。经济增长作为政府数据开放的关键诉求，其拉动模式独具特色。一方面，尽管对于数据密集型行业，政府数据开放带来显著直接经济增长，但更多经济收益以间接形式惠及数据服务用户群体。另一方面，政府数据开放不仅为数据服务，以及产品提供商及其用户带来利好，更成为中小企业发展的"助推器"，为其探索新型商业模式提供契机与经验，吸引多元广告商关注，丰富行业社会分工协作生态。

## （二）政府数据开放的安全隐患

### 1. 大规模泄露风险

政务数据在汇聚及流转共享过程中，面临着被未授权人员或非法组织获取和利用的风险。由于数据的传输和存储涉及多个环节，一旦某个环节出现漏洞，比如，人为错误、网络安全防护措施不到位，或是黑客通过攻击系统，就可能导致数据泄露。政府数据泄露事件不仅侵犯了公民的隐私权，还会对国家的安全、经济、社会稳定和政府公信力产生严重影响。

### 2. 数据恶意破坏风险

政务数据被恶意篡改、删除，或数据平台拒绝服务，会造成重大数据资产损失及政府公共服务失序。恶意篡改数据可能会导致数据的真实性和准确性受到影响，从而误导政府决策和公众行为。此外，数据平台拒绝服务也会使政府的公共服务无法正常运行，给社会带来不便。

### 3. 数据违规使用风险

政务数据共享后，数据使用者可能会误用数据，将数据用于不当用途。这种行为可能会对数据主体造成不良影响。例如，一些企业在获取政府数据后，可能会利用这些数据进行商业活动，而忽视了数据的安全和隐私问题。如果企业将数据用于非法目的，或者泄露数据，就会对数据主体造成损害。此外，政府部门在数据共享过程中也需要加强对数据使用者的监管，确保数据的安全和合规使用。

### 4. 个人信息保护不足风险

政务数据中包含大量的个人信息，部分数据面向社会开放前，未经过脱敏、截断、遮挡等处理，导致个人信息泄露。个人信息泄露可能会对个人造成隐私侵犯、身份被盗等问题。例如，在一些政府部门的网站上，公开了一些个人信息，这些信息可能被不法分子利用，进行诈骗等活动。因此，政府部门需要加强对个人信息的保护，采取有效的措施，确保数据安全和保护个人隐私。

面对上述挑战，应从技术、制度和社会协同等多个维度采取综合性应对策略，确保在释放数据价值的同时，有效规避安全隐患。在技术层面，应强化数据安全防护能力建设。采用先进的数据加密、隐私计算和多方安全计算技术，确保数据在传输和使用过程中的安全性；建立数据安全监测与预警系统，实时识别并应对潜在威胁；对于涉及个人隐私的数据，加强数据脱敏和匿名化处理，确保开放数据不包含敏感信息，从源头降低风险。在制度层面，需要完善数据开放的法律法规和标准体系。明确数据开放的范围、使用规范及责任追究机制，确保数据使用过程的合法合规性。同时，建立多级审批与监管机制，严格限制对敏感数据的访问权限，并对数据使用者进行定期审查。尤其在数据共享与商业化利用的过程中，应强化监管力度，防止数据滥用或违规操作。在社会协同层面，推动多方参与与合作，构建共治格局。政府应通过公众参与、社会监督和行业自律的形式，加强对数据开放过程的监督与反馈。同时，与高校、研究机构及企业合作，开发创新性的数据利用模式，提高数据开放的社会价值与经济效益。总之，政府数据开放的安全与发展是一个动态平衡的过程。通过技术创新、完善政策法规和强化社会协同，政府能够在确保数据安全的基础上，充分释放数据开放的潜力，为经济社会发展注入新动力，同时赢得公众信任，实现数字政府的可持续发展目标。

## 二、技术创新与政策滞后矛盾

技术创新的飞速发展持续推动着数字政府的变革，人工智能、区块链、大数据等新兴技术为政府治理带来了全新的机遇与模式。然而，与之相对应的政策环境却显得滞后。现行的政策法规难以跟上技术迭代的步伐，在新技术的应用场景、规范标准及监管机制等方面存在诸多空白。这使政府在新技术的采纳与推广过程中面临着法律风险与管理困境，严重制约了技术创新在数字政府建设中的积极作用。

### （一）技术创新带来新的政策需求

#### 1. 新兴技术应用规范缺失

许多新兴技术在数字政府中的应用缺乏明确的政策规范。以量子计算为例，它可能会对现有的加密技术产生颠覆性影响，威胁政府信息安全。但目前对于量子计算在政府数据加密和安全通信中的应用边界、安全标准等方面还没有相应的政策进行规定。人工智能在政府智能客服、智能执法等场景中的应用也需要新的政策来规范。例如，智能客服机器人在回答公众咨询时可能会因为算法偏差或数据不足而提供错误信息，需要有政策来规范如何确保信息的准确性，以及如何处理因错误信息导致的后果。

#### 2. 数据治理政策待完善

随着数字政府的数据量呈爆炸式增长，数据治理成为关键问题。数据产权政策需要明确，在政府、企业和公众之间的数据所有权、使用权和收益权等方面需要有清晰的界定。例如，在政府与第三方数据合作项目中，对于合作产生的数据归属和使用权限需要有明确的政策规定。数据质量政策也亟待加强。政府在决策过程中依赖大量数据，低质量的数据可能会导致错误的决策。因此，需要制定政策来规范数据采集、清洗、存储等环节，确保数据的准确性和完整性。同时，数据隐私保护政策也需要不断更新，以适应新的数据处理技术和应用场景。

#### 3. 数字服务公平性政策需求

技术创新可能会加剧数字鸿沟，导致不同群体在获取数字政府服务时出现不公平现象。例如，老年人、残障人士等弱势群体可能因为对数字技术不熟悉或缺乏相应的设备而无法充分享受在线政务服务。因此，需要制定数字服务公平性政策，如要求数字政务平台提供无障碍访问功能、开展数字技术培训等，以确保所有公民都能平等地获取政府服务。

### （二）相关政策的滞后性

#### 1. 立法进程缓慢

数字技术的迅猛发展使政府管理的环境和方式发生了变化，但立法机构在制定相关法律法规时往往需要经过复杂的程序和广泛的调研，导致立法速度难以跟上技术进步。例如，在人工智能辅助决策系统广泛应用于政府审批流程的情况下，目前对于这种新型决策模式下的责任界定、审批标准等方面的法律尚未完善。这就可能导致在出现问题时，无法明确责任主体是算法开发者、数据提供者还是使用该系统的政府部门。对于新兴的数字政务服务模式，如基于虚拟现实（VR）的政务办事大厅，缺乏专门的法律来规范其运营流程、安全保障措施及用户权益保护等内容。这使这些创新服务在推广过程中面临法律不确定性，可能会因为潜在的法律风险而受到限制。

#### 2. 政策协调困难

数字政府建设涉及多个部门和领域，不同部门的政策目标和重点可能存在差异。例如，信息产业部门可能更关注数字技术的发展和推广，而财政部门则侧重于考虑数字政府建设的资金投入和效益。这种部门之间的政策差异在数字政府项目实施过程中可能会导致资源分配不合理、项目进度受阻等问题。在跨地区的数字政府合作中，由于各地政策的不一致，如数据共享的范围和方式、电子证照的互认标准等方面存在差异，使区域间的政务协同面临重重困难。例如，在一些跨区域的公共服务事项办理中，因不同地区对某些证明材料的数字化要求不同，导致群众办事不便。

#### 3. 政策更新机制僵化

现有的政策更新机制往往不够灵活，不能及时响应数字技术的快速变化。传统的政策评估和更新周期较长，可能需要数年时间才能对政策进行调整。然而，数字技术的更新换代可能只需要数月甚至数周。例如，当区块链技术从金融领域迅速扩展到数字政府的文件存证、供应链管理等多个领域时，相关政策却无法及时跟上，仍按照旧有的文件管理和信息追溯方式来要求，这就限制了区块链技术在政府事务中的有效应用。

### （三）技术应用与政府监管

#### 1. 技术复杂性挑战监管能力

数字政府应用的技术日益复杂，如大数据分析涉及复杂的算法和海量的数据处理，人工智能模型的训练和优化过程也具有高度的专业性。政府监管人员可能缺乏足够的技术知识来理解和监督这些技术的应用。例如，对于复杂的机器学习算法在政府风险评估中的应用，监管人员很难判断算法是否存在偏见，是否符合公平公正的原则。新兴技术如物联网的广泛应用使政府管理的对象和环境更加复杂。在城市智慧交通系统中，大量的传感器和智能设备相互连接，监管部门需要对这些设备的运行状态、数据传输安全等进行监管。然而，由于物联网设备的多样性和技术复杂性，监管难度大大增加。

### 2. 监管滞后与技术创新的时间差

监管措施往往滞后于技术创新。当一种新技术在数字政府中开始应用时，监管机构可能还没有足够的时间来制定相应的监管规则。例如，在政府开始使用区块链技术进行政务数据共享时，对于区块链节点的管理、数据上链的审核等监管环节还没有完善的规则，这就可能导致在一段时间内数据共享处于一种相对无序的状态。监管滞后还可能导致一些技术应用的滥用。例如，在大数据技术应用初期，由于缺乏对数据使用范围的严格监管，可能出现数据被过度收集或用于非政务目的的情况，对公民的隐私和权益造成损害。

### 3. 跨部门监管协调难题

数字政府技术应用的监管通常涉及多个部门，如信息通信部门、安全监管部门、行业主管部门等。这些部门之间的职责划分可能不够清晰，导致在监管过程中出现重复监管或监管空白的问题。例如，在云计算服务用于政府数据存储的情况下，信息通信部门可能关注网络通信安全，安全监管部门侧重于数据安全和隐私保护，而行业主管部门则关心服务质量和合规性，各部门之间如果缺乏有效的协调机制，就很难对云计算服务进行全面有效的监管。

面对技术创新与政策滞后的矛盾，政府需全方位强化政策相关工作以应对技术创新带来的变革。首先要加强政策制定的前瞻性，紧密追踪技术创新发展趋势，诸如人工智能、大数据、云计算等前沿领域，及时制定与之适配的政策，为技术创新营造良好政策环境，推动其蓬勃发展。在执行政策时，务必加大执行力度，积极构建完善的制度与机制体系，着重加强对政策执行的监督和管理工作，保障政策落地生根，切实发挥实效。同时，政策制定过程中还应注重调整的及时性，时刻依据实际情况灵活变动，确保政策从制定到执行全程都能紧密贴合技术创新的动态发展进程，与时俱进。尤为关键的是，要着重加强技术创新与政策之间的协调联动，以技术创新的发展态势为依据，精心制定相应政策，并强化对技术创新的有力支持与科学引导，促使技术创新与政策相辅相成、协同共进，全方位提升数字政府的治理效能与发展活力。

## 三、数据主权与数据跨境流动

在全球化背景下，数据主权与数据跨境流动成为国际关注的焦点。数据作为重要的战略资源，其跨境流动涉及国家间的利益博弈与安全考量。不同国家在数据主权的界定、数据跨境流动的规则制定上存在显著差异，由此引发了一系列的法律冲突与贸易壁垒。如何在尊重各国数据主权的基础上，构建合理的国际数据治理规则，保障数据跨境流动的安全有序，成为数字政府走向国际化的关键挑战。

### （一）数据跨境流动中的国家利益博弈

#### 1. 经济利益的分配困境

数据跨境流动宛如全球数字经济蓬勃发展的强劲引擎，在这一进程中，发达国家与发展中国家的经济利益诉求呈现出鲜明的差异。对于那些在数字技术和产业领域占据优势地位的国家，如美国，凭借着谷歌、苹果、亚马逊等全球顶尖的科技巨头，拥有海量的数据资源和强大的数据处理能力。数据的跨境自由流动能使其企业进一步扩大全球市场份额，通过数据驱动的商业模式创新获取巨额利润，并巩固在全球数字经济产业链顶端的位置。美国积极推动数据跨境流动自由化，在国际贸易协定谈判中不断施压，试图打破其他国家的数据本地化等限制措施，确保其企业能够无障碍地收集、传输和利用全球数据，从而维持经济霸权地位。然而，对于许多发展中国家而言，在面对发达国家企业的数据扩张时，往往担忧自身沦为数据资源的供应地，经济发展可能受到外部数据控制的制约，因此更加关注数据主权的维护以及在全球数据经济利益分配中的公平性与合理性，力求在数据跨境流动中保障本国经济的独立自主发展。

#### 2. 技术主导权的激烈争夺

在当今科技竞争的前沿阵地，数据已成为人工智能、区块链等革命性技术发展的核心基石。谁能够掌控更多、更优质的数据资源，谁就有望在技术研发的赛道上抢占先机，赢得技术主导权的竞争。各国深刻认识到这一点，纷纷采取政策干预措施或推行数据本地化战略。例如，制定法规要求本国产生的数据优先在国内存储和处理，以确保本国科研机构和企业能够充分利用本土数据资源进行技术创新，提升国家整体的技术实力和创新能力，在全球科技竞争的版图中占据有利地位，避免在关键技术领域因数据短缺而陷入被动依赖的困境。

#### 3. 国家安全与主权守护

数据在国家安全架构中占据着举足轻重的地位，其涵盖了军事情报、关键基础设施运行的关键信息，以及海量的个人隐私数据等核心领域。一旦这些敏感数据在跨境流动过程中遭到泄露或被恶意利用，将对国家的安全稳定造成严重威胁。鉴于此，部分国家毅然实施严格的数据本地化政策，筑起坚固的安全防线，限制数据的跨境流动。例如，俄罗斯在经历一系列网络安全事件后，加强了对数据跨境流动的管控，制定相关法律要求关键数据必须在境内存储和处理，以保障国家核心数据安全，维护国家安全利益的底线。这种基于国家安全考量的数据保护策略，在一定程度上限制了数据的自由流动，但在当前复杂的国际地缘政治环境下，是国家维护自身安全稳定的必要举措。

#### 4. 国际规则制定权的关键战略较量

当前，数据跨境流动的全球治理体系尚处于构建阶段，缺乏统一、权威的国际规则。

在这一规则真空地带，欧美国家凭借其在数字经济和技术领域的先发优势，积极通过推进区域性或双边协议来塑造有利于自身的规则体系。欧盟的《一般数据保护条例》（GDPR）便是典型代表，其旨在将自身的数据治理理念和标准推广为全球通用准则，进而主导全球数据治理的话语权和规则制定权。与之相对，广大发展中国家及其他在数字领域具有一定影响力的国家则积极寻求通过联合国、世界贸易组织（WTO）等多边框架参与规则制定过程，力求在国际规则制定的谈判桌上发出自己的声音，确保自身在数据跨境流动中的合法利益得到充分保障，维护全球数据治理规则的公平性和平衡性。2024年11月20日，我国在世界互联网大会乌镇峰会发布《全球数据跨境流动合作倡议》，阐明了我国在全球数据跨境流动问题上的立场主张，一方面有力呼应了国际社会各方对于全球数据跨境流动的关切，表达了促进合作的共同意愿；另一方面直面当前全球数据跨境流动中面临的诸多现实挑战，提出了因应之道。

### （二）数据主权与数据管辖权的国际冲突

数据主权是指国家对其境内数据所拥有的最高权力，涵盖数据的生成、存储、处理、传输等各个环节。它是国家主权在网络空间的延伸，体现了国家对本国数据资源的掌控能力和独立自主的管理权力。例如，一个国家有权决定本国公民数据的收集和使用规则，以及在何种情况下允许数据跨境流动，这都是数据主权的重要体现。

数据管辖权则侧重于国家对数据相关事务进行法律规制和管理的权力范围。其涉及确定在不同的数据活动场景下，应适用哪个国家的法律及哪个国家的司法或行政机关具有管辖权。在全球化背景下，数据的流动跨越国界，数据管辖权面临诸多复杂情况。比如，当一家跨国公司在多个国家运营并处理大量数据时，就会涉及不同国家的数据管辖权问题。

数据主权与数据管辖权两者紧密相连又存在区别。数据主权是一种基于国家主权原则的根本性权力，为数据管辖权提供了基础和前提。一个国家只有确立了数据主权，才能合理地行使数据管辖权。而数据管辖权则是实现数据主权的具体手段和方式，通过明确的法律规定和执法行动，维护国家的数据主权。

在国际层面，数据主权和数据管辖权面临着诸多挑战。一方面，由于数据跨境流动中的国家利益博弈，不同国家对数据主权和管辖权的理解与界定存在差异，这导致在跨境数据流动、国际数据合作等方面容易产生法律壁垒和协调困难。例如，欧盟以保护个人数据隐私为重点，通过严格的法规如《一般数据保护条例》（GDPR）来行使其数据主权和管辖权，对数据跨境流动设置了较高的标准；而美国的政策制定对内注重市场的发挥和自我管理，对外强调维护国家安全和产业竞争，在一些情况下通过"长臂管辖"原则来扩大其对境外数据的管辖范围，这就使欧美之间在数据跨境问题上时常产生分歧和摩擦。另一方面，随着云计算、大数据、人工智能等新兴技术的不断涌现，数据的存储、处理和传输方式发生了较大变化，传统的基于地理边界的管辖权概念受到冲击。数据可能存储在位于其他国家的云端服务器上，数据的处理过程也可能涉及多个国家的主体和技术，这使确定数据管辖权变得更加困难。

为应对这些挑战，国际社会需要加强合作与协调。各国应在尊重彼此数据主权的基础上，通过对话和协商，寻求建立统一的国际数据治理规则和标准，明确数据管辖权的划分原则和协调机制。例如，可以借鉴世界贸易组织（WTO）在国际贸易规则制定方面的经验，构建一个全球性的数据治理框架，在这个框架内，各国可以就数据主权和数据管辖权的相关问题进行谈判和妥协，达成具有普遍约束力的国际协议。同时，国际组织如联合国、国际电信联盟（ITU）等也应积极发挥作用，推动各国在数据主权和数据管辖权问题上的交流与合作，促进全球数据治理体系的健康发展。此外，各国还需要不断完善本国的数据保护法律体系和监管机制，提高自身的数据治理能力，以更好地应对数字时代的数据主权和数据管辖权挑战。

## 课后习题

1. 结合所学内容，如何定义"数字政府"？相比于传统政府模式，数字政府在提升公共服务效率和治理能力方面有哪些独特优势？请举例说明。

2. 数字政府的构建依赖哪些核心要素？请从技术、数据、制度、人才等多个角度进行分析，并探讨这些要素如何共同推动政府数字化转型。

3. 数字政府建设中的一个关键挑战是数据安全。请分析应如何找到政府数据开放与数据隐私保护之间的平衡点？你认为有哪些有效的政策或技术手段可以同时实现数据开放和隐私保护？

4. 在数字政府建设过程中，技术创新往往比政策制定更快。请结合实例分析，技术创新如何推动政府服务升级？同时，政策滞后可能会带来哪些风险？如何缩短技术与政策之间的"滞后期"？

5. 随着全球数字化进程的加速，数字政府建设不仅是国内问题，还涉及跨境数据流动与国际合作。请分析当前数字政府建设中涉及的主要跨国议题，特别是数据跨境流动与数据主权问题，以及如何在国际合作框架下推动数字政府的全球化发展？

6. 根据课程所学，请展望未来数字政府的发展趋势。哪些新兴技术（如人工智能、区块链、物联网等）有可能深刻影响政府的职能和治理模式？这些技术可能引发哪些新的挑战或伦理问题？

# 第十三章 我国数字经济的发展战略

## 案例导入

### 2023年我国数字经济规模

2023年，我国数字经济规模达到53.9万亿元，较上年增长3.7万亿元，增幅扩张步入相对稳定区间；数字经济占GDP比重达到42.8%，较上年提升1.3个百分点，数字经济同比名义增长7.39%，高于同期GDP名义增速2.76个百分点，数字经济增长对GDP增长的贡献率达66.45%；数字产业化与产业数字化的比重由2012年的约3∶7发展为2023年的约2∶8等。结合我国31个省、自治区、直辖市和数十万数字经济企业数据，面向区域、产业、企业三个层次，结合数据要素、规模效益、资本活力等创新指标，以量化评估方式反映数字经济发展形势特点。报告显示，数字产业加快培育发展，中央企业成立数字科技类公司近500家。制造业数字化转型深入推进，工业互联网覆盖49个国民经济大类，5G行业应用已融入76个国民经济大类，"5G+工业互联网"项目数超过1.4万个等。

如何在数字时代的大舞台上，充分发挥我国的优势，制定并实施科学有效的数字经济发展战略，不仅关系到我国经济的未来走向，更是实现中华民族伟大复兴的重要战略抉择。

# 第一节 我国数字经济发展历程

1994年我国正式介入国际互联网，自此开启了数字化发展浪潮。初始阶段（1994—2004年）为技术孕育期，诞生了一系列互联网企业，如搜狐、网易、阿里巴巴、腾讯、百度等，形成了"门户＋社区＋电商＋社交＋游戏＋文娱＋搜索"的基本格局。中期阶段（2005—2015年）为发展阶段，上网用户总数迅速增长，推动了互联网应用向深度和广度迈进。电子商务、门户网站、网上银行、网络游戏等业态加速发展，平台经济爆发式增长，商业模式创新涌现。2016年进入融合协同阶段，数字经济理论认识不断深化，实体经济和数字经济融合发展，大数据、云计算、虚拟现实、人工智能等技术在各产业加速渗透，出现了在线教育、互联网医疗等新产业新业态新模式。

## 一、初始阶段

### （一）基础建设

1994年至2004年，我国数字经济的基础建设取得显著进展。1994年4月20日，我国全面接入互联网，这是我国数字基础设施建设的开端。那时，互联网主要服务于科研和教育，带宽有限，接入方式单一。同年，中国电信开始建设中国公用计算机互联网（ChinaNet）骨干网。1995年，ChinaNet全国骨干网正式开通，互联网开始进入公众生活。随着时间推移，电信运营商开始铺设光纤等通信线路，扩大网络覆盖。1998年，我国网通成立，并着手建设中国网通宽带高速互联网。1999年，中国移动开通GPRS服务，推动了移动互联网的发展。2000年，中国联通开通CDMA 1X网络，进一步提升了移动互联网的普及率。尽管当时数字基础设施尚弱，网络速度和覆盖有限，但已为我国数字经济的初步发展奠定了基础"信息高速公路"框架。

2023年，我国网民规模达10.79亿，互联网普及率达76.40%，庞大的网民群体为数字经济发展提供了广阔的用户基础。同时，我国5G基站总数约293.7万个，占移动基站总数的26%，5G的高速率、低时延、大容量特性开启了万物互联时代，为各行业的数字化转型注入强大动力。2023年，三大运营商发展蜂窝物联网终端用户22.2亿户，较上年年末净增3.77亿户，占移动网终端连接数的比重达56.3%，有力推动了物联网产业发展。这些传统与新型数字基础设施建设相互配合、协同发展，为我国数字经济后续的腾飞打下了坚实基础，是数字经济蓬勃发展的重要前提条件。

### （二）政策引导

初始阶段的政策主要以鼓励探索和引导发展为主。政府意识到信息技术的重要性，开始制定一系列政策文件推动信息化建设。例如，在"九五"计划（1996—2000年）中明确提出加快国民经济信息化进程，将信息技术应用纳入国家发展战略。相关部门也出台政策支持互联网发展，为互联网企业诞生和发展提供宽松政策环境，鼓励企业参与数字经济探索，推动信息技术在各领域初步应用。

1994 年，国务院颁布了《中华人民共和国计算机信息系统安全保护条例》，为计算机信息系统的安全保护提供了法律保障。随后几年，政府又相继颁布了《中华人民共和国计算机信息网络国际联网管理暂行规定》《中国互联网络域名注册暂行管理办法》等一系列法规，规范了互联网的管理和使用。1998 年，信息产业部的成立标志着中国信息产业进入了新的发展阶段。该部门负责推动中国信息产业的发展，包括互联网产业。此后，信息产业部又发布了一系列管理办法，如《互联网信息服务管理办法》《中国互联网络域名管理办法》《非经营性互联网信息服务备案管理办法》等，进一步规范了互联网信息服务的管理。

这些政策紧密围绕我国国情和发展需求，重视基础设施建设这一根本，引导数字经济从无到有、逐步发展，助力我国形成具有本土特色的数字经济发展模式，为数字经济后续的成长壮大奠定了坚实基础。

### （三）技术引进

由于当时我国在数字技术方面与国际先进水平存在较大差距，技术引进成为这一阶段的主要特点。1994 年，中国开始引进互联网技术，包括网络设备、软件和人才等。随后几年，中国电信、中国网通等电信企业与国外知名企业合作，引进了先进的互联网技术。例如，中国电信与美国 Sprint 公司合作，引进了先进的互联网技术；中国网通与美国朗讯公司合作，提升了宽带互联网技术水平。此外，清华大学、中国科学院等科研机构也与国外知名机构合作，建立了中国第一个网站和中国教育和科研计算机网（CERNET）等学术网络。这些合作不仅提升了我国的互联网技术水平，还为数字经济的创新发展提供了有力支持。同时，中国移动、中国联通等电信运营商也积极引进先进的移动互联网技术。例如，中国移动与美国高通公司合作，引进了先进的移动互联网技术；中国联通与韩国 SK 电信公司合作，提升了 CDMA 技术水平。这些技术的引进为移动互联网的快速发展奠定了坚实基础。

伴随着国家层面对电子信息技术和信息互联网络的重视，我国也诞生了如新浪、搜狐、百度等为代表的一批以互联网应用为主的新闻网站、搜索引擎，催生了数字产业化，标志着我国数字经济开始萌芽。

## 二、发展阶段

### （一）产业升级

产业升级的核心在于技术创新和结构调整。通过引进先进的生产技术和设备，企业能够提升生产效率,降低生产成本,从而增强市场竞争力。同时,对传统产业进行技术改造和升级,可以使其焕发新的活力,延长产业生命周期。例如,制造业可以通过智能化、自动化改造,实现生产过程的优化和升级,提高产品质量和附加值。

除了技术创新,结构调整也是产业升级的重要方面。这包括产业内部结构的优化和产业间的协调发展。通过调整产业结构,可以优化资源配置,提高产业的整体效益。例如,推动产业链上下游的协同发展,形成产业集群效应,有助于提升整个产业链的竞争力。

在这一阶段高度数字化产业比重逐步提高,传统产业积极借助数字技术,在生产环节实现智能化生产、精细化管理,在管理环节借助大数据等实现高效决策,在营销环节利用互联网拓展市场渠道等,数字经济已然成为产业转型升级的新动能,推动我国产业结构不断朝着更高质量、更具竞争力的方向迈进。

## (二)创新突破

数字经济发展阶段涌现出了众多具有代表性的创新成果,彰显了从模仿式创新迈向自发式创新的转变,创新成为推动数字经济蓬勃发展的核心力量。

在商业模式方面,以第三方支付、移动支付为典型代表的创新模式改变了人们的消费支付习惯,打破了传统现金交易和刷卡支付的局限,提升了交易的便捷性与效率,同时也催生了如线上线下融合的新零售等新业态。像支付宝、微信支付等平台,不仅在国内广泛应用,还在国际市场上崭露头角,拓展了我国数字经济商业模式的影响力。

在技术层面,创新突破意味着不断研发新技术、新工艺,以提升产品质量和生产效率。企业需加大研发投入,引进高端人才,建立产学研合作机制,推动科技成果转化。同时,还需关注国际技术发展趋势,积极引进和消化吸收国外先进技术,并在此基础上进行二次创新,形成具有自主知识产权的核心技术。

随着市场环境的变化,传统的商业模式可能已无法满足市场需求。因此,企业需要探索新的盈利模式,如平台经济、共享经济等,以适应市场变化。此外,还需注重用户体验,通过提供个性化、定制化的产品和服务,增强用户黏性。

## (三)应用推广

此阶段的核心任务是将前期研发的创新技术、产品或服务广泛地推向市场,实现规模化应用和商业化落地。一方面,加强与消费者的沟通与互动,通过精准的市场定位和营销策略,提高品牌知名度和产品美誉度。另一方面,积极寻求与产业链上下游企业的合作,构建完善的产业生态,共同推动技术的应用和市场的拓展。在具体操作层面,企业可以通过举办新品发布会、参加行业展会、开展线上线下的营销活动等方式,提升产品的市场曝光度和用户关注度。同时,加强与行业协会、科研机构、高校等机构的合作,共同举办研讨会、论坛等活动,分享技术成果,探讨应用前景,推动产业共识的形成。

以在线教育为例,过去传统教育受时间、空间限制,而随着互联网技术的发展,各类在线教育平台纷纷涌现，它们整合优质教育资源，通过直播、录播等形式，让学生可以随时随地获取知识，打破了地域和时间的壁垒，实现了教育资源的共享与高效利用，满足了不同年龄段、不同学习需求人群的多样化学习要求。

互联网医疗也是应用推广的典型领域。患者可以通过线上问诊平台，与医生进行图文、语音甚至视频沟通，获得初步的诊疗建议，同时还能实现药品配送等服务，方便了患者就医，提高了医疗服务的可及性和效率，为人们的健康保驾护航。

在线上办公方面，钉钉、企业微信等办公软件的广泛应用，让企业员工可以远程协作办公，实现文件共享、视频会议、项目管理等功能，保障了企业在特殊情况下的正常运营，同时也促使一些企业开始探索长期的灵活办公模式，改变了传统的办公形态。

这些数字经济应用的推广，覆盖了教育、医疗、办公等多个重要领域，深刻改变了人们的生活和工作方式，进一步推动了数字经济在全社会的普及与发展，使其成为经济社会发展不可或缺的重要力量。

## 三、融合协同阶段

### （一）跨界融合

随着人工智能、大数据、云计算等技术的普及，科技企业开始与医疗、教育、金融、制造等多个行业进行深度融合。这种跨界合作不仅提升了传统行业的智能化水平，还推动了新兴科技产品的广泛应用，为用户带来了更加便捷、高效的服务体验。企业不再仅仅关注自身的生产环节，而是更加注重与上下游企业的协同合作，共同构建更加完善、高效的产业生态。这种产业链上下游的紧密合作，有助于提升整个行业的竞争力和可持续发展能力。

从产业跨界来看，互联网与制造业的融合催生了智能制造这一新兴业态。例如，海尔集团通过打造工业互联网平台，将互联网技术融入制造业生产流程，实现了设备之间的互联互通、生产数据的实时采集与分析，进而可以根据用户个性化需求进行定制化生产，提高了生产效率和产品质量，同时也增强了企业在全球市场的竞争力。数字创意产业与旅游业的融合同样精彩，如一些地方的主题公园借助数字创意技术打造沉浸式的旅游体验项目，通过虚拟现实（VR）、增强现实（AR）等手段，让游客仿佛置身于奇幻的虚拟世界中，提升了旅游的趣味性和吸引力，带动了当地旅游业的发展。

在技术跨界融合方面，人工智能与大数据的结合相得益彰。大数据为人工智能提供了海量的数据资源用于学习和训练，使其能够更精准地进行预测、决策等任务；而人工智能则可以通过算法对大数据进行深度挖掘和分析，提取更有价值的信息。例如，在金融风险防控领域，借助二者融合的优势，能够更准确地评估客户信用风险、预测市场波动等。云计算与物联网的融合也推动了万物互联的进一步发展，物联网设备产生的海量数据可以存储在云端，并通过云计算的强大算力进行处理和分析，实现对物联网设备的智能管理和控制。

不同企业之间的跨界合作同样成果显著，阿里巴巴与苏宁云商的合作，整合了双方在线上线下的渠道、物流、供应链等资源，实现了优势互补，为消费者提供了更加便捷的购物体验，拓展了市场份额；腾讯与京东的合作，则在电商、金融科技等多个领域开展协同，通过数据共享、技术合作等方式，共同探索新的业务模式和增长点。

跨界融合打破了原有的行业壁垒，促使资源在更大范围内优化配置，催生出众多新业态和新模式，成为推动我国数字经济高质量发展的关键力量。

### （二）生态构建

生态构建是推动产业持续繁荣与深化发展的关键一环。企业是相互依存的，共同构成一个复杂而精细的生态系统。生态构建的核心在于促进产业链上下游的紧密合作，形成资源互补、利益共享的合作模式。为实现生态构建，需要建立开放、包容的合作机制，鼓励不同背景、不同规模的企业积极参与，共同探索互利共赢的发展路径。同时，加强产业间的协同创新，推动技术、人才、资金等要素的自由流动与优化配置，以提升整个生态系统的竞争力。通过推广绿色生产方式，减少资源消耗与环境污染，实现经济与环境的双赢。同时，积极履行社会责任，提升企业形象与品牌价值，为生态系统的长远发展奠定坚实基础。

公共服务平台的搭建也是生态构建的重要环节。各地纷纷建立起各类数字经济相关的公共服务平台，如科技成果转化平台、创新创业孵化平台、人才交流服务平台等。以科技成果转化平台为例，它能够将高校、科研机构的科研成果与企业的实际需求进行对接，加速科技成果向现实生产力的转化，提高创新资源的利用效率；创新创业孵化平台则为初创企业提供场地、资金、技术指导等全方位的支持，降低创业门槛，培育更多数字经济领域的创新主体。

行业标准制定同样不可或缺，通过制定统一的数字技术应用标准、数据格式标准、产品质量标准等，解决了不同企业、不同系统之间的兼容性和互操作性问题，促进了产业协同发展。例如，在工业互联网领域，统一的通信协议和数据标准使不同厂家的设备能够顺利接入平台，实现互联互通和协同工作。各参与主体各司其职、资源共享、优势互补。企业作为创新主体，不断开展技术研发和商业模式创新，推动产业发展；高校和科研机构提供智力支持，培养专业人才，开展前沿研究；金融机构为企业提供资金保障，助力项目落地实施。各方共同协作，形成了一个良性循环、充满活力的数字经济生态，推动数字经济不断繁荣壮大。

### （三）国际合作

随着技术的不断成熟和市场的日益扩大，企业开始寻求国际舞台上的合作机会，以共享资源、技术和市场。国际合作的形式多种多样，在技术合作方面，企业可以与国外先进企业共同研发新产品、新技术，通过技术引进和消化吸收再创新，提升自身技术水平；市场合作则是通过与国际伙伴共同开拓市场，实现互利共赢，企业可以借助国际伙伴的渠道、品牌和资源优势，快速进入新市场，提升品牌知名度和市场份额；资本合作则是通过与国际投资机构、基金等合作，引入外资支持企业发展和扩张，为企业提供充足资金支持，带来了国际先进的管理经验和市场洞察力，有助于企业提升整体竞争力。

合作模式呈现多样化，既有政府间的战略合作框架协议，为双方数字经济合作提供宏观指导和政策支持；也有企业间的商业合作模式，如技术授权、合资经营等。例如，我国的华为公司与国外众多电信运营商开展合作，通过技术授权的方式帮助其建设 5G 网络，提升当地的通信基础设施水平；还有一些中资企业与国外企业合资成立新公司，共同开拓数字经济市场，整合双方的技术、市场、品牌等资源，实现互利共赢。

在全球数字经济治理方面，我国积极参与国际规则的制定与讨论，提出符合发展中国家利益的数字经济治理理念和方案，在跨境数据流通、数字贸易规则制定等关键议题上发出中国声音，增强了我国在全球数字经济治理中的话语权。同时，通过国际合作，我国数字经济企业也不断拓展海外市场，提升了自身的国际竞争力，进一步推动我国数字经济在全球范围内的影响力持续扩大，实现与世界各国数字经济的协同发展、共同繁荣。

## 第二节 我国数字经济面临的问题与挑战、机遇与前景、应对策略

### 一、问题与挑战

#### （一）数据安全风险

数据是数字经济的关键生产要素和重要战略资源，在数字经济价值网络中，数据主体掌握的数据若遭到篡改、破坏、泄露，会对经济社会发展造成巨大损失。

从近年发生的诸多典型案例来看，数据在采集环节就面临着诸多风险。例如，部分互联网企业在未经用户充分授权的情况下，过度采集用户的个人信息，像位置信息、浏览记录、社交关系等，这不仅侵犯了用户的隐私，也为后续的数据安全埋下隐患。在存储方面，曾出现过企业数据存储系统被黑客攻击，导致大量用户数据泄露的情况。如某知名电商平台曾遭遇黑客入侵，致使数百万用户的账号、密码及购物记录等敏感信息被窃取，给用户带来了困扰，同时也让企业的声誉遭受重创。

数据传输过程同样危机四伏，网络攻击可能会截取正在传输的数据，篡改其内容或者中断传输，影响数据的完整性和可用性。例如，一些金融机构在进行线上交易数据传输时，若遭遇网络攻击，可能会造成交易信息错误，引发金融风险。使用环节的数据安全问题也不容忽视，存在数据被滥用的现象，一些企业将收集到的数据违规提供给第三方用于

商业营销等用途,违背了数据使用的初衷和相关规定。

这些数据安全风险,对经济层面而言,可能导致企业面临巨额赔偿、业务停滞,影响行业的健康发展,削弱市场信心;在社会层面,会造成民众对数字经济的信任度下降,影响数字服务的普及和应用;从国家安全角度来看,涉及关键领域的数据泄露等问题,可能危及国家的信息安全和战略利益,影响国家的稳定与发展。

### (二)技术伦理问题

技术伦理问题包含以下几个方面:①数字技术变化。数字技术的运用在拓展人际交往向度、扩大自由度并延伸个人生活空间的同时,也会促使新的网络圈层不断出现,技术革新与伦理关系变化会产生新的紧张关系,可能导致人与人之间关系的冷漠、对立等。②数字鸿沟问题。数据与实体经济融合在推动高效率发展的同时,可能加深数字鸿沟,一部分人通过率先掌握先进技术和大量数据资源获得巨大经济利益,而一些人因数字技能和信息资源缺乏被排除在数字经济之外,影响社会的公平与和谐。③责任问题。数字经济发展为人们提供了更多自由选择空间,但也导致一些不负责任的行为屡屡出现。如传播网络谣言、恶意攻击、使用虚假信息、侵犯他人隐私等。④算法歧视。部分智能推荐系统在内容推送、信贷评估、招聘筛选等场景中存在不公平现象。比如,某些招聘平台的算法可能会基于性别、地域等因素对求职者进行筛选,使部分符合条件的求职者仅仅因为这些无关因素而失去机会,这违背了公平公正的原则。⑤隐私侵犯。大数据技术使个人信息的收集变得更加容易且广泛,但一些企业对这些信息的保护措施不到位,存在私自售卖、违规共享用户数据的行为,严重侵犯了用户的隐私权。⑥数据垄断现象。一些大型互联网企业凭借自身在数据获取和技术方面的优势,积累了海量的数据资源,并限制其他企业使用,阻碍了行业的公平竞争与创新发展。

### (三)数字人才短缺

在数字化时代,数字人才短缺已成为我国数字经济发展的重要阻碍。既懂数字技术又深谙行业需求的复合型人才稀缺,这一现象尤为突出。在实际工作中,数字技术与行业需求紧密结合,需要人才具备跨领域的知识和技能。例如,在金融行业,不仅要掌握数字技术,还需了解金融市场的运作规律和业务流程,这样才能在数字化转型中发挥关键作用。然而高校专业设置与市场需求脱节,培养出的人才实践能力不足。高校课程往往注重理论知识的传授,缺乏实践环节,导致学生在毕业后难以快速适应企业数字化创新需求。

同时,人才地域分布不均也是一个重要问题。一线城市虹吸效应明显,众多数字人才聚集于此。这一方面是因为一线城市提供了丰富的就业机会和良好的发展平台,另一方面也与城市的资源、环境等因素有关。而中西部地区数字人才引不来、留不住,企业招人难、用人难。这不仅制约了当地数字经济的发展,也使地区间发展差距进一步扩大。例如，一些中西部地区的企业因缺乏数字人才，无法有效开展数字化业务，在市场竞争中处于劣势。

为了解决数字人才短缺问题，需要加强高校与企业的合作，根据市场需求调整专业设置，提高人才培养质量。同时，政府应出台相关政策，鼓励人才向中西部地区流动，改善中西部地区的人才环境。此外，企业也应加强自身的人才培养体系建设，提高人才待遇，吸引更多数字人才。只有这样，才能为我国数字经济的发展提供有力支持，释放数字经济的活力。

## 二、机遇与前景

### （一）产业数字化

数字技术与传统产业的深度融合，将为传统产业带来新的发展机遇。

传统制造业领域。制造业企业通过引入工业互联网、大数据、人工智能等技术，实现生产过程的智能化、自动化和数字化，提高生产效率和产品质量。以美的集团为例，其通过引入工业互联网平台，将生产线上的各类设备进行联网，实现了设备运行状态的实时监测、故障预警及远程操控等功能。同时，利用大数据分析生产数据，优化生产流程，精准调配生产资源，使产品的生产周期大幅缩短，生产效率提升了30%以上，产品质量也更加稳定可靠，有效增强了企业在全球市场的竞争力。

农业领域。一些大型农业企业利用物联网、遥感技术等实现精准农业，提高农业生产的效益和可持续性。例如，智慧农业平台，通过在田间地头部署传感器，实时收集土壤湿度、温度、肥力等数据，结合卫星遥感技术监测农作物生长情况，运用大数据和人工智能进行精准种植决策，如灌溉、施肥、病虫害防治等，实现了农产品产量和质量的双提升，降低了生产成本，推动传统农业向现代农业转型升级。

服务业领域。数字经济通过信息技术手段，可以实现资源的优化配置。以海底捞为例，其借助数字化手段构建了线上线下融合的服务体系，顾客可以通过手机App进行远程排队、点餐、预约服务等，店内则通过智能系统实现后厨与前厅的高效协同，根据订单情况及时调整菜品准备和服务安排，提高了顾客的就餐体验，同时企业的运营效率和经营效益也得到显著提升。

产业数字化通过创造新的产业价值、提升生产效率、优化资源配置等方式，展现出了广阔的发展前景，未来有望在更多传统产业中深度渗透，持续为数字经济注入强大动力。

### （二）数字产业化

数字产业化的相关行业在当下呈现出蓬勃发展的态势，其发展现状与趋势彰显了作为数字化实现底座的重要作用，并不断催生新的数字产品和服务，拓展了数字经济的边界，为经济发展注入了新动力。

从半导体行业来看，近年来我国不断加大在半导体芯片研发与生产方面的投入，虽面临着国外技术封锁等诸多挑战，但也取得了不少突破，一些国产芯片企业逐渐崛起，在中低端芯片市场占据了一定份额，为我国电子信息制造业等提供了有力的芯片支撑，保障了相关产业的稳定发展。在通信行业，5G技术的商用推广正加速进行，我国已建成全球规模最大的5G网络，基于5G的高速率、低时延、大容量特性，催生出了远程医疗手术、智能工厂实时控制、高清视频直播等众多创新应用场景，推动了各行业的数字化变革。计算机行业更是涌现出了诸多独角兽企业，例如，字节跳动，凭借先进的算法和强大的技术研发能力，打造了抖音、今日头条等具有影响力的数字产品，改变了人们的信息获取和社交娱乐方式，同时也通过广告、电商等商业模式实现了巨大的商业价值，为数字经济发展增添了浓墨重彩的一笔。

随着技术的持续进步和市场需求的不断增长，数字产业化未来有望在云计算、大数据、人工智能等前沿领域继续发力，创造出更多满足不同用户需求的数字产品和服务，进一步提升我国数字经济在全球的影响力和竞争力，为经济高质量发展提供源源不断的新动力。

### （三）数字贸易

在跨境电商、数字服务贸易等领域，我国数字贸易正展现出强劲的发展势头，在多个方面取得了显著的实践成果与发展机遇。

在跨境电商领域，我国已搭建起了多个成熟的跨境电商平台，如阿里巴巴国际站、速卖通等，这些平台汇聚了海量的国内外商家和商品资源，通过优化跨境物流配送体系、提供一站式外贸服务等举措，助力我国众多中小微企业将产品销往全球各地，拓宽了国际市场渠道。据统计，2024年，我国跨境电商进出口规模约2.71万亿元，同比增长14%，高于2024年我国货物贸易增速9个百分点，占我国货物贸易进出口总值的6.2%。通过数据共享、联合营销、运营优化以及共建物流体系等举措，数字经济在跨境贸易中深度应用的范围正在逐步扩大，不仅优化了电商环境，也促进了自身的发展。

在数字服务贸易领域，我国在软件外包、数字内容创作等方面也有着出色表现。一些国内的软件企业凭借专业的技术团队和高质量的服务，承接了大量来自国外的软件开发、测试等外包项目，提升了我国在全球软件服务领域的知名度和影响力；同时，我国的动漫、游戏、短视频等数字内容产业发展迅速，通过互联网平台在海外市场收获了大量用户，传播了中华文化，创造了可观的经济效益。

从前景角度来看，全球市场对于数字产品和服务的需求呈现持续增长的态势，消费者越来越习惯通过线上渠道进行购物、娱乐、学习等活动，为数字贸易提供了广阔的市场空间。而且数字技术的不断发展，如区块链在跨境支付中的应用、大数据精准营销等，也进一步助力数字贸易提升效率、降低成本、拓展业务范围。展望未来，我国数字贸易有望在规则制定、平台建设、国际市场拓展等方面持续深耕，实现更高质量、更可持续的发展。

## 三、应对策略

### （一）政策支持

我国政府高度重视数字经济发展，出台了各类政策为其保驾护航，在引导产业发展方向、优化发展环境、保障数据安全等方面发挥了关键作用。

在规划层面，"十四五"规划明确提出了加快数字化发展的战略部署，为数字经济指明了发展方向，各地也依据自身实际情况制定相应的数字经济发展规划，例如，浙江省提出打造"数字浙江"，通过一系列举措推动数字产业化、产业数字化在全省的落地实施，构建起具有地方特色的数字经济产业体系。法规方面，《数据安全法》《个人信息保护法》等法律法规的颁布实施，为数据的采集、存储、使用等环节划定了法律红线，规范了数字经济参与主体的行为，保障了数据安全和公民隐私。扶持措施上，政府通过税收优惠、财政补贴等政策鼓励企业加大在数字技术研发、创新应用等方面的投入，例如，对一些从事人工智能、芯片研发等关键领域的企业给予研发费用加计扣除、专项补贴等支持，降低企业创新成本，提高创新积极性。

然而，随着数字经济的快速发展和新问题的不断涌现，政策体系仍需进一步完善。例如，在新兴数字业务模式的监管方面，要及时制定相应的规则，避免出现监管空白或过度监管的情况；在数字基础设施建设的统筹协调上，需要加强跨区域、跨部门的合作，提高建设效率和资源利用效率等，从而为数字经济应对各类问题、抓住发展机遇提供更为有力的政策支撑。

### （二）技术创新

加大对数字技术研发的投入，加强关键核心技术攻关，提高我国数字技术的自主创新能力和核心竞争力。鼓励企业、高校、科研机构等开展产学研合作，推动数字技术的创新和应用。同时，积极参与国际数字技术标准制定，争取在数字技术领域的话语权。

数字经济领域始终将关键核心技术的研发创新作为发展的重中之重，投入了大量资源并取得了诸多令人瞩目的成果，有力地提升了数字经济的竞争力，推动其向更高水平迈进。

以 5G 技术为例，我国众多科研机构和企业联合开展科研项目攻关，投入巨额资金进行 5G 标准制定、基站设备研发、核心芯片研制等工作，实现了 5G 技术的领先发展，并在全球范围内进行推广应用，为我国数字经济在万物互联时代占据先机奠定了基础。在人工智能领域，百度公司自主研发的深度学习平台，汇聚了大量的算法模型和数据资源，不仅为企业自身的智能驾驶、智能语音助手等业务提供了强大技术支撑，还向众多其他企业和开发者开放，推动了整个人工智能产业的创新发展，在医疗影像诊断、工业质量检测等多个场景中得到应用，提高了生产效率和诊断准确率。在区块链技术方面，一些金融科技企业积极探索其在供应链金融、跨境支付等领域的应用创新，通过构建分布式账本，解决了信任难题，提升了交易的安全性和透明度，降低了金融风险。

这些技术创新实践表明，只有不断加强在关键核心技术上的研发投入，突破技术瓶颈，应对安全风险，才能让我国数字经济在全球竞争中脱颖而出，实现可持续的高质量发展，更好地适应数字时代的发展需求。

### （三）人才培养

加强数字经济领域的人才培养，建立多层次的人才培养体系。一方面，高校应优化相关专业设置，加强数字技术、数字经济等方面的课程教学，培养适应数字经济发展的专业人才；另一方面，企业应加强对员工的数字技能培训，提高员工的数字素养和业务能力。

当前，数字经济领域对人才有着独特的需求特点，同时也面临着较为突出的人才短缺现状，为此，高校、企业等各方积极行动，共同构建完善的人才培养体系，为数字经济持续发展提供充足的智力支持。

从人才需求特点来看，数字经济需要既懂数字技术又熟悉行业业务知识的复合型人才，例如，既掌握大数据分析技术又了解金融业务逻辑的金融科技人才，或者既精通软件开发又知晓工业生产流程的智能制造工程师等。然而，目前人才短缺情况较为严峻，相关专业的人才供给在数量和质量上都难以满足市场快速增长的需求。

本科院校纷纷开设了数字经济相关专业，如数据科学与大数据技术、人工智能、电子商务等，并不断优化课程设置，增加实践教学环节，与企业开展产学研合作项目，让学生能够在学习过程中接触到实际的数字经济业务场景，提升实践能力。职业院校则侧重于培养数字技能型人才，针对不同的数字技术岗位开设了相应的技能培训课程，如网络运维、数字营销等，通过与企业合作开展订单式培养，实现人才与岗位的精准对接。

企业自身也积极参与人才培养，一方面通过内部培训提升员工的数字技能，使其适应企业数字化转型的需要；另一方面，加大人才引进力度，通过提供有竞争力的薪酬待遇、良好的职业发展空间等吸引优秀的数字经济人才加入。

未来，需要进一步加强各方的协同合作，完善人才培养体系，紧跟数字经济技术和业务发展趋势，动态调整培养内容和方式，为数字经济源源不断地输送高质量人才，保障其持续健康发展。

## 第三节　我国数字经济发展的主要路径

### 一、创新驱动

#### （一）技术创新

在数字经济蓬勃发展的当下，云计算、大数据、人工智能、物联网等关键数字技术的创新发展成了推动其前行的核心动力。

以云计算为例，阿里云凭借其自主研发的飞天操作系统，实现了大规模分布式计算的突破。通过将计算资源进行虚拟化、池化，能够为企业提供弹性可扩展的计算服务。众多中小企业无须再自行购置昂贵的服务器等硬件设备，只需按需租用阿里云的计算资源，即可快速搭建起自己的线上业务系统，降低了运营成本，提高了业务上线速度。像电商领域的一些新兴品牌，借助阿里云的云计算服务，轻松应对"双十一"等购物节期间的高并发流量，保障了线上店铺的稳定运营。

大数据方面，字节跳动旗下的产品依靠强大的大数据分析技术，对海量用户的行为数据进行收集、整理和分析。以抖音为例，通过分析用户的浏览喜好、停留时长、点赞评论等数据，精准地为用户推送感兴趣的短视频内容，实现了个性化推荐。这不仅提升了用户体验，也使平台上的内容创作者能够更精准地触达目标受众，促进了优质内容的传播和创作生态的繁荣，助力抖音成为全球热门的短视频社交平台。

人工智能领域，科大讯飞在智能语音识别技术上不断取得创新突破。其研发的语音识别系统，在复杂环境下仍能保持高精度的识别准确率，被广泛应用于智能客服、智能翻译、智能家居等多个场景。例如，在智能客服场景中，企业接入科大讯飞的语音识别技术后，用户可以通过语音与客服系统进行交互，快速解决问题，提高了服务效率，降低了人力成本。

物联网技术的创新应用也随处可见，小米通过打造智能家居生态系统，将各类智能设备如智能音箱、智能摄像头、智能灯等进行互联互通。用户可以使用手机或者语音指令，方便地控制家中的智能设备，实现了设备之间的协同工作，打造出便捷、智能的家居生活场景，为人们的生活带来了便利。

这些关键数字技术的不断创新突破，以及在各场景中的应用落地，优化了业务流程，创造出众多新颖的商业模式，驱动着我国数字经济朝着更高质量、更具活力的方向持续迈进。

## （二）管理创新

诸多数字化转型成功的企业为数字经济下的管理创新提供了优秀范例，它们在组织架构和管理流程方面的创新举措，彰显了适应数字经济快节奏发展的优势。

以海尔集团为例，海尔在组织架构上进行了大刀阔斧的变革，摒弃了传统的层级式结构，构建起网络化、扁平化、虚拟化的新型组织形态——"人单合一"模式。在这种模式下，员工不再是简单地听从上级指令，而是围绕用户需求组成一个个自主经营体，直接面向市场进行决策和运营。每个自主经营体就像一个小型的创业公司，拥有自主用人权、决策权和分配权，能够快速响应市场变化。以海尔旗下的某款智能家电产品为例，负责该产品的经营体团队通过与用户的深度交互，提前捕捉到用户对于家电健康功能的新需求，迅速组织研发、生产、营销等环节的资源，快速推出了具有杀菌消毒等健康功能的升级产品，赢得了市场先机，实现了产品销量和用户满意度的双提升。

美的集团则在管理流程方面进行了深度的数字化创新，全面推行数字化流程管理与智能化流程优化。通过打造数字化的供应链管理系统，实现了从原材料采购、生产制造到产品配送等全流程的信息实时共享和智能调度。在采购环节，系统能够根据生产计划、库存情况等数据自动生成采购订单，精准匹配供应商，并实时跟踪订单执行情况；在生产环节，利用物联网技术实时监控设备运行状态，通过大数据分析优化生产排期，实现了生产效率的大幅提升；在配送环节，借助智能物流系统，根据订单地址、物流资源等信息进行最优路径规划，确保产品能够快速、准确地送达客户手中。这种数字化管理流程的创新，使美的集团的运营成本降低了约20%，交货周期缩短了30%，整体竞争力得到显著增强。

这些企业的管理创新实践表明，通过优化组织架构和管理流程，能够大幅提高企业决策效率、增强灵活性，使其更好地适应数字经济发展的快速变化，为企业在激烈的市场竞争中赢得优势，也为整个数字经济生态注入高效运转的活力。

### （三）模式创新

数字经济时代催生了各种各样的创新商业模式，它们凭借独特的优势，满足了消费者多样化需求，拓展了市场空间，成为推动数字经济蓬勃发展的关键力量。

平台化商业模式是其中的典型代表，以淘宝为例，它搭建了一个汇聚海量卖家和买家的电商平台，整合了商品展示、交易支付、物流配送等一系列环节，为商家提供了低成本、高效率的销售渠道，同时也让消费者能够足不出户选购全球商品。淘宝通过大数据分析技术，对用户的浏览历史、购买行为等数据进行挖掘，为用户精准推荐符合其兴趣和需求的商品，提升了购物体验，增加了用户黏性。而且，平台还推出了多种营销工具和服务，帮助商家更好地推广产品，实现了多方共赢的局面，目前已成为全球知名的电商平台之一，带动了无数中小微企业的发展，也改变了人们的购物习惯和消费模式。

个性化定制服务也日益受到青睐，尚品宅配就是在这方面表现出色的企业。它利用数字化技术，实现了从前端的家居设计到后端的生产制造全流程的个性化定制。消费者可以通过线上平台或者线下门店，与设计师沟通自己的家居需求、喜好风格等，设计师借助3D设计软件为消费者生成可视化的家居设计方案，并且可以根据消费者的反馈实时进行修改调整。而在生产环节，工厂借助智能制造系统，能够根据定制化的设计方案进行精准生产，实现了不同款式、尺寸、材质的家具个性化定制，满足了消费者对于独特家居空间的需求，提升了产品附加值，在竞争激烈的家居市场中脱颖而出，引领了家居行业的定制化潮流。

线上线下融合（OMO）模式同样展现出强大的生命力，盒马鲜生是这一模式的成功践行者。它将线下门店打造成集购物、餐饮、休闲等多功能于一体的消费场景，店内设置了大量的生鲜食材展示区、加工烹饪区及就餐区，消费者可以现场挑选新鲜食材，然后选择在店内让厨师进行加工烹饪，即刻享用美食。同时，盒马鲜生通过线上App，为周边消费者提供线上下单、配送到家的服务，线上平台的商品种类与线下门店基本保持一致，并且借助大数据和智能调度系统，实现了快速配送，保证消费者能在短时间内收到新鲜商品。这种线上线下融合的模式，打破了传统零售的边界，提升了消费者的购物体验，拓展了市场覆盖范围，成为新零售领域的标杆案例。

这些创新商业模式的涌现，充分体现了数字经济时代企业对市场变化的敏锐洞察和积极应对，通过不断探索和实践，为数字经济的发展注入了源源不断的活力，也为其他企业提供了宝贵的借鉴经验。

## 二、融合发展

### （一）数实融合

推动数字技术与实体经济深度融合是数字经济发展的重要方向。数字技术与实体经济的深度融合在诸多领域创造出了极具价值的实践案例，有力地推动了传统产业转型升级，实现了数字经济与实体经济的相互赋能、协同发展。

在制造业领域，富士康通过打造工业互联网平台，实现了数实融合的精彩实践。它将分布在全球各地的工厂车间内的生产设备、机器人等进行联网，借助物联网技术实时采集设备的运行数据、生产参数等信息，然后利用大数据分析和人工智能算法，对生产过程进行优化。例如，通过对设备故障数据的分析，提前预测设备可能出现的故障，安排预防性维护，减少设备停机时间，提高生产效率；同时，依据订单需求和生产进度，智能调整生产计划和资源分配，实现了定制化生产。以往一条生产线可能只能生产单一型号的产品，现在借助工业互联网平台，能够快速切换生产不同配置、不同型号的产品，满足客户多样化的定制需求，产品交付周期缩短了约25%，生产成本降低了约15%，让传统制造业焕发出新的生机与活力，增强了在全球市场的竞争力。

农业方面，京东农场通过数实融合探索出了智慧农业的新模式。在田间部署了大量的传感器，涵盖土壤湿度传感器、温度传感器、光照传感器，以及病虫害监测设备等，这些传感器能够实时收集农田的环境数据和农作物生长数据，并将数据传输到云端平台。依托大数据分析和人工智能技术，平台可以精准判断农作物的生长状况，为农户提供精准的种植决策建议，如何时浇水、施肥、打药等。例如，在某小麦种植基地，通过京东农场的智慧农业系统监测到土壤肥力不足，及时提醒农户进行精准施肥，使小麦产量提高了约10%，同时由于精准用药，减少了农药使用量，保障了农产品的品质安全，助力农产品实现优质优价，推动了传统农业向现代农业的转型升级。

服务业中的数字金融也是数实融合的典型体现，以蚂蚁集团为例，它依托数字技术，为实体经济中的众多小微企业提供了便捷的金融服务。通过大数据分析小微企业的经营数据、交易流水等信息，构建起信用评估模型，能够快速、准确地评估企业的信用状况，为那些缺乏传统抵押物但经营良好的小微企业提供无抵押的信用贷款。例如，一家从事特色手工艺品制作的小微企业，以往很难从传统银行获得贷款支持，但凭借在电商平台上的经营数据，蚂蚁集团利用数字金融服务为其提供了一笔周转资金，帮助企业扩大生产规模、升级设备，提升了产品产量和质量，拓展了销售渠道，进一步促进了实体经济的发展，实现了金融服务与实体经济的良性互动。

这些数实融合的实践充分展示了数字技术在实体经济各领域的强大赋能作用，促进了生产效率的提高、新业态的不断涌现，正成为我国经济高质量发展的重要驱动力。

### （二）跨域合作

跨域合作包括跨行业、跨领域合作及国际合作。不同地区、不同行业之间开展的跨域合作项目成果丰硕，它们打破了地域、行业限制，实现了资源共享、优势互补，为数字经济的发展拓宽了边界，注入了新的活力。

从地区间的跨域合作来看，京津冀地区协同发展就是一个典型案例。在数字经济领域，北京凭借丰富的科研资源、大量的高科技人才，以及众多顶尖的高校和科研机构，聚焦于数字技术的原始创新和高端研发，像百度、字节跳动等科技巨头在此不断推出前沿的人工智能、大数据等技术成果；天津则依托其制造业基础和港口优势，着重将数字技术应用于智能制造、智慧物流等领域，推动传统制造业的数字化转型，例如，天津港通过打造智能港口，实现了货物装卸、运输、仓储等环节的自动化和智能化，提高了港口运营效率；河北发挥自身的资源和空间优势，积极承接北京、天津的产业转移，与两地合作共建数字产业园区，吸引了众多数字经济企业入驻，发展大数据中心、电子信息制造等产业，实现了区域内数字经济产业的协同布局与发展，缩小了区域间数字经济发展差距，提升了京津冀地区整体的数字经济竞争力。

不同行业间的跨域合作同样亮点频出，以科技与金融行业的合作为例，招商银行与华为开展深度合作，共同探索金融科技的创新应用。华为凭借其在云计算、人工智能、区块链等领域的技术优势，为招商银行提供技术支持，助力其打造数字化的金融服务平台。通过云计算技术，招商银行实现了金融数据的高效存储和计算，降低了 IT 运营成本；利用人工智能技术构建智能客服系统，提高了客户服务效率和质量，能够实时解答客户咨询、处理业务需求；借助区块链技术，在跨境金融服务中实现了交易信息的安全共享和可追溯，提升了跨境支付、贸易融资等业务的安全性和效率。双方的合作整合了科技与金融的优势资源，创新了金融服务模式，拓展了业务范围，为客户提供了更加便捷、高效、安全的金融服务体验，同时也推动了金融行业的数字化变革，成为跨域合作的成功典范。

这些跨域合作项目表明，通过打破各种限制，实现跨地区、跨行业的资源整合与优势互补，能够充分挖掘数字经济发展的潜力，拓展其发展的广度与深度，促进区域协调发展，推动我国数字经济迈向更高水平。

### （三）区域协调

我国不同区域在数字经济发展战略、政策举措，以及产业布局等方面各有特色，通过对比分析和协同发展，正逐步缩小区域间的差距，实现全国数字经济整体的均衡、高质量发展。

以长三角地区为例，上海作为国际化大都市，定位为数字经济的创新策源地和高端产业引领区，重点发展人工智能、集成电路、数字金融等前沿领域，汇聚了大量的头部科技企业、金融机构及高端人才，不断开展关键核心技术研发，打造具有全球影响力的数字经济创新高地。例如，上海的张江科学城聚集了众多芯片研发和制造企业，在集成电路领域攻克了多项关键技术，为我国数字产业的自主可控发展提供了有力支撑；江苏凭借其强大的制造业基础，着力推进产业数字化转型，将数字技术深度融入传统制造业，打造了一批智能制造示范工厂，例如，苏州的一些电子制造企业通过引入工业互联网和大数据分析技术，实现了生产效率和产品质量的双提升，产品远销全球，提升了江苏在全球制造业产业链中的地位；浙江充分发挥其数字经济先发优势，积极营造良好的数字生态，推动数字产业化发展，诞生了像阿里巴巴这样的数字经济巨头，同时也培育了众多数字经济领域的中小微企业，形成了完善的数字产业集群，在电子商务、数字安防等领域占据全国乃至全球领先地位；安徽则聚焦于新兴数字技术的应用和数字产业的承接转移，依托合肥的科技创新资源，积极发展人工智能、量子信息等前沿科技产业，加快融入长三角数字经济一体化发展格局，实现了从传统产业向数字经济领域的跨越升级。

粤港澳大湾区在区域协调发展方面也发挥着重要作用，香港作为国际金融、贸易和航运中心，在数字金融、数字贸易规则制定等方面具有独特优势，为大湾区数字经济的国际化发展提供了重要支撑；澳门借助其在旅游、文化等领域的特色，积极探索数字文旅等新业态，通过数字化手段提升旅游服务品质，吸引更多游客，同时推动文化产业的数字化传播与创新；广东则是大湾区数字经济产业发展的核心引擎，深圳拥有众多科技创新型企业，如华为、腾讯等，在通信技术、互联网服务等领域处于全球领先地位，带动了周边城市的数字产业协同发展；东莞、佛山等地的制造业企业积极与深圳的科技企业开展合作，加速推进制造业的数字化转型，实现了从"制造"向"智造"的跨越，打造了具有全球竞争力的数字经济产业带。

通过各区域间在数字经济发展上的相互协作、优势互补，如共建数字产业园区、共享科研成果、协同开展人才培养等举措，不断优化资源配置，缩小区域数字经济发展的不平衡，促进全国数字经济形成一盘棋，朝着高质量、可持续的方向稳步迈进。

## 三、可持续发展

### （一）绿色数字经济

数字经济在践行绿色发展理念方面正发挥着越来越重要的作用，通过在能源利用、碳排放、资源节约等方面的积极实践，为实现国家碳达峰、碳中和目标贡献力量，推动自身与环境的可持续发展。

在数据中心领域，秦淮数据集团致力于绿色节能改造，打造了一批高效节能的数据中心。其采用先进的液冷技术，相较于传统的风冷技术，能够大幅降低服务器的散热能耗。通过将冷却液直接作用于服务器发热部件，实现精准散热，使数据中心的能源使用效率（PUE值）显著降低，部分数据中心的PUE值可达到1.2以下，远低于行业平均水平。同时，秦淮数据集团还在数据中心选址上充分考虑可再生能源的利用，在一些风能、太阳能资源丰富的地区建设数据中心，优先采用清洁能源供电，减少对传统火电能源的依赖，降低碳排放。据估算，其通过这些绿色节能举措，每年可减少数千吨的二氧化碳排放量，在保障数据存储和运算服务的同时，实现了绿色低碳运营，为数字经济基础设施的可持续发展树立了榜样。

数字技术在助力其他行业节能减排方面也有诸多实践案例，例如，施耐德电气通过数字化解决方案帮助工业企业实现能源管理优化。它为企业部署智能能源管理系统，利用物联网传感器实时采集企业内各类设备、生产线的能源消耗数据，借助大数据分析和人工智能算法，精准识别能源浪费环节，为企业提供优化建议。一家钢铁制造企业在应用施耐德电气的能源管理系统后，通过对生产设备的智能调控，优化了生产流程中的能源使用，实现了单位产品能耗降低约15%，不仅降低了生产成本，还减少了碳排放，实现了经济效益与环境效益的双赢。

此外，在城市交通领域，滴滴出行通过大数据和智能调度算法，优化车辆的出行路线规划和拼车匹配，提高了车辆的载客率和运行效率，减少了道路上的空驶车辆，从而降低了交通拥堵和尾气排放。据统计，滴滴的拼车业务每年可减少数百万吨的碳排放，在方便人们出行的同时，为城市的绿色低碳发展做出了贡献。

这些绿色数字经济的实践充分表明，数字经济与绿色发展相辅相成，在推动自身发展壮大的同时，能够有效助力国家实现可持续发展目标，创造更加美好的生态环境。

### （二）社会责任

众多数字企业积极履行社会责任，在就业创造、公益服务、数据安全保障、消费者权益保护等方面开展了诸多实践，展现出良好的行业形象，为数字经济的健康可持续发展奠定了坚实基础。

在就业创造方面，字节跳动通过不断拓展业务版图，在全球范围内创造了大量的就业机会。无论是在内容创作、技术研发、运营管理还是市场营销等各个岗位，都吸纳了众多不同专业背景的人才。例如，抖音、今日头条等平台的内容创作者群体日益庞大，涵盖了从生活记录、知识科普到才艺展示等各个领域，平台通过流量扶持、创作培训等方式，帮助创作者实现内容变现，催生了许多新的就业形态，让更多人能够依靠自身的创意和才华获得收入。同时，字节跳动在全球各地设立研发中心和运营机构，招聘大量的工程师、算法专家、产品经理等专业人才，为当地的就业市场注入活力，带动了相关产业的发展。

此外，数字经济企业还应关注社会公平，通过数字技术助力教育、医疗等公共服务均等化，为弱势群体提供数字技能培训和就业机会，促进社会和谐发展。

### （三）数字包容

想要实现可持续发展还应致力于实现数字包容，确保不同群体都能共享数字经济发展成果。针对老年人、残疾人、低收入群体等弱势群体，通过开展数字技能培训、开发适老化和无障碍数字产品等措施，提升他们的数字素养和数字参与能力。例如，开发简单易用的智能手机应用程序，方便老年人使用移动支付、社交娱乐等功能；为残疾人提供辅助技术和特殊的数字服务，帮助他们融入数字社会。同时，在数字基础设施建设上，注重向偏远地区、农村地区延伸覆盖，缩小城乡数字鸿沟，让全体人民都能享受到数字经济带来的便利和机遇。

## 课后习题

1. 数字经济的基础建设主要包括哪些方面？这些基础设施如何为数字经济的发展提供支撑？
2. 在发展阶段，我国数字经济在哪些领域取得了创新突破？这些突破对全球数字经济有何影响？
3. 数字经济的应用推广面临哪些挑战？我国是如何解决这些挑战的？
4. 数字经济生态构建的关键要素是什么？我国在构建数字经济生态方面采取了哪些策略？
5. 产业数字化对传统产业的转型升级有何促进作用？数字产业化对我国经济结构的优化有何影响？请举例说明。
6. 数字贸易对全球贸易格局有何影响？我国在数字贸易方面有哪些优势和挑战？
7. 跨域合作在数字经济发展中起到什么作用？请给出几个跨域合作的例子。

# 第十四章　数字鸿沟

## 案例导入

多家媒体报道，2016 年 3 月，山西省第一个老年智能手机课程在太原开放大学老年学院正式开课。多年来，已有 600 多位老年人通过线下面授直接受益，其中年龄最大的 90 岁。为了让更多老年人受益，从 2019 年开始，该校还开通了线上直播课程，每次直播课程平均有 300 多人参加。65 岁的刘根枝是一位老学员，她说，"我不仅参与线下课，有时候去不了老年大学上课，就看直播课，现在可以熟练进行网上看病挂号、网购火车票等操作。"不仅仅在山西省，现在全国各地老年大学都纷纷引入了智能手机教程。越来越多的老年人开始尝试使用和学习智能手机。"手机给我的生活带来了快乐和便捷，我现在不仅用手机看短视频，还能点外卖、打车。"这是一位 80 岁学员学习后的心得。公益智慧助老行动在全国遍地开花，全社会正在努力帮助老年人跨越"数字鸿沟"。

# 第一节 数字鸿沟的相关概念

## 一、数字鸿沟的定义

"鸿沟"是一种差别的体现。数字鸿沟又称为"信息鸿沟",最初是在信息技术高速发展的社会环境中出现的一种社会问题。随着互联网、计算机、移动通信等技术的普及和应用,人类社会进入了一个全新的信息化时代,这对信息技术的普及和教育、贸易、政策制定等方面都提出了新的挑战和要求。

1990年美国著名未来学家Toffler在其著作《权力的转移》中首次提出了"电子鸿沟"的概念,他认为"随着信息技术和电子媒体的迅猛发展,掌握这些新技术的人与未能掌握的人之间将出现一种新型鸿沟——电子鸿沟。这种鸿沟不仅体现在技术获取能力上,更深层次地反映了双方在信息获取、知识积累、思维方式等方面的巨大差异。"美国商务部认为数字鸿沟是指那些拥有信息时代工具的人与那些未曾拥有者之间存在的差距。联合国经济及社会理事会则提出数字鸿沟是由于信息和通信技术的全球发展和应用造成或拉大的国与国之间以及国家内部群体之间的差距。

现在关于数字鸿沟定义普遍的认知是指在信息技术的获取、使用和掌握方面,不同的个人、群体、地区和国家之间存在着的差异和差距。这种鸿沟通常体现在互联网普及率、电脑和移动设备的拥有率,以及信息技术的应用能力等多个方面,主要有以下特点:

(1)差异性。这是数字鸿沟的基本特征。没有差异性和差距,"鸿沟"就不复存在。在不同的应用背景下,差距可能有不同的含义。数字之间的差距不仅体现在基础设施的可接入性上,更深刻地反映在数字技术的使用频率、深度及由此产生的成效差异上。大数据时代造成的海量数据,有效信息和垃圾信息相互交叉,在分析能力不足的前提下,非常难以获取和甄别。而且随着AI、云计算应用和普及,数字经济去中心化的趋势日益显著。例如,随着新型通证化证券发行模式的兴起,投资者可以直接对接发行方,无须再通过银行或中介机构,这标志着金融服务业正逐步摆脱中心化的束缚。去中心化带来了分布式商业模式,也带来了数字鸿沟的深层差异化。

(2)普遍性。这是数字鸿沟的独有特征。数字本身就具有一定的变化性,容易产生差距。数字经济时代,各行业不是简单的数字化转型,也不是一个简单的产品数字化、营销数字化,而是深层次的,从产品到供应链、产业链,从财务到信息,涵盖整个产业的上游、中游、下游,都在进行全要素、全生命周期的数字化变革。即使在同一地区,统一使用场景下的相同数字内容,由于使用者的非理性也会导致鸿沟出现。因为进入者的态度观念与使用方式不同,他们之间也可能出现知识与信息获取的不平衡。也由于没有很好地引导,不少受众的注意力不再局限于知识的学习或信息的获取,而是被分散到了其他诸如流行时尚、娱乐等更具吸引力的领域，这也会加剧受众之间的数字鸿沟。

（3）长期性。数字内容本身是处于不断更新迭代，高速变化发展的过程中。从中国信通院发布的《全球数字经济白皮书（2024年）》来看，全球数字经济正持续快速发展。人工智能技术的大规模应用推动了全球AI企业数量增长，各国数字经济总量增长迅速。此外，在数字产业化、产业数字化和数据要素等方面，各国也都在积极抢抓发展机遇。世界银行集团发布的《2023年数字化进步与趋势报告》则认为，数字化在沟通交流、信息获取、商业活动及与环境互动等多个方面对全球产生深远影响，也为构建一个更加包容、有韧性和可持续的世界奠定了基础。正因为网络本身作为一个多元化社区，叠加数字信源的多样性，导致人们之间形成的也不只是一条鸿沟，而是多条，带来的结果可能是"老沟"未填平，"新沟"又出现。

## 二、数字鸿沟的分类

不同维度数字鸿沟的分类不同。

按照国际和国家来看，数字鸿沟可以分为国家之间的数字鸿沟和国家内部的数字鸿沟。国家之间的数字鸿沟主要取决于国内生产总值和社会教育水平，国内生产总值可以为发展信息技术（如互联网和宽带相关基础设施）提供便利，社会经济差距仍然是阻碍电子包容和接受信息通信技术的主要力量；而社会教育水平则限制了数字技术使用者的使用能力和场所。国家内部的数字鸿沟主要是指不同城镇、阶层、行业、年龄甚至性别之间存在的"鸿沟"。不同地区、不同年龄层级、不同行业对信息、网络技术的拥有程度都是不同的，这也导致了进一步的信息差和贫富分化现象。

按照信息技术不同的发展时期，数字鸿沟可以分为硬件鸿沟和软件鸿沟。硬件鸿沟是指不同群体在获取数字化硬件设施和网络基础设施方面存在的差异。例如，发达地区的民众使用的计算机性能较好，内存较高，运行速度和加载软件更强大，而欠发达地区的民众可能根本没见过计算机。软件鸿沟主要是指不同个体在利用数字技术的效率、能力和认知层面存在差异。这主要取决于该地的教育水平。在信息技术初步普及阶段，硬件鸿沟较为引人关注，在信息技术发展到后期的时候，大规模的信息基础设施建设和数字技术普及，使多数个体更容易获取数字设备和各项技术。软件鸿沟凸显，成为影响个体在信息社会中发展的新型制约因素。也意味着数字鸿沟正在向更深层的认知领域延伸，体现出个体对数字技术的理解和转化利用能力的重要性。

按照使用对象的不同，数字鸿沟可以分为不同层面的数字鸿沟：包括社会鸿沟、政治鸿沟、经济鸿沟等。或者不同人口特征层面的数字鸿沟：包括收入鸿沟、年龄鸿沟、性别鸿沟、种族鸿沟、地理鸿沟等。数字鸿沟的成因如图14-1所示。

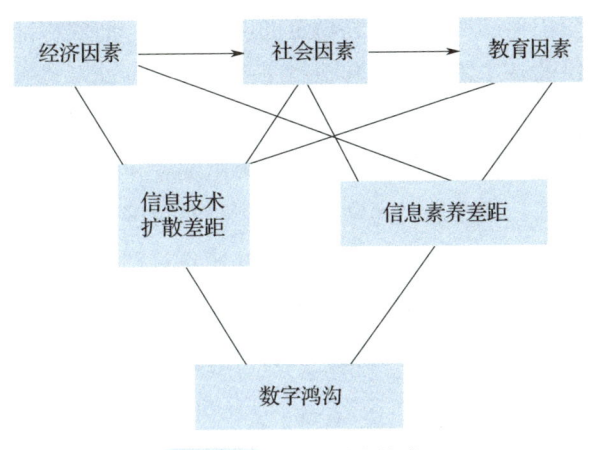

图 14-1 数字鸿沟的成因

"鸿沟"首先是建立在经济因素上，然后是社会因素，再到教育因素，正是这三者的差距导致了信息技术扩散差距和信息素养差距，最后形成了数字鸿沟。

### 1. 经济因素

（1）收入差距。从数字技术获取的层面来看，收入水平是影响个体或家庭能否获得数字技术的关键因素之一。在很多发达地区，高收入群体较易获取到先进的数字技术及服务，例如，高质量的互联网连接、智能设备及各种数字服务平台。这些群体往往能够轻松负担这些技术的相关费用，从而能够快速实现数字化转型与生活方式的转变。相比之下，中低收入群体则可能因为经济条件的限制，在获取数字技术方面面临更多障碍，如低收入家庭可能会因为无法负担上网费用而被排除在数字技术的获取之外。

在数字技术使用的层面上，高收入群体通常拥有更强的数字技术使用能力，这表现在他们能更有效地利用数字技术进行信息检索、网络购物、在线支付、远程工作等。他们的数字素养通常更高，能快速适应并利用新兴的数字工具与应用。而低收入群体可能因教育水平、时间管理能力或是对数字技术的理解程度等因素的限制，数字使用频率和使用深度都相对较低，这限制了他们从数字技术中获得的经济或社会效益。

不同收入群体在数字技术使用的结果上也存在差异。高收入人群在利用数字技术获取信息、知识和服务的过程中，往往能实现更高的生产率和更大的经济收益。例如，他们可能会通过使用数字工具进行股票交易、远程办公等活动，从而增加收入来源。相反，低收入群体可能因为数字技术的使用障碍，无法充分利用这些技术来提升工作效率或拓展商业机会，因而难以通过数字技术来减少收入差距。

（2）城乡差异。城乡数字鸿沟是指在现代信息化社会中，城市与农村在数字基础设施建设和信息技术应用等方面存在的显著差异。这种差异体现在网络覆盖率、基础设施建设、技术使用能力和居民认知等多个层面。

就数字基础设施而言，城市地区通常具有更完善的网络基础设施。城市的网络基础设施建设相对完善，宽带和光纤网络的普及率较高，而农村地区的网络基础设施建设相对滞后。城市居民能够享受快速的网络速度和稳定的网络服务,而农村地区的网络覆盖和网络速度往往不能满足居民的基本需求,尤其是对于那些需要高速网络进行远程工作或获取在线服务的人群。此外,城市的基础设施建设更为完善,城市居民在购买和使用数字产品与服务时拥有更多的经济资源,有利于数字技术的快速发展和应用。

在信息技术应用方面,城市居民通常比农村居民有更多的机会和能力去使用和掌握新的信息技术。城市的教育资源、教育环境和社会环境更有利于居民接受现代信息技术的培训与教育,因此城市居民的信息技术应用能力普遍高于农村。城市居民可以通过各种渠道快速获取新技术的信息和学习相关的技能,而农村居民则面临着教育资源的限制和学习途径的限制。

此外,城市居民的认知和接受新事物的速度也快于农村居民。城市的生活节奏和开放的文化环境使居民更易于接受和适应新技术。相反,农村地区的传统习俗和信息获取的限制使居民对于现代信息技术的接受度相对较低,这也在一定程度上加大了城乡之间的数字鸿沟。

**2. 社会因素**

(1) 社会信息化程度。社会信息化程度的分析是探讨数字鸿沟影响的重要视角。社会信息化程度指的是一个地区或一个国家的信息技术应用普及程度,它包括了基础设施建设、信息产业发展、信息服务普及、社会信息化应用等多个方面。社会信息化程度的高低直接影响到社会各阶层、各领域对于信息技术的接触、应用与掌握情况,从而对数字鸿沟的扩大或缩小起到决定性作用。

在缩小作用方面,社会信息化水平的提高意味着信息通信技术(ICT)的基础设施建设更加完善,这包括宽带互联网的普及、移动通信网络的覆盖及各种智能化终端的可用性。当基础设施建设完善时,能够为社会成员提供更加快速、稳定、覆盖广泛的网络服务,从而降低信息获取的成本和难度,促进知识和信息的自由流通。社会信息化程度的提高还会影响信息资源的分配和利用,特别是在教育、医疗、教育、文化娱乐等公共服务领域。信息化可以通过提供在线教育资源、远程医疗咨询、电子图书等服务,为社会成员提供丰富的信息资源和高质量的服务体验,从而缩小城乡、不同收入阶层之间的信息获取能力差异。

在扩大作用方面,当信息化水平发展速度太快,可能会造成一部分人群和地区由于知识更新速度跟不上、资金投入有限、信息设备更新缓慢等原因,不能及时获得与之匹配的信息技术支持,从而加剧数字鸿沟的存在。

(2) 传统文化观念。传统文化观念是指人们在长期的历史发展过程中形成的对传统文化的认识和态度,这些观念在一定程度上影响着人们对新兴数字技术的接受程度和使用方式。

一方面,传统文化中蕴含的保守性、保守心理等因素,可能在一定程度上制约了传统文化的现代转型和与数字化技术的融合。例如,传统文化观念中的保守主义倾向可能导致一些保守的社会成员对数字技术持有保守态度，他们可能认为传统文化的价值独立于数字技术之外，甚至可能对数字技术的介入持有抵制心理。这种保守的文化观念可能会影响社会整体的数字化进程，使数字技术无法得到广泛应用，从而加深社会中的数字鸿沟。

另一方面，传统文化观念中的开放性和创新精神也对数字技术的接受度产生影响。具有开放性和创新精神的社会成员更易于接受和采用数字技术，他们愿意通过数字技术来传承和发展传统文化，使之与时俱进。例如，一些传统工艺的数字化保护与传承，就是传统文化观念中的创新精神与数字技术相结合的典型案例。在解决数字鸿沟问题的过程中，不仅需要加强数字技术的普及和应用，还需要深化对传统文化观念的理解和创新，以促进传统文化与数字技术的有机结合，为传统文化的传承与发展提供新的动力和平台。

### 3. 教育因素

在信息技术广泛应用的今天，教育不仅提供了知识的传授，更重要的是培养了使用现代信息技术获取、处理和应用知识的能力。教育普及程度的提升，意味着更多的人群能够获得系统的教育资源，从而增强他们利用信息技术的能力。显然，接受过较高教育的人群在信息技术的使用上具有优势，他们更有可能获取和操作各种信息技术产品，从而在一定程度上缩小了由教育差异造成的数字鸿沟。

然而，教育普及程度对数字鸿沟的影响是复杂且多面的。一方面，随着教育的普及，尤其是信息技术教育的加强，能够有效增强人们的信息技术应用能力，促进社会整体的信息化水平提升。另一方面，教育资源的分配往往在不同地区之间存在着显著的不平衡，这导致了教育普及的地域性差异，而这些差异又会以信息技术应用的不平等体现出来，加剧了数字鸿沟。具体来说，在经济发展相对滞后的地区，由于财政收入的限制，这些地区的基础教育和高等教育资源可能投入不足，这不仅影响了当地居民的受教育水平，也限制了他们通过教育提高信息技术应用能力的可能性。相反，在经济发达地区，教育资源较为丰富，教育普及程度较高，居民接受过更好的教育，包括信息技术教育，这有助于缩小这些地区内部的数字鸿沟。

此外，不同地区的教育政策也会影响教育普及程度对数字鸿沟的作用。例如，政策导向下的资源分配，可以通过增加对教育的投资特别是信息技术教育的投入，促进教育资源的均衡分配，从而有助于缩小不同地区之间的教育和数字鸿沟。

## 第二节　数字鸿沟的影响和现状

### 一、数字鸿沟的影响

数字鸿沟是不同国家和地区的经济、社会发展水平差距在信息时代的客观反映。收入、社会层级、所处地域等各项因素会带来不同人群之间的社会不平等，进一步产生与扩大数字鸿沟。全球范围内，数字鸿沟的影响是深远的。而且随着信息技术的加速发展，数字鸿沟将更加凸显，甚至深化和创造了新一轮的国家和社会不平等。具体体现在：

### （一）国家之间发展不平等

数字鸿沟影响了一个国家的全球竞争力。拥有先进信息技术的国家和地区能够在全球市场中更具竞争力，而技术落后的地区则可能失去发展的机遇，加剧经济全球化的不平等。例如，发达国家的公司能够利用先进的信息技术来提高生产效率，增强产品的科技含量，而发展中国家的企业则可能因此在市场竞争中处于不利地位。全球国际互联网普及的地理分布不平衡。根据国际电信联盟（ITU）的数据，2024年，全球互联网普及率达到了63%，但各国之间的普及率差异较大。在2024世界互联网大会乌镇峰会期间，中国网络空间研究院发布《世界互联网发展报告2024》和《中国互联网发展报告2024》蓝皮书。蓝皮书显示，美国和中国的互联网发展水平依然位居全球领先地位（得分分别为77.89和69.00）；韩国、芬兰、新加坡、荷兰、瑞士等国家保持靠前；欧洲国家互联网发展实力普遍较强；拉丁美洲地区互联网发展势头较快；中亚和非洲地区的互联网发展仍有较大提升空间。

### （二）社会参与度的不平等

信息技术的应用能够促进社会的透明度和公民的参政议政能力，而且现代民主政治越来越依赖于信息技术的支持，如电子政务、网络投票等。如果社会的一部分群体被排除在这些新技术的应用之外，那么他们在参与政治决策的过程中就可能处于劣势，影响民主的质量和效率。那些不能享受到信息技术成果的群体，可能会在就业、教育、医疗等社会服务领域遭遇新的障碍，从而导致社会不平等的加剧，影响社会的稳定与和谐。这就是社会参与度的不平等性。

社会参与度的差异是数字鸿沟影响下的一个显著社会问题，它反映了不同社会群体在信息获取、处理与应用方面的不平等现象。前者关乎"能否"接触到信息技术设施和服务，而后者则关乎"如何"有效利用信息技术参与到社会活动中去。

### （三）企业竞争力的差异化

数字鸿沟的存在会影响企业的创新能力。在信息时代，创新是提升企业竞争力的关键因素。那些拥有先进信息技术和设备、能够高效利用大数据和云计算等技术的企业，更容易捕捉市场机遇，快速响应市场变化，从而推出新产品、新服务，提升其市场竞争力。相反，那些信息化水平较低的企业，则可能因为缺乏有效的信息技术支持，而在新产品开发、新技术应用等方面处于劣势，影响其竞争力的提升。

数字鸿沟会影响企业的运营效率。信息技术的应用可以提高企业的运营效率，包括生产自动化、供应链管理优化、客户关系管理改进等。数字鸿沟较大的企业，其内部信息传递可能会因为技术壁垒而变得缓慢，影响决策效率和执行力，进而影响企业的市场响应速度和服务质量，最终影响到企业的竞争力。

数字鸿沟可能会加剧企业之间的差异，加剧市场不平衡。在全球化竞争的背景下，那些能够利用数字技术提高生产效率、降低成本的企业，会具有更强的价格竞争力和市场占有率。而那些尚处于数字化转型初级阶段的企业，则可能面临被市场淘汰的风险，这不仅影响到企业自身的竞争力，也会对行业的整体竞争力产生负面影响。

数字鸿沟还可能影响企业的人才吸引和培养。在高度竞争的市场环境中，具有信息技术能力的人才是企业竞争力的重要组成部分。那些能够为员工提供良好数字化学习和成长环境的企业，更容易吸引和留住这些人才，从而在知识资本和人力资本方面获得竞争优势。

### （四）个人就业机会不均等

随着信息技术的快速发展，数字化转型已成为各行各业转型升级的必然趋势。然而，数字鸿沟的出现加剧了就业市场中的不平等现象，这种不平等不仅体现在工作岗位的数量上，还体现在工作的质量、稳定性及收入水平等多个维度上。

首先，数字化转型改变了许多传统行业的就业结构，造成岗位消失与岗位创新并存。例如，自动化和人工智能的兴起使一些重复性劳动岗位逐渐减少，而那些能够设计、维护和优化自动化系统的高技能工作岗位需求却在增加。这种技术进步导致的就业结构转变，加剧了低技能和高技能劳动者之间的分化，从而使后者能够享有更多的就业机会和更高的薪资待遇。同时一些企业通过使用远程工作系统，能够跨越地理界限，而那些拥有必要数字工具和技能的员工可以享受这种灵活的工作方式。相反，缺乏这些资源的员工则可能被迫在更偏远的地区或甚至失业，这也会影响他们的就业机会。

其次，数字技能的要求不断提高，对就业市场产生重要影响。随着越来越多的工作岗位要求劳动者具备一定的数字技能，如计算机操作、数据分析、网络管理等，这些职位往往需要通过持续的专业培训来维持竞争力。而那些没有接触过这些技术或者缺乏这些技能的个人，就会发现自己被排除在这些工作岗位之外，从而失去相应的就业机会。数字鸿沟还与个体的教育背景、社会经济状况等因素交织在一起，进一步加剧了就业不平等。受教育水平较低的人群可能缺乏必要的数字技能学习资源，使他们在就业市场上的竞争力进一步降低。

### （五）数字极化风险

数字极化风险是指在数字时代，由于信息传播和社交媒体的使用，个体和群体在信息获取、收入分配和教育资源方面出现的极端化观点和行为。这种风险主要体现在以下几个方面：

### 1. 信息获取方面

数字鸿沟对信息获取的影响是多方面的，它不仅体现在信息技术的拥有和使用上，更在于信息资源的可获取性和信息技术的应用能力上。信息获取的不平等是数字鸿沟带来的显著后果，它深刻影响着个体的知识更新速度、学习机会及社会经济的均衡发展。从技术的拥有和使用层面来看，数字鸿沟造成了信息技术的拥有者和使用者之间的差异。经济条件较好的群体能够负担得起先进的信息技术设备，如智能手机、电脑等，并且能够不断升级自己的信息设备，从而更快速、更广泛地接触到新的信息和知识。相反，经济条件相对落后的群体则可能连基本的信息设备都无法拥有，更不用说进行设备的升级和信息的更新了。这种差异导致了信息拥有者与信息使用者之间的"数字鸿沟"不断扩大，而这种鸿沟的扩大又进一步加剧了信息获取的不平等。从信息资源的可获取性来看，数字鸿沟还表现为信息富有者与信息贫乏者之间的信息资源获取上的差异。拥有丰富信息资源和先进技术的个体或组织能够通过互联网、社交媒体等多种渠道迅速且低成本地获得所需信息，而信息技术缺乏的个体则可能连基本的网络接入都无法实现，更难说获取广泛的信息资源了。这种不平等的信息资源获取不仅限制了个体的知识获取和更新，而且还可能影响到个体的社会经济地位和发展机会。

此外，在数字时代，数字交互平台为群体交流提供了便捷的渠道，群体不再基于地域、血缘等因素简单叠加，而是依据算法推荐形成"无差别"群体，数字媒体通过隐蔽的方式对群体进行思想观念的塑造、意识形态的演变和文化价值的重塑，这种群体在情绪、认知和思想上具有共通性，容易陷入盲目偏激的非理性状态，导致网络群体极化现象。而且算法推荐机制基于用户的个性化兴趣和需求，为用户筛选出更具针对性的内容，导致用户接触到的信息范围变得狭窄，形成信息茧房。这限制了用户的视野，加剧了信息的单一化和同质化，容易引发极端化的观点和情绪。

### 2. 收入分配极化风险

不同地区、不同群体存在着数字鸿沟，主要包括新型基础设施接入差异及数字素养差异，发达地区信息技术设备完善程度高于不发达地区，数字素养较高群体更易学习和掌握新的数字技能，数字应用程度更深，现阶段数字经济的发展可能会使数字鸿沟继续加大。数字鸿沟中的数字贫困方因数字信息获取、应用不足会加剧收入贫困，与数字富有方贫富差距不断拉大，加大收入分配极化风险。由于马太效应的存在，数字贫困使不同地区、不同群体之间贫富差距不断扩大，发展程度较高的地区或群体会发展得越来越好，而原本贫困的地区或人群就会愈加贫困。

### 3. 教育资源极化风险

数字鸿沟的影响在教育领域表现得尤为突出，它不仅影响了学习者获取知识的平等权利，也对社会的整体公平和发展构成了挑战。在区域发展层面，经济较发达地区的学校和学生通常能够获得更多的教育资源和技术支持，例如，配备先进的信息技术设备、提供丰富的数字学习材料等。这为该地区的教育提供了良好的发展条件。相反，经济相对落后的地区，尤其是一些农村和偏远地区，由于财政预算有限，信息基础设施建设跟不上，往往缺乏足够的硬件设备和网络连接，这直接限制了学生接触和利用数字教育资源的能力。数字鸿沟还影响了教育公平和教育机会的均等性。在信息化时代背景下，教育资源的网络化和数字化趋势明显，这导致了缺乏数字访问能力和技能的学生群体，无法享受到优质的教育资源和高质量的学习机会。这不仅影响了他们当前的学习成果，而且对他们未来的发展机会也构成了潜在的障碍，从而拉大了社会阶层差距。

## 二、我国数字鸿沟的现状分析

### （一）城乡数字鸿沟

城乡数字鸿沟本质上是城乡经济社会发展二元结构在数字时代的反映。城乡"数字鸿沟"不仅成为当前数字中国建设的痛点，也成为未来我国实现高质量发展的短板。分析城乡"数字鸿沟"的表现，探索弥合城乡"数字鸿沟"的有效路径，成为新时代乡村振兴战略实施过程中亟待解决的重要现实问题。主要表现为：

农业领域产业数字化水平滞后于非农产业。产业数字化是指将现代数字技术应用于农业、工业和服务业等传统产业领域以实现其数字化转型。尽管有农村电商、数字农业等发展亮点，但受制于"三农"领域基础数据资源体系建设不完备、涉农信息技术工具匮乏、数字技术的农业应用范围有限等原因，农业领域的数字化程度仍然相对滞后。《中国数字经济发展研究报告（2023年）》显示，2022年我国服务业、工业的数字经济渗透率分别为44.7%、24.0%，而农业领域数字经济渗透率仅有10.5%，作为第一产业的农业生产数字化程度远低于工业和服务业，农业领域的数字经济发展落后已成为数字中国建设的突出短板。

乡村治理数字化及公共服务数字化水平与城市存在差距。农村地区在线上与线下互联方面滞后于城镇，乡村数字孤岛现象突出，这些都妨碍了信息化与乡村治理的深度融合，导致农村地区党务、村务的数字化水平、涉农事项在线办理能力、数字网格化治理水平偏低。另外，乡村公共服务的数字化供给能力相对较弱，特别是在数字教育、在线医疗、数字普惠金融等领域的城乡差距依旧巨大。这不仅阻碍了数字时代农村基层治理模式创新，也影响了村民利用数字技术参政议政的热情，农村居民无法像城市居民那样分享到治理数字化和公共服务数字化带来的新型数字红利。再加上农村劳动力素质、受教育水平总体较低，农村居民在深层次利用网络，特别是使用信息资源和数字技术就业、创收方面远远落后于城镇居民。随着人工智能、区块链等新一代信息技术的发展，技术使用门槛再一次提高，缺乏数字技能以及相关培训的农村劳动者可能处于不利的位置，进一步拉大农村居民在就业、教育、医疗以及整体经济机会方面的差距。

### （二）老龄人群数字鸿沟

我国第 54 次《中国互联网络发展状况统计报告》显示，截至 2024 年 6 月，我国网民规模近 11 亿人，互联网普及率达 78.0%。青少年占新增网民的 49.0%，50~59 岁、60 岁及以上群体分别占新增网民的 15.2% 和 20.8%。这表明，越来越多的老年人开始"触网"，享受数字化带来的便利。但与此同时，仍有近半数老年人从未接触过互联网。当老龄化遇见数字化，如何让规模巨大的老年群体共享智能社会发展红利，是当前社会民生领域面临的一个重要挑战。

从社会层面上看，老年群体的数字鸿沟问题是由于在市场主导下的现代信息科技未将老年人设为数字设备和信息内容的主要目标群体，因社会转型引致的结构张力使老年人在与现代科技的互动过程中处于明显弱势地位。因此，老年群体的数字鸿沟问题是老年群体与社会其他群体在数字设备和服务、信息资源的获取和使用能力上存在差距，并由此产生的权利及知识获取上的不平等现象，是在社会数字化进程中由于社会观念等多种因素所导致的对老年群体的忽视和排斥。

数字公共服务覆盖度不足，老年人接触和了解数字公共服务的渠道有限。我国不同地区之间还存在一定程度的数字鸿沟，东部沿海地区及部分主要城市的数字化建设较为完善，而大多数中西部地区的数字化建设则相对落后，诸如智慧医疗、智慧养老、电子政务等数字公共服务的覆盖范围有限。老年群体相比于年轻群体，日常的活动范围较小。因此，对于一些居住在农村等偏远地区的老人，很难获取相关的数字公共服务。此外，生理条件约束和内生动力不足也导致多数老年人缺乏数字素养。一方面，老年人的生理机能退化对其使用和学习数字产品及服务造成了较大限制。老年人感官的退化，如视力模糊、听觉及触觉的下降等，使其在人机交互过程中面临诸多困难，导致其对智能设备的使用意愿下降，限制其使用各类数字产品的时长。年龄大、不会拼音、经济条件差是导致多数老年人不使用互联网的主要原因。另一方面，家庭场域内的"数字反哺"缺失，一些子女担心父母遭遇电信诈骗，不会鼓励和支持家中老人使用互联网。

## 第三节　数字鸿沟的弥合

数字鸿沟是一个复杂的社会问题，需要政府、企业和社会各界共同努力来加以解决。通过加强信息基础设施建设、普及信息技术教育和培训、制定相关政策法规、推动技术创新和产业升级及加强国际合作与交流等方式，可以逐步缩小数字鸿沟，促进社会的公平与和谐。

## 一、弥合的路径

### 1. 政策层面

（1）促进信息基础设施建设。

1）政府需要制定包含远见的发展战略，以确保信息基础设施的长远发展与持续更新。增加对信息基础设施建设的财政投入，同时通过政策激励措施，如税收优惠、补贴等，吸引私人资本投入信息基础设施建设。针对经济欠发达地区和人口分散的农村地区，特别是"老少边穷"等特殊地区，需要优先考虑这些区域的信息基础设施建设，以实现区域均衡发展。

2）要加强政策支持与监管。政府应出台相关政策，保障信息基础设施建设的土地使用、电力供应等配套服务的便利性，同时加强市场监管，防止信息基础设施建设过程中的市场垄断和公共资源的不当利用。提高普遍服务政策的实施效率，特别是在农村地区和边远地带，通过政府购买服务等方式，确保信息基础设施建设的公共服务覆盖。

3）推广公私合作（PPP）模式。鼓励和支持公共和私人部门之间的合作，以促进信息基础设施建设的社会化、市场化运作，充分挖掘和调动社会资本的潜力。强化技术创新和人才培养。通过与高等院校的合作，加大对信息基础设施建设相关领域的人才培养力度，同时支持科研机构的技术研发工作，为信息基础设施建设提供技术支撑。

（2）加强数字教育和培训。数字鸿沟的问题本质上体现为知识和信息技术的获取与应用上的不平等，加强数字教育和培训成为缩小乃至消除这一鸿沟的关键措施。对此，我们可以从以下几个方面着手：

1）政府应制定相应的政策与法规，支持和促进数字教育的发展。政策上可制定优惠措施，鼓励企业和社会组织投入数字教育的研究与实践，同时增加公共教育投入，确保基础教育和继续教育的数字化转型。

2）要从基础教育做起，从小学到大学，系统地设置信息技术课程，将信息技术的知识和应用融入学生的日常学习中。在基础教育阶段，通过趣味化、游戏化的教学方法，激发学生的兴趣，提高信息技术的可接受度。加强对在职人员和社会公众的数字技能培训。通过在线教育平台、远程教育、夜校和成人教育中心等多种渠道，为不同年龄层、不同背景的人群提供多样化的学习机会。同时，这些培训不应仅限于基本的计算机操作，还应包括数据分析、网络安全、互联网营销等实用技能的培训。

3）针对特定群体（如老年人、残障人士等），设计专门的数字教育项目，帮助他们克服使用上的障碍，提高他们的数字生活品质。例如，为老年人开设简单易用的智能手机操作课程，为残障人士提供听书、视障阅读等定制化的数字服务。通过搭建在线学习社区、创建学习型社会的方式，鼓励持续学习和知识共享。利用互联网的开放性和互动性，创建一个全民参与的网络学习社区，通过分享和交流，促进知识的传播和技术的普及。

## 2. 技术层面

技术层面包含以下几个方面：①要加大研发投入，特别是在关键领域和新兴的信息通信技术（ICT）上。通过公共和私人部门的合作（PPC），可以集中资金和资源来加速技术创新的步伐。建立一个健康的创新生态系统，包括提供研发设施、研究与开发中心，以及孵化器和加速器等，以培育初创公司和促进科技成果的转化。②通过教育体系加强 STEM（科学、技术、工程和数学）教育，培养未来技术和科学领域的人才。同时，为在职人员提供再培训和继续教育的机会，以提高他们的技术水平和就业竞争力。③制定政策以激励技术创新，包括知识产权保护、税收优惠、研发税收抵免和创新基金等。这些政策可以吸引投资并创造一个有利的商业环境。建立技术转移机构和平台，以促进研究机构和大学与私营部门之间的技术交流。通过演示中心和试点项目促进技术的示范应用和推广。④鼓励国际和国内的合作，包括研究合作、项目合作和技术共享，以利用全球创新资源和经验。⑤投资于基础设施建设，包括宽带网络、5G 网络、数据中心和云计算服务等，以确保技术应用的基础设施支撑。⑥提供特别是对中小企业的支持，包括简化创业程序、提供资金支持和技术咨询等，以确保创新能力的广泛分布。⑦通过政府采购、标准化工作和展示平台等方式，促进新技术和解决方案的市场化。⑧建立有效的监测和评估机制，以跟踪技术创新和应用的进展，确保政策和投资的有效性，并在必要时进行调整。

## 3. 社会层面

为了弥合数字鸿沟，提升公众的数字素养是关键的一步。数字素养涉及广泛的知识和技能层面，包括但不限于信息的获取、分析、评估、使用及数字安全的意识和实践等。增强公众数字素养建议可以从以下几个方面着手：①政府应发挥引导作用，制订相应的教育计划和政策，将数字素养的提升纳入国家教育体系的长期规划中。通过立法和政策引导，确保数字教育资源的充分分配和可持续获取。同时，政府应加大对贫困地区、农村地区及特殊群体（如老年人、残障人士）的教育支持，确保每个公民都有机会获得必要的数字知识和技能。②教育部门和教育机构需开设相应的课程和工作坊，涵盖计算机基础操作、网络素养、信息素养与评估、网络安全等内容，以适应不同年龄组和社会群体的需要。课程设计应结合理论与实践，通过项目实践、在线教育、工作坊等形式，增强学习者的实际操作能力和问题解决能力。③企业和社会组织也应参与到数字素养教育的提供中来。信息技术企业可以提供技术支持和教育资源，如在线教育平台、免费的课程和研讨会等。行业组织可以举办专业的培训和研讨活动，帮助专业人士和技术工作者不断提升自己的数字技能，并作为行业标杆。④媒体和公共信息平台也拥有在普及数字知识方面的重要作用。传统媒体和新媒体平台可开设相关的教育栏目和节目，利用其广泛的观众基础和强大的信息传播能力，普及数字知识，提供学习资源，引导公众正确、高效地使用信息技术。

在提高公众数字素养的过程中，应注重培养数字安全意识，加强对网络安全的普及教育，提高公众的信息安全防护能力，预防和减少因网络安全事件带来的负面影响。

## 二、数字鸿沟的未来趋势

在未来,数字鸿沟的发展趋势可以从以下几个方面进行预测。

(1)数字鸿沟有可能进一步扩大。经济发展水平的不同将使这一趋势更加明显。发展中国家和地区由于经济基础和信息化基础设施的相对落后,可能会在信息技术的获取和使用方面与发达国家和地区的差距进一步拉大。此外,随着信息技术的快速发展,新的数字鸿沟可能出现。

(2)数字鸿沟的形态可能出现新的分化。随着智能技术的普及和物联网的发展,以数据为基础的新型基础设施建设将深刻影响数字鸿沟的格局。高速的网络连接和大数据分析能力的不同,可能形成新的"智能鸿沟",这种鸿沟不仅仅体现在设备获取和使用的层面,还包括数据处理和知识理解的能力差异。

(3)针对数字鸿沟的政策干预可能会更加频繁和深入。各国政府和国际组织可能会针对信息化发展中出现的问题,出台更多支持性的政策和措施。例如,通过财政补贴、税收优惠、教育培训等方式,来促进信息技术的普及和教育,缩小数字鸿沟。

(4)数字鸿沟的解决可能需要跨领域、跨学科的合作。解决这一问题不仅仅是技术发展的问题,还涉及经济、政治、教育等多方面的因素。因此,解决数字鸿沟的努力需要不同领域专家的合作,以提出更具针对性和有效性的解决方案。

数字鸿沟的未来趋势会影响全球经济的发展格局。数字技术的发展对提升生产力、创造经济增长具有重要意义,但数字鸿沟的扩大可能会加剧全球经济发展的不平衡性,这将对全球经济的长期稳定与合作产生深远影响。

## 课后习题

1. 如何理解数字鸿沟的意思?
2. 如何看待数字鸿沟对个人造成的影响?
3. 国家层面该如何弥补数字鸿沟?

# 第十五章 数据垄断与算法滥用

## 案例导入

**"微信群控"不正当竞争纠纷案——数据权益的不正当竞争保护**

深圳市腾讯计算机系统有限公司、腾讯科技（深圳）有限公司（以下简称两原告）共同开发运营的个人微信产品，为消费者提供即时社交通信服务。浙江搜道网络技术有限公司、杭州聚客通科技有限公司（以下简称两被告）开发运营的"聚客通群控软件"，利用 Xposed 外挂技术将该软件中的"个人号"功能模块嵌套于个人微信产品中运行，为购买该软件服务的微信用户在个人微信平台中开展商业营销、商业管理活动提供帮助。两原告主张两被告擅自获取、使用涉案数据，构成不正当竞争，诉至法院。

杭州铁路运输法院认为网络平台中的数据，以数据资源整体与单一数据个体划分，网络平台方所享有的是不同的数据权益。两原告对于微信产品数据资源享有合法权益，两被告的相关被诉行为已危及微信产品数据安全，不仅违反了相关法律规定，且此种破坏性利用其他经营者经营资源损人自肥的经营活动明显有违商业道德，属于违反《反不正当竞争法》第二条、第十二条规定的不正当竞争行为，已构成不正当竞争。

在本案中，搜道公司是涉案网站及被控侵权软件的运营者，聚客通公司是涉案侵权软件的后期运营者，且是销售被控侵权软件和指定手机的实际收款方，搜道公司后期又为聚客通公司运营涉案侵权软件提供了系列帮助。因此，法院认为两被告共同实施了涉案不正当竞争行为，应共同承担停止侵权、赔偿损失及刊登声明消除影响的责任。最终判令两被告共同赔偿两原告经济损失及合理开支共计 260 万元。

该案是全国首例涉及微信数据权益认定的案件。数据作为数字经济的关键生产要素，已成为市场激烈竞争的重要资源，数据权益的权属、权利边界及数据抓取行为不正当性应如何判断，受到社会广泛关注。本案判决兼顾平衡了各方利益，为数据权益司法保护提供了理性分析基础，也为构建数据权属规则、完善数字经济法律制度提供了可借鉴的司法例证。对防止数据垄断，促进数字经济创新发展亦具有积极意义。

## 第一节 数据垄断

### 一、数据垄断的概念

#### (一)数据垄断的定义

数据垄断并不是一个严谨的学术词汇,它主要流行于媒体报道和名人演讲中。根据使用语境的不同,数据垄断有两个含义:①用户对于数据的垄断,主要是针对数据的生产和储存而言的;②用户通过掌握的数据获取或巩固垄断地位,主要是针对数据的使用而言的。因此,数据垄断是基于数据的占有和使用而形成的垄断,可以理解为重要数据被控制在少数企业或其他市场主体手中,通过限制数据的收集、处理、使用、储存和发送等环节,从而排除竞争对手,实现市场独占的行为。这种行为不仅破坏了市场的正常竞争秩序,还可能损害消费者权益和社会公共利益。

#### (二)数据垄断的特征

(1)自然垄断性和稳定性。企业可以通过数据和算法达成并巩固垄断协议,实现默示合谋,监督执行垄断协议,并通过实时数据分析监视各个企业对合谋协议的执行情况,惩罚背离协议的企业,提升合谋的稳定性。

(2)网络效应和规模效应。互联网平台具有网络效应和规模效应,随着用户数量的增加,平台的价值呈指数增长。这种天然的网络效应使平台具有自然垄断的倾向,新进入者面临高昂的沉淀成本和接近于零的边际成本,从而构成进入壁垒。

(3)高壁垒性和关联性。平台市场的成本结构包括高昂的沉淀成本和接近于零的边际成本,这使新进入者难以与现有巨头竞争。平台通过数据优势形成不对称优势,横跨多个领域,对传统实体企业形成"降维"打击,破坏原有竞争格局。

(4)默示性和难以识别性。通过算法支撑服务,可以使平台在没有任何协议或沟通的情形下达成并维持共谋,监视和预测竞争对手的行为,实现固定价格的效果,这种默示合谋具有较强的隐蔽性和难以识别性。

(5)内部性和后置性。数字经济时代的垄断行为具有内部性和后置性,平台通过收购新技术持有者企业,消除潜在竞争威胁,这种"杀手并购"行为发生在企业内部,具有内部性和后置性,影响创业者的预期和创新路径。

#### (三)数据垄断的主要形态

(1)使用数据和算法达成并巩固垄断协议。包括建立数据共享机制以达成垄断协议及算法共谋。例如,经营者通过数据共享、算法等手段在经营行为上实质形成协调一致的行动;或通过算法共谋和动态垄断协议,实时监控市场变化,预测竞争对手的行为,并据此调整自身策略，从而实现市场垄断。

（2）基于数据优势滥用市场地位。如企业利用数据优势，拒绝竞争对手获得数据资源，要求用户或第三方签订排他性条款，限制交易相对人；妨碍竞争对手收集数据，排除竞争对手，巩固市场地位；或基于数据画像对消费者实行差别对待等。

（3）数据驱动型经营者集中。已占有大量数据资源的经营者通过合并、控股或签订协议使占有的数据资源更加完整，形成市场支配地位。更有甚者，大型企业通过集中数据资源，排斥其他竞争者，形成市场寡头。

### （四）数据垄断的危害

数据垄断的危害是多方面的，主要包括以下几个方面：

（1）限制市场竞争与创新。数据垄断企业凭借其掌握的大量数据资源和技术优势，能够形成强大的市场壁垒，限制其他企业的进入和发展。这种市场壁垒不仅阻碍了新企业的创新和发展，还限制了市场的有效竞争。在数据垄断的市场环境下，新企业难以获得足够的数据资源来开发新产品或服务，从而难以在市场中立足。此外，数据垄断企业还可能通过并购等方式巩固其市场地位，进一步挤压其他企业的生存空间。

数据垄断对创新的负面影响还体现在对研发投资的挤出效应上。由于数据垄断企业已经占据了市场的主导地位，其可以通过垄断利润来维持运营，而无须进行大量的研发投资。这可能导致整个行业的创新动力下降，新技术和新产品的推出速度减缓。

（2）损害消费者福利。数据垄断企业往往会利用其市场地位和数据优势，对消费者进行不公平的定价和行为诱导。例如，大数据"杀熟"就是一种典型的价格歧视行为，即根据消费者的购买历史、消费习惯等数据，对不同的消费者设定不同的价格。这种行为严重损害了消费者的知情权和选择权，使消费者无法获得公平的交易机会。

此外，数据垄断企业还可能通过算法推荐等技术手段，对消费者进行精准的广告推送和行为诱导。这种行为不仅侵犯了消费者的隐私权，还可能导致消费者做出不理智的消费决策，进一步损害其经济利益。

（3）威胁国家安全与公共利益。数据已经成为国家重要的战略资源，数据垄断可能威胁到国家的安全和公共利益。一方面，数据垄断企业可能通过控制关键数据资源，影响国家的决策和战略部署。另一方面，数据垄断企业还可能利用其数据优势进行不正当的竞争和扩张，破坏市场的公平竞争秩序，损害国家的整体利益。

此外，数据垄断还可能引发数据泄露和隐私保护问题。由于数据垄断企业掌握了大量的个人和企业的敏感数据，一旦这些数据被泄露或被不法分子利用，将对个人隐私和国家安全构成严重威胁。

（4）阻碍数字化转型与产业升级。数据垄断可能会阻碍数字化转型和产业升级的进程。在数字化转型的过程中，数据是重要的生产要素和驱动力。然而，数据垄断企业可能会通过控制数据资源和技术标准，阻碍其他企业进行数字化转型和产业升级。这不仅会限制整个行业的发展速度和质量，还可能影响国家的经济竞争力和国际地位。这就是典型的数据壁垒。数据壁垒还会诱发超级平台的生态圈闭环，形成数据寡头，这些寡头会使同行竞争非常艰难，如果想要以更多的数据挖掘来形成自己的差别化竞争，除非能做到绝对的创新，否则很难打破壁垒。

总之，数据垄断对经济发展、市场竞争秩序、创新生态及消费者福利产生深远的负面影响。它可能阻碍新进入者的创新和发展，导致市场进入壁垒高、竞争不充分，限制市场的有效竞争，导致资源配置的低效和不公平，进而损害整个经济体系的健康发展，影响创新和消费者福利。平台通过算法合谋、拒绝数据开放等行为限制市场竞争，导致服务质量下降，创新受阻，消费者福利损失。数据垄断还可能引发社会文化、政治和道德方面的深层次影响，需要有效应对。

## 二、数据垄断的认定标准

数据垄断的认定标准主要基于各国《反垄断法》的相关规定。美国早在1890年颁布的《谢尔曼法》是世界上最早的反垄断法。日本在1947年颁布了《禁止私人垄断和确保公正交易法》，德国于1957年颁布了《反对限制竞争法》。欧共体理事会1989年颁布了《欧共体企业合并控制条例》，把控制企业合并作为欧共体竞争法的重要内容。意大利在1990年颁布了反垄断法，它是发达市场经济国家中颁布反垄断法最晚的国家。现在，经济合作与发展组织（OECD）的所有成员国都有反垄断法。我国于2008年开始施行的《中华人民共和国反垄断法》中关于垄断的定义较为宽泛，它包括了经营者或其利益的代表者滥用已经具备的市场支配地位，或者通过协议、合并或其他方式谋求并滥用市场支配地位，以排除或限制竞争、牟取超额利益的行为。根据法律规定，可以通过以下行为来判断是否形成了数据垄断：

（1）经营者是否达成了垄断协议。这是指两个或两个以上的经营者通过协议、决定或其他协同行为，共同排除或限制竞争。垄断协议可以表现为横向垄断协议（如价格同盟、划分市场等）和纵向垄断协议（如限制转售价格、独家交易等）。在数据领域，如果多个经营者通过协议、决定或其他协同行为，共同控制数据资源的获取、使用或传播，以排除、限制竞争，那么这种行为就可能构成垄断协议。例如，几家大型互联网公司联合约定不共享某些关键数据，以维护各自的市场地位，这种行为就可能被视为垄断协议。

（2）经营者是否滥用市场支配地位。这是指具有市场支配地位的经营者，没有正当理由而违法实施的排除、限制竞争行为。市场支配地位是指经营者在相关市场内具有能够控制商品价格、数量或其他交易条件，或者能够阻碍、影响其他经营者进入相关市场能力的市场地位。如果某一企业在数据资源方面具有市场支配地位，并且滥用这种地位，如通过数据封锁、拒绝数据访问或设置不合理的数据使用条件等方式，阻碍其他经营者进入市场或限制其竞争能力，那么这种行为就可能构成滥用市场支配地位。

（3）经营者集中是否可能产生排除、限制竞争的效果。这是指经营者通过合并、资产购买、股份购买、合同约定（如联营、合营）、人事安排、技术控制等方式，取得对其他经营者的控制权或能够对其他经营者施加决定性影响的情形。在数据领域，经营者集中可能表现为数据资源的整合或并购。如果这种集中具有或可能具有排除、限制竞争的效果，如导致数据资源的高度集中、减少市场竞争者数量等，那么这种行为就可能构成数据垄断。

### 三、数据垄断规制

数据垄断行为所带来的利益损害不单在于竞争秩序，更有可能对用户数据及隐私、社会公共安全乃至国家总体安全造成危害，因此，数据的治理需要跨部门综合性的监管，尤其是法律规制，极其重要。

数据垄断的法律规制是一个复杂且不断发展的领域，涉及多个层面的法律框架和实践。具体可从以下几点制定对策：

（1）完善数据垄断法律规制，增加数据反垄断细则。在当前数字化时代，数据已成为重要的生产要素，数据垄断问题日益凸显。为了有效应对这一问题，需要在《反垄断法》中明确法律条款，增加数据反垄断的细则。具体而言，可以制定专门的数据反垄断法或相关法规，对数据垄断行为进行更加全面和细致的规制。在制定法律时，应充分考虑数字化时代的特点和发展趋势，确保法律的科学性和前瞻性。同时，还应加强与国际社会的合作和交流，借鉴其他国家和地区的成功经验和实践做法，共同推动全球数据反垄断法律规制体系的完善和发展。鉴于数字经济的快速发展和数据垄断行为的复杂性，明确数据垄断行为的界定标准至关重要。这包括考虑数据的非竞争性和非排他性，以及数据公司可能因掌握大量用户数据而具有市场支配地位的情况。

当然，明确法律条款的前提，首先便是明确立法目的，使数据能够开放和共享，确立数据使用和处理的原则，强调数据违规使用的严重后果和法律责任。

具体而言，应细化数据垄断行为的界定标准，明确哪些行为构成数据垄断，如数据封锁、数据拒绝访问、数据滥用等。同时，还应规定相应的法律责任和处罚措施，以确保法律的有效实施。通过完善法律条款，可以为数据反垄断提供明确的法律依据，为执法机构提供有力的法律武器。

（2）强化数据反垄断的执法力度，创新执法理念与方法。在数据反垄断领域，执法力度至关重要。为了有效打击数据垄断行为，需要强化执法力度，确保法律的严肃性和权威性。同时，也需要创新执法理念和方法，以适应数字化时代的特点。例如，可以利用大数据、人工智能等先进技术进行数据分析，提高执法的效率和准确性。此外，还可以加强与其他国家和地区的合作，共同打击跨国数据垄断行为，维护全球市场的公平竞争。可以建立专门机关进行监管。这个机关应具备独立的执法权，能够跨部门进行综合性监管。通过整合不同部门的力量和资源，形成合力，提高监管的效率和效果。同时，这个机关还应具备高度的专业性和技术性，能够深入了解数据领域的特点和发展趋势，及时发现和打击数据垄断行为。

（3）完善对行业巨头的监管，针对行业巨头的数据垄断行为进行规制。在数字化时代，行业巨头往往掌握着大量的数据资源和技术优势，容易形成数据垄断。为了维护市场的公平竞争和消费者的合法权益，需要完善对行业巨头的监管。具体而言，应加强对行业巨头的数据垄断行为的规制，如限制其数据收集和使用的范围，要求其开放数据接口等。同时，还应建立相应的投诉和举报机制，鼓励消费者和中小企业积极举报行业巨头的数据垄断行为。

（4）深入推进跨部门协同监管，协同多主体、多制度、多工具之间的关系。数据垄断问题涉及多个领域和部门，需要深入推进跨部门协同监管。通过协同多主体、多制度、多工具之间的关系，形成合力，共同应对数据垄断问题。具体而言，可以建立跨部门的信息共享和协调机制，加强不同部门之间的沟通和协作。同时，还可以利用多种制度和工具，如行政指导、行政处罚、司法救济等，共同打击数据垄断行为。

这些措施体现了对数据垄断行为进行科学规制的重要性，旨在顺应数字经济的发展规律和产业特点，同时保护消费者利益和社会公共利益。当然，法律规制对策也应不断发展和完善，以适应数字经济时代的需求。

## 第二节　算法滥用

### 一、算法滥用的概念

算法滥用是指个人或组织不合理或不道德地使用算法，以达到某种特定目的。这种现象在数字社会的发展过程中变得愈加普遍。随着数据挖掘、人脸识别、人机交互等技术的广泛应用，算法的决策能力逐渐渗透我们生活的方方面面。然而，这种强大的技术也带来了潜在的风险和危害。不同于数据垄断，算法滥用的依据主要就是数据。

### 二、算法滥用的表现形式与后果

#### （一）表现形式

##### 1. 大数据杀熟

大数据杀熟是指平台经营者利用算法技术，通过对用户个人信息的分析，如用户的行为习惯和支付意愿，对于同种交易条件的消费者实施差异化定价。例如，同一款产品或服务，新用户与老用户显示的价格不同，或者浏览次数多的用户面临更高的价格，也称为算法歧视。

"杀熟"的形式多样，主要有三种表现：

1）根据用户使用的设备不同而差别定价，如针对苹果用户与安卓用户制定的价格不同。

2）根据用户消费时所处的场所不同而差别定价，如对距离商场远的用户制定的价格更高。

3）根据用户消费频率的不同而差别定价，一般来说，消费频率越高的用户对价格承受能力也越强。

"杀熟"的形成原因复杂多样，主要包括以下几个方面：

（1）数据偏差。算法的训练数据可能存在偏差，导致算法在预测或分类时存在歧视性。例如，如果训练数据中缺少某些特定群体的代表性样本，那么算法在预测这些群体时可能会出现偏差。这种数据偏差可能源于数据采集的局限性、数据处理的不足或数据标注的主观性等因素。

（2）算法设计的偏差。算法设计者可能存在偏见，导致算法在设计时存在歧视性。例如，设计者可能忽略了某些关键因素，导致算法在预测或分类时存在歧视性。此外，算法设计过程中的主观判断、经验主义或刻板印象也可能导致歧视现象的发生。

（3）算法使用环境的偏差。算法在使用环境中可能存在偏差，导致算法出现歧视性。例如，算法被用于预测或分类时，其使用环境可能存在社会、文化等偏差，导致算法出现歧视性。这种使用环境偏差可能源于算法应用领域的特殊性、用户群体的差异性或社会文化背景的不同等因素。

（4）算法技术的局限性。尽管算法技术在不断发展，但仍存在一些局限性。例如，算法可能无法完全消除数据中的噪声和异常值，导致预测结果出现偏差。此外，算法在处理复杂问题时可能面临计算资源、时间成本等方面的限制，导致无法准确地反映实际情况。

### 2. 算法"卡特尔"

算法"卡特尔"指的是经营者利用算法作为工具，通过计算机程序代替人类决策，参与市场中的反竞争行为，形成合谋。作为一个随着人工智能和大数据技术发展而兴起的新概念，这种行为在本质上依然是传统的联合行为，但借助了算法的力量，使行为更加隐蔽、高效，且难以被监管和发现，又被称为算法合谋。算法"卡特尔"不仅限于价格合谋，还可能涉及市场划分、产量控制等多个方面，对市场竞争秩序和消费者福利构成严重威胁。

算法"卡特尔"的核心在于算法的使用，这些算法通常具有自主学习和优化的能力，能够根据市场反馈和竞争对手的行为进行动态调整。经营者之间可能并没有明确的协议，而是通过算法的运行和市场的反馈，逐渐形成默契的合谋行为。这种策略性默契合谋可能涉及价格、市场划分、产量控制等多个方面，使市场上的竞争行为趋于一致。算法"卡特尔"主要包括以下几种类型：

（1）价格"卡特尔"。这是算法合谋中最常见的形式。经营者利用算法进行价格协调，使市场上的商品或服务价格趋于一致，从而消除价格竞争。这种价格合谋可能通过算法自动调整价格实现，也可能通过算法分析竞争对手的价格策略后进行模仿和调整。

（2）市场划分"卡特尔"。经营者利用算法进行市场划分，将市场划分为不同的区域或客户群体，并约定各自在这些区域或客户群体中的市场份额和价格策略。这种市场划分合谋限制了经营者的市场竞争行为，降低了市场的竞争程度。

（3）产量控制。经营者利用算法进行产量控制，通过限制产量来维持市场价格稳定或提高市场价格。这种产量控制合谋可能导致市场上出现供不应求的情况，从而推高价格。

（4）信息共享"卡特尔"。经营者利用算法进行信息共享，通过算法收集和分析竞争对手的信息，以便更好地制定市场竞争策略。这种信息共享合谋可能涉及价格、产量、市场份额等多个方面，使经营者能够更准确地把握市场动态和竞争对手的行为。

算法合谋的形成原因主要包括以下三个方面：

1）经济利益是驱动经营者进行算法合谋行为的重要因素。通过算法合谋，经营者可以获得更高的市场份额和利润，从而增强自身的市场地位和竞争力。这种经济利益驱动使经营者愿意冒险进行算法合谋行为。

2）随着人工智能和大数据技术的快速发展，算法已经成为经营者进行市场竞争的重要工具。算法的高效性和智能性使经营者能够更准确地把握市场动态和竞争对手的行为，从而更容易形成合谋行为。

3）针对算法合谋的监管和法律规制相对滞后，存在许多法律漏洞和监管空白。这使经营者能够利用这些漏洞和空白进行算法合谋行为，逃避法律的制裁和监管。

### （二）算法滥用的后果

算法滥用带来的后果是严重的，不仅仅体现在消费者权益、劳动者权益和市场公平竞争环境受损和破坏上。还体现在算法会带来"信息茧房"。前者产生的影响主要体现在价格歧视使消费者难以获得公平交易条件，损害利益；算法管理下的劳动者面临更大的工作压力与健康风险，工作条件恶化；掌握先进算法技术的大公司可能通过算法共谋等方式排挤竞争对手，破坏市场公平。而后者的"信息茧房"效应会导致社会分化与偏见加剧，影响社会和谐稳定，甚至造成国家动荡。

通过数据分析和个性化推荐算法，平台会不断向用户推送他们感兴趣的内容，使用户接收到的信息越来越符合其既有的兴趣和观点，以增加用户的黏度，但这往往会导致用户接收的信息多样化减少，接触信息单一，极端观点被强化，形成"信息茧房"。

"信息茧房"概念的提出不乏历史渊源。早在19世纪，法国思想家托克维尔就已发现，民主社会天然地易于促成个人主义的形成，并将随着身份平等的扩大而扩散。在桑斯坦看来，网络信息时代在带来更多资讯和选择，看似更加民主和自由的表象下其实也蕴藏着对民主的破坏。从"网络茧房"的个人表征方面观察，可以发现，"网络茧房"以个人日报的形式彰显。桑斯坦指出，在互联网出现之初，麻省理工学院的传媒与科技专家尼古拉斯·尼葛洛庞帝就预言了"the Daily Me"（我的日报），即一个完全个人化的报纸的出现。在"the Daily Me"上，每个人都可以在其中挑选他喜欢的主题和看法。对于社会普通公众中的某些人而言，是一个真正的机会，也是风险，有时会给商业和民主带来不幸的结果。

在互联网时代，伴随网络技术的发达和网络信息的剧增，我们能够在海量的信息中随意选择关注的话题，根据自己的喜好定制报纸和杂志，每个人都拥有为自己量身定制一份个人日报的可能。这种个人日报式的信息选择行为会导致"网络茧房"的形成。当个人长期禁锢在自己所建构的"信息茧房"中，久而久之，个人生活呈现一种定式化、程序化。长期处于过度的自主选择，沉浸在个人日报的满足中，失去了解不同事物的能力和机会。桑斯坦解释说，生活在"信息茧房"里，公众就不可能考虑周全，因为他们自身的先入之见将逐渐根深蒂固。一些国家就由于这个原因走向灾难。对于生活在"信息茧房"的领导人和其他人而言，这是一个温暖、友好的地方。但是，重大的错误就是舒适的代价。对于私人和公共机构而言，"信息茧房"可能变成可怕的梦魇。

"信息茧房"的危害主要有以下两个方面：

（1）网络群体的极化。长期生活在信息茧房之中，容易使人产生盲目自信、心胸狭隘等不良心理，其思维方式会将自己的偏见认为是真理，从而拒斥其他合理性的观点侵入，特别当获得"同盟"的认同后演化为极端思想。这种极端思想集中体现在看待事物时的观念表达上，更有甚者，当其个人诉求无法得到满足或者事态未成按成预想发展，便会在个人生活中做出一些极端的行为。这种偏执的思维认识直接导致极端行为的显现。

（2）社会黏性的丧失。社会黏性正是由经验、知识和任务的分享而来的，人们需要有一些共同的记忆和关心，需要由经验分享而构建的共同联盟。人类从原始社会起就处于群居的状态，群居能够保证更多资源的优化和群体的生存发展，这是经历了无数个时代验证的。伴随网络的发达，人与人之间直接接触交流机会逐渐减少，人在网络上选择信息的自由度随之加大，很容易自制"信息茧房"，脱离整个社会的发展。当每个个体之间、群体之间缺乏黏性，离散成单一的力量，这无疑弱化了群体的功能。

## 三、算法的反竞争边界划定

算法本身既包含了提高社会福利的因素，也包含了妨碍竞争的因素，两者是共存的。因此，划定算法的反竞争边界，确保算法的正当使用，已成为当前亟待解决的问题。对算法是否达到了反竞争的执法边界，需要具体问题具体分析。算法的反竞争边界划定方面如下：

### 1. 算法合谋

算法合谋是算法反竞争行为的一种重要形式。算法合谋可分为主动合谋和被动合谋两种类型。主动合谋是经营者通过算法进行明确的价格、产量等方面的协调，以实现共同的市场控制。这种行为直接违反了《反垄断法》的禁止垄断协议原则，应当受到法律的严格禁止。

被动合谋则是指经营者在使用智能算法进行定价、产量决策时，由于算法的优化和自学习特性，导致不同经营者的决策结果趋于一致，从而间接形成市场垄断。这种合谋行为虽然并非经营者主观意愿上的串通，但其后果同样具有反竞争性。因此，在判断被动合谋时，需要综合考虑算法的设计、使用目的、市场影响等因素，以确定其是否构成反竞争行为。

### 2. 算法非中立性

算法的非中立性是指算法在推荐、排序等过程中，由于设计上的偏向性或数据输入的局限性，导致推荐结果或排序结果不公正、不公平。这种行为可能损害消费者的知情权、选择权和公平交易权，同时也可能破坏市场的公平竞争秩序。以搜索引擎为例，如果搜索引擎的算法在推荐搜索结果时，优先展示与自身有利益关系的网站或产品，而忽视其他网站或产品的质量和相关性，那么这种行为就构成了算法的非中立性。这种行为不仅损害了消费者的利益，也破坏了搜索引擎市场的公平竞争秩序。

### 3. 智能算法的价格歧视

智能算法的价格歧视是指经营者利用算法对不同的消费者或消费者群体提供不同的价格或服务，以实现利润最大化。这种行为可能基于消费者的购买历史、消费能力、个人偏好等因素进行差异化定价。价格歧视行为不仅损害了消费者的利益，也破坏了市场的公平竞争秩序。因为如果经营者利用算法对不同的消费者提供不同的价格，那么那些被收取更高价格的消费者就可能会转向其他经营者，从而导致市场份额的重新分配。这种行为可能会使部分经营者获得不正当的竞争优势，损害其他经营者的利益。

除了上述几种典型的反竞争行为，智能算法还可能通过其他方式对市场秩序和消费者权益造成负面影响。例如，经营者可能利用算法进行虚假宣传、误导消费者、恶意不兼容等行为，以损害竞争对手的声誉和市场份额。

智能算法还可能引发数据隐私和安全问题。如果经营者在使用算法时未能妥善保护消费者的个人数据，那么这些数据就可能被泄露或被滥用，从而引发严重的隐私和安全风险。这些风险不仅会影响消费者的个人权益，也可能对整个市场的公平竞争秩序造成负面影响。

为了应对智能算法的反竞争行为，各国政府和国际组织已经开始加强法律规制和监管力度。例如，欧盟出台了《一般数据保护条例》（GDPR），对数据的收集、使用和保护进行了严格规定。同时，欧盟还在积极制定《数字服务法案》和《数字市场法案》，以加强对数字平台和算法服务的监管。

在我国，政府也高度重视智能算法的反竞争问题。近年来，我国政府出台了一系列法律法规和政策文件，以加强对互联网平台和算法的监管。例如，《反不正当竞争法》《消费者权益保护法》《网络安全法》《数据安全法》等法律法规都涉及对算法行为的规制。此外，我国政府还积极推动行业自律和社会共治，鼓励行业协会、消费者组织等社会力量参与算法监管和治理。

在划定算法的反竞争边界时，需要综合考虑多个因素。

首先，需要明确算法的使用目的和范围。如果算法的使用目的是提高生产效率、降低成本或改善用户体验等，并且没有损害其他经营者的合法权益和消费者的利益，那么这种行为就不应被视为反竞争行为。相反，如果算法的使用目的是排除或限制竞争、损害消费者权益或破坏市场秩序等，那么这种行为就应当受到法律的制裁和惩罚。

其次，需要考虑算法的技术特性和市场影响。不同的算法具有不同的技术特性和应用场景，因此其反竞争行为的表现形式和影响程度也会有所不同。在划定反竞争边界时，需要充分考虑算法的技术特性和市场影响，以准确判断其行为是否构成反竞争行为。

最后，需要注重平衡各方利益。在划定算法的反竞争边界时，需要充分考虑经营者、消费者和社会公共利益之间的平衡。既要保护经营者的合法权益和创新动力，又要维护消费者的知情权和选择权等合法权益；既要促进市场的公平竞争和健康发展，又要兼顾社会的整体利益和长远发展。

在未来的发展中，随着人工智能和大数据技术的不断进步和应用场景的拓展，算法的反竞争问题可能会变得更加复杂和多样化。因此，需要持续关注和深入研究算法的反竞争行为及其规制措施，以不断完善相关法律法规和政策体系，为市场的公平竞争和健康发展提供有力保障。

## 四、算法规制

算法规制是法律及其授权的监管者针对算法被不当利用所产生的各种风险进行的规制活动，是一种利用算法进行的技术治理方式，它涉及通过算法来规制某个领域的决策系统。这种规制方式通过从受规制环境相关的动态组件实时和持续地产生和搜集数据，利用知识的计算生成及智能化的应用，实现自动优化的操作，以推动系统预定目标的形成。算法规制在数字经济领域无处不在，如新闻应用通过推荐算法来监管用户的发布和浏览行为，短视频平台通过算法决策系统来实现内容的发布和流量的管理等。随着算法技术的广泛应用，其带来的风险也日益凸显。算法的不当使用可能导致算法偏见、算法歧视、信息茧房、变相而隐蔽的人身控制等问题。这些问题不仅损害了消费者的权益，也破坏了市场的公平竞争秩序。因此，对算法进行规制是必要的，以确保其正当使用并维护市场秩序和消费者权益的健康发展。

一般我们可以从约束市场主体的支配地位和技术层面进行算法规制。前文已经谈过如何约束市场主体的支配地位，接下来重点讲讲技术层面的规制方式。

（1）要做好数据保护与隐私安全。强调合法、公正、透明的数据收集和使用原则。加强数据传输安全防护，采取数据加密和安全认证措施。合理规划数据存储方案，确保数据安全性和隐私保护。要求算法设计者和使用者提供算法的透明度，以便公众了解算法的工作原理和决策过程。对于涉及重要决策的算法，应提供可解释性，以便公众理解算法决策的依据和合理性。

（2）要确保算法的公正性。禁止算法设计者和使用者利用算法进行歧视性决策。对于可能产生歧视性结果的算法，应进行严格的审查和测试，以确保其符合公平、公正的原则。同时要明确算法设计者和使用者的法律责任，确保其遵守相关法律法规和规章制度。建立算法监管机制，对算法的使用进行监督和检查，确保其符合规定的要求和标准。

（3）强调算法在设计和使用过程中应遵循的伦理和道德原则。对于可能引发伦理争议的算法，应进行深入的伦理评估和审查，以确保其符合社会道德和公共利益的要求。

现在世界上主要国家的算法规制行为基本都是从技术层面进行。例如，美国出台了《算法问责法案（草案）》，要求企业对其使用的算法进行影响评估，确保算法的准确性、公平性和透明度。此外，该法案还赋予个人质疑和审查算法决策的权利。欧盟发布的《人工智能白皮书》强调了基于欧洲价值观的伦理框架，确保人工智能系统的透明性和可解释性。我国《互联网平台落实主体责任指南（征求意见稿）》强调平台应对算法造成的不公行为负责，并要求定期审核、评估和备案算法机制。

## 课后习题

1. 联系生活实际，列举存在的数据垄断和算法滥用现象。
2. 运用所学知识，分析生活中的一些具体现象是否违反了《反垄断法》的规定。
3. 简述数字经济时代反垄断法最需要关注哪些滥用平台力量的行为？

# 参考文献

[1] Australian Government Department of Health（AGDH）. National digital economy strategy［EB/OL］.［2025-01-05］. https: //xueshu. baidu. com/usercenter/paper/show?paperid=f09f1acec896bb4afd29645b6c94246e&site=xueshu_se.

[2] DAVENPORT T H, RONANKI R. Artificial intelligence for the real world［J］. Harvard business review, 2018, 96（1）: 108-116.

[3] GROOVER M P. Automation, production systems, and computer-integrated manufacturing［M］. Delhi: Pearson Education India, 2016.

[4] MANYIKA J, CHUI M, FARRELL D, et al. Open data: unlocking innovation and performance with liquid information［EB/OL］.［2025-01-05］. https: //www. mckinsey. com/business-functions/digital-mckinsey/our-insights/open-data-unlocking-innovation-and-performance-with-liquid-information.

[5] CARTHY J, MINSKY M L, ROCHESTER N, et al. A proposal for the dartmouth summer research project on artificial intelligence［J］. AI magazine, 2006, 27（4）: 12.

[6] PORAT M U. The information economy: definition and measurement［M］. London: Routledge, 2009.

[7] ROCHET, J. C, TIROLE, J Platform competition in two-sided markets［J］. Journal of the European economic association, 2003, 1（4）: 990-1029.

[8] ROSON, R. Two-sided markets: a tentative survey［J］. Review of network economics, 2005, 4（2）.

[9] BUKHT R, HEEKS R. Defining, conceptualizing and measuring the digital economy［J］. International organizations research journal, 2017, 68: 21-39.

[10] WRIGHT J. One-sided logic in two-sided markets［J］. Review of network economics, 2004, 3（1）.

[11] 黄群. 数字经济与科技创新协同效应对经济高质量发展的作用机制实证分析［J］. 全国流通经济, 2024（23）: 61-64.

[12] 钞小静. 数字经济推动经济高质量发展的机制及路径研究［M］. 北京: 人民出版社, 2024.

[13] 张兵, 曹玉娟. 算力推动数字经济高质量发展的内在机理与实现路径［J］. 电子科技大学学报（社科版）, 2025（1）: 19-26.

[14] 陈晓红, 李杨扬, 宋丽洁, 等. 数字经济理论体系与研究展望［J］. 管理世界, 2022（2）: 208-224, 13-16.

[15] 陈胤默, 王喆, 张明. 数字金融研究国际比较与展望［J］. 经济社会体制比较, 2021（1）: 180-190.

[16] 程雪军, 李心荷. 论加密数字货币的法律风险与治理路径: 从比特币视角切入［J］. 电子政务, 2022（11）: 106-120.

［17］丁声一，谢思淼，刘晓光.英国"数字经济战略（2015—2018）"述评及启示［J］.电子政务，2016（4）：91-97.

［18］丁志帆.数字经济驱动经济高质量发展的机制研究：一个理论分析框架［J］.现代经济探讨，2020（1）：85-92.

［19］耿亚东.数字中国建设背景下政府数字化转型路径探析［J］.治理现代化研究，2023，39（1）：56-63.

［20］韩君，高瀛璐.中国省域数字经济发展的产业关联效应测算［J］.数量经济技术经济研究，2022（4）：45-66.

［21］韩文龙.数字经济赋能经济高质量发展的政治经济学分析［J］.中国社会科学院研究生院学报，2021（2）：98-108.

［22］韩文龙.数字经济学［M］.2版.北京：中国社会科学出版社，2023.

［23］胡税根，杨竞楠.新加坡数字政府建设的实践与经验借鉴［J］.治理研究，2019，35（6）：53-59.

［24］黄璜.中国"数字政府"的政策演变：兼论"数字政府"与"电子政务"的关系［J］.行政论坛，2020，27（3）：47-55.

［25］黄建伟，刘军.国外数字治理的过去、现在和未来［J］.国家治理现代化研究，2019（1）：125-143，285-286.

［26］黄益平，陶坤玉.中国的数字金融革命：发展、影响与监管启示［J］.国际经济评论，2019（6）：24-36.

［27］李东，刘婷.数据要素市场化配置的挑战与对策［J］.经济体制改革，2021（3）：27-35.

［28］李小青，何玮萱，霍雨丹，等.数字化创新如何影响企业高质量发展：数字金融水平的调节作用［J］.首都经济贸易大学学报，2022（1）：80-95.

［29］李允尧，刘海运，黄少坚.平台经济理论研究动态［J］.经济学动态，2013（7）：123-129.

［30］梁木生.略论"数字政府"运行的技术规制［J］.中国行政管理，2001（6）：20-21.

［31］刘继峰.反垄断法［M］.北京：中国政法大学出版社，2012.

［32］刘佳.互联网金融理财存在的优势及风险分析［J］.商讯，2020（31）：85-86.

［33］陆岷峰，张壹帆.新质生产力发展下的数字经济与区域经济协同［J］.云南师范大学学报（哲学社会科学版），2024，56（3）：86-97.

［34］孟祥寒.评"数字经济驱动区域经济发展方式转变研究：测度、影响效应及提升路径"［J］.统计与决策，2024，40（14）：2，189.

［35］孟雁北，赵泽宇.反垄断法下超级平台自我优待行为的合理规制［J］.中南大学学报（社会科学版），2022，28（1）：70-82.

［36］孟雁北.反垄断法［M］.2版.北京：北京大学出版社，2017.

［37］牛东芳，沈昭利，黄梅波.东南亚数字经济发展：评估与展望［J］.东南亚研究，2022（2）：1-21，153-154.

［38］戚聿东，褚席.数字经济学学科体系的构建［J］.改革，2021（2）：41-53.

［39］钱贵明，阳镇，陈劲.欧美提升数字经济竞争力的政策比较与借鉴［J］.科学学研究，2025（3）：651-660.

[40] 清华大学全球产业研究院, 林格尔绿色算力发展研究中心. 国家"东数西算"枢纽节点绿色算力指数研究报告［EB/OL］.［2025-01-05］. https://wenku.so.com/d/3172d92eba05179a833c1c948847c57b.

[41] 任保平, 何厚聪. 数字经济赋能高质量发展: 理论逻辑、路径选择与政策取向［J］. 财经科学, 2022（4）: 61-75.

[42] 邵军. 刘嘉伟. 数字经济与中国出口贸易高质量发展［M］. 北京: 经济管理出版社, 2023.

[43] 孙亚文, 漆钰. 数字经济产业化与区域经济发展的互动关系研究［J］. 商场现代化, 2024（24）: 126-128.

[44] 孙毅. 数字经济学［M］. 北京: 机械工业出版社, 2023.

[45] 汤潇. 数字经济: 影响未来的新技术、新模式、新产业［M］. 北京: 人民邮电出版社, 2019.

[46] 王春英, 陈宏民, 杨云鹏. 数字经济时代平台经济垄断问题研究与监管建议［J］. 电子政务, 2021（5）: 1-10.

[47] 王坚. 在线［M］. 北京: 中信出版社, 2016.

[48] 王勇, 蔡跃洲. 数据要素化的经济学逻辑与制度保障［J］. 改革, 2022（2）: 12-23.

[49] 王智东. 我国互联网金融发展的特征、现状、问题及措施［J］. 商业经济研究, 2019（6）: 158-160.

[50] 魏禹嘉. 企业数字化转型的价值创造效应［D］. 北京: 中央财经大学, 2023.

[51] 吴国安. 数据要素的经济学特性与市场化机制构建［J］. 中国工业经济, 2022（8）: 5-23.

[52] 吴金南, 盛灵卉. 企业数字化转型最新研究进展: 基于2020—2022年国际期刊论文的文献综述［J］. 安徽工业大学学报（社会科学版）, 2024, 41（5）: 14-22.

[53] 徐晋, 张祥建. 平台经济学初探［J］. 中国工业经济, 2006（5）: 40-47.

[54] 徐清源, 单志广, 马潮江. 国内外数字经济测度指标体系研究综述［J］. 调研世界, 2018（11）: 52-58.

[55] 徐生霞, 宁春姿. 数字经济赋能区域经济协调发展: 理论机制和实证检验［J］. 统计学报, 2024, 5（2）: 1-11.

[56] 颜佳华, 肖迪. 数字政务文化的内涵、功能与构建［J］. 湖南科技大学学报（社会科学版）, 2022, 25（4）: 81-89.

[57] 张天顶, 魏丽霞, 刘婧雯. 数字经济要素收入核算与竞争力分析: 基于"属权原则"的异质性视角［J］. 国际贸易, 2024（2）: 58-71.

[58] 郑磊. 数据要素市场化配置的路径分析［J］. 南开经济研究, 2021（6）: 85-94.

[59] 郑茜文, 张灵, 洪优维, 等. 面向智慧城市的数据开放共享平台建设研究［J］. 中国管理信息化. 2023, 26（5）: 206-209.